Leben ist mehr lässt sich auch hören!

verfügbar als **kostenloser täglicher Podcast** auf Spotify, Apple Podcasts, Google Podcasts, Audible und vielen weiteren Podcast-Plattformen

Hören Sie mal rein:

podcast.lebenistmehr.de

Oder einfach diesen Code scannen und sofort loshören!

Leben ist mehr ist außerdem als **digitaler Kalender** (Windows) erhältlich.

Schauen Sie mal rein:

www.lebenistmehr.de

(Die Online-Version von **»Leben ist mehr«** verhält sich wie eine App und kann über eine Verknüpfung mit Smartphones und Tablets genutzt werden.)

Autoren der Ausgabe 2025:

Gerrit Alberts, Jacob Ameis, Manuela Basista, Daniel Beck, Ann-Christin Bernack, Daniela Bernhard, Uwe Harald Böhm, Thomas Bühne, Bernhard Czech, Christian Driesner, Andreas Droese, Willi Dück, Winfried Elter, Andreas Fett, Joachim Franz, Michaja Franz, Joschi Frühstück, Werner Gitt, Jennifer Glaubitz, Hermann Grabe, David Grimm, Rebecca Grimm, Martin Grunder, Bernd Grünewald, Peter Güthler, Stefan Hasewend, Gabriel Herbert, Manfred Herbst, Annegret Heyer, Joel Höfflin, Hartmut Jaeger, Verena John, Tony Keller, Jan Klein, Thomas Kröckertskothen, Thomas Lange, Herbert Laupichler, Peter Lüling, Lara Majonica, Markus Majonica, Thomas Müller, Marcus Nicko, Carolin Nietzke, Stefan Nietzke, Tim Petkau, Joachim Pletsch, Arndt Plock, Judith Pohl, Thomas Pommer, Martin Reitz, Robert Rusitschka, Jannik Sandhöfer, Axel Schneider, Anna Schulz, Günter Seibert, Klaus Spieker, Sabine Stabrey, Janina und Philipp Strack, Alexander Strunk, Stefan Taube, Hung Thanh Thai, Johannes Unger, Bernhard Volkmann, Martin von der Mühlen, Andreas Wanzenried, Markus Wäsch, Elisabeth Weise, Beatrix Weißbacher, Sebastian Weißbacher, Karen Wieck, Paul Wiens, Judith Zall

Ein Nachweis der verwendeten Bibelübersetzungen bei den Tagesversen befindet sich im Anhang des Kalenders.

Umschlag: Johannes Heckl
Umschlagfoto: Nikita Kachanovsky (Unsplash)
Piktogramme: Johannes Heckl
Satz: EDV- und Typoservice Dörwald, Steinhagen
Lektorat: Jacob Ameis, Joel Höfflin, Peter Lüling, Markus Majonica, Joachim Pletsch, Elisabeth Weise
Druck: BasseDruck GmbH, Hagen
Anschrift der Redaktion:
»Leben ist mehr« · Am Güterbahnhof 26 · 35683 Dillenburg
www.lebenistmehr.de · E-Mail: info@lebenistmehr.de

ISBN 978-3-86699-787-5	Artikel-Nr. 256787	(CLV-Paperback)
ISBN 978-3-86353-953-5	Artikel-Nr. 272706025	(CV-Paperback)
ISBN 978-3-86699-694-6	Artikel-Nr. 256694	(CLV-Hardcover)
ISBN 978-3-86353-954-2	Artikel-Nr. 272707025	(CV-Hardcover)
ISBN 978-3-86699-695-3	Artikel-Nr. 256695	(CLV-Großdruckausgabe)
ISBN 978-3-86353-964-1	Artikel-Nr. 272723025	(CV-Großdruckausgabe)

Zum Gebrauch des Kalenders sind einige Hinweise zu beachten. Auf jedem Tagesblatt befinden sich folgende Elemente:

Die Kopfzeile: Sie enthält Angaben, die sich auf den jeweiligen Tag beziehen. Neben Monat, Tag und Wochentags sind hier ggf. auch zusätzliche Angaben zu Feiertagen, Gedenktagen und sonstigen Anlässen zu finden, zu denen der Haupttext einen Bezug hat.

Der tägliche Leitvers aus der Bibel, der in der Regel durch den Begleittext erklärt wird. Eine Übersicht sämtlicher Verse befindet sich am Ende des Buches. Sie enthält auch jeweils ein Kürzel, das auf die verwendete Bibel-Übersetzung hinweist.

Dem Haupttext ist immer ein *Symbol* vorangestellt. Es stellt einen Themenbereich dar, dem der jeweilige Text zugeordnet ist. Am Ende des Buches sind alle Tage nach Themen und Symbolen geordnet aufgelistet. Das ermöglicht das gezielte Heraussuchen von Beiträgen zu einem bestimmten Themenbereich. Dem Haupttext ist jeweils der Name des Autors hinzugefügt.

Die Frage zum Nachdenken

Der Tipp fürs Leben

Die tägliche *Bibellese*

Im Anhang finden Sie außerdem: *Fünf Schritte zu einem Leben mit Gott,* einen *Themenindex* und eine *Bibellese,* nach der Sie in einem Jahr das komplette Neue Testament lesen können.

Vorgehensweise:
Es empfiehlt sich, zuerst den *Tagesvers* aus der Bibel zu lesen und anschließend den *Haupttext. Frage* und *Tipp* dienen zur Anregung, über das Gelesene weiter nachzudenken. Die *Bibellese* ergänzt in der Regel den Hauptgedanken der Andacht.

VORWORT

Mitten im Leben ist Gott da – davon soll auch in diesem Jahr in »Leben ist mehr« etwas deutlich werden. Menschen, die Jesus Christus als Retter und Herrn angenommen haben, die ihm nachfolgen, sind überzeugt davon – und erleben das auch. Es ist keine Einbildung, sondern Realität. Denn sonst würden sie ihr Leben und ihre Zukunft nicht diesem Gott anvertrauen.

Wie kommt es, dass Menschen Gott erleben – und andere nicht? Außer Frage steht, dass Gott sich uns offenbart hat – in der Schöpfung und durch Jesus Christus, seinen Sohn. Dessen Leben und Worte werden uns in der Bibel so umfassend beschrieben, wie es nur möglich und nötig ist. Und das Erstaunliche ist: Wenn man diesem göttlichen Zeugnis glaubt und es ernst nimmt, verändert sich alles. Das Leben bekommt endlich einen Sinn. Die Last der persönlichen Sünde und Schuld wird einem genommen. Endlich findet man die Geborgenheit und das Zuhause, das man sich so sehr wünscht. Der Blick für den Nächsten weitet sich. Menschen, die einem vorher gleichgültig waren, wachsen einem nun ans Herz. Und man spürt tiefe Dankbarkeit für das, was man vorher als selbstverständlich nahm und für sich nutzte.

Sehnen Sie sich nach einem solchen veränderten Leben? Hier können Sie es entdecken, denn erneut sind für das ganze nun vor uns liegende Jahr 2025 viele Christen und Christinnen dem Beispiel ihres HERRN und Retters Jesus Christus gefolgt und mitten hinein gegangen in das Leben, das wir hier leben. Mit allem Licht und Schatten, mit aller Vielfalt, aber auch mit aller Trostlosigkeit, die bei so manchen vielleicht schon längst eingekehrt ist. Um zu zeigen: Auch mitten in einem solchen Leben ist Gott da und streckt seine Hand aus, um zu retten und ewiges Leben zu schenken – durch den Glauben an den Sohn, Jesus Christus.

Die für diesen Kalender verantwortlichen Personen wünschen allen Lesern, den Glauben zu entdecken, der hier beschrieben, erklärt und angeboten wird. Und solchen, die ihn schon gefunden haben, darin gestärkt, gefestigt und täglich erfrischt und erfreut zu werden!

Die Herausgeber

Ich will mich aufmachen und zu meinem Vater gehen und zu ihm sagen: Vater, ich habe gesündigt gegen den Himmel und vor dir.

LUKAS 15,18

Ein guter Vorsatz

Das neue Jahr hat begonnen, die Zeit der guten Vorsätze. Die Klassiker sind Abnehmen, mit dem Rauchen aufhören, mehr Sport treiben, mehr Geld sparen. Dass die meisten Vorsätze früher oder später scheitern, ist kein Geheimnis. Vielleicht gehören Sie deshalb auch zu den Menschen, die sich gar nicht erst gute Vorsätze machen. Trotzdem möchte ich Ihnen heute etwas vorschlagen: Nehmen Sie sich vor, dieses Jahr (wieder) regelmäßig in diesem Buch zu lesen! Den meisten Gewinn daraus werden Sie haben, wenn Sie dabei eine innere Haltung einnehmen, die in dem oben aufgeführten Bibelwort deutlich wird.

Dieser Satz stammt von dem wohlbekannten »verlorenen Sohn«. Nachdem der Sohn eine gute Summe Geld von seinem Vater erhalten hatte, reiste er in ein fernes Land. Dort ließ er es sich richtig gut gehen. Partys, Sex, gutes Essen, viele Freunde. Aber schnell war sein Vermögen aufgebraucht und er musste sich mühsam als Schweinehüter durchschlagen. Enttäuscht, einsam und schuldbewusst dachte er an seinen Vater zurück. War sein Vater nicht immer gut zu ihm gewesen? Sollte er es nicht wagen, zu ihm zurückzukehren? Völlig am Boden zerstört, sein Leben ruiniert, stand sein Entschluss bald fest: »Ich will mich aufmachen ...«

Ein guter Vorsatz! Nicht nur für den verlorenen Sohn damals, sondern auch heute für uns. Vielleicht sind Sie bisher auch nur Ihren eigenen Weg gegangen, haben Gott den Rücken gekehrt, seine Gaben nur für Ihr eigenes Vergnügen verschwendet. Dann folgen Sie doch dem Beispiel des verlorenen Sohnes! Sein Vorsatz war gut, und er wurde nicht enttäuscht. Mit offenen Armen lief sein Vater ihm entgegen, vergab ihm seine ganze Schuld und nahm ihn als Sohn in seinem Haus wieder auf. So handelt auch Gott, wenn wir zu ihm umkehren.

Paul Wiens

? Was sind Ihre guten Vorsätze?

! Wer von Herzen zu Gott umkehrt, wird nicht enttäuscht.

✝ Lukas 15,11-32

Deshalb wollen auch wir den Wettlauf bis zum Ende durchhalten und jede Last ablegen, die uns behindert, besonders die Sünde, die uns so leicht umschlingt. Und dabei wollen wir auf Jesus schauen.

HEBRÄER 12,1-2

Mit leichtem Gepäck durchs neue Jahr

In den Ferien unternahmen wir früher mit unseren Kindern kleine Wanderungen. Bei solch einer Wanderung hielten wir bei einem steilen Anstieg zu einer Trinkpause an. Dabei stellte sich heraus, dass einer unserer Jungs in seinem Rucksack mehrere Bücher mitschleppte. Die waren eigentlich nur für die Autofahrt gedacht. So hatte er seinen Rucksack mit unnötigem Ballast beladen, was den schon steilen Anstieg noch zusätzlich erschwerte. Wir nahmen die Bücher heraus und verteilten sie auf die anderen Rucksäcke.

Vielleicht schleppen wir in unserem »Lebens-Rucksack« eine unnötige Last mit ins neue Jahr, die uns schon länger beschwert. Dieser Ballast könnte ein ungelöstes Problem sein. Ich habe schon viel deswegen nachgedacht und sogar gebetet. Vielleicht sind es sorgenvolle, rotierende Gedanken. Oder eine belastete, ungeklärte Beziehung, wo ich etwas ansprechen sollte, aber immer noch zögere. Vielleicht muss ich jemandem vergeben. Es können Verletzungen in meiner Persönlichkeit sein, über die ich immer wieder stolpere. Möglicherweise auch Gewohnheiten, die mein Leben erschweren. Auch »Sünden«, die mich gefangen nehmen und mein Leben zerstören. Alles Ballast, der gar nicht nötig wäre.

Gott möchte uns helfen, für unsere unnötigen Lasten eine Lösung zu finden, damit wir sie nicht mit durch das neue Jahr und weiter durch unser Leben schleppen. Zum Jahresbeginn kann man sich entschließen, etwas in Angriff zu nehmen. Zuerst den Ballast aufspüren und identifizieren, um ihn loszuwerden. Vielleicht brauche ich dazu jemanden, der mir die Last abnimmt: Jesus. Er hat unsere Sünden ans Kreuz getragen und uns von ihrer Last befreit. Und was uns sonst noch drückt, hilft er uns tragen, bis wir am Ziel angekommen sind. *Manfred Herbst*

? Welchen Ballast tragen Sie in Ihrem Rucksack?

! Gott hat die Lösung für Ihr Problem längst präsentiert.

✝ Jesaja 40,27-31

Simon, den er auch Petrus nannte.

LUKAS 6,14

Ein folgenschwerer Spitzname

Der Neuling bei den Los Angeles Dodgers war ein dünner, schüchterner Kerl, der aber einen außergewöhnlich kraftvollen Wurf hatte. Der Manager erkannte das Potenzial des jungen Spielers. Er könnte einer der Großen werden – wenn er nur mehr Biss und Zähigkeit an den Tag legte. Und so gab er ihm den Spitznamen »Bulldogge«, ein Name, der gar nicht zu dem feingliedrigen Baseballer zu passen schien, aber der ihn ständig an das erinnerte, was er werden sollte. Und tatsächlich entwickelte sich »Bulldogge« zu einem der durchsetzungsstärksten Spieler der ersten Liga.

Es gibt viele Gründe, die Menschen davon abhalten, ihr Leben Jesus Christus anzuvertrauen. Einer davon ist die Angst, Gott die Kontrolle über das eigene Leben zu überlassen. Verliere ich dann nicht meine eigene Persönlichkeit? Wird Gott mich zu etwas machen, das ich gar nicht sein will?

Vielleicht hat sich der Jünger Simon auch diese Fragen gestellt. Er war ein Mann der großen Worte, impulsiv, draufgängerisch. Aber genauso schnell, wie er begeistert eine Sache anfing, konnte der launenhafte Fischer sie auch wieder aufgeben. Als er nach einer erfolglosen Nacht auf Jesu Wort hin noch einmal auf den See fuhr und wunderbarerweise einen großen Fang machte, erkannte er seine eigene Sündhaftigkeit. Er bekannte sie ihm und blieb von da an immer in seiner Nähe. Und Jesus gab ihm einen Spitznamen: »Petrus«, was so viel wie »Fels« bedeutet. Dieser Name zeigte, wohin Jesus mit seinem wankelmütigen Jünger wollte. Und tatsächlich wurde Petrus ein Fels, eine Säule der ersten Gemeinde, ein Mann von absoluter Treue und Verlässlichkeit – bis hin zu seinem Märtyrertod. Es stimmt immer: Wer sein Leben Jesus anvertraut, lässt sich auf einen Veränderungsprozess ein, der nur zum Guten ist.

Elisabeth Weise

? Welcher Spitzname würde zu Ihnen passen?

! Jesus Christus hat die Kraft, Menschen zu verändern.

† 1. Petrus 1,12-19

Für den Herrn ist das, was für uns ein Tag ist, wie tausend Jahre; und was für uns tausend Jahre sind, ist für ihn wie ein einziger Tag.

2. PETRUS 3,8

Was ist Zeit?

Für die Vorbereitung dieses Textes fragte ich Google nach der Definition von Zeit. Ich erhielt folgende Antwort: »Die Zeit beschreibt die Abfolge und Dauer von Ereignissen und hat eine große Bedeutung für Alltag, Physik und Wissenschaft. Die Einheit der Zeit ist die Sekunde, die kleinstmögliche Zeitdauer ist die Planck-Zeit. Die Zeit … läuft immer gleichmäßig Richtung Zukunft.«

Das heißt, das sprichwörtliche Rad der Zeit lässt sich nicht zurückdrehen. Das wird vor allem dann schmerzlich spürbar, wenn eine geliebte Person stirbt, mit der man noch etwas hätte besprechen sollen – aber, weil man bei früherer Gelegenheit »keine Zeit« hatte, ist es jetzt zu spät. »Keine Zeit« zu haben ist heute leider sehr verbreitet. Oft rennen wir gehetzt hinter den Minuten her, wollen noch dieses oder jenes tun, nur um abends ermüdet und ernüchtert festzustellen, dass die Zeit dafür nicht gereicht hat.

Tragisch ist, wenn man am Ende des Lebens merkt, dass man sich für die wirklich wichtigen Dinge keine Zeit genommen hat. Für die Pflege guter Beziehungen zu Familie, Freunden und Arbeitskollegen zum Beispiel. Aber noch schlimmer ist es, wenn man nie Zeit für Gott und die großen Fragen des Lebens hatte, weil man dieses unangenehme Thema immer auf später verschoben hat.

In der Bibel finden wir Hilfestellungen, um uns aus unserer Zeitnot zu befreien. So bittet Mose Gott in Psalm 90,12: »Lass uns begreifen, wie viel Zeit uns noch bleibt, damit Weisheit unser Wesen bestimmt.« Mose hat den Gedanken an seinen Tod nicht weggeschoben, sondern Gott im Bewusstsein seiner eigenen Endlichkeit um Weisheit gebeten, wie er die ihm verbleibende Zeit nutzen sollte. Das ist ein gutes Gebet, das Gott sicher gern erhört.

Martin Grunder

? Wie gehen Sie mit Ihrer Zeit um?

! Nehmen Sie sich Zeit, in der Bibel zu lesen! Das ist keine verlorene Zeit.

✝ Psalm 90,1-6.17

Blicket auf mich und lasst euch retten, ihr Menschen von allen Enden der Welt! Denn ich bin Gott und keiner sonst.

JESAJA 45,22

Der entscheidende Blick

Charles Haddon Spurgeon (1834–1892) war einer der bekanntesten Prediger des 19. Jahrhunderts. Bereits im Alter von 19 Jahren wurde er Baptistenpastor und war mit 22 der bekannteste Verkündiger seiner Zeit. Das Londoner Metropolitan-Tabernacle-Gebäude, in dem er später mehrmals wöchentlich 31 Jahre lang predigte, hatte 5000 Sitz- und 1000 Stehplätze. Seine Predigten wurden mitstenografiert, jede Woche in hohen Auflagen gedruckt und für einen Penny verkauft.

Wie begann sein Leben als Christ? Am 6. Januar 1850 im Alter von 15 Jahren geriet Spurgeon in einen Schneesturm. Er war sehr niedergeschlagen. Schmerzlich empfand er, dass er vor Gott ein schuldbeladener Sünder war. »Ich vegetierte als ein elendes Geschöpf vor mich hin und fand keine Hoffnung, keinen Trost. Sechs Monate lang betete ich aus tiefstem Herzen, unter großer Angst, fand jedoch keine Erhörung.« Vor dem eisigen Wetter suchte er Schutz in der Kapelle der Methodisten. Wenige ältere Menschen nahmen am gerade stattfindenden Gottesdienst teil. Der Prediger war nicht erschienen, wohl wegen des Wetters. »Endlich betrat ein sehr kränklich aussehender Mann die Kanzel, schlug seine Bibel auf und las diese Worte: *Blicket auf mich, so werdet ihr gerettet, all ihr Enden der Erde!* Während er seine Augen auf mich richtete, sagte er, als ob er mein ganzes Herz durchschaute: *Junger Mann, du bist bekümmert.* Gewiss war ich das. *Du wirst nie deinen Kummer verlieren, wenn du nicht auf Christus blickst!* Und dann rief er …: *Blicke! Blicke! Blicke! Es ist nur nötig, zu blicken!*«

Was Spurgeon in diesem Moment erkannte, blieb für sein ganzes Leben bestimmend. Sein Altersbekenntnis lautete: »Meine ganze Theologie ist auf vier Worte zusammengeschrumpft: Jesus starb für mich!«

Gerrit Alberts

? Auf wen blicken Sie in der Stunde der Not und Verzweiflung?

! Um Vergebung der Sünden zu erlangen, hilft nur der Blick auf den Retter von Sünden: Jesus.

† Psalm 34,5-10

06 | JANUAR
Dreikönigsfest

MONTAG

Als sie aber den Stern sahen, freuten sie sich mit sehr großer Freude.

MATTHÄUS 2,10

»Heilige drei Könige«

Der Tagesvers spricht über die Männer, die häufig als »Heilige drei Könige« bezeichnet werden. Die Bibel nennt sie schlicht »Magier« und nicht Könige. Dass es drei waren, steht auch nicht in der Bibel. Diese Männer kamen jedenfalls aus dem Osten (von Israel gesehen), wohl aus einer Gegend, die von der babylonischen Sternenkunde geprägt war. Diese Magier hatten ein kosmisches Ereignis wahrgenommen: Ein Stern war erschienen, den sie zuvor noch nie gesehen hatten. Offenkundig waren sie Fachleute und folgerten, dieser Stern müsse die Geburt eines Königs ankündigen, des Königs der Juden. Sie folgten dem Stern und kamen nach Jerusalem, wo sie über Herodes und dessen Berater Näheres zum Geburtsort des neuen Königs erfuhren: Betlehem. Dorthin zogen sie, unter der Leitung des Sterns. Am Ziel fanden sie Jesus Christus, verehrten ihn als den neuen König Israels und brachten Geschenke.

Was können wir aus dieser Begebenheit lernen? **1.** Gott spricht zu diesen Menschen, und zwar in einer ihnen verständlichen Sprache. **2.** Er führt sie durch den erscheinenden Stern zu Jesus. **3.** Sie machen sich auf den Weg und folgen Gottes Hinweis. **4.** Sie anerkennen Jesus als König und beten ihn an.

Darin sind diese Männer uns allen ein Vorbild. Denn: 1. Gott spricht heute auch noch, sehr deutlich, nämlich in erster Linie durch die Bibel. Wir alle haben heute eine Bibel in der Übersetzung in eine uns verständliche Sprache. 2. Wenn wir den Hinweisen der Bibel folgen, führt sie uns notgedrungen zu Jesus. Denn er ist das zentrale Thema der Bibel.

Nur mit den Punkten 3 und 4 hapert es oft: Wer macht sich trotz der deutlichen Sprache Gottes wirklich auf den Weg? Und wer anerkennt Jesus als König und betet ihn an? *Markus Majonica*

? Warum interessieren sich so wenige für diesen König?

! Wer Jesus findet, wird hocherfreut.

✝ Matthäus 2,1-12

Jesus aber sprach zu ihm: Komm!

MATTHÄUS 14,29

Durcheinandertal

Der letzte Roman des Schweizer Schriftstellers Friedrich Dürrenmatt (1921–1990) trägt den Titel *Durcheinandertal* und erschien 1989. Der Titel ist Programm, auch für unsere Tage. Krieg in Europa und an anderen Orten, Flüchtlingsströme auf dem gesamten Globus, steigende Inflationsraten, unerklärliche Entwicklungen, unfassbare Gewalttaten, religiöse Kämpfe, rapide zunehmende Ängste vor der Zukunft usw.

Als Gott sich Mose im brennenden Dornbusch vorstellt, sagt er zu ihm: »Ich bin, der ich bin! Ich bin da!« (2. Mose 3,14). Das ist das so gewaltige wie einfache Geheimnis, wie unsere aufgewühlten Seelen Ruhe und Frieden finden können: Gott ist da! Jesus ist da! Bei uns und mit uns und für uns ist der Schöpfer des Universums, der Erste und der Letzte, das Alpha und das Omega, der Herr aller Herren, der König aller Könige, der Mann von Golgatha, der Sohn Gottes, Gott selbst! Mehr geht nicht. Charles Wesley (1703–1791), der Mitbegründer des Methodismus, rief auf seinem Sterbebett zweimal aus: »Das Beste von allem ist, dass Gott mit uns ist!«

Jesus ist unsere Rettungsinsel inmitten einer stürmischen See. Das Kreuz von Golgatha steht fest, mag auch der Erdball wanken. Jesus sieht die Menschen und Völker, und er ist »innerlich bewegt über sie, weil sie wie Schafe sind, die keinen Hirten haben« (Markus 6,34). Er sieht Sie in Ihren Nöten. Er ist innerlich bewegt über Sie. Er ruft Sie zum Kreuz. Er gibt stellvertretend für Sie sein Leben im göttlichen Gerichtssturm über die Sünde auf Golgatha, und ruft in das tosende Meer des *Durcheinandertals* jedem Suchenden zu: »Kommt her zu mir, alle ihr Mühseligen und Beladenen, und ich werde euch Ruhe geben« (Matthäus 11,28).

Martin von der Mühlen

? Wer ist Ihre Rettungsinsel in diesen unruhigen Zeiten?

! Jesus ist derselbe, gestern, heute und in alle Ewigkeit!

† Hebräer 6,13-20

Redet nicht schlecht übereinander, Geschwister!

JAKOBUS 4,11

Das Laster vom Lästern

»Hast du schon gehört?« – »Nein, wirklich?!« – »Schon seit Wochen läuft das so!« – »Tz! Typisch ...« Wahrscheinlich haben Sie in der letzten Woche den ein oder anderen Satz gehört, der in diese Richtung ging. Entweder über den Chef, den Kollegen, oder die Schwiegermutter. Es scheint fast ein Naturgesetz zu sein: Dort, wo Menschen zusammen sind, gibt es sie, diese heimlichen, verbalen Schlammschlachten. Es ist so leicht mitzumachen. Und nicht selten ist an dem Gerede ja auch etwas dran. Man fühlt sich gut dabei, irgendwie stärker, besser als derjenige, über den gelästert wird. Seltsam ruhig wird es, wenn plötzlich ein Unbeteiligter oder gar die Zielscheibe selbst den Raum betritt.

Das Laster vom Lästern vergiftet Beziehungen, zerstört Teamgeist und schafft unsichtbare, aber unüberwindbare Mauern zwischen Kollegen, Freunden und Familien. Aber vor allem zeigt die schlechte Angewohnheit des abfälligen Redens zwei entlarvende Dinge über uns selbst. **Erstens** haben wir Menschen ein hochsensibles Radar für das Fehlverhalten anderer, aber ein oft völlig betriebsgestörtes Radar für unsere eigenen Verfehlungen. **Zweitens** ziehen wir eine unheimliche Energie aus dem Verbreiten übler Nachrede, brauchen aber für eine direkte, ehrliche Aussprache mit dem- oder derjenigen eine gewaltige innerliche Überwindung. Im Zweifelsfall sind wir Feiglinge, beziehungstechnische Drückeberger. Das steckt in uns drin.

Auch die in dem Tagesvers angesprochenen Christen hatten mit Lästern ein Problem. Gott weiß, wie destruktiv Lästern ist, und ist deshalb auch so strikt: »Hört auf damit!« Wie befreiend eine ehrliche, konstruktive Aussprache ist, hat hoffentlich jeder von uns schon einmal erlebt. So viel an Ihnen liegt, tun Sie den ersten Schritt! *Jan Klein*

? Wie fühlen Sie sich, wenn hinter Ihrem Rücken abfällig über Sie geredet wird?

! Nur Aufrichtigkeit, Aussprache und Vergebung macht Lästern den Garaus.

† Sprüche 21,23

Wenn wir untreu sind – er bleibt treu, denn er kann sich selbst nicht verleugnen.

2. TIMOTHEUS 2,13

Blindes Vertrauen

Eine Bekannte von uns, nennen wir sie hier Maxi, liebt es, an der Stange zu turnen. Für ihre Wohnung hatte sie sich extra eine Klimmzugstange gekauft, die man ohne Bohren einfach zwischen den Türrahmen klemmen konnte. Mit dieser Stange hatte sie gute Erfahrungen gemacht, auf sie war offenbar Verlass. Doch eines Tages, Maxi hing gerade kopfüber an der Stange (!), ließ die Haftung plötzlich nach und Maxi landete empfindlich auf dem Boden. Bis heute, Monate später, hat sie noch mit den schmerzhaften Langzeitfolgen dieses Sturzes zu kämpfen.

Maxis Vertrauen in die Stange war so weit gegangen, dass sie sich kopfüber an sie hängte. Doch in einem riskanten Moment ließ die Klimmzugstange sie im Stich. Solche Momente, in denen unser Vertrauen sich als haltlos erweist, kennen wir alle, wenn auch aus anderen (vielleicht weniger schmerzhaften) Kontexten. Du verlässt dich auf einen Kollegen, der dir einen wichtigen Termin zugesagt hat; kurzfristig sagt er ab. Du verlässt dich auf das gerade erst reparierte Auto; kurz darauf macht sich schon wieder eine Warnleuchte bemerkbar. Worauf ist überhaupt Verlass?

Ich glaube, dass blindes Vertrauen nur bei einem nie und nimmer enttäuscht werden wird: Jesus. Unbedingte Vertrauenswürdigkeit gehört zu seinem Wesen, und dieses Wesen müsste er verleugnen, um untreu sein zu können. Doch wie unser Tagesvers zeigt, ist es ihm unmöglich, sich selbst zu verleugnen! Darum bleibt er immer treu – auf seine Zusagen, die er in der Bibel gegeben hat, ist stets und ständig Verlass. Wenn er also z. B. sagt: »Wer zu mir kommt, den werde ich nicht hinausstoßen!« (Johannes 6,37), dann ist das eine zu einhundert Prozent garantierte Zusage. Diese Gewissheit macht ruhig! *Jacob Ameis*

? Worauf verlassen Sie sich blind?

! Vertrauen Sie sich Jesus an, Sie werden nicht enttäuscht!

✝ Matthäus 14,22-33

Er hat seinen eigenen Sohn nicht verschont, sondern hat ihn für uns alle in den Tod gegeben. Wenn er uns aber den Sohn geschenkt hat, wird er uns dann noch irgendetwas vorenthalten?

RÖMER 8,32

Was nichts kostet, ist nichts wert?

Wenn bei uns zu Hause mal wieder ausgemistet werden muss, nutze ich manchmal Ebay-Kleinanzeigen dafür. Ich stelle Dinge, die wir nicht mehr brauchen, die aber noch in einem guten Zustand sind, unter der Rubrik »zu verschenken« ein. Meistens folgt dann eine Flut von Nachrichten und Anfragen von den verschiedensten Leuten. Ärgerlich ist nur, dass einige der Personen, mit denen man einen Abholtermin ausmacht, doch nicht erscheinen, den Termin mehrmals verschieben oder sich allgemein einfach unverschämt verhalten. Da dachte ich schon öfters: »Ich verschenke hier etwas, der andere sollte dankbar sein, dass er etwas gratis bekommt!« Aber mir scheint, dass hier eher das Sprichwort gilt: »Was nichts kostet, ist nichts wert.« Bei Ebay-Kleinanzeigen jedenfalls ist die Wertschätzung für geschenkte Dinge oft nicht sehr hoch.

Gott hält für uns auch ein Angebot bereit, das für uns Menschen kostenlos ist – ein echtes Geschenk. Gottes eigener Sohn, Jesus, wurde auf die Erde geschickt, damit wir, ohne etwas dafür bezahlen zu müssen, wieder mit Gott in Beziehung treten können. Gott macht uns das Angebot, unsere Schuld zu vergeben und uns wieder mit ihm zu versöhnen.

Doch leider sind wir Menschen oft geprägt von der Devise »Was nichts kostet, ist nichts wert!« Es fällt uns schwer, etwas als reines Geschenk anzusehen und trotzdem wertzuschätzen. Deshalb haben wir den Drang, für Gottes unglaubliches Angebot bezahlen zu wollen: mit guten Taten, einem Leben in Nächstenliebe oder dem Gang in die Kirche. Damit wollen wir uns unsere Rettung und das Heil »erkaufen«, obwohl der Preis dafür unerreichbar hoch ist. Tatsächlich bleibt für uns nichts anders zu tun, als Gottes Geschenk wirklich demütig und dankbar anzunehmen.

Michaja Franz

? Welche Dinge in Ihrem Leben sind unbezahlbar?

! Denken Sie darüber nach, ob und womit Sie sich Gottes Liebe erkaufen wollen!

† Offenbarung 22,16-21

Wer nun weiß, Gutes zu tun, und tut es nicht, dem ist es Sünde.

JAKOBUS 4,17

Neutral bleiben genügt nicht

Während der Besetzung Hollands durch die Nationalsozialisten verbergen sich in der Prinsengracht 263 von Amsterdam acht jüdische Personen. Unter ihnen die Familie Anne Franks, das Mädchen, das durch sein Tagebuch bekannt geworden ist. Zu den Helfern der Versteckten gehört die Sekretärin Miep Gies. Zwei Jahre hilft sie, Nahrung in die geheime Unterkunft zu schleusen. Zwei Jahre lang hält sie die Versteckten über die politische Entwicklung auf dem Laufenden. Zwei Jahre ist sie bestrebt, ihnen Gutes zu tun. Leider werden die Untergetauchten im Sommer 1944 verraten und verhaftet. Nur Otto Frank, der Vater von Anne, überlebt das Martyrium. Heute vor 15 Jahren, ist Miep Gies im Alter von 100 Jahren gestorben.

Man könnte sich nun fragen, was die guten Taten von Miep Gies denn bewirkt haben. Sind sie nicht am Ende vergeblich gewesen? Wenn es das Ziel war, die Hilfsbedürftigen zu retten, kann man zu diesem Schluss kommen. Aber wie es am Ende ausgeht, wissen wir ja vorher nicht. Jedenfalls ist die Wahl, anderen zu helfen, niemals falsch, und darüber hinaus liegt es *immer* in unserer Verantwortung zu helfen, wenn wir nur helfen können. Im Fall von Miep Gies erlebten die Versteckten jedenfalls statt der nationalsozialistischen Menschenverachtung zwei Jahre lang Wertschätzung und Zuspruch durch ihre Helfer.

Im Tagesvers werden wir aufgefordert, generell Gutes zu tun. Und zwar ab dem Augenblick, wenn wir wissen, wo die Not drückt. Dazu muss man erst einmal von sich selbst absehen. Kein anderer hat das klarer gemacht als Jesus Christus. Er gab sein Leben, um Menschen den Weg zum ewigen Leben zu bahnen. Das tat er aus Liebe zu uns. Neutral bleiben genügte auch hier nicht, durch seinen selbstlosen Einsatz werden bis heute Menschen erlöst und befreit. *Stefan Taube*

? Was wäre, wenn Jesus neutral geblieben wäre?

! Wir würden am Ende alle verloren sein. Danken Sie Gott, dass er das Gegenteil möglich gemacht hat!

† Lukas 10,33-37

12 | JANUAR | **SONNTAG**
Erster Vollmond des Jahres

Wenn ich sehe die Himmel, deiner Finger Werk, den Mond und die Sterne, die du bereitet hast …

PSALM 8,4

Unser Mond – eine besondere Idee unseres Schöpfers

Ist der Mond etwa nur eine hübsche Verzierung am Nachthimmel? Oder doch mehr? Er ist ein absolut notwendiges Glied in jener Kette von Bedingungen, die das Leben auf der Erde überhaupt erst möglich machen. Es ist der Mond, der die Drehachse der Erde mit ihrem Neigungswinkel von 23,5 Grad stabil hält. Maßgebend hierfür ist sein außergewöhnlich großer Bahndrehimpuls um die Erde. Ohne die stabilisierende Wirkung des Mondes würde die Erde nach den Gesetzen der Chaostheorie im Raum taumeln und sich dabei auch der Sonne nähern. Das wäre der Tod allen Lebens. Für die Erde ist er weiterhin unbedingt erforderlich, da er durch den Ebbe-Flut-Mechanismus ständig die Meere durchmischt.

Eine wichtige physikalische Kenngröße rotierender Körper ist der Drehimpuls. Es ist höchst bemerkenswert, dass der Bahndrehimpuls des Mondes um die Erde größer ist als der Rotationsdrehimpuls der Erde um ihre eigene Achse, und zwar um den Faktor 4,8. Bei allen anderen Planet-Mond-Systemen ist der Bahndrehimpuls des jeweiligen Satelliten nur ein kleiner Bruchteil des Rotationsdrehimpulses des Planeten. Der Bahndrehimpuls des größten Jupitermondes macht nur 0,0000004 % des Rotationsdrehimpulses seines Planeten aus.

Die Liste der unwahrscheinlichen Ereignisse, die uns das Leben auf der Erde erst ermöglichen, könnte fast endlos fortgesetzt werden. Anders ausgedrückt: Die Existenz unseres Universums und des Lebens auf unserer Erde hängt nicht nur an einem, sondern an Tausenden von seidenen Fäden, die alle gleichzeitig vorhanden sein müssen. Würde auch nur einer fehlen, gäbe es uns nicht. Wie gut, dass ein weiser Schöpfer alles so präzise geplant und ausgeführt hat!

Werner Gitt

? Ist es nicht naheliegend, einem solch großartigen Schöpfer sein Leben anzuvertrauen?

! So zuverlässig, wie Gott die bestehende Schöpfung plante und ausführte, hat er auch im Griff, was unsere Zukunft betrifft.

† Psalm 104,19-24.31

Siehe, Gott ist meine Rettung, ich bin voller Vertrauen und fürchte mich nicht.

JESAJA 12,2

Zukunftsängste

Viele Menschen sind verunsichert und verängstigt darüber, was die Zukunft bringt. Umweltereignisse, Kriege und Katastrophen machen uns Angst. Einer Studie zufolge tritt weltweit Extremwetter vier- bis fünfmal so häufig auf wie noch in den 1970er-Jahren und richtet siebenmal so hohe Schäden an! Immer neue und altbekannte Kriege vermitteln ein Gefühl der Unsicherheit. Naturkatastrophen fordern Zehntausende Opfer, und man bekommt den Eindruck, dass der Mensch daran nicht ganz schuldlos ist. Und all die Not wird uns durch die Medien hautnah ins Wohnzimmer gebracht. Ist also die Angst vor der Zukunft berechtigt? Die Antwort ist ein klares Ja!

Denn was können wir als Einzelne oder auch als Gesellschaft dagegen tun? Angesichts der gegenläufigen Interessen vieler Länder, Gruppierungen und Unternehmen werden auch unsere stärksten Bemühungen ohne nennenswerten Erfolg bleiben. Die Erde steuert auf ein von Menschen verursachtes, vor allem moralisches Fiasko zu.

Aber wenn wir auch die Welt nicht ändern können, so können wir doch uns selbst grundlegend einer Änderung unterziehen lassen. Die Bibel weist uns nämlich auf ein viel weiter reichendes Problem hin, das unabhängig davon, was mit unserem Globus passiert, jeden von uns betrifft: die Tatsache, dass der Lohn für unsere Sünde und Schuld, die wir zigfach in so vielen Situationen unseres Lebens erwiesen haben, der Tod ist. Die Zukunft findet also ohne uns statt. Das aber kann sich ins Gegenteil kehren, wenn wir uns Gott zuwenden, ihn um Vergebung bitten und um das neue Leben, dass er uns dann gern schenkt. Das geht nämlich über den Tod hinaus. Mit dieser Perspektive können wir gelassen und ohne Sorgen den morgigen Tag angehen. Gott ist gut, und er steht an unserer Seite!

Axel Schneider

? Welche konkreten Zukunftsängste machen Ihnen zu schaffen?

! Mit Gott auf seiner Seite kann man ohne Furcht die Zukunft erwarten.

† Jesaja 41,17-20

14 | JANUAR
Zieh-dein-Haustier-an-Tag

DIENSTAG

So wurden wir alle wie die Unreinen, und alle unsre Gerechtigkeit ist wie ein beflecktes Kleid. Wir sind alle verwelkt wie die Blätter, und unsre Sünden tragen uns davon wie der Wind.

JESAJA 64,5

Zieh dein Haustier an!

Heute findet der »National Dress-Up-Your-Pet-Day« (der »Zieh-dein-Haustier-an-Tag«) statt. Dieser kuriose Gedenktag existiert seit dem Jahr 2009 und stammt aus den USA. Dort ist es offenkundig weiterverbreitet als bei uns, seinem Hund oder seiner Katze besondere Kleidungsstücke anzuziehen. Dabei mag es durchaus Rassen und Züchtungen geben, deren Fellkleid tatsächlich vor allem im Winter nicht ausreichend schützt und eine bessere Bekleidung erforderlich macht. Bei alten oder kranken Tieren kann ich das ebenfalls nachvollziehen. Unserem Hund haben auch wir einmal nach einer Operation ein – vom Tierarzt verordnetes – »Leibchen« überziehen müssen, um die Operationswunde zu schützen. Beim »National Dress-Up-Your-Pet-Day« hingegen hat die Bekleidung des Haustieres keinen besonderen Nutzen.

Auch der Tagesvers spricht von einer Kleidung, die ihre Funktion nicht erfüllt. Es geht um Menschen, die sich sozusagen mit ihrer eigenen Gerechtigkeit, das heißt mit den eigenen religiösen Anstrengungen und guten Taten bekleidet, der Beurteilung Gottes unterziehen. Doch der Schreiber Jesaja macht klar, dass all unsere menschlichen Bemühungen in den Augen Gottes wirken wie ein dreckiges, verschmutztes Kleid. Die Flecken werden verursacht durch unsere Sünden, die uns anhaften und die Gott sehr genau sieht.

Doch derselbe Jesaja weiß, wer Abhilfe für diese mangelhafte Bekleidung schenken kann: »Ich freue mich im HERRN, und meine Seele ist fröhlich in meinem Gott; denn er hat mir die Kleider des Heils angezogen und mich mit dem Mantel der Gerechtigkeit gekleidet« (Jesaja 61,10)! Wer Gott seine Flecken bekennt, den bekleidet er mit seiner göttlichen Gerechtigkeit – ein herrlich makelloses Outfit!

Markus Majonica

? Welche Kleidung würden Sie bei einer Audienz im Schloss Bellevue anziehen?

! Wen Jesus einkleidet, der ist passend angezogen für die Gegenwart Gottes.

† Matthäus 22,1-14

Wer aber einen dieser Kleinen, die an mich glauben, zum Bösen verführt, für den wäre es besser, dass ein Mühlstein um seinen Hals gehängt und er ersäuft würde im Meer, wo es am tiefsten ist.

MATTHÄUS 18,6

Dramatischer als Dracula

Ich war zehn. Nach einem Skisturz lag ich mit Beinbruch im Krankenhaus. Da schob die Nachtschwester ungefragt einen Fernseher auf einem Rolltisch in unser Viererzimmer. Sie setzte sich ausgerechnet auf meine Bettkante und schaute sich »Graf Dracula« an – im Januar 1977 noch in Schwarz-Weiß. Daher war kaum Blut zu sehen, dafür aber ein finsterer Fiesling, der im Sarg schlief, offene Gräber aufsuchte und überall sein Unwesen trieb – nicht nur im Film, sondern noch lange in meiner kindlichen Seele. Das war der grässlichste Grusel, den ich je durchlitten habe. Die Bilder bereiteten mir noch lange Albträume. Der Unhold aus Transsilvanien blieb auch in meiner kindlichen Fantasie untot.

Wie viel dramatischer als jener Dracula-Film ist aber das, was mittlerweile auf unsere Kinder niederprasselt! Wie schützen wir sie vor Splatter, Schmutz und Schamlosigkeit der Smartphones auf dem Schulhof?

Jesus betont, dass Gott den belohnt, der »einem dieser Kleinen« nur eine kleine Aufmerksamkeit schenkt (Matthäus 10,42). Aber ebenso warnt er davor, was dem droht, der »einem dieser Kleinen« einen Anstoß gibt: »Für den wäre es besser, dass ein Mühlstein um seinen Hals gehängt und er ersäuft würde im Meer, wo es am tiefsten ist« (Matthäus 18,6). Das mag drastisch klingen, aber was für eine furchtbare Schuld laden diejenigen auf sich, die etwa durch Bilder, Texte oder Videos Kinderseelen verletzen und zu ihrem Verderben beitragen?

Es ist schlimm genug, gegen sich selbst zu sündigen, aber Kinder zur Sünde zu verleiten oder schuldhaft zu beschädigen, bedeutet Reinheit zu beflecken, Leben zu zerstören, Seelen zu verderben. Und wer die Neugier und Arglosigkeit eines solchen Kleinen ausnutzt, den wird Gott besonders hart zur Rechenschaft ziehen! *Andreas Fett*

? Gibt es Wertvolleres als ein Menschenleben?

! Nach unserem Tagesvers, ja: ein Kinderleben!

✝ Markus 10,13-16

Denn wo dein Schatz ist, da wird auch dein Herz sein.

MATTHÄUS 6,21

Mein Haushaltsplan und Gott

»Erzähle mir nicht, was du wichtig findest, sondern zeige mir deinen Haushaltsplan. Dann sage ich dir, was du wichtig findest!« US-Präsident Joe Biden erzählte, dass er diesen Tipp von seinem Vater erhalten habe. Er hat dadurch gelernt, dass ein politisches Ziel ohne die Bereitstellung der erforderlichen finanziellen Mittel lediglich ein kraftloses Lippenbekenntnis bleibt. Die Höhe des Investitionsbudgets ist daher ein Gradmesser, ob jemand dieses Ziel wirklich erreichen will.

Viele Menschen sagen, sie glauben an Gott. Doch in ihrem Leben ist nichts davon zu sehen, dass sie in die Beziehung zu Gott investieren. Sie nehmen sich kaum Zeit, über seine Person und seinen Willen nachzudenken, in der Bibel zu lesen oder zu beten. Auch ihr Umgang mit Geld und Besitz zeigt, dass sie sich vorrangig für diesseitige Dinge interessieren.

Jesus fordert uns in Matthäus 6 auf, uns lieber einen Schatz im Himmel statt auf der Erde zu sammeln – denn dort garantiert Gott für dessen Sicherheit. Schätze auf der Erde sind dagegen durch Inflation, Diebstahl usw. gefährdet und müssen spätestens mit dem Tod zurückgelassen werden. Wenn wir an erster Stelle die bestmögliche Versorgung unserer irdischen Lebensumstände anstreben und uns um gutes Essen, modische Kleidung usw. sorgen, räumen wir Gott damit automatisch eine nachrangige Priorität ein. Unser Leben zeigt dann, dass wir nicht daran glauben, dass er uns mit allem Nötigen versorgen möchte. Wenn wir dagegen wirklich an Jesus Christus glauben, wird man das auch an unserem Zeit- und Haushaltsplan ablesen können. Gott geht es dabei nicht um unser Geld – aber er möchte unser Herz zu sich ziehen, um uns mit einem Schatz im Himmel zu beschenken. *Andreas Droese*

? Wie wichtig ist Ihnen Ihre Beziehung zu Gott und der »Schatz«, den er für uns bereithält?

! Jesus verspricht: Sucht aber zuerst sein Reich und seine Gerechtigkeit; dann wird euch alles andere dazugegeben.

† Matthäus 6,19-34

Und Jakob täuschte Laban, den Aramäer, weil er ihm nicht mitteilte, dass er fliehen wollte.

1. MOSE 31,20

»Das macht doch jeder!«

Gewiss haben Sie eine klare Vorstellung von fairem Verhalten. Oft wissen wir genau, welches Verhalten wir von unserem Gegenüber je nach Situation erwarten. Doch folgen wir auch selbst diesen Vorstellungen? Ein Beispiel dazu:

Ihr Fahrrad wurde vor Ihrer Haustür gestohlen, und Sie dachten entspannt an Ihre Hausratversicherung. Doch der Versicherungsvertreter holte Sie schnell in die Realität zurück: »Nach Ziffer 13 b ist ein Fahrrad (nur) dann mitversichert, wenn es in Haus oder Garage verschlossen abgestellt ist.« Was nun? Ihr Rad war nicht abgeschlossen! Sollen Sie das korrekt angeben? Wie ehrlich sind Sie dann?

Ein anderes Beispiel: Vor einigen Jahren stand bei uns der Abschluss einer Gebäudeversicherung gegen Feuer-, Wasser- und Sturmschäden an. Aus meinem Beruf ist mir die häufige Unterversicherung von Eigentümern bekannt. Sie freuen sich über einen niedrigen Jahresbeitrag. Doch das ist ein großer Schwindel. Man übersieht, dass im Schadensfall der Gebäudewert noch einmal nachgerechnet wird. Kommt dabei eine Unterbewertung heraus, wird die Erstattungssumme drastisch gekürzt. Wenn Sie also über die Jahre nur den halben Wert eingezahlt haben, wird auch nur die Hälfte des vielleicht großen Schadens erstattet. Der Schwindel fliegt auf und schadet Ihnen. Wie ehrlich sind Sie hier?

Jakob, ein Stammvater des Volkes Israel, setzte in seinem Verhalten oftmals auf Täuschung und listigen Betrug. Er war nicht ehrlich! Doch erst spät bemerkte er, dass damit keine Probleme gelöst werden. Schlimmer noch: In späteren Jahren holte ihn sein eigener Schwindel ein. Die engste Familie betrog ihn, jegliches Vertrauen war zerstört. Mehrmals musste er deshalb sogar fliehen. *Klaus Spieker*

? In welchen Situationen sind Sie unehrlich?

! Klären Sie Ihre Beziehungen und durchdenken Sie Ihre Absprachen, sodass man sich darauf verlassen kann!

† 1. Mose 27

Christus hat mich geliebt und sich selbst für mich hingegeben.

GALATER 2,20

Ist das echt?

Inmitten des hektischen Alltags, in dem wir oft von Sorgen und Stress überwältigt sind, vergessen wir manchmal, dass es immer Hoffnung gibt. Wie ein Lichtstrahl in der Dunkelheit kann uns Glaube an etwas Größeres Kraft und Trost spenden …

Okay – bis hierhin. Diese Sätze habe ich nicht selbst geschrieben, sondern der Computer. Genauer gesagt eine KI, nämlich der Chatbot »General Pretrained Transformer« der Firma OpenAI, kurz »ChatGPT«. Mit der KI kann man sich schriftlich wie mit einem menschlichen Gegenüber unterhalten, Fragen stellen und dabei Zugang zu (fast) dem gesamten online verfügbaren Wissen erhalten. Ein unglaublich vielseitiges Werkzeug, das einem beim Benutzen mitunter unheimlich vorkommt – so echt, so menschlich klingen die Antworten. Wie viele Schüler und Studenten sich ChatGPT bei Hausaufgaben und -arbeiten zunutze machen, können Ihnen Lehrer und Dozenten aus erster Hand berichten.

Zwar lässt sich manche Hausaufgabe so scheinbar erledigen, doch wird ein KI-Produkt im Vergleich zu einem menschlichen Text eines niemals leisten können: persönliche Liebe und Wertschätzung. Stellen Sie sich einmal vor, ein rührender Liebesbrief – aber kein bisschen Herzblut darin. Per Mausklick in vier Sekunden von ChatGPT geschrieben. Doch wir Menschen sehnen uns zutiefst nach individueller Liebe und Wertschätzung, die sich in ganz persönlicher Kreativität ausdrücken. Echte Liebe wird sichtbar an echtem Einsatz, nicht an einem KI-Algorithmus.

Jesus legte großen Wert auf diese Wahrheit. Authentische Liebe ist laut der Bibel auch immer Liebe mit Einsatz, Liebe mit Opfer. Und das hat Jesus wie kein anderer vorgelebt, wie es im Tagesvers heute heißt. Echte Liebe opfert etwas! Ganz so wie Jesus. *Jan Klein*

? Wann wurden Sie zuletzt durch liebevollen Einsatz eines anderen beeindruckt oder berührt?

! Wie kein Zweiter hat Jesus durch und durch echte Liebe bewiesen.

† 1. Johannes 4,7-14

Heiliger Vater! Bewahre sie in deinem Namen, den du mir gegeben hast, dass sie eins seien wie wir!

JOHANNES 17,11

»House of One«

In Berlin soll dieses Jahr das »House of One« (»Haus des Einen«) eröffnet werden – ein allererstes Bet- und Lehrhaus für Christen, Juden und Muslime zugleich. Unter einem Dach können so alle drei Religionen ihre Gottesdienste abhalten und vor allem den *interreligiösen Dialog* suchen. Hinter diesem Begriff verbirgt sich die Hoffnung, dass durch einen intensiveren Austausch über die jeweiligen religiösen Ansichten die Gemeinsamkeiten hervortreten, die Unterschiedene marginalisiert werden und dadurch das Konfliktpotenzial verschwindet.

Wenn es um die Einheit der drei monotheistischen (*mono* = eins; *theistisch* = göttlich) Religionen geht, wird häufig der Tagesvers angeführt. Wird hier denn nicht darauf verwiesen, dass es um den *einen* Gott geht und alle Konflikte über alles, was darüber hianusgeht, abgelegt werden sollen? Nun, unabdingbar für das richtige Verständnis einer Aussage ist die Information über den Sprecher. Dieser ist hier Jesus (Johannes 17,1). Er spricht als Gottes Sohn zu Gott als seinem Vater: »Heiliger Vater!« Und er verweist darauf, dass Gott seinen Namen – also seine Göttlichkeit – ihm, Jesus, gegeben hat. Nur dadurch konnte Jesus die Schuld der Menschen tragen und eine Rettung schaffen, auf deren Grundlage eine perfekte Einheit möglich ist.

Darin liegt nun aber der Knackpunkt im Blick auf die »Religionen des Einen«: Im Islam wird Jesus die Gottessohnschaft und damit die Göttlichkeit aberkannt, er ist ein Prophet (Isa). Die Juden ordnen ihn als Gelehrten ein und warten weiterhin auf den Messias. Kein *interreligiöser Dialog* und kein *House of One* kann das vereinen, was sich widerspricht, und eine Rettung schaffen, die nicht durch Jesus geschieht. Denn er sagt: »Niemand kommt zum Vater als nur durch mich« (Johannes 14,6).

Joel Höfflin

? Auf welchem Weg suchen Sie nach Rettung?

! Sie können diesen Jesus jederzeit im Gebet ansprechen – er antwortet Ihnen!

✝ Johannes 17,1-11

Und im siebten Monat, am siebzehnten Tag des Monats, ließ sich die Arche auf dem Gebirge Ararat nieder.

1. MOSE 8,4

Dschungel-Erlebnisse (1)

Seit einigen Jahren leben wir als Familie mit vier Kindern in einem recht abenteuerlichen Umfeld: Wir wohnen mitten in einem undurchdringlichen Dschungel, wobei der Fluss vor unserem Haus die einzige Verbindung mit der Zivilisation darstellt. Internet und Strom gibt es nicht. An so einem Ort erlebt man natürlich viele Abenteuer! Die folgenden Erlebnisse haben eine Sache gemeinsam, nämlich, dass wir durch sie die Realität Gottes erfahren haben.

In der Regenzeit regnet es bei uns manchmal so heftig, dass unser Fluss um 3-4 Meter anschwillt. In jener Nacht regnete es wie aus Eimern. Mehrere Male wachte ich auf und beobachtete besorgt den steigenden Wasserstand. Unser Holzboot trieb wie ein Pingpongball in den Wasserströmen hin und her. Als ich in der Morgendämmerung erneut nach dem Boot schauen wollte, war der Schock groß: Es war weg, das Seil war gerissen! Panik und Hilfslosigkeit stieg in mir auf. Was jetzt? Ich weckte meine Frau und die Kinder, erklärte ihnen die Situation, und wir fingen an, gemeinsam zu beten. Während des Gebets kam mir die Geschichte von Noah in den Sinn und so betete ich: »Herr, du bist der Gott, der bei der Sintflut die Arche bewahrt hat und sie sicher auf dem Berg stranden ließ. Herr, du kannst doch auch unser Boot bewahren!« Doch gleich, nachdem ich so gebetet hatte, stiegen Zweifel in mir auf, denn weggeschwemmte Boote erleben hier oft kein Happy End. Sie verschwinden einfach spurlos.

Wie groß aber war unsere Dankbarkeit, als am Nachmittag der Suchtrupp zurückkam und freudestrahlend berichtete, dass sich unser Boot wie durch ein Wunder flussabwärts in einem Busch verfangen und die Karussellfahrt völlig unbeschadet überstanden hatte. Wieder einmal haben wir erlebt: Gott tut Wunder und erhöht Gebet – auch noch heute!

Tony Keller

Wie hätten Sie in dieser Situation reagiert?

Gottes Fürsorge als Familie zu erleben ist ein wahrer Segen.

1. Mose 8,15-22

Und seid voll Dankbarkeit gegenüber Gott!

KOLOSSER 3,15

Dschungel-Erlebnisse (2)

Durch unser langjähriges Sprach- und Kulturstudium haben wir nicht nur gelernt, wie wir uns mit unseren einheimischen Freunden verständigen können, sondern sind auch ein Teil der Gesellschaft geworden. Hier ist das Verständnis von Privateigentum so gut wie nicht vorhanden. Alles wird geteilt, geliehen oder erbeten. Die wörtliche Übersetzung für die Frage »Dürfte ich bitte etwas davon haben?« lautet: »Gib mir meins!«. Nicht einmal die lästigen Läuse sind Privateigentum, sondern werden aus den Haaren der anderen gepickt und in die eigenen gesteckt!

Im Januar 2024 hatten wir eine Läuseplage im Haus, die uns über Wochen auf Trab hielt und an der wir fast verzweifelten. Das erinnerte uns an die Geschichte von Corrie ten Boom, die mit ihrer Schwester Betsie in einem Konzentrationslager der Nazis gefangen gehalten wurde. In einer Baracke eng zusammengepfercht mussten sie nicht nur gegen den Hunger und verschiedenste Krankheiten ankämpfen, sondern auch gegen die lästigen Läuse. Betsie erinnerte ihre Schwester an die Aufforderung aus 1. Thessalonicher 5,18: »Seid dankbar in allem!« Doch Corrie fand keinen Grund, warum sie für diese Biester dankbar sein könnte. Was Corrie und Betsie erst später begriffen, war, dass die Wärter wegen der Läuse die Baracke nicht betraten. Die Läuse waren also der Grund, warum die beiden Schwestern ungestört Bibelstunden halten und die anderen Insassen ermutigen konnten! Der Fluch wurde zum Segen.

Ermutigt durch diese Geschichte fingen auch wir an, Gott für die Läuse zu danken. Und auch wir merkten, dass die Läuse einen Zweck erfüllten. Sie vertieften nämlich unsere Beziehungen im Dorf, denn es gibt nichts, was unsere Freunde mehr lieben, als gemütlich bei uns auf der Terrasse zu sitzen und uns zu entlausen. *Tony Keller*

? Gibt es Situationen in Ihrem Leben, in denen es Ihnen schwerfällt, dankbar zu sein?

! Gott kann auch Ihnen einen Perspektivwechsel geben.

✝ Lukas 17,11-19

Der HERR behütet deinen Ausgang und Eingang von nun an bis in Ewigkeit.

PSALM 121,8

Dschungel-Erlebnisse (3)

Wenn man als Kind im Dschungel aufwächst, erlebt man viele Abenteuer, die das Leben reich machen. Obendrein minimiert die Naturverbundenheit den Drang nach medialem Konsum, wodurch sich die Kreativität frei entfalten kann. Schilder und Speere werden gebaut, Baumhäuser errichtet; es wird um die Wette geschnitzt. Als Eltern von vier Kindern sind wir uns aber auch der allgegenwärtigen Gefahr, die solche »Kreativität« mit sich bringt, bewusst. Täglich beten wir um Bewahrung. Oft haben wir diese schon erfahren, andere Male haben wir ganz praktisch Gottes Fürsorge in Notfällen erlebt.

Ein Beispiel vom Beginn des Jahres 2024: Wir hatten gerade Besuch aus Deutschland. Und nicht irgendwelchen – denn normalerweise kommen Gäste nicht ausgerüstet mit einem Koffer voller Medikamente, Nähzeug und medizinischer Instrumente zu uns. Unsere Besucherin schon, sie ist nämlich leidenschaftliche OP-Schwester. Doch hatte niemand damit gerechnet, dass sie auch bei uns einige OPs durchführen würde … Nur Gott wusste das bereits! Zwei Stunden nach ihrer Ankunft hatten wir schon die erste klaffende Kopfwunde, die sich ein betrunkener Mann aus unserem Dorf selbst zugefügt hatte. Sie musste mit vier Stichen genäht werden. Zwei Tage später hörten wir vom Fluss her einen markerschütternden Schrei. Kurz darauf sahen wir unseren siebenjährigen Jungen blutüberströmt auf uns zukommen – mit einem Loch in der Wange! Wir wären mit dieser Situation völlig überfordert gewesen, doch unser Herr Jesus Christus hatte uns zur richtigen Zeit seine Hilfe geschickt.

Diese und andere Erlebnisse mit Gott haben uns gelehrt, ihm in jeder Lage zu vertrauen. Kein Notfall kommt für ihn unerwartet! Wenn wir uns hilflos fühlen, hat er doch alles unter Kontrolle. *Tony Keller*

? Wann wurde Ihnen schon mal in einer Notfallsituation geholfen?

! Wer Gott vertraut, darf immer mit seinem Eingreifen rechnen.

✝ 2. Könige 6,14-16

Er ist für alle gestorben, damit die, die leben, nicht mehr sich selbst leben, sondern dem, der für sie gestorben und auferweckt worden ist.

2. KORINTHER 5,15

»Christ und gar nichts anderes«

Heute vor 80 Jahren wurde Graf Helmuth James von Moltke wegen seines gewaltlosen Widerstandes gegen das NS-Regime im Gefängnis Berlin-Plötzensee ermordet. Der Vorwurf des »Volksgerichtshofs« unter Roland Freisler lautete: Moltke und seine Mitstreiter hätten darüber nachgedacht, wie in der Zeit nach Hitler ein Deutschland entstehen könnte, das sich auf sittliche und demokratische Grundsätze besinnt. Freisler hielt dies für ein todeswürdiges Vergehen.

Im Prozess erklärte Moltke, er stehe vor Gericht »nicht als Protestant, nicht als Großgrundbesitzer, nicht als Adliger, nicht als Preuße, nicht als Deutscher … sondern als Christ und gar nichts anderes.« Er war ein eifriger Bibelleser. »Wenn du einmal die Bibel wirklich ernsthaft zu lesen beginnst, darfst du dich nicht darauf beschränken, was dir passt, sondern du musst dich auch und gerade mit dem herumschlagen, was dir nicht passt. … Deswegen meine ich, dass meine Methode richtig ist, die ganze Bibel Wort für Wort immer wieder von vorne bis hinten zu lesen.«

Was Moltke schon früh am Nationalsozialismus störte, war dessen Absolutheitsanspruch auf den ganzen Menschen. Darin sah er eine deutliche Grenzüberschreitung und eine Ersatzreligion, die zum Scheitern verurteilt ist. Richter Freisler formulierte das Problem sehr deutlich: »Herr Graf, eines haben das Christentum und wir Nationalsozialisten gemeinsam, und nur dies eine: Wir verlangen den ganzen Menschen.« Eine tiefe Jesusliebe bewegte den Grafen, den Total-Anspruch weltlicher Ideologien abzulehnen. Ein für ihn besonders prägendes Bibelzitat war Jeremia 11,19-20: »Ich war wie ein zahmes Lamm, das zum Schlachten geführt wird … Herr, dir habe ich meine Rechtssache anvertraut.«

Gerrit Alberts

? Jesus verlangt den ganzen Menschen. Wie viel gestehen Sie ihm zu?

! Probieren Sie es aus, die ganze Bibel Wort für Wort von vorne bis hinten zu lesen, und beobachten Sie, was das mit Ihnen macht!

† Galater 2,19-21

Wenn die Hoffnung, die Christus uns gegeben hat, nicht über das Leben in der jetzigen Welt hinausreicht, sind wir bedauernswerter als alle anderen Menschen.

1. KORINTHER 15,19

Der Unterschied

Konfuzius, Mohammed, Siddhartha Gautama (genannt Buddha) oder Zarathustra sind bekannte Religionsstifter. Ebenso zählen uns weniger geläufige Namen wie Parshvanata, Laozi oder Sultan Sahak dazu. Auch Jesus Christus wird als Stifter einer Weltreligion angesehen, nämlich des Christentums. Angesichts dieser verwirrenden Vielfalt von Religionen denken viele, dass es gleichgültig sei, an was man glaube, Hauptsache, man sei damit glücklich. Oder es wird behauptet, hinter all den unterschiedlichen Göttern stecke nur ein einziger Gott, der sich auf unterschiedliche Weise in den verschiedenen Religionen verehren lasse. Ein Gott also, der viele Namen habe, je nach Vorstellung der Menschen, die sich zu ihm halten.

Jesus Christus allerdings bricht mit diesen Vorstellungen radikal. Er nimmt für sich in Anspruch, dass er *der* Weg, *die* Wahrheit und *das* Leben ist und dass niemand zu Gott kommen kann als nur durch ihn (Johannes 14,6). Das schließt die Annahme aus, es gebe viele Wege – auch über andere Religionen – zu Gott. Jesus Christus allein beansprucht, dass er ganz Gott ist, der Mensch wurde und sich uns somit unmittelbar und verständlich offenbart hat. Nur über ihn können wir Gott kennenlernen, wie er wirklich ist (Kolosser 1,15). Seine Einzigartigkeit wird schließlich ganz besonders dadurch belegt, dass er nach dem Zeugnis der Heiligen Schrift der Einzige ist, der von den Toten auferstanden ist. Dieser Umstand gibt allen, die an ihn glauben, die Gewissheit, dass sie auch von den Toten auferstehen und ewiges Leben bei Gott haben werden.

In Jesus liegt der entscheidende Unterschied. Seinetwegen habe ich eine sichere Hoffnung, die über dieses Leben hinausgeht!

Daniela Bernhard

? Was gibt Ihnen Hoffnung?

! Jesus macht den Unterschied!

† 1. Korinther 15,54-58

Jesus sagte zu den Leuten: »Ich bin das Licht der Welt. Wer mir nachfolgt, braucht nicht im Dunkeln umherzuirren, denn er wird das Licht haben, das zum Leben führt.«

JOHANNES 8,12

Auf Glückssternsuche?

Nachfolgende dichterische Verse erreichten mich über meine Freundin Sonja, die sie mit mir teilen wollte:

»Was Du gerne möchtest, werde wahr. / Dein *Glücksstern* leuchte hell und klar. / Deinen Optimismus sollst Du nie verlieren. / Die Festplatte sei stets ohne Viren. / Auf Arbeit nur sehr wenig Stress. / Verdienst und Urlaub generös. / Beim Lotto einen Hauptgewinn. / Reserven stets an Energien. / Gespür für wirklich Wichtiges. / Ein dickes Fell für Nichtiges. / Erfahrungen mit gutem Händchen. / Kontakte nur zu netten Menschen. / Humor in allen Lebenslagen. / Gesundheit dann an allen Tagen. / Die Übersicht an allen Fronten. / Und ein paar Euro auf den Konten. / An jedem Tag etwas zu lachen. / Und Dinge, die Dir Freude machen.«

So, wie diese Reime auszudrücken versuchen, befinden sich tatsächlich zahlreiche Menschen auf der Suche nach ihrem Lebensglück, dargestellt durch einen *Glücksstern*, der hell und klar leuchten soll, damit alle Wünsche und Träume in Erfüllung gehen mögen. Aber wo ist er zu finden, außer in der Vorstellung von dem- oder derjenigen, die diesen Text verfasst hat?

Die Bibel spricht stattdessen von einem »Licht der Welt«. Jesus sagt ganz klar, dass er dieses Licht ist und dass derjenige, der ihm nachfolgt, nicht länger in der Dunkelheit der Welt umherirren muss, sondern das Licht haben wird, das ihn zum ewigen Leben in der Herrlichkeit Gottes führt. Gleichzeitig ist er auch der Weg, der zum nachhaltig wahren Lebensglück führt. Er gaukelt nichts vor, garantiert kein sorgenfreies Leben, aber wir dürfen uns vollkommen auf Gottes Wort verlassen, dass er uns zu keiner Zeit im Stich lässt, sondern durch die Herausforderungen des Alltags begleitet, dunkle Täler erleuchtet, wenn wir uns ihm im Glauben und Vertrauen zuwenden.

Manuela Basista

? Wo leuchtet Ihr Glücksstern?

! Nehmen Sie ernst, dass nur Jesus Sie zum wahren Lebensglück führt!

† Johannes 14,4-6

26 JANUAR Ehegattentag **SONNTAG**

Gott schuf den Menschen nach seinem Bild ... als Mann und Frau schuf er sie.

1. MOSE 1,27

Als Mann und Frau geschaffen ...

Menschliches Leben ist etwas Besonderes. Wir sind nicht nur Gott ähnlich geschaffen, sondern auch als Mann und Frau.

Adam fehlt ein Gegenüber. Tiere reichen da nicht aus, deshalb bekommt der Mann seine Frau. Mann und Frau passen gut zusammen. Nach jedem Schöpfungsakt heißt es: »Und Gott sah, dass es gut war« – nach der Schaffung des Menschen stellt er fest: »sehr gut«. Von Anfang an wird die Polarität von Mann und Frau betont. Die Andersartigkeit ist von Gott gewollt. Er hat Mann und Frau individuell in Handarbeit gefertigt. Unsere unverwechselbare körperliche Individualität entspricht seinem Willen. Der Unterschied besteht in der Anatomie und im Material: Adam wurde aus dem Staub geschaffen und Eva aus Adams Rippe. Der Unterschied betrifft aber nicht nur den Körper, sondern den ganzen Menschen im Denken, Fühlen und Empfinden. Die Unterschiedlichkeit hat übrigens nichts mit Wertigkeit zu tun. Wir haben eben unterschiedliche Fähigkeiten, Aufgaben und Verantwortung. Der Versuch absoluter Gleichschaltung von Mann und Frau widerspricht der Absicht Gottes. So ergänzen sich Mann und Frau. Ich lerne das nach über 40 Ehejahren immer mehr schätzen.

Mann und Frau sind also gleich viel wert. Beide wurden von Gott geformt. Beide sind im Bild Gottes geschaffen. Beide sind von Gott geliebte Persönlichkeiten. Und so sollen wir auch einander in Liebe und Wertschätzung begegnen. Das ist die besondere Botschaft der Bibel. Leider gibt es heute Ideologien, wo dieses von Gott gewollte gute Miteinander nicht gelehrt und auch nicht gelebt wird. Gottes Schöpfung und Ordnungen sind gut. Wenn wir sie missachten, hat das immer negative Folgen. Das spüren wir zunehmend in unserer Gesellschaft.

Hartmut Jaeger

? Wie wertvoll ist für Sie die Unterschiedlichkeit von Mann und Frau?

! Die Ordnung, für die Gott in der Schöpfung gesorgt hat, bringt nachhaltig Stabilität in Familie und Gesellschaft.

† Epheser 5,22-29

Schaut und seht, ob es einen Schmerz gibt wie meinen Schmerz, der mir angetan worden ist.

KLAGELIEDER 1,12

Auschwitz

Heute vor 80 Jahren befreiten sowjetische Soldaten das Vernichtungslager Auschwitz. Die Befreier trafen auf 7600 ausgehungerte Gefangene. Bis dahin wurden hier etwa 3,5 Millionen Menschen, darunter mindestens 1 Million Juden, vergast. Bis heute ist Auschwitz ein Symbol für den Holocaust, der Vernichtungsaktion der Nationalsozialisten gegen die Juden.

Der Name Auschwitz ist auch auf einem Mahnmal in einer Stadt in Niedersachsen zu lesen, ebenso wie der Tagesvers in hebräischer Sprache. Das Mahnmal soll an die ermordeten Juden aus dieser Stadt erinnern und daran, wo sie getötet wurden. Der Künstler, ein gläubiger Christ, erläutert: »Das Mahnmal hat die Form einer Säule, die an der einen Seite aufgebrochen, verletzt ist. Bei genauem Hinsehen zeigt sich jedoch im unteren Teil der Säule ein Altar, über dem sich Flammen erheben. Auf derselben Höhe sind auch die Namen der Opfer angebracht. Die Flammen können zum einen als immer brennende Mahnung, zum anderen aber auch als Flammen im Sinne von Holocaust verstanden werden. Das griechische Wort ›Holocaust‹ bedeutet nämlich Ganzopfer oder die vollständige Verbrennung des Opfertieres.«

Doch die Juden wurden nicht vollständig vernichtet. Wir können staunen, wenn wir uns den Weg des Volkes Israel durch die Geschichte ansehen. Immer wieder wurde versucht, die Juden auszulöschen. Doch das gelang nie. Denn zu allen Zeiten hat Gott sein auserwähltes Volk bewahrt. Sogar ihren eigenen Staat durften sie 1948 gründen, umgeben von erbitterten Feinden. Dies bezeugt eindrücklich, dass Gott mit seinem Volk Israel seine Geschichte schreibt und es gegen jeden Widerstand erhalten wird, bis Jesus Christus wieder auf dieser Erde erscheinen wird, um zu herrschen. Dann wird Israel eine zentrale Rolle spielen.

Herbert Laupichler

? Warum gibt es so viel Antisemitismus?

! Was mit Gott in Verbindung steht, geht vielen Menschen gegen den Strich.

† Römer 11

Jesus stieg in eins der Boote, das Simon gehörte, und bat ihn, ein Stück auf den See hinauszufahren. So konnte er sich setzen und die Menge vom Boot aus unterweisen.

LUKAS 5,3

Lebensverändernde Entscheidungen (1)

Angeblich treffen wir täglich bis zu 20 000 Entscheidungen, die meisten davon unbewusst. Nur 10 % der Entscheidungsprozesse laufen bewusst ab – und von denen haben viele keine große Bedeutung für unser Leben: blaue oder graue Socken, Erdbeer- oder Vanillejoghurt usw. Aber dann gibt es Entscheidungen, die wie Wegkreuzungen sind. Sie verändern den Verlauf unseres Lebens völlig.

Simon Petrus traf an einem Tag seines Lebens gleich drei solcher Entscheidungen: Sie bauten aufeinander auf und führten dazu, dass wir diesen vorher unbedeutenden Fischer aus Bethsaida fast 2000 (!) Jahre später noch kennen. Sie veränderten nicht nur sein eigenes Leben grundlegend, sondern bewirkten, dass er bis heute unzählige Menschen beeinflusst.

Zunächst war es ein ganz normaler Tag – oder besser gesagt ein Tag, auf den man auch hätte verzichten können. Petrus hat gerade eine vergebliche Nachtschicht hinter sich. Die ganze Nacht hat er mit seinen Kollegen geschuftet und nicht einen einzigen Fisch gefangen! Als er dann morgens gerade beim letzten Arbeitsschritt ist und die Netze wäscht, taucht plötzlich Jesus in seinem Alltag auf: Er möchte Petrus' Boot als schwimmende Kanzel benutzen, um von da aus zur Volksmenge zu reden. Petrus muss hundemüde und auch frustriert gewesen sein, aber er entscheidet sich, der Bitte Jesu nachzukommen, und hört in der Folge aus nächster Nähe das Wort Gottes. Das war die erste Entscheidung, mit der seine gewaltige Lebensveränderung ihren Lauf nahm.

Haben Sie sich schon einmal Zeit genommen für das Wort Gottes, *obwohl* der Alltag voll ist und Sie vielleicht müde sind? Haben Sie sich schon mal Zeit genommen, sich wirklich eine eigene Meinung zu bilden über das, was Jesus sagen will?

Stefan Hasewend

? Was würden Sie tun, wenn Jesus plötzlich in Ihrem Alltag auftauchen würde?

! Das könnte z. B. dadurch passieren, dass mit Ihnen jemand über Jesus redet. Lassen Sie sich darauf ein!

† Lukas 5,1-11

»Aber Rabbi«, wandte Simon ein, »wir haben uns die ganze Nacht abgemüht und nichts gefangen. Doch weil du es sagst, will ich die Netze noch einmal auswerfen.«

LUKAS 5,5

Lebensverändernde Entscheidungen (2)

Gestern haben wir gesehen, wie Petrus sein Boot Jesus zur Verfügung gestellt hat, obwohl er eine erfolglose Nachtschicht hinter sich hatte. Es ist nicht überliefert, worüber Jesus bei dieser Gelegenheit predigte, aber es muss etwas ganz Faszinierendes gewesen sein; etwas, das Petrus bei seiner nächsten lebensverändernden Entscheidung half.

Jedenfalls sagte Jesus nach der Predigt zu Petrus, er solle nochmals hinausfahren und die Netze zu einem Fang auswerfen. Was muss da in dem Profi-Fischer vorgegangen sein! *Er* war der Experte. *Er* kannte den See Genezareth wie seine Westentasche und hatte bereits alles versucht – vergeblich! Und jetzt kommt Jesus – ein Zimmermann – und will ihm seinen Job erklären? Es ergab menschlich gesehen einfach keinen Sinn, am helllichten Tag noch einen Versuch zu unternehmen.

Aber Petrus antwortete mit dem heutigen Tagesvers und traf die zweite lebensverändernde Entscheidung: »... weil du es sagst, will ich die Netze noch einmal auswerfen.« Er entscheidet sich dafür, Jesus *mehr* zu vertrauen als seiner eigenen Einschätzung der Lage und Berufserfahrung. Es geht hier nicht mehr nur darum, Gottes Wort zu hören, sondern auch darum, es zu glauben – Gott beim Wort zu nehmen und zu tun, was er sagt! Als Petrus diesen Schritt wagte, erlebte er den Fang seines Lebens. Er fing mit seinen Leuten so viele Fische, dass zwei Fischerboote vor lauter Gewicht zu sinken drohten. Ein gewaltiges Erlebnis!

So etwas möchte jeder erleben, oder? Aber vergessen wir nicht, wie es dazu kam: Petrus hat sich ganz auf Jesu Zusage verlassen. Dazu kam es, weil er sich vorher Zeit genommen hatte, ihm gründlich zuzuhören und sich eine eigene Meinung zu bilden. Dadurch lernte er, dass Jesus *vertrauenswürdig* ist.

Stefan Hasewend

? Haben Sie Jesus schon einmal beim Wort genommen?

! Wer sich auf Jesu Wort verlässt, kann auch heute noch Wunder erleben.

† Lukas 5,1-11

Als Simon Petrus das sah, kniete er sich vor Jesus hin und sagte: »Herr, geh weg von mir! Ich bin ein sündiger Mensch!«

LUKAS 5,8

Lebensverändernde Entscheidungen (3)

Gestern waren wir dabei, als Petrus diesen unglaublichen Fang machte. So viele Fische hätte er die ganze Nacht nicht fangen können – Happy End! Man würde erwarten, dass er Jesus um den Hals fällt und über die Maßen glücklich ist. Doch er reagiert ganz anders – nämlich so, wie im heutigen Tagesvers beschrieben.

Vielleicht kennen Sie diese Erfahrung: Man schaut morgens im Badezimmer flüchtig in den Spiegel. Okay – sieht ganz gut aus. Aber dann schaltet man das Licht an und ein ganz anderer Anblick erwartet einen: Hier ein paar Falten, da ein Pickel, rasieren sollte man sich auch mal wieder ... Auf einmal sind alle »Mängel« aufgedeckt.

Genau das passiert hier mit Petrus. Er hatte Jesus vorher bereits gekannt, schon einiges von ihm gehört und mit ihm erlebt. Aber jetzt hat er hautnah ein Wunder erfahren – und mit einem Schlag wurde ihm klar: »Dieser Mann, der da bei mir im Boot sitzt, ist wirklich *Gott*. Er ist nicht einfach nur ein Prophet, der Worte Gottes redet, er ist Gott selbst! Nur Gott kann so ein Schöpfungswunder tun.«

Petrus erlebte Gottes Herrlichkeit aus unmittelbarer Nähe. Und in diesem Licht wurde ihm seine eigene Unzulänglichkeit schlagartig bewusst. Er erkannte sich als sündigen Menschen, obwohl er keine Bank ausgeraubt und niemanden umgebracht hatte und fleißig arbeitete. Seine Notlügen, seine manchmal verletzenden Worte, seine schlechten Gedanken, die Dinge, die er aus seinem Leben löschen wollte – all das demaskierte ihn als Sünder. Und es machte Klick: Jesus und ich – das passt nicht zusammen! Kein fehlerhafter Mensch kann mit einem vollkommenen Gott Gemeinschaft haben.

Umso wunderbarer ist Jesu Reaktion, die zu Petrus' dritter Entscheidung führt ...

Stefan Hasewend

? Hatten Sie schon einmal ähnliche Gedanken wie Petrus hier?

! Durch das Lesen in der Bibel schalten wir das Licht an.

✝ Hebräer 4,12-13

Dann zogen sie die Boote an Land, ließen alles zurück und folgten Jesus.

LUKAS 5,11

Lebensverändernde Entscheidungen (4)

Gestern haben wir gesehen, wie Petrus sich als sündiger Mensch erkannte, der mit Jesus eigentlich keine Gemeinschaft haben konnte. Und damit hat er recht! Was für eine gewaltige Kluft besteht doch zwischen uns fehlerhaften Menschen und dem vollkommenen, sündlosen Sohn Gottes. Aber wenn wir uns selbst als verlorene Sünder erkennen, hat Jesus eine wunderbare Botschaft für uns. Es ist die gleiche, die er hier für Petrus hat: »Fürchte dich nicht!«

Jesus erklärt an anderer Stelle genauer, wieso Petrus sich nicht fürchten muss. Im Kapitel 19 des Lukasevangeliums sagt er im Vers 10 über sich selbst: »Der Menschensohn ist ja gekommen, um zu suchen und zu retten, was verloren ist.« Was für eine herrliche Rettungsbotschaft! Jesus rettet *jeden*, der sich als verlorener Sünder erkennt. Das hat er am Kreuz gemacht, indem er dort stellvertretend das Gericht über unsere Sünden getragen hat. Wer das in Anspruch nimmt und darauf vertraut, dem kann Gott folglich Vergebung schenken. Und dann ist Gemeinschaft zwischen ihm und uns möglich.

Aber Jesus verspricht Petrus noch mehr: »Von jetzt an wirst du Menschenfischer sein.« Das bedeutet so viel wie: *Du* wirst mithelfen, dass *andere* Menschen mich kennenlernen und ebenfalls gerettet werden. Petrus bekam damit eine völlig neue Perspektive für sein Leben. Er verstand: Das ist die einzigartige Möglichkeit, mein Leben in etwas zu investieren, das in alle Ewigkeit Bedeutung haben wird. Und so traf er die dritte, die wichtigste, die alles verändernde Entscheidung. Petrus entschied sich dafür, alles aufzugeben, um Jesus nachzufolgen und ihm in allem zu vertrauen.

Was muss im Herzen dieses Mannes passiert sein, dass er alles zurückließ, um mit Jesus zu sein! *Stefan Hasewend*

Wie würden Sie auf die Einladung Jesu reagieren?

Schauen Sie mal, wie Petrus ca. 30 Jahre später über seine Entscheidung dachte (siehe Bibellese)!

1. Petrus 1,3-5

01 | FEBRUAR SAMSTAG

Der Herr ist mein Hirte, mir wird nichts mangeln.

PSALM 23,1

Die Wende

Rabindranath R. Maharaj entstammte einer langen Linie von Brahmanenpriestern. Schon als Kind übte er sich täglich mehrere Stunden in Yoga und Meditation, in geheimnisvollen Riten und Anbetung seiner vielen rätselhaften Götter. Er geriet in transzendentale Zustände und kam mit »Geistern« in Kontakt. Er erlangte so den Titel eines hinduistischen Pandits. Die Bevölkerung betete ihn als Gott an und legte ihre Opfer zu seinen Füßen.

Dennoch erlebte Maharaj viele Enttäuschungen und innere Kämpfe. Dabei kam er auch mit der Bibel in Kontakt, in der er den Tagesvers entdeckte. Dazu schrieb Maharaj später:

»Mein Herz frohlockte bei diesen Worten. Es war mir, als ob eine innere Stimme mahnte, den wahren Gott als meinen Hirten anzunehmen. Aber da war auch eine andere Stimme, die allem widersprach, was der Prediger sagte. Du wirst alles verlieren, warnte sie mich, und sie erinnerte mich an das Ansehen, das ich als großer Pandit ... genießen würde. Und Mutters Herz würde brechen! Wie könnte ich nur Schande über den guten Namen meines Vaters bringen? Beide kämpften gegeneinander, aber die Stimme, die mich zum guten Hirten zog, warb voller Liebe um mich, während die andere Stimme Hass und Drohung verwendete. Wahrlich, dieser Hirte, von dem der Verfasser des Psalms las, war der Gott, den ich gesucht hatte! Auch wenn ich alles andere einbüßen sollte, wenn der Schöpfer mein Hirte würde, was mehr könnte ich mir noch wünschen? Wenn er die Macht hatte, das ganze Universum zu erschaffen, dann wäre es ihm doch ein kleines, für mich zu sorgen?«

Maharaj nahm Jesus Christus als seinen Herrn und seinen Stellvertreter für seine Schuld an. Damit verlor er zwar auf einen Schlag jeden Einfluss, den er bis dahin hatte. Doch er fand echten Frieden mit Gott!

Anna Schulz

? Was würden Sie riskieren, wenn Jesus Ihr Herr würde?

! Jesus wirbt voller Liebe auch um Ihr Herz.

† Psalm 23

Nun aber bleibt Glaube, Hoffnung, Liebe, diese drei …

1. KORINTHER 13,13

Glaube, Hoffnung, Liebe

Kann man eine Bewegung weltweiten Ausmaßes mit nur drei Begriffen auf den Punkt bringen und in ihrem Kern erfassen? Beispiele dafür gibt es, z. B. die Französische Revolution (1789–1795) mit ihrer Parole »Freiheit, Gleichheit, Brüderlichkeit«. Diese drei Schlagworte fallen einem nämlich sofort ein, wenn dieses für Europas Staatenentwicklung so bahnbrechende und prägende Ereignis zum Thema wird. Auch wenn die Reflexion darüber nicht alle Aspekte abdeckt, so kann man anhand dieser drei Begriffe doch Wesentliches erfassen und genauer untersuchen.

Für den christlichen Glauben gibt es auch einen solchen »Dreiklang«, wie unser Tagesvers zeigt. Mit den Begriffen Glaube, Hoffnung und Liebe kommen wir ihm ansatzweise und – wenn wir wollen – auch tiefer gehend auf die Spur. Tatsächlich wird wohl fast jeder an diese drei Worte denken, wenn er gefragt wird, was es mit dem Christentum auf sich hat. Es lohnt sich also, diese Schlagworte genauer zu bedenken, denn sie führen uns zu Fakten und Wahrheiten, die – mehr noch als die Schlagwörter der französischen Revolution – unser Miteinander als Menschen betreffen. Ja, sie erschließen uns sogar ein Spektrum, das weit darüber hinausgeht und noch viel größere Tragweite hat: nicht nur unser Verhältnis als Menschen untereinander, sondern vor allem auch zu dem ewigen Gott und seinem Sohn Jesus Christus – bis hin zum ewigen Leben, also der Existenz über unser irdisches Dasein hinaus.

Der Glaube bildet die Grundlage. Er verschafft uns Zugang zu Gott und zu dem, was er für seine Kinder im Sinn hat. Die Hoffnung ist mit der Erwartung einer ewigen Zukunft verbunden. Sie ist das Netz, das uns auffängt aus dem tiefen Fall eines Lebens ohne Gott. Und die Liebe ist wie ein prächtiges Gewand, das alles wunderbar zusammenhält.

Joachim Pletsch

? Welche Dimensionen lassen sich anhand dieser drei Begriffe in Ihrem Leben erschließen?

! Schreiben Sie alles auf ein Blatt Papier, was Ihnen dazu einfällt!

Apostelgeschichte 24,14-16

Mächtiger als das Tosen gewaltiger Wasser, wuchtiger Brecher des Meeres, mächtiger ist der HERR in der Höhe.

PSALM 93,4

Die Februarflut von 1825

Heute vor 200 Jahren entwickelte sich eine der schwersten Nordseesturmfluten der letzten Jahrhunderte. Sie verursachte massive Schäden entlang der Küsten Deutschlands, Dänemarks und der Niederlande. Die Wucht der gewaltigen Brecher traf auf marode Deiche, diese waren durch vorangegangene Fluten und Regenfälle durchweicht und der Küstenschutz wegen wirtschaftlicher Krisen vernachlässigt. Die Folgen: Etwa 800 Menschen und 45 000 Tiere ertranken in den Fluten! Teile Sylts brachen durch die Sturmwellen ins Meer und das nördliche Jütland wurde zu einer Insel, ganze Halligen wurden überschwemmt.

Während unseres letzten Herbsturlaubs erlebten wir einmal selbst eine kleine Sturmflut. Dort, wo wir am Tag zuvor noch bei friedlichem Sonnenschein und spiegelglatter See eine Strandwanderung unternommen hatten, brachen in den Folgetagen die ungezügelten Wassermassen über den Küstenstreifen herein. Ein wirklich atemberaubender, aber auch erschreckender Anblick.

Die Bibel verwendet nicht umsonst solche uns bekannten wuchtigen Naturphänomene, um zu beschreiben, wie gewaltig Gott ist. Sind die großen Wellen schon mächtig, so Gott noch viel mehr. Seine Macht ist gigantisch, atemberaubend, zugleich erschreckend. Wer möchte, ja, wer kann einem solchen Gott begegnen? Zumal er aufgrund unserer Lebensschuld zu Recht zornig auf uns ist! Es ist daher unverzichtbar, zu verstehen, dass Jesus den gewaltigen Sturm des Zornes Gottes über unsere menschliche Ungerechtigkeit längst gestillt hat. Wer zu ihm flieht, der muss sich nicht mehr davor fürchten, diesem mächtigen Gott zu begegnen. Denn durch Jesus (allein) wird Gott zu unserem Vater, der seine Kinder liebt. Wer sich zu ihm stellt, zu dem stellt sich Gott!

Arndt Plock

? Wann haben Sie schon einmal Sturmfluten im persönlichen Leben getroffen?

! Diese Sturmfluten können ein Ruf zurück zu ihrem mächtigen und gütigen Schöpfer sein.

† Markus 4,35-41

»Aber das Wort des Herrn bleibt gültig für immer und ewig.« Und genau dieses Wort ist die rettende Botschaft, die euch verkündet wurde.

1. PETRUS 1,25

»Indiana Jones der Bibelwissenschaft«

So nannte der WDR den Bibelforscher Lobegott Friedrich Constantin von Tischendorf. Dieser wollte eigentlich Dichter werden, doch man riet ihm ab, und so studierte er Theologie und Philologie. Früh wurde sein Talent für alte Sprachen erkannt. Durch die Entzifferung eines als unlesbar geltenden Bibelkodex aus dem fünften Jahrhundert, der später überschrieben worden war, machte er von sich reden.

1844 unternahm er eine Orientreise, die ihn auch in das entlegene Katharinenkloster auf der Sinaihalbinsel führte. In dem Kloster entdeckte er – in einem Mülleimer – 129 Blätter eines uralten Kodex in griechischer Sprache. Es handelte sich um Texte der Bibel aus dem vierten Jahrhundert – ein unglaublicher Fund! 43 Blätter durfte er mitnehmen. Eine zweite Reise im Jahr 1853 dorthin mit dem Ziel, weitere Blätter zu erwerben, blieb ohne Erfolg. Aber seine dritte Reise brachte den Durchbruch: Am Abend des 4. Februar 1859 übergab ihm ein Mönch des Klosters die restlichen Blätter dieses Kodex, u. a. mit dem Neuen Testament. Auf diese wundersame Weise wurde der sogenannte *Codex Sinaiticus* gesichert, der große Teile des Alten und ein vollständiges Neues Testament in altgriechischer Sprache enthält.

Für die Bibelforschung ist dieser Fund von unschätzbarem Wert. Er verbindet viele Fragmente und macht im Abgleich mit anderen Kodizes klar: Gottes in der Bibel überliefertes Wort ist verlässlich und zeitlos. Es ist belastbar und sicher. Es ist gültig für immer und ewig. Und Gott hat Mittel und Wege, um uns dieses Wort über die Zeit hindurch zu überliefern und zu bestätigen, damit die darin enthaltene rettende Botschaft von Jesus Christus auch heute noch jedem verkündet werden kann.

Markus Majonica

? Welche Fragen haben Sie an die Glaubwürdigkeit der Bibel?

! Gott, der alles kann, kann auch seine Botschaft sicher bewahren.

† Matthäus 24,35

Der Glaube aber ist eine Wirklichkeit dessen, was man hofft, ein Überzeugtsein von Dingen, die man nicht sieht.

HEBRÄER 11,1

Glaube (1) – Was ist Glaube?

In einer Zeit, in der man so viel Wissen aufgehäuft hat wie nie zuvor in der Geschichte des Menschen, steht der Glaube nicht sehr hoch im Kurs. Wenn alles Wissen zur Verfügung steht, wozu dann noch glauben?, ist bei vielen die Grundeinstellung heute. Ist denn »wissenschaftlich« tatsächlich alles erfasst, was uns als Menschen und die Realität, die wir erfahren, betrifft?

Bei Weitem nicht! Und selbst wenn es wirklich so wäre, was würde uns das nützen? Wären wir dann nicht gnadenlos und kalt wie Maschinen, die immer nur nach den Fakten »entscheiden« würden, ohne Herz, Seele und nur mit ein bisschen »Verstand«? Menschsein bedeutete schon immer unendlich mehr und beinhaltet auch Dimensionen, die wissenschaftlich gar nicht fassbar zu machen und schon gar nicht zu beherrschen sind. So gehören z. B. Freiheit, Liebe, Gerechtigkeit zu einer »höheren« Ordnung, die »technisch« gar nicht greifbar, geschweige denn herstellbar sind. Und doch gehören sie zum essenziellen Kern menschlichen Seins.

Was ist nun Glaube? Glaube bezieht sich auf etwas, das dem Zugriff der menschlichen Sinne entzogen, aber trotzdem Wirklichkeit ist – ersehnbar, erhoffbar und sogar erlebbar. Biblischer Glaube kann alles verändern und in Bewegung bringen. Er ist die Überzeugung von Dingen, die man nicht sieht, spürt oder riecht, die aber dennoch real sind. Biblischer Glaube hat den Bezug zu etwas außerhalb meiner selbst – den Bezug zu Gott. Die Fähigkeit, an etwas zu glauben, ist in jedem Menschen angelegt, aber er muss uns in gewisser Hinsicht auch geschenkt werden. Man kann allerdings auch in einem Willensakt das, was zu glauben wäre, aus seinem Leben ausschließen – mit allen Konsequenzen, die das haben wird.

Joachim Pletsch

? Sind Sie offen dafür zu glauben, oder verlassen Sie sich nur auf das, was sie sehen?

! Wer (an Gott) glaubt, hat mehr vom Leben.

✝ Hebräer 11,7

Ohne Glauben aber ist es unmöglich, ihm wohlzugefallen; denn wer Gott naht, muss glauben, dass er ist und denen, die ihn suchen, ein Belohner sein wird.

HEBRÄER 11,6

Glaube (2) – Was soll man glauben?

Genauso unsinnig wie der Satz »Ich glaube nur, was ich sehe« (s. gestrige Andacht) ist die Behauptung – im Sinne der heute geforderten Toleranz – »Egal, was du glaubst, Hauptsache du glaubst«. Denn damit wird Glaube zwar als ein mehr oder weniger bereicherndes Element für die menschliche Identität definiert, aber die Wirklichkeit von Dingen außerhalb unserer sinnlichen Wahrnehmung im Grunde geleugnet.

Das Gegenüber des Glaubens ist jedoch das Entscheidende. Es kann ein toter Götze oder der lebendige Gott sein. Von einem Götzen werde ich keine Hilfe bekommen, von einem lebendigen Gott schon, wenn ich ihn demütig darum bitte. Ein toter Götze redet nicht, der lebendige Gott schon seit ewigen Zeiten. Ein toter Götze ist zu gar nichts fähig, der lebendige Gott aber vermag alles. Einem toten Götzen bin ich völlig egal, dem lebendigen Gott, der uns Menschen liebt, aber nicht. So und noch größer und umfassender stellt ihn uns die Bibel vor: unfassbar, aber doch greifbar nahe. Unberechenbar, aber doch zuverlässig. Verborgen, aber doch wahrnehmbar. Unverfügbar, aber doch unübersehbar aktiv, wenn es darum geht, uns Menschen für sich zu gewinnen.

Und dazu sandte er seinen Sohn, Jesus Christus, in diese Welt. Dieser machte deutlich, wie sehr uns Gott liebt. Denn er gab sein Leben für uns, bezahlte für unsere Schuld vor Gott und machte den Weg frei zu Gott. Durch den Glauben an ihn kann nun jeder Gemeinschaft mit dem lebendigen Gott haben, der schon seit ewigen Zeiten existiert und auch in Zukunft immer da sein wird. Was also können und sollen wir glauben? Jesus selbst sagt uns: »Dies ist das Werk Gottes, dass ihr an den glaubt, den er gesandt hat« (Johannes 6,29). Damit fängt alles an.

Joachim Pletsch

? Wollen Sie dem lebendigen Gott begegnen oder am Ende leer ausgehen?

! Gott hat alles dafür getan, dass wir zu ihm gelangen können. Wir brauchen ihm nur verbindlich unser »Ja-Wort« zu geben.

† Römer 8,31-39

Denn mit dem Herzen wird geglaubt zur Gerechtigkeit …

RÖMER 10,10

Glaube (3) – Was bewirkt Glaube?

Der Entschluss, eine schon länger erwogene Option endlich anzugehen, öffnet die Tür zu etwas Neuem, vielleicht Einzigartigem. Der Besuch eines Museums zum Beispiel eröffnet eine bisher vielleicht unbekannte Welt. Das Bewerbungsgespräch und die darauffolgende Einstellung führen ein in eine ganz neue Berufswelt und den so notwendigen Erwerb fürs Leben. Der Heiratsantrag eröffnet den Beginn einer bleibenden liebevollen und beglückenden Beziehung – möglichst ein ganzes Leben lang. Fast jeder kennt solche Entschlüsse und Durchbrüche und hat Schlüsselmomente in seinem Leben erfahren, die den Weg in eine hoffnungsvolle Zukunft eröffneten.

Mit dem Glauben ist es ähnlich. Der Herzensentschluss zu glauben ist das Schlüsselerlebnis zu wahrem Leben und ewigem Glück. Zu dem einzigen und lebendigen Gott durch Glauben eine Beziehung aufzunehmen verändert alles: nie mehr auf sich allein gestellt, für immer geliebt und geborgen, in Sicherheit! Diese Bestimmung fürs Leben zu finden eröffnet ganz neue Perspektiven des Handelns und Schaffens – von bleibendem Wert und mit ewigem Lohn. Die Begegnung mit dem, was Gott in der *Vergangenheit* tat, aufgeschrieben in der Bibel, vermittelt dem Glaubenden das Verständnis für die *Gegenwart* und *Zukunft* und stärkt ihn, in den Herausforderungen des Lebens standzuhalten.

Zu all dem und noch viel mehr verschafft mir der Glaube Zugang. Er bewirkt meine Gerechtigkeit vor Gott. Er befreit mich von der Last meiner Schuld vor Gott. Er schenkt mir den längst fälligen Neustart und garantiert mir für ewig, von Gott als sein Kind aufgenommen und angenommen zu sein: gereinigt, geheiligt, gerechtfertigt, »vollkommen gemacht« (vgl. Hebräer 10,14). So weit kann es gehen mit dem Glauben, zu dem hier täglich eingeladen wird.

Joachim Pletsch

Ist Ihnen gerade klar geworden, dass Ihnen noch etwas fehlt?

Dann fassen Sie doch den Entschluss zu glauben und entdecken Sie das neue Leben, das der Glaube an Jesus eröffnet!

Epheser 1,3-14

Doch ich weiß: Mein Erlöser lebt; und als der Letzte wird er über dem Staub stehen. ... Ja, ich werde ihn für mich schauen; dann sehen ihn meine Augen, aber nicht als Fremden.

HIOB 19,25.27

Glaube (4) – Wie lange muss man glauben?

Diese unendlich langen Spaziergänge! Als Kinder haben wir sie gefürchtet. Ob am Sonntag oder im Urlaub, immer war es eine große Herausforderung durchzuhalten, bis endlich das Ziel erreicht war. Und wenn man Pech hatte, gab es auch noch den Rückweg. Aber da wusste man ja wenigstens, wie lang er war. Und viel langweiliger als vorher war es dann auch nicht mehr, denn man sah ja jetzt alles aus einer anderen Perspektive. Trotzdem, man musste sich – mit viel Ansporn durch die Eltern – dazu überwinden.

Wenn man im Glauben unterwegs ist, kann es einem auch lang werden, aber niemals langweilig. Doch nicht »Wie lange noch?« ist hier die vorrangige Frage, sondern: »Was kommt alles noch?« Glaube ist mit Erwartung verbunden, und der Anschub, vorwärtszugehen, ist dadurch gegeben, von Jesus, Gottes Sohn, geliebt zu sein, von Anfang bis Ende. Ja, in dieser Liebe fühlt man sich getragen und das Voranschreiten fällt leicht, ob es nun steil aufwärts geht, durch den dunklen Wald, über eine blühende Wiese unter blauem Himmel oder durch eine tiefe und enge Schlucht. Das Leben im Glauben bereitet trotz Schwierigkeiten sehr viel Freude und erzeugt eine tiefe Dankbarkeit, weil man so viel empfangen hat und nun erleben darf: Kraft und Ausdauer für kleine und große Aufgaben; Liebe und Geduld, wenn man andere zeitweise mitziehen muss; einen geschärften Sinn für Dinge und Menschen, die oft übersehen werden; freundliche Worte für den Austausch unterwegs, der den Zugang zum Leben anderer öffnet.

Und wann ist das Ziel erreicht? Wenn wir vor Jesus stehen und ihn von Angesicht zu Angesicht sehen. Dann werden wir nicht mehr glauben, sondern schauen, wie schon Hiob sagte: »Ja, ich werde ihn für mich schauen; dann sehen ihn meine Augen, aber nicht als Fremden.«

Joachim Pletsch

? Wozu und wohin sind Sie in Ihrem Leben unterwegs?

! Glauben heißt: unterwegs sein mit Jesus zu einem herrlichen Ziel.

✝ Lukas 24,13-35

Er hat unsere Sünden selbst an seinem Leib getragen auf dem Holz, damit wir, den Sünden gestorben, der Gerechtigkeit leben mögen; durch seine Wunden seid ihr heil geworden.

1. PETRUS 2,24

LFDY

Live Fast Die Young (LFDY) – um diese Streetwear-Marke ist in den letzten Jahren ein echter Hype entstanden. Vor allem junge Menschen tragen diesen Schriftzug auf T-Shirts oder Pullovern in Übergröße. Das ist aber nicht einfach nur eine Modeerscheinung, sondern die Identifikation einer ganzen Generation mit dem Motto: Immer schneller, immer weiter, immer mehr – ohne Rücksicht auf Verluste. Um den Körper noch leistungsfähiger zu machen, trinkt man Energydrinks oder nimmt Medikamente. Am Ende des Tages raucht man einen Joint, um herunterzukommen und schlafen zu können. Mit so einem Lebensstil kann man nicht alt werden, aber das ist auch nicht das Ziel. Das Ziel bleibt: So viel Erfolg und so schnell wie möglich.

Man könnte meinen, dass Jesus ein ähnliches Ziel verfolgte. Als Sohn Gottes hätte er jedenfalls die Möglichkeit gehabt, rasend schnell Erfolg und Anerkennung zu haben. Er hat ja alle Voraussetzungen mitgebracht, aber er hat sich trotzdem dagegen entschieden. Er entschied sich gegen einen schnelllebigen Lebensstil und nahm sich stattdessen ausgiebig Zeit für einzelne Menschen – und das ohne Rücksicht auf seine eigenen Bedürfnisse. Hunger und Müdigkeit plagten ihn oft, aber dennoch hatte er immer ein offenes Ohr für seine Mitmenschen.

Trotz seiner Güte musste Jesus jung sterben. Es war aber nicht seine ruinierte Gesundheit, die ihn das Leben kostete. Der Tod am Kreuz war von Anfang an sein Plan. Er wollte für die Sünden der Welt sterben, und er hat es mit Erfolg getan. Denn er ist nicht nur gestorben, sondern ist auch auferstanden und hat den Tod besiegt. Wir können gar nicht begreifen, welches Ausmaß dieses Werk für unser Leben hat. Aber es hängt für uns alles davon ab, Jesus als unseren Retter anzunehmen und für ihn zu leben.

Christian Driesner

? Welches Ziel verfolgen Sie in Ihrem Leben?

! Das Lebenswerk von Jesus kann man in den vier Evangelien in der Bibel nachlesen.

† 1. Petrus 2,21-25

Wer sein Leben findet, der wird es verlieren; und wer sein Leben verliert um meinetwillen, der wird es finden!

MATTHÄUS 10,39

Finde dich selbst?

Hinter der Selbstfindung stehen oft existenzielle Fragen: »Wer bin ich?«, »Was will ich vom Leben?«, »Was sind meine Ziele?« Selbstfindung wird so zum Balance-Akt auf dem schmalen Grat zwischen Individualität (ich bin einmalig und tue Einmaliges) und Konformität (ich bin wie alle, ich tue das Gleiche wie alle). Ich weiß noch, dass ich in meinem Leben oft an Grenzen kam, wo ich mir solche Fragen stellte, Zweifel über mein Leben hatte und keinen befriedigenden Ausweg aus meinem Lebens-Dilemma sah.

Es gibt Selbstfindungskurse, die ermöglichen sollen, dass man seine Stärken (er)kennt, Charakter oder sich als Persönlichkeit entwickelt und lernt, glücklich zu sein. Viele Menschen sind auf der Suche nach sich selbst. Dabei erlebt man nicht selten, dass man sich in allerlei kunterbunten Angeboten der Gesellschaft verstrickt und vom angeblichen Sinn des Lebens geblendet wird.

Der Glaube an Christus gab mir eine aufschlussreiche und beständige Antwort auf die Frage nach dem Sinn des Lebens. Der Glaube zeigt völlig andere Perspektiven der Selbstfindung auf. Wenn ich Christus finde, dann finde ich mich selbst, ein Leben, das auf mich ganz persönlich zugeschnitten ist, das lebenswert ist, weil Jesus an meiner Seite ist. Obwohl viele Menschen an Christus glauben, bedeutet Christsein niemals Konformität. Auch als Christen sind wir alle verschieden, und gerade das will Gott. Jeder von uns ist vor Gott ein besonderes Individuum, und daher sind Sie und ich einmalig vor unserem Schöpfer.

Den schmalen Grat meines Balancierens zwischen Individualität und Konformität habe ich mit dem Glauben an Jesus hinter mir gelassen. Ich brauche keine Selbstfindung zu betreiben, ich habe Christus gefunden, ja, noch mehr: Christus hat mich gefunden! *Axel Schneider*

? In welcher Lebenssituation befinden Sie sich?

! Finden Sie Jesus und kommen Sie zur Ruhe!

† Sprüche 8,32-36

Ich habe euch das gesagt, damit ihr in meinem Frieden geborgen seid. … Verliert nicht den Mut! Ich habe die Welt besiegt!

JOHANNES 16,33

Stark bleiben in schwierigen Zeiten

»Stark bleiben in schwierigen Zeiten«, so ist die Titelseite unseres Krankenkassen-Magazins überschrieben; mit dem Foto einer meditierenden jungen Frau im Grünen. In dem Artikel geht es um einen langzeitverletzten Fußballprofi und eine berufstätige Vierfachmutter. Da gibt es oft stressige Situationen, die zum Verzweifeln sind. Wie gehen die beiden mit diesen Herausforderungen um? Wie geht es Ihnen in solch schwierigen Zeiten? Bleiben Sie wie ein gut verwurzelter, starker Baum stehen, der dem Sturm standhält – oder werden Sie wie ein schlecht verwurzelter Baum umgelegt? Das Krankenkassen-Magazin meint dazu, dass eine gewisse Gelassenheit, ein gesundes Selbstbewusstsein und eine innere Stärke es uns ermöglichen, jede Lebenssituation zu meistern. Ganz einfach, oder? Doch leider wird in dem Magazin nirgendwo so richtig erklärt, was genau innere Stärke ist und wie man sie erreicht. Eine ganze Branche von Trainern und Lebensberatern müht sich mit diesen Fragen ab, allzu oft nur gegen ein hohes Honorar.

Tatsächlich zeigt uns die Bibel (kostenlos!), wie man das Leben wirklich meistern kann: Indem wir es Jesus Christus anvertrauen. Denn er sagt: **1.** »In der Welt habt ihr Drangsal; aber seid guten Mutes, ich habe die Welt überwunden« (Johannes 16,33). Das Wissen darum, dass Jesus über allen Problemen des Lebens steht, schenkt Gelassenheit. **2.** »Und seid gewiss: Ich bin jeden Tag bei euch bis zum Ende der Zeit« (Matthäus 28,20). Das Wissen darum, dass Jesus mit mir ist und mich nie verlässt, schenkt mir Vertrauen, dass ich nie allein bin.

Diese Zusagen Jesu gelten jedem, der sich bewusst entscheidet, Jesus nachzufolgen. Nur er gibt eine innere Stärke, mit der man wirklich jede Lebenssituation meistern kann.

Martin Grunder

? Wie fühlen Sie sich in schwierigen Lebenssituationen – verloren oder begleitet?

! Greifen Sie zum Lebensberater Gottes – zur Bibel!

† Johannes 14,23-27

Jesus antwortete und sprach zu ihm: Ehe Philippus dich rief, als du unter dem Feigenbaum warst, sah ich dich.

JOHANNES 1,48

Der Einzelne

In totalitären Staaten und Ideologien ist es wichtig, dass alle gleich denken, quasi im Gleichschritt marschieren. Der Einzelne spielt keine große Rolle, ja, er ist eigentlich unwichtig. Das wirkt sich dann leicht so aus, dass ein Menschenleben viel weniger Wert geachtet wird. In Kriegen ist das besonders krass: Zahllose Opfer werden in Kauf genommen und geradezu zynisch als unvermeidbar zum Wohl des Ganzen erklärt.

In der Bibel können wir die sehr schöne Entdeckung machen, dass Gott immer wieder einzelne Menschen aus der Menge herausruft, würdigt und wertschätzt. So hat er Noah vor der Sintflut bewahrt und mit ihm nach der Flut die Menschheitsgeschichte fortgeführt. Später hat er mit Abraham die Geschichte des Volkes Israel begonnen. Auch im Neuen Testament finden wir viele Begegnungen mit Einzelnen. Oft waren es solche, die am Rand standen und in der Gesellschaft isoliert waren, um die sich Jesus kümmerte. Der Zöllner Zachäus z. B. war der Menge vorausgelaufen und wollte von einem Baum aus Jesus sehen (Lukas 19). Doch Jesus sah ihn, sprach ihn an und lud sich in sein Haus ein – was ein entscheidender Wendepunkt im Leben des Zachäus wurde.

Jesus sieht den Einzelnen! Dafür könnte man noch viele Beispiele nennen. Und heute? Was ist mit solchen, die in der Masse untergehen? Die keinen Menschen mehr haben, zu dem sie in Not und Bedrängnis, Einsamkeit und Trauer gehen können? Auch diese hat Jesus im Blick. Er ruft sie durch sein Wort, durch das Evangelium, das auf vielfältige Weise weitergegeben und verkündet wird – auch durch diesen Kalender! Es ist so unsagbar wichtig, ihm zu antworten und eine Beziehung zu ihm aufzunehmen. Denn sein Zuspruch, seine Hilfe, sein Beistand stehen auch dann zur Verfügung, wenn man keinen Menschen mehr hat.

Martin Reitz

? Haben Sie das Gefühl, in der Menge übersehen zu werden?

! Jesus sieht Sie und will Gemeinschaft mit Ihnen haben.
Das ist das Beste, was einem jeden passieren kann!

† Lukas 19,1-10

Ein Mann plante ein großes Festessen für den Abend und lud viele dazu ein. Als das Fest beginnen sollte, schickte er seinen Diener und ließ den Eingeladenen sagen: »Kommt, es ist schon alles bereit!«

LUKAS 14,16-17

»Highway to Hell«?

Zu Fuß bin ich auf dem Heimweg zu unserem Haus. Vor mir fährt ein Auto mit lauter Musik auf ein Grundstück. »I´m on a Highway to Hell«, tönt es aus dem Fenster. Noch immer ist dieses Lied aus dem Jahr 1979 zu hören. Schon immer fand ich es eigenartig. Es vermittelt die Vorstellung, Hölle sei Partytime mit Freunden. Dabei kann man Bescheid wissen, was Hölle tatsächlich ist, weil es sie weltweit gab und gibt. Leute, die Schlimmes erlebt haben sagen: »Es war die Hölle!« Menschen, die das KZ überstanden haben, sagen: »Es war die Hölle!« Menschen, deren Häuser im Ukrainekrieg oder im Gazakrieg zerstört wurden, erlebten »die Hölle«. Überall, wo Menschen, um ihr Leben bangen, keine Zukunft sehen, Ungerechtigkeit, Angst und Schrecken durchleben, da ist »Hölle auf Erden«.

Hölle ist auch da, wo Gottes Anwesenheit nicht erwünscht ist. Ihm wird kein Zutritt, keine Teilhabe gewährt. Er darf nicht bestimmen. Ohne Gott bleiben dann aber auch Dunkelheit, Ungerechtigkeit, Gewalt, Hass, Verzweiflung, Hoffnungslosigkeit. Es gibt keine Liebe, keine Freude und keinen Frieden. Die Vorstellung, dass nach dem Tod die Hölle ein Ort der großen Party sein soll, ist also völlig abwegig. Wenn schon hier Hölle ist, wo Gott keine Rolle mehr spielt, dann ist es ohne Gott nach dem Tod auf keinen Fall besser, ja, sogar noch weitaus schlimmer, denn dann ist alles endgültig.

Die »Party«, das große Fest, findet stattdessen bei Gott im Himmel statt. Und er lädt immer noch dazu ein. Dorthin können wir kommen, weil Jesus am Kreuz für uns »durch die Hölle gegangen ist«. Jesus ablehnen bedeutet, Gott ablehnen, den Himmel ablehnen, das große Fest dort ablehnen. Es bedeutet, die Ewigkeit ohne Gott zu wählen und alles Gute, das von Gott kommt, abzulehnen. *Manfred Herbst*

? Auf welchem »Highway« sind Sie unterwegs?

! Folgen Sie doch Gottes Einladung zum großen Fest! Dann können Sie schon jetzt einen Vorgeschmack darauf genießen.

† Lukas 14,15-24

So sind auch die Männer schuldig, ihre Frauen zu lieben wie ihre eigenen Leiber.

EPHESER 5,28

Bedürfnisse

Auf meiner Seite des Ehebetts hängt seit 37 Jahren dieser Spruch: »**Liebe ist, die wahren Bedürfnisse des anderen zu erforschen und zu stillen suchen!**« (Auf der Seite meiner Frau hängt ein anderer Spruch. Für sie eben.) Dieser Spruch drückt u. a. aus: Unser ganzes Wesen ist von Natur aus eine einzige große *Bedürftigkeit*. Wir sind unvollständig, vorläufig, leer und doch so vollgestopft – ein einziger Notschrei zu dem, der die verwirrten Fäden lösen und wieder ordnen kann, was uns entglitten ist.

C. S. Lewis beschrieb einmal, was die Liebe eines Mannes zu seiner Frau umfasst. »*Bedürftige Liebe* sagt von einer Frau: ›Ich kann nicht leben ohne sie‹, *schenkende Liebe* möchte ihr Glück, Trost, Schutz und – wenn möglich – den Genuss eines schönen, lebenswerten Lebens verschaffen; *wertschätzende Liebe* schaut, hält den Atem an und verstummt, frohlockt, dass es ein solches Wunder gibt – verzweifelt nicht ganz, wenn es sie verliert, will lieber den Verlust ertragen, als es nie geschaut zu haben.«

Als Gott dem Mann eine Frau erschuf, machte er ihm eine Gehilfin, die ihm entsprach. Das war von Anfang seine Idee. Sie musste nicht gleich sein, sondern Eva war ungleich, verschieden. Und trotzdem war sie genau passend. Sie war in allem das, was Adam in seiner Bedürftigkeit brauchte. Und Adam war so, wie Eva es brauchte. Gottes Idee war nicht ein *Duell*, sondern ein *Duett*. Die Frau braucht sich nicht emanzipieren, sondern darf sich mit allen ihren Begabungen und Eigenarten *zu ihrem Mann, hinter ihn* und *neben ihn* stellen. Eva war das wertschätzende Geschenk Gottes an Adam!

Es ist eine wunderbare Idee Gottes, wenn Mann und Frau eins sind. Nicht, weil sie, jeder für sich, auf ihre Rechte pochen. Sondern weil sie entsprechend dem Plan Gottes leben und lieben. *Peter Lüling*

? Wie drücken Sie Ihre Liebe zu Ihrem Ehepartner aus?

! Ehe ist nicht nur ein Nebeneinander, sondern auch ein Miteinander und Füreinander.

† Hoheslied 2,4-14

Daher, wenn jemand in Christus ist, so ist er eine neue Schöpfung; das Alte ist vergangen, siehe, Neues ist geworden.

2. KORINTHER 5,17

Umzug

Vor ein paar Wochen sind wir als Familie umgezogen. Das war ein guter Grund, mal wieder auszusortieren, Sachen zu verschenken und wegzugeben. Denn obwohl wir nur vier Jahre in der bisherigen Wohnung gewohnt haben, war das Zeit genug, eine Menge Sachen anzuhäufen. Mit diesem Umzug waren besonders zwei Gefühle verbunden: Bedauern, das Alte, Gute aufzugeben, und die Hoffnung, etwas Neues, Besseres zu bekommen. Gott sei Dank hat sich das zweite Gefühl bewahrheitet, und wir leben uns langsam im neuen Zuhause ein.

Während wir nun alles schön einrichten und wohnlich machten, musste ich über Neuanfänge nachdenken. Wäre es nicht schön, alle Fehler und eigenes Versagen hinter sich lassen zu können, um noch einmal ganz von vorn anzufangen? Wie schön ist die Nachricht, dass genau das geht. Klar, mit manchen Konsequenzen vergangener Taten wird man sein Leben lang zurechtkommen müssen. Dennoch ist ein Neuanfang bei Gott möglich. Der Tagesvers sagt genau das – wenn wir »in Christus« sind, sind wir neu gemacht.

Aber wie geht das, »in Christus« zu sein? Das bedeutet, dass ich meine Verlorenheit, mein Versagen eingestehe und es vor Gott bringe. Es bedeutet, dass ich bekenne, Fehler gemacht zu haben, und zugebe, dass ich aus mir selbst heraus nicht in den Himmel kommen kann. Und dann nehme ich das Angebot Gottes an, der seinen Sohn Jesus auf die Erde gesandt hat, um für unsere Sünde am Kreuz zu sterben. Dann bin ich »in Christus« und eine neue Schöpfung. Das ist der persönliche Neuanfang. Nicht nur mit, sondern in Christus – für immer, und ohne es je zu bereuen. Es ist wie bei einem Umzug – Erleichterung und Freude über die Möglichkeit, neu zu starten. Dem Alten allerdings trauert man überhaupt nicht mehr nach.

Rebecca Grimm

? Sind Sie schon umgezogen?

! Jesus Christus steht bereit, Sie aufzunehmen.

✝ Matthäus 11,28-30

Darum hat Gott ihn auch hoch erhoben … damit damit in dem Namen Jesu jedes Knie sich beugt … und jede Zunge bekennt, dass Jesus Christus Herr ist, zur Ehre Gottes, des Vaters.

PHILIPPER 2,9-11

»Ich musste kommen!«

Am 16. Februar 2024 starb der Kreml-Kritiker Alexej Nawalny. Von einigen im Volk verehrt, wurde der Vorwurf erhoben, er sei unrechtmäßig von der russischen Regierung inhaftiert worden. Die Haftumstände sollen dramatisch gewesen sein, seine Todesursache blieb lange ein Geheimnis. Eine öffentliche Beisetzung sollte zunächst nicht stattfinden, nach vielen Protesten wurde er jedoch öffentlich zu Grabe getragen.

Dieser Beerdigung beizuwohnen war ein großes Risiko. Viele Menschen, die gekommen waren, mussten dafür ihre Angst überwinden, so wie die Frau, die bekannte: »Ich konnte nicht anders. Ich musste kommen. Es war sehr beängstigend. Wir kamen früher an, standen und versteckten die Blumen vor den Kameras. Es ist sehr schwer, das durchzustehen. Ich habe keine Angst. Keine noch so große Angst kann die Trauer über den Verlust dieser Persönlichkeit übersteigen.«

Das erinnert mich an einen anderen Mann, der auch unrechtmäßig gefangen genommen wurde: Jesus Christus. Bei ihm konnte man definitiv keine Schuld feststellen, trotzdem wurde er verurteilt. Doch zu seiner Hinrichtung kamen nur wenige. Zwei Männer bestatteten ihn, das war's. Man hätte ihn als einen großen Helden verehren müssen, aber viele waren mit Blindheit geschlagen oder sogar froh, ihn endlich los zu sein. Die Angst, an seinem Kreuz gesehen zu werden, war zu groß. Und doch hätte er dies mehr als verdient gehabt, denn er starb, um uns von unserer Sünde und Schuld zu befreien. Das konnte er, weil er selbst sündlos war.

Doch der wesentliche Unterschied zu Nawalny ist: Zu Jesus Christus kann auch jetzt noch jeder kommen, der will. Denn er ist vom Tod auferstanden und lebt. Und er kann allen, die an ihn glauben und sich zu ihm bekennen, ewiges Leben schenken.

Tim Petkau

? Sehnen Sie sich danach, von Ihrer Sünde und Schuld befreit zu werden?

! Es geht um viel mehr, als einem ungerechten und gewaltsamen Regime zu entkommen.

† Philipper 2,5-11

17 FEBRUAR · MONTAG
Tag der amerikanischen Präsidenten

Rufe mich an in der Not: Ich will dich erretten!

PSALM 50,15

Nicht ohne Gebet

Schon heute gilt der 40. Präsident der Vereinigten Staaten, Ronald Reagan (1911–2004), als einer der ganz Großen. Vom ehemaligen Rettungsschwimmer, Radioreporter und Schauspieler zum Gouverneur und schließlich zum Präsidenten geworden, hat Reagan nachhaltige Spuren in der Welt hinterlassen.

Mit seinem Namen werden Wirtschaftswachstum, Sinken der Arbeitslosenzahl sowie Verteidigung von Freiheit und Moral untrennbar verbunden bleiben. Ein herausragender Platz in der Geschichte ist ihm gesichert, weil er durch Klugheit und Beharrlichkeit (beinahe im Alleingang) in Verhandlungen den Weg dafür bereitete, den Kalten Krieg zu beenden (was auch zum Fall der Berliner Mauer führte), ohne je einen Schuss abgefeuert zu haben.

Menschen, die Reagan näher kannten, führen seine Erfolge auf ein ausgeprägtes Gebetsleben zurück. Einer seiner Berater beschrieb ihn als Mann, »der mit der göttlichen Macht in direkter und vertrauter Beziehung stand«. Ein hoher US-Richter sagte kurz und knapp aus seiner langjährigen Beobachtung: »Er war ein Mann des Gebets.« Ein Biograf sah das »Gebet als einen regelmäßigen Bestandteil seines Lebens und seiner Präsidentschaft«. Selbst während der verschiedenen Kabinettstreffen beobachteten die Anwesenden oft, wie Reagan immer wieder den Kopf senkte und kurz betete.

Wenn sich einer der mächtigsten Männer der Welt bewusst war, ohne die Hilfe von oben nicht auskommen zu können, wie viel mehr dann wir in unseren alltäglichen Nöten. So wie Ronald Reagan Zuflucht und Rat bei Gott suchte, ist das auch für Sie und mich möglich und nötig. Gott macht dabei keinen Unterschied zwischen den Gebeten von Regierenden oder von Regierten. Er wartet nur darauf, dass wir uns vertrauensvoll und im Glauben an ihn wenden. *Martin von der Mühlen*

? Wann und wie oft beten Sie?

! Christen, die beten, sind wie Säulen, die das Dach der Welt tragen.

† Lukas 18,9-14

Ich vermag alles durch den, der mich stark macht, Christus.

PHILIPPER 4,13

Unerschöpfliche Kraftquelle

Tägliche Aufgaben. Aufstehen, Zähneputzen, fertig machen, Frühstück. So ähnlich werden sich viele Tagesanfänge in unserem Leben abspielen. Danach folgen die unterschiedlichsten Aktivitäten, je nach Lebenssituation. In meinem Alltag stehen dann vor allem viele Begegnungen mit Schülerinnen und Schülern, Absprachen und weitere organisatorische Dinge auf der To-do-Liste. An einigen Tagen kommt es mir so vor, als würde ich pausenlos auf den Beinen sein und den verschiedensten Verpflichtungen hinterherhetzen. Kein schönes Gefühl, und schnell bin ich mit meinen eigenen Kräften am Ende. Die Bibel gibt uns einen Einblick in den Alltag von Jesus: Er lehrte zunächst in der Synagoge, vollbrachte Wunder, heilte die Schwiegermutter des Petrus. Abends, als endlich Ruhe einzukehren schien, kamen Kranke zu ihm und wollten geheilt werden. Was für ein voller Tag!

Tägliche Ruhe. Während ich mit meiner körperlichen Kraft, aber auch mit meiner emotionalen Belastbarkeit immer wieder an meine Grenzen stoße, ist dies beim Sohn Gottes anders. Er bleibt geduldig, wird nicht mürrisch oder ungehalten – obwohl sein Tag so viel voller ist als meiner! In Markus 1,35 dürfen wir einen Einblick in die Kraftquelle bekommen, die Jesus stärkt: »Und am Morgen, als es noch dunkel war, stand er auf, ging hinaus an einen einsamen Ort und betete dort.« Jesus verbringt früh am Morgen Zeit allein mit seinem himmlischen Vater. Dort lässt er sich stärken. Wenn der Sohn Gottes es nötig hat, bei seinem himmlischen Vater aufzutanken, wie viel mehr haben wir Menschen es nötig, bei unserem Schöpfer neue Kraft zu erfahren! Wie schnell verlassen wir uns auf unsere menschliche, beschränkte Kraft und wenden uns nicht an denjenigen, der unbeschränkt geben kann.

Ann-Christin Bernack

? Was bringt Sie an das Ende Ihrer Kräfte?

! Lernen Sie die unerschöpfliche Kraftquelle kennen!
Wenden Sie sich an Gott!

✝ Markus 1,21-39

Denn er sprach, und es war; er gebot, und es stand da.

PSALM 33,9

Gottes Schöpferkraft

Neulich sagte mir ein Freund: »Wenn mir jemand erzählen will, er habe die Fotosynthese durchschaut und verstanden, dann beweist er mir damit nur, dass er von Quarks und Quanten noch nichts gehört hat.« Mit »Quarks« meinte er natürlich nicht verschiedene Milchprodukte und mit »Quanten« nicht die Füße des Professors Planck, sondern die unvorstellbar kleinen Bausteine der Protonen und Neutronen in den Kernen der Atome. Gerade auf diese wohl allerkleinsten Teilchen richtet sich zurzeit nämlich die Aufmerksamkeit derjenigen Forscher, die die letzten Geheimnisse der Fotosynthese ergründen wollen – bislang aber noch keinen Durchbruch erzielen konnten.

Doch auch wenn das eines Tages gelingen sollte, wird das der unendlichen Majestät des Wortes aus Psalm 33,9 nicht den geringsten Abbruch tun. Auch dann nicht, wenn wir Menschen nur die Entdecker ehren. Denn noch immer bleibt der riesige Unterschied bestehen zwischen dem Entwickler einer genialen Maschine und dem, der nur dahinterkommt, wie sie funktioniert.

Man muss nur die Kosten-Nutzen-Rechnung bei menschlichen Maschinen mit der der Fotosynthese vergleichen, um den unvorstellbar größeren Mehrwert dieser Erfindung zu erkennen. Wenn wir Menschen den Prozess nicht beeinflussen, arbeitet sie mit 100 % Recycling, hinterlässt also keine giftigen oder anderweitig schädlichen Reste. Die Umwandlung von Licht, Wasser und Kohlenstoffdioxid mittels Energiepotenzialen in Sauerstoff und Glukose bedient sich ausschließlich natürlich vorhandener Ressourcen. Dazu kommt, wie viel Krach menschliche Maschinen verursachen, und wie geräuschlos die Fotosynthese-Maschine läuft, die doch zurzeit 8 Milliarden Menschen und alle Tiere und Pflanzen, die kein Blattgrün haben, am Leben erhält.

Hermann Grabe

? Welches beweisbare Argument wäre gegen Gottes Schöpferkraft vorzubringen?

! Allein der Aufwand, der getrieben werden muss, um die Schöpfung zu begreifen, zeigt, wie groß der Schöpfer ist.

† Psalm 33

Rabbi, du bist der Sohn Gottes, du bist der König Israels.

JOHANNES 1,49

Ein Skeptiker kommt zu Jesus

Die Geschichte jeder Bekehrung zu Jesus Christus ist eine ganz persönliche und einzigartige Angelegenheit. Für einige ist die Hinwendung zu Jesus eine verhältnismäßig einfache Sache: Sie erkennen sich plötzlich als Sünder und entdecken, dass Jesus und nur Jesus die Antwort auf ihre Probleme ist. Andere kommen zu ihm durch ein Meer von Zweifeln und Vorurteilen. Einer von ihnen war Nathanael.

Der erste Schritt, den er in Richtung Jesus tat, bestand darin, dass er ungehemmt Spott und Zweifeln freien Lauf ließ: »Kann aus Nazareth etwas Gutes kommen?« Die Reaktion war nicht sehr taktvoll seinem Freund Philippus gegenüber, der ihm begeistert vom Messias erzählte. Immerhin hatte Nathanael Argumente zu glauben, Philippus sei einer hinterwäldlerischen Sekte auf den Leim gegangen. Der verheißene Messias musste doch in Bethlehem geboren werden und nicht in Nazareth. So hatte er es aus dem Alten Testament in Micha 5,1 gelernt. Viele Menschen haben noch nicht einmal diesen ersten Schritt getan. Sie glauben nicht an Jesus, aber wissen nicht, warum.

Wie wurde aus dem Skeptiker ein begeisterter Anhänger Jesu? Nathanael hatte eine persönliche Begegnung mit dem Messias. Jesus anerkannte, dass er durch und durch ehrlich war. »Siehe ein Israelit, in dem kein Trug ist!« Nathanael fragte erstaunt: »Woher kennst du mich?« Jesus nannte ihm präzise Details aus seinem Leben: »Ehe Philippus dich rief, als du unter dem Feigenbaum warst, sah ich dich.« Was dann geschah, ist schwer zu beschreiben. Nathanael merkte: Hier steht jemand vor mir, der alles weiß und der mich ganz und gar kennt. Es kann sich nur um den allwissenden und allmächtigen Gott handeln. Jesus hatte seine Zweifel ernst genommen. Aber in seiner Gegenwart lösten sie sich auf wie Nebel in der Morgensonne.

Gerrit Alberts

? Sind Sie eher ein skeptischer Typ?

! Jesus Christus kennt auch Ihr Herz ganz genau.

† Johannes 1,35-51

Alle wurden mit dem Heiligen Geist erfüllt und fingen auf einmal an, in fremden Sprachen zu reden, so wie es ihnen der Geist eingab. … Fassungslos hörte jeder Einzelne sie in seiner eigenen Sprache reden.

APOSTELGESCHICHTE 2,4-6

Gott spricht alle Sprachen

»Aweile ess Schluss, du bischt doch neme ganz kloor und iwwarzwersch, ma hat nor Huddel met dehr.«

Heute ist internationaler Tag der Muttersprache. Das, was Sie vielleicht gerade mit Mühe versucht haben zu lesen und zu verstehen, ist »saarländisch«. Es bedeutet: »Jetzt ist Schluss, du bist doch nicht mehr richtig bei Verstand und widerspenstig, man hat nur Probleme mit dir.« Als »eingefleischter« Saarländer fällt es mir leicht, unsere Mundart zu reden und zu verstehen. Ich bin damit groß geworden. Saarländisch spreche ich besser als hochdeutsch, obwohl ich weiß, dass unser Dialekt in Deutschland keinen guten Ruf hat.

Am Anfang der Apostelgeschichte wird darüber berichtet, dass die von Jesus erwählten Apostel in Jerusalem vom Heiligen Geist erfüllt wurden, zu den Volksmengen sprachen und jeder Zuhörer (es waren zu diesem Zeitpunkt viele Ausländer in der Stadt) sie in der eigenen Mundart und Muttersprache verstehen konnte. Gott nimmt also die Sprachen und Dialekte der Menschen ernst, um jeden zu erreichen!

Die Apostel legten nur wenige Wochen nach der Himmelfahrt Jesu an jenem Tag in Jerusalem durch das übernatürliche Wirken Gottes den Grundstein dafür, dass das Evangelium über Jesus Christus, den Sohn Gottes, in alle Welt getragen wurde. Und das bis heute! Die Sprachbarriere, die seit dem Turmbau zu Babel durch die Vervielfachung der bis dahin einen Sprache der Menschen bestand, war nun aufgehoben. Die gute Nachricht von Jesus Christus sollte in alle Sprachen übersetzt werden und alle Menschen erreichen. Sogar in Saarländisch, wenn sich einer die Mühe macht, die es in diese Mundart zu übersetzen. Entscheidend ist aber der Inhalt, der darin weitergegeben wird: Jesus kam in diese Welt, um uns von unseren Sünden zu retten! *Axel Schneider*

? Wie beurteilen Sie Menschen, die Dialekt reden?

! »Gott ment et gud met ihne.« (Gott meint es gut mit Ihnen.)

† Apostelgeschichte 2,1-13.37-41

Der HERR schaut vom Himmel herab, er sieht alle Menschen … Er hat sie ja alle erschaffen, eines jeden Herz; er achtet auf alles, was sie tun.

PSALM 33,13-15

Niemand kennt mich wirklich

Sind wir das, was andere gerade von uns hören und sehen? Nicht unbedingt. Wir schließen uns manchmal der Meinung anderer an, um nicht aufzufallen oder anzuecken, obwohl das, was ein anderer sagt, nicht unbedingt unsere persönliche Überzeugung ist. Niemand bemerkt, wenn wir uns verstellen. Unser Äußeres ist wahrnehmbar, aber nicht unser Inneres, das, was wir denken. Niemand weiß also, wer oder wie wir wirklich sind.

Völlig anders ist die Sachlage bei Gott. Er hat uns in seinem Wort mitgeteilt, dass vor ihm alles offen und aufgedeckt ist. Der Apostel Johannes schildert uns in seinem Evangelium (Johannes 1,43-50) folgende Begebenheit: Philippus wurde von Jesus aufgefordert, ihm nachzufolgen. So hatte Philippus die Gelegenheit, Jesus aus der Nähe kennenzulernen. Er war dann so beeindruckt von Jesus, dass er das sofort weitererzählen musste. So ging Philippus zu seinem Freund Nathanael. Der saß unter einem Feigenbaum und konnte nicht glauben, was ihm sein Freund erzählte: Ich habe den gefunden, von dem Mose bereits im Alten Testament geschrieben hat und den auch die Propheten angekündigt haben – Jesus aus Nazareth. Er forderte ihn auf, mitzukommen. Noch zurückhaltend, aber neugierig geworden, ging Nathanael mit. Völlig überrascht erlebte er, dass Jesus nicht nur den Ort kannte, wo er sich aufgehalten hatte, sondern sogar über seinen Charakter Bescheid wusste.

Gott kennt alle Menschen. Er sieht in das Innerste jedes Menschen, kennt alle unsere geheimsten Gedanken und Taten! Das meiste davon sollte lieber nicht in die Öffentlichkeit gelangen, denken wir. Aber vor Gott können wir nichts verbergen. Manche erschrecken bei dem Gedanken, dass ihr Innerstes aufgedeckt ist. Andere sind froh darüber, wenn ihnen ihre Schuld endlich vergeben wird. *Sebastian Weißbacher*

? Wie ergeht es Ihnen bei dem Gedanken, dass Gott Sie in- und auswändig kennt?

! Jesus Christus gegenüber können wir ehrlich und aufrichtig sein, weil er uns unsere Schuld vergeben will.

✝ Johannes 1,29.35-51

Freut euch im Herrn allezeit!

PHILIPPER 4,4

Immer gut drauf sein?

Kann das sein? Immer gut drauf? Freude trotz negativer Umstände? Nun, Paulus schreibt den Philipperbrief nicht aus dem Urlaub, sondern aus einem Gefängnis. Er lebt selbst in schwierigen Verhältnissen. Er wird von einer gottlosen Welt angefeindet, er erlebt eifersüchtige und neidische Mitchristen und beobachtet, wie sich Streit und Gesetzlichkeit in der Gemeinde ausbreiten, die er zehn Jahre vor Abfassung dieses Briefes gründen durfte. Und doch schreibt er an ca. 15 Stellen von der Freude und fordert die Christen in Philippi immer wieder auf: **»Freut euch!«**

Dieser Imperativ zeigt mir: Freude ist Christenpflicht. Denn Freude bietet Schutz und Stärke. Wenn ich gut drauf bin, habe ich auch eine innere Zufriedenheit, die mich nicht so anfällig macht für verrückte Ideen. Außerdem ist eine gute Stimmung in schlechten Umständen ein tolles Zeugnis. Und vielleicht fragen Sie sich jetzt auch: Wie kann man das erleben? Warum kann sich Paulus freuen, obwohl er eigentlich keinen Grund dazu hat?

»Freut euch **im Herrn!**« Diese Freude hat also mit Jesus Christus zu tun, den Paulus in diesem Brief etwa 40-mal erwähnt. Freude ist also das Ergebnis einer guten Beziehung. Deshalb – Freude ist nicht nur Pflicht, sondern auch Frucht. Sie entsteht durch die Beziehung zu und das Bleiben in Jesus Christus. Sie entspringt dem Bewusstsein tiefer Geborgenheit in IHM. Jesus umgibt mich. Er ist hinter mir, er ist vor mir, über mir, unter mir. Er hat meine Vergangenheit geregelt, er begleitet mich im Alltag, er trägt mich, er weiß um meine Zukunft, und er segnet mich. Ich bin rundum beschenkt durch IHN. Dieses Wissen macht dankbar und froh. So kann man in und durch den Sohn Gottes jemanden haben, der einem in allen Situationen Kraft gibt. *Hartmut Jaeger*

? Sind Sie an so einer tiefen Beziehung zu Jesus Christus interessiert?

! Lesen Sie den Philipperbrief und lernen Sie Jesus Christus immer besser kennen!

† Philipper 1,1-11

Ihr könnt nicht Gott und dem Mammon [Besitz] gleichzeitig dienen. … Wer von euch kann sich denn durch Sorgen das Leben auch nur um einen Tag verlängern?

MATTHÄUS 6,24-27

Der richtige Zeitpunkt

Nach unserer Hochzeit waren meine Frau und ich lange mit dem Auspacken der Geschenke beschäftigt. Wir wurden so überreich beschenkt, dass wir am Ende sogar noch ein dickes Plus zu verbuchen hatten. Das fühlt sich dann erst einmal gut an, nach dem Motto: »Finanziell sind wir erst einmal auf der sicheren Seite.«

Doch im gleichen Moment kamen auch Fragen auf: »Ist das wirklich genug Geld? Was ist, wenn es eines Tages aufgebraucht ist?« Solche Gedanken verweisen uns auf das, was Jesus bereits vor 2000 Jahren zeigte: Es gibt nie genug Geld, damit wir uns sicher fühlen. Als Menschen machen wir uns ständig Sorgen um unsere Sicherheit. Deshalb ist auch nie der richtige Zeitpunkt da, um dankbar zu sein oder aus Dankbarkeit seinen Besitz mit anderen zu teilen und das Empfangene weiterzugeben. Jesus warnt uns auch nicht davor, etwas zu besitzen. Aber er zeigt uns, dass wir »durch Sorgen« die wahre Freude und Dankbarkeit in unserem Leben verpassen. Solche uns belastenden Gedanken entstehen daraus, wenn wir in der Vermehrung unseres Besitzes unsere Sicherheit, unsere Zufriedenheit und unser Glück suchen.

Der richtige Zeitpunkt fehlt nicht nur oftmals beim Danken, sondern auch dann, wenn es um den Glauben geht. »Ich werde mich vielleicht später im Leben mit Gott beschäftigen. Aber nicht jetzt, ich habe noch viel vor.« Das Muster ist dasselbe wie beim Ansparen von Geld: Der richtige Zeitpunkt, um dankbar zu sein, wird nie kommen. Stattdessen suchen wir unseren Lebenssinn und unseren Halt in anderen Dingen, denen wir unsere Zeit und Kraft zur Verfügung stellen. Doch wenn wir nie die Entscheidung treffen, unser Leben in Gottes Hand zu geben und dadurch anderen eine Hilfe zu sein, dann wird zuletzt *uns selbst* nicht mehr zu helfen sein.

Joel Höfflin

? Sind Sie mit dem, was Sie an Gutem in Ihrem Leben empfangen haben, zufrieden?

! Der richtige Zeitpunkt, Gott dafür zu danken, ist jetzt.

† Matthäus 6,24-27

Das Gesetz des HERRN ist vollkommen, es erquickt die Seele; das Zeugnis des HERRN ist zuverlässig, es macht den Einfältigen weise. Die Vorschriften des HERRN sind richtig, sie erfreuen das Herz; ...

PSALM 19,8-9

Ausgewogene Nahrung

»... das Gebot des HERRN ist lauter, es macht die Augen hell.« Welche Ernährung beschert uns ein gesundes und langes Leben? Ich würde sagen, eine frische, ausreichende, ausgewogene, abwechslungsreiche Ernährung, frei von Schadstoffen oder gar Giftstoffen. Genau das will die Bibel für uns sein, ausreichende und gesunde Nahrung für alles, was uns als Mensch ausmacht: für unser Leben, für unser Handeln, für unseren Willen und für unser Denken (siehe die Tagesverse aus Psalm 19).

Die *Seele* steht für das Leben und die Bibel ist die vollkommene Nahrung für unser Leben. Sie enthält alles notwendige und erfrischt uns. *Weisheit* betrifft unsere Lebensführung. Wie gut, wenn wir da einen Ratgeber haben, auf den wir uns absolut verlassen können. Das *Herz* ist das Zentrum unserer Persönlichkeit. Richten wir uns nach dem, was die Bibel sagt, dann ist es gut und recht, und wir können uns eines guten Gewissens erfreuen. Die *Augen* (stellvertretend für alle unsere Sinne) sind unser Tor zu Welt und und damit die Grundlage für den Gewinn von Erkenntnis. Die Bibel mit ihrer Botschaft ist klar wie reines Wasser und hat die Fähigkeit unser Denken ebenso hell und klar zu machen.

Ich weiß noch, wie ich als Jungbekehrter beim Lesen auf diese Verse stieß und innerlich jubelte, als ich dieses Selbstzeugnis der Bibel las. Es gab mir Ruhe und Gelassenheit, in der Familie mein absolutes Vertrauen in die Bibel zu bezeugen, auch wenn nicht alle meine Sicht teilten. Es sind Entdeckungen wie diese, die die Liebe zum Wort Gottes mit immer neuer Nahrung versehen. Es sind Entdeckungen wie diese, die die Beziehung zu Gott lebendig machen. Hilfreich ist dabei ein genaues Hinschauen, damit die Wörter und Sätze anfangen können, zu uns zu reden.

Thomas Müller

? Wie zuverlässig ist die Bibel für Sie?

! Gott lädt Sie ein, es mit seinem Wort zu versuchen. Lassen Sie sich darauf ein!

† Psalm 119,1-9

Deinen Augen entgeht nichts von dem, was jeder einzelne Mensch tut, und du gibst jedem, was er wegen seines Tuns und wegen seiner Taten verdient hat.

JEREMIA 32,19

30 Jahre!

Sie stand im Verdacht, 1991 an einem Schusswaffen-Angriff auf die US-Botschaft in Bonn beteiligt gewesen zu sein. 1993 soll sie mit anderen einen Sprengstoffanschlag auf die Justizvollzugsanstalt Weiterstadt verübt haben. Von 1999 bis 2016 soll sie zudem mit zwei Komplizen eine ganze Serie von schweren Raubüberfällen verübt haben, um sich das Leben im Untergrund zu ermöglichen. Doch nach über 30 Jahren Fahndung wurde die mutmaßliche RAF-Terroristin Daniela K. am Abend des 26. Februar 2024, heute vor einem Jahr, in einer Wohnung in Berlin festgenommen. 30 Jahre hatte sie es geschafft, sich vor den Ermittlern verborgen zu halten. 30 Jahre bestand wenig Aussicht darauf, dass die heute 66-Jährige einmal für ihre Taten zur Rechenschaft gezogen würde.

Natürlich ist bei Abfassung dieses Artikels noch nicht absehbar, ob und gegebenenfalls zu welcher Strafe Daniela K. verurteilt werden wird. Dennoch hat man den Eindruck, dass nun die Gerechtigkeit ihren Lauf nimmt und sie, sollte ihre Schuld bewiesen werden, das erhält, was sie wegen ihrer Taten verdient hat.

Leider ist solch ein Fahndungserfolg nicht die Regel. Oft bleiben Taten oder Täter für die Ermittler verborgen. Zudem ist die irdische Justiz keinesfalls unfehlbar. Der Tagesvers allerdings macht deutlich, dass die göttliche Justiz solchen Schwierigkeiten nicht unterliegt. Vor Gottes Augen bleibt keine Tat und kein Täter verborgen. Und er wird jeden nach seinen Taten zur Rechenschaft ziehen. Diese Aussicht ist ein (begründeter) Schrecken für jeden, der vor Gott auf der Flucht ist und versucht, sich vor ihm zu verbergen. Was hier allein hilft, ist, sich Gott rechtzeitig zu stellen, ihm die Lebensschuld zu bekennen und Frieden und Vergebung zu erfahren, bevor das göttliche Gericht beginnt.

Markus Majonica

? Ist ein Leben auf der Flucht erstrebenswert?

! Bei Gott gerät nichts in Vergessenheit, weder Gutes noch Böses.

† Lukas 15,11-24

Die Liebe … sucht nicht das Ihre.

1. KORINTHER 13,4-5

Zu Tode gekuschelt

Ein kleiner Junge aus dem US-Bundesstaat Georgia musste eine schmerzhafte Lektion lernen, als er seinen Goldfisch aus dem Aquarium nahm, um mit ihm zu kuscheln. Die Mutter des Jungen berichtet: »Wir brachten Everett ins Bett und schauten im Wohnzimmer einen Film. Als wir nach einiger Zeit nach dem Vierjährigen schauten, stand ein Stuhl an der Kommode und der Deckel des Aquariums war offen. Der Kleine schlief friedlich im Bett und hielt den leblosen Goldfisch in der Hand.« Als Everett später begriff, was er getan hatte, war er sehr traurig. Er wollte Liebe zeigen, aber das, was er unter Liebe verstand, hat dem Objekt seiner Zuneigung nur Schaden zugefügt.

Der Vierjährige handelte in Unwissenheit. In der Bibel treffen wir jedoch einen Menschen, der Ähnliches tat, obwohl er es eigentlich besser wissen musste. Sein Name: Amnon. In 2. Samuel 13 erfahren wir, dass er in seine schöne Halbschwester Tamar verliebt war. Aus »Liebe« lockte er sie eines Tages in sein Zimmer, fiel über sie her und vergewaltigte sie. Seine vermeintliche Liebe brachte dem Mädchen nur großes Unglück.

Oft handeln wir nach dem Motto: »Ich liebe *mich*, und dafür brauche ich dich!« Doch wahre Liebe »sucht nicht das Ihre«, wie unser Tagesvers sagt, »sondern das des anderen« (1. Korinther 10,24). Wenn wir also unseren Ehepartner, unsere Kinder und Enkelkinder oder andere Menschen nicht »zu Tode lieben« wollen, wie Everett es mit seinem Goldfisch tat, dann sollten wir das folgende Zitat der Schauspielerin Katharine Hepburn beherzigen: »Liebe ist nicht das, was du erwartest zu bekommen, sondern das, was du bereit bist zu geben.« Jesus ist hierin unser großes Vorbild. Er liebte uns zu unserem Besten und gab dafür sein eigenes Leben hin.

Peter Güthler

? Wo können Menschen wahre Liebe finden?

! Jesus dachte nicht an sich selbst, sondern an die Menschen, die er liebte.

† 1. Korinther 13,1-8

Selig sind die Knechte, die der Herr, wenn er kommt, wachend findet. Wahrlich, ich sage euch: Er wird sich schürzen und wird sie zu Tisch bitten und kommen und ihnen dienen.

LUKAS 12,37

Wir sind erwünscht

Manchmal kann ein kleines Wort in unserem Leben einen großen Schaden anrichten. Eines dieser Worte lautet: »unerwünscht!« In Deutschland gab es eine Zeit, da war jeder unerwünscht, der nicht seine arische Abstammung nachweisen konnte. In zahlreichen Ehen sind Kinder unerwünscht. Das führt zu Abtreibung und Kindesmisshandlung. In unserem Land, das immer noch zu den wohlhabendsten der Welt gehört, wird durch Abtreibung aus »sozialen« Gründen jährlich eine Stadt von der Bevölkerung Ulms ausgetilgt. Der einzige Grund: unerwünscht! In kommunistischen Ländern saßen viele Christen in Gefängnissen, nur aus dem einen Grund: unerwünscht!

Wie schön ist es dagegen, wenn wir erwünscht und herzlich eingeladen sind. Wie wohltuend ist es, wenn wir als Gäste willkommen sind und der Gastgeber beim Empfang sagt: »Ich freue mich sehr, dass du gekommen bist!« Haben Sie einmal gedacht, dass Sie und ich auch bei Jesus so ganz persönlich erwünscht sind?

Wer ist denn der, der so sehnlichst auf uns wartet? Es ist der Menschensohn, der Weltenrichter, ja, es ist der Schöpfer des ganzen Universums und allen Lebens. Er wartet auf jeden Einzelnen von uns – jeder ist ihm wertvoll und willkommen. Bedenken wir weiterhin: Der, der uns erwartet, trägt sichtbar das Zeichen des Gekreuzigten. Er ist kein anderer als der, der in diese Welt gekommen ist, um uns zu erlösen, uns zu dienen. Sogar in der Herrlichkeit Gottes begegnet er uns als der Dienende: »Er wird sich schürzen und wird sie zu Tisch bitten und kommen und ihnen dienen« (Lukas 12,37). Ist das noch für uns vorstellbar? Der Herr aller Herren und der König aller Könige wird sich gürten, um uns zu dienen. Wir dürfen nur nicht verpassen, seine Einladung auch anzunehmen.

Werner Gitt

? Haben Sie je eine solche Einladung erhalten?

! »Ich bin gekommen, damit sie Leben haben« (Johannes 10,10).

† Lukas 12,35-48

01 | MÄRZ SAMSTAG

Denn der Sohn des Menschen ist gekommen, um zu suchen und zu retten, was verloren ist.

LUKAS 19,10

Menschensucher

Viele Privatdetektive haben es sich zur Aufgabe gemacht, »verloren gegangene« Menschen zu suchen. Es gibt verschiedenste Gründe, warum sie nicht mehr aufzufinden sind. Der eine hat die Gesellschaft satt. Die andere ist auf der Suche nach ihrem Glück unterwegs im tiefsten Orient. Der nächste musste fliehen, weil ihm seine Gläubiger auf den Fersen sind – auf Nimmerwiedersehen. Die meisten sind verschwunden, ohne dass ihre Familie und Freunde wissen, wo sie sich aufhalten oder ob sie überhaupt noch leben.

Andere Menschensucher sind Retter in der Not bei Überschwemmungen, Schlammlawinen, Flüchtlingsdramen, Grubenunglücken. Bei uns in den Bergen vergeht keine Woche ohne Meldung »Bergrettungseinsatz«. Diese Menschensucher sind sogar bereit, ihr Leben aufs Spiel zu setzen, um vermisste oder verunglückte Mitmenschen zu suchen und sie aus Todesgefahr zu retten.

Ich vermute, weniger bekannt ist die »Suchaktion Gottes«. Davon hören wir in keiner Nachrichtensendung. Gott sind seine Geschöpfe verloren gegangen. Allerdings muss er uns nicht wie ein Detektiv suchen. Gott weiß durchaus, wo sich jeder einzelne Mensch gerade physisch aufhält. Das Problem ist vielmehr, dass wir uns von ihm fernhalten. Gleichwohl geht er uns nach und sucht unsere Gemeinschaft. Bereits im Paradies nach dem Sündenfall war sein eindringlicher Ruf zu hören: »Mensch (Adam), wo bist du?« (1. Mose 3,9). Seit diesem Zeitpunkt hat Gott viele »Suchaktionen« gestartet, um uns zu retten. Als Allerletztes sandte Gott sogar seinen Sohn. Der Ruf von Jesus Christus ist derselbe eindringliche Appell und schallt bis heute an unsere Ohren: »Tut Buße und glaubt an das Evangelium!« (Markus 1,15). Heute noch streckt er seine rettende Hand nach uns aus. *Sebastian Weißbacher*

? Verstecken Sie sich vor Gott?

! Gott will seine Menschen bei sich haben. Lassen Sie sich finden und retten!

✝ Lukas 15,1-10

Darin ist die Liebe Gottes zu uns geoffenbart worden, dass Gott seinen eingeborenen Sohn in die Welt gesandt hat, damit wir durch ihn leben sollen.

1. JOHANNES 4,9

Ein ungewöhnliches Geschenk

Eine außergewöhnliche Geschenkidee sorgte im März 2024 für mediale Unruhen: Das Land Botswana wollte nach einer Beschwerde über die Einfuhr von Elefanten-Trophäen 20 000 Elefanten nach Deutschland schicken. Die großen Elefanten-Herden sind in Botswana wirklich ein Problem, weswegen der Präsident ironisch meinte, er würde den Deutschen 20 000 Tiere schenken, wo sie ja dann artgerecht leben könnten. Eine Ablehnung des »Geschenkes« würde nicht akzeptiert, so titelten viele Zeitungen.

Als ich diese kuriose Nachricht las und über meine eigenen Erfahrungen nachdachte, musste ich an ein ganz anderes Geschenk denken, das keineswegs ironisch gemeint und nicht Ausdruck einer Kritik ist. Gott selbst hält ein Geschenk für uns Menschen bereit, das jederzeit in Empfang genommen werden kann und von dem wir nicht enttäuscht sein werden: Gott möchte jeden Menschen mit ewigem Leben in der Gemeinschaft mit ihm beschenken.

Durch unsere schlechten Taten und Gedanken – die Bibel nennt dies Sünde – sind wir Menschen von Gott getrennt und können keine Gemeinschaft mit ihm haben. Wir werden nach dem Tod die Ewigkeit getrennt von ihm verbringen müssen. Doch Gott selbst hat seinen Sohn Jesus auf die Erde geschickt, damit er ein sündloses Leben lebt und mit seinem Tod und der Auferstehung diese Beziehung wiederherstellen kann. Der Weg zu Gott wurde durch Jesus Christus möglich!

Gott stellt jedem Menschen frei, dieses Geschenk der ewigen Gemeinschaft mit ihm anzunehmen. Doch wir müssen uns dafür entscheiden, es anzunehmen. Eine Ablehnung wird zwar akzeptiert, aber sie wäre ja für den Beschenkten ein ungeheurer Verlust mit ewigen Folgen. Das will also gut überlegt sein. Sind Sie bereit, sich beschenken zu lassen?

Ann-Christin Bernack

? Fällt es Ihnen schwer, sich beschenken zu lassen? Wenn ja, warum?

! Das Geschenk Gottes legt uns keine Last auf, sondern befreit uns von der größten Last: unsere Sünden.

† Kolosser 1,3-14

Es geschah aber, als er nahe zum Lager kam und das Kalb und die Reigentänze sah, da entbrannte Moses Zorn, und er warf die Tafeln weg und zerschmetterte sie unten am Berg.

2. MOSE 32,19

Musikalisches Erdbeben

Ein Konzert von Taylor Swift hat in den USA ein kleines Erdbeben ausgelöst. Das Tanzen und Auf- und Abspringen der 70 000 Fans im Takt der Musik aus den riesigen Lautsprechern haben den Boden so stark vibrieren lassen, dass Seismologen einen Ausschlag auf ihren Geräten ablesen konnten. Ihren Angaben zufolge hatte das Beben eine Stärke von 2,3 auf der Richterskala.

Die 34-jährige Taylor Swift ist mit über 200 Millionen verkauften Alben, zwölf davon Nummer 1 der US-amerikanischen Charts, und den allermeisten Streams auf Spotify die derzeit erfolgreichste und mit über 1 Milliarde Dollar auch reichste Sängerin der Welt. Sie ist Gewinnerin von einem Dutzend *Grammys* und 40 *American Music Awards* und war 2023 als erster weiblicher Popstar »Time Person of the Year«. In der Begründung hieß es: »Sie hat eine Welt geschaffen, in der so viele Platz finden (...) und bringt einer Gesellschaft Freude, die dies gerade dringend braucht.« Die Swifties, so werden ihre Fans genannt, verehren sie mit fast religiösen Zügen und sind oftmals bereit, Tausende von Kilometern zu fahren, um ein Konzert ihres Idols zu besuchen.

Ich wurde an die Geschichte mit dem Goldenen Kalb erinnert, siehe Tagesvers. In dieser Geschichte wird deutlich, wie das Vertrauen in den einen und wahren Gott gegen ein selbst gemachtes Götzenbild, ein Idol, eingetauscht wird. Die Israeliten kannten Gott und hatten seine Befreiung aus der Sklaverei erfahren. Trotzdem wandten sie sich von ihm ab. Die Situation ist heute ganz ähnlich, ob das Musik, Sport, Wohlstand oder Klimaschutz ist. Viele Menschen formen sich ihren Gott selbst, anstatt sich von Gott formen zu lassen. Aber es gibt immer noch die Möglichkeit, zu dem einzigen Gott umzukehren. *Thomas Kröckertskothen*

? Was rückt bei Ihnen an die Stelle von Gott?

! »Mein Heil wird in Ewigkeit bestehen, und meine Gerechtigkeit wird nicht zerschlagen werden.« (Jesaja 51,6)

† Jesaja 51,1-8

Eine herzliche Bitte an Evodia und Syntyche: Beendet doch eure Meinungsverschiedenheiten, denn ihr gehört beide dem HERRN. Und dich, Syzygus, mein treuer Freund, bitte ich, diesen Frauen zu helfen.

PHILIPPER 4,2-3

Dem Partner ein Partner sein

Im vergangenen Jahr luden wir in unserer Christengemeinde zu Männerabenden ein. Einer unserer Mitarbeiter präsentierte einen christlichen Familienfilm. Diesen Film schauten wir in Etappen an. Alle 10 bis 15 Minuten stoppten wir den Film und sprachen über die gerade gesehenen Szenen. Es ging an diesen Abenden also nicht darum, entspannt einen unterhaltsamen Film anzusehen, sondern darum, das eigene Familien- und Eheleben anhand der betrachteten Szenen zu reflektieren. In dem Film wurden zwei Menschen gezeigt, die sich zunehmend als Gegner betrachteten. Anstatt gemeinsam die Aufgaben des Alltags anzupacken, bewarfen sie sich mit Vorwürfen und Anschuldigungen. In unserer Männerrunde fragten wir uns, ob wir in unserem Miteinander nicht öfter so sind, als uns lieb ist. Wie schnell passiert es, dass ein Ehepartner, ein Arbeitgeber, ein Kollege oder ein Nachbar als Gegner betrachtet wird.

In unserem Tagesvers werden zwei Frauen erwähnt, die zu der Christengemeinde in Philippi gehörten. Sie hatten Schwierigkeiten, miteinander zurechtzukommen. Was genau vorgefallen war, erfahren wir nicht. Vielleicht waren sie auf einem Gebiet besonders talentiert und aus diesem Grund in Konkurrenz zueinander geraten. Und bei ihnen trat genau der Effekt ein, den wir im Film beobachtet hatten. Eigentlich sollten sich Christen darüber bewusst sein, dass sie in Jesus einen gemeinsamen Herrn und Retter haben. Eine intakte Beziehung zu ihm passt nicht dazu, mit einem anderen Christen einen Konflikt auszutragen. Daran erinnert Paulus die beiden und appelliert an seinen Freund, den beiden zu helfen, wieder zueinander zu finden. Damit fordert er auch uns heraus, das Bestmögliche zu tun, um dem Partner wieder ein Partner zu werden.

Stefan Taube

? Gibt es in Ihrem Umfeld jemanden, der Ihnen einerseits nahesteht, der aber andererseits zum Gegner geworden ist?

! Vielleicht fließt dort Kraft in einen Konflikt, die an anderer Stelle viel besser eingesetzt wäre.

† Philipper 4,4-9

So schuf Gott die Menschen nach seinem Bild, nach dem Bild Gottes schuf er sie, als Mann und Frau schuf er sie.

1. MOSE 1,27

Wer bin ich, und warum bin ich da?

Bei aller heute zunehmenden Beliebigkeit, geforderten Toleranz und wachsenden Egozentrik fürchte ich, geht immer mehr verloren, wer der Mensch eigentlich ist: von Gott geschaffen, nach seinem Bild, als Mann und Frau. Von Gott wunderbar gemacht, im Leib der Mutter (Psalm 139,13-15). Obwohl ich 48 Jahre ohne Gott gelebt habe, bin ich heute völlig davon überzeugt, von einem herrlichen und liebenden Gott geschaffen zu sein.

Warum sind wir da? Weil Gott ein Gegenüber für seine Liebe möchte. Seit dem Sündenfall von Adam und Eva sind wir jedoch alle, ohne Ausnahme, unvollkommen und mehr oder weniger »verkorkst«. Jeder! Wir haben das von Gott für uns vorgegebene Ziel verfehlt. Das, was heute unsere Identität bestimmen will, wie z. B. Beruf, Bankkonto, Lebenseinstellung etc., ist Gott nicht wichtig. Ein Kind Gottes zu sein ist unsere eigentliche Bestimmung und Identität. Gott geht es um Ihr Herz. Ihr Herz als seine Tochter oder als sein Sohn. Er möchte Ihnen ein Vater sein. Dieser mächtige Schöpfergott will Sie als sein geliebtes Kind! Sie können einen Vater im Himmel und Herzen haben, wenn Sie das ersehnen. Der Weg geht über Jesus Christus, Gottes Sohn.

Dieser kam auf unsere Erde und wurde Mensch, so wie wir. Gebildet im Leib seiner Mutter. Aufgewachsen in einer Familie mit Brüdern und Schwestern. Der entscheidende Unterschied aber war: Er war ohne Sünde. Das hat er in seinem Leben dann von Anfang bis Ende bewiesen. Er hat den Willen Gottes vollkommen erfüllt, ohne Einschränkung. Nichts konnte man ihm vorwerfen. Und doch starb er schließlich für unsere Sünde und Schuld am Kreuz. Gott hat seinen eigenen Sohn für uns gegeben, damit wir seine Kinder werden können. Kann solche Liebe noch größer sein?

Karen Wieck

Sind Sie schon ein Kind Gottes?

»So viele ihn [Jesus] aber aufnahmen, denen gab er das Recht, Kinder Gottes zu werden.« (Johannes 1,12)

Johannes 14,6-11

Kommt her zu mir, alle ihr Mühseligen und Beladenen! Und ich werde euch Ruhe geben.

MATTHÄUS 11,28

Ballast abwerfen

Die deutsche Pop-Rock-Band Silbermond hatte 2015 den Song »Leichtes Gepäck« veröffentlicht. Darin heißt es unter anderem: »Du nimmst all den Ballast und schmeißt ihn weg …« Aller Dreck von gestern, alle Narben, offene Rechnungen solle man loslassen, einfach wegwerfen, »denn es reist sich besser mit leichtem Gepäck«.

Viele Menschen tragen große Mengen »Ballast« mit sich herum, mit der sie nicht mehr fertigwerden. Zu den Sorgen und Nöten, die immer schon da waren, gesellen sich nun Ängste, die noch vor ein paar Jahren nicht vorhanden waren. So waren Anfang 2024 fast die Hälfte aller Deutschen darüber besorgt, dass Deutschland in einen Krieg verwickelt werden könnte. Im gleichen Zeitraum hatten etwa ¾ der Deutschen große Bedenken, dass durch Zuwanderung immer höhere Kosten für den Sozialstaat entstehen und es zu Komplikationen in Ballungsräumen und Schulen kommen kann. Antisemitismus ist nach wie vor ein Problem in unserem Land. Durch alle diese Ereignisse und auch durch persönliche Schwierigkeiten fühlen sich viele im ständigen Krisenmodus.

Wie dem entfliehen? Wie den ganzen »Ballast« abwerfen und den »Rucksack« leichter machen? In der Bibel werden wir mehrfach aufgefordert, mit unseren Sorgen zu Gott zu kommen. Gott wirbt sozusagen um unser vollständiges Vertrauen in sein Handeln und in seine Person. Gott meint es gut mit uns, auch wenn das oft bezweifelt wird und manchmal nicht so scheint. Er sorgt dafür, dass Menschen, die an ihn glauben, indem sie den größten Ballast, ihre Sünden und ihre getrennte Beziehung zu ihm vor ihm einsehen und bekennen, einen festen Anker für ihre Seele haben und durch die Stürme dieser Zeiten ganz gewiss in den ewigen Hafen einfahren dürfen. Gott nimmt Ihnen gern allen Ballast ab. Denn es reist sich besser mit leichtem Gepäck! *Axel Schneider*

? Wohin gehen Sie mit ihren Sorgen?

! Vertrauen Sie sich Gott an und versuchen Sie loszulassen!

✝ Klagelieder 3,15-26

07 | MÄRZ
Weltgebetstag (WGT) — FREITAG

Ruft ihr mich an, geht ihr hin und betet zu mir, dann werde ich auf euch hören.

JEREMIA 29,12

Beten – wie geht das?

Ich hatte schon viel über Jesus Christus gehört und auch einiges über ihn gelesen. In meinem Herzen wuchs der Wunsch, ihn näher kennenzulernen und eine Beziehung zu ihm zu haben. Allerdings wusste ich nicht, wie das gehen könnte. Dazu musste ich irgendwie mit Jesus reden. Aber wie funktioniert das? Wie betet man eigentlich? Mir fehlte dazu jede Anleitung und Vorbild. Doch dann las ich in einem Buch ein Gebet, das in etwa wie folgt lautete:

»Lieber Gott, ich habe mein Leben bis jetzt auf meine Art gelebt, nun möchte ich es auf deine Art leben. Ich brauche dich und bin jetzt bereit, mein Leben in deine Hände zu legen. Ich nehme deinen Sohn Jesus Christus als meinen persönlichen Herrn und Erlöser an. Ich glaube daran, dass er für meine Sünden gestorben und von den Toten auferstanden ist. Komm, Herr Jesus, und nimm deinen Platz auf dem Thron meines Lebens ein. Mach mich zu der Person, die ich nach deinem Wunsch sein soll. Amen.«

Genau danach hatte ich gesucht! Diese Worte waren genau das, was ich ausdrücken wollte. Also habe ich mich vor mein Bett gekniet, die Hände gefaltet und dieses Gebet laut abgelesen. Gott sah, dass ich es ernst meinte, auch wenn ich noch keine eigenen Worte formulieren konnte. Aber mir war sehr bewusst, dass ich Vergebung bitter nötig hatte. Und wirklich: An diesem Tag kam Jesus Christus in mein Herz. Seitdem gehört Beten ganz selbstverständlich zu meinem Leben. Es ist ja nichts anderes als Reden mit Gott. Wir müssen dazu nicht einmal unsere Hände falten und uns niederknien, wir brauchen auch nicht an einen bestimmten Ort zu gehen. Auch müssen wir unsere Gebete nicht immer laut aussprechen. Bis heute staune ich über das große Privileg, mit dem großen Gott über alles, was mich bewegt, reden zu dürfen!

Sabine Stabrey

? Wann haben Sie das letzte Mal gebetet?

! Gott schaut in unser Herz und sieht, ob Sie es ehrlich meinen.

† Matthäus 6,5-15

Was er euch sagt, das tut.

JOHANNES 2,5

Maria

Bei einer Hochzeit in dem kleinen israelitischen Ort Kana sind auch Jesus Christus und seine Mutter Maria anwesend. Da geht der Hochzeitsgesellschaft der Wein aus. Maria fordert ihren Sohn auf, etwas zu tun: »Sie haben keinen Wein mehr!« Doch er kommt ihrer Aufforderung nicht nach: »Was ist mit mir und dir, Frau? Meine Stunde ist noch nicht gekommen!« Diese Korrektur kann erstaunen. Ist sie nicht seine Mutter? Doch Jesus, immerhin etwa 30 Jahre alt, macht der Maria deutlich: Ab jetzt muss ich die Werke Gottes, meines Vaters, tun und nicht die meiner Mutter. Das folgende Wunder, bei dem er rund 700 Liter Wasser in Wein verwandelt, bewirkt er nicht, um seiner Mutter zu gefallen, sondern um den Menschen einen ersten Eindruck seiner göttlichen Herrlichkeit und Macht zu geben. Nun tritt der Sohn Gottes in das Licht der Öffentlichkeit, nicht der Sohn Marias.

Und Maria? Sie reagiert sehr fein und vorbildlich. Sie hatte einmal selbst gesagt: »Ich bin die Magd des Herrn« (Lukas 1,38). Sie nimmt sich keine Sonderstellung heraus, die andere ihr später fälschlich zuordnen. Und sie tut noch etwas. Sie fordert die Diener, die später das viele Wasser in die Tonkrüge füllen werden, das dann zu Wein werden wird, dazu auf: »Was irgend er euch sagt, das tut!«

Maria hat verstanden, dass Jesus Christus wirklich der HERR ist. Sie tritt sozusagen ins Glied der vielen Menschen, die Jesus noch als ihrem HERRN und Messias nachfolgen werden. Und jedem Menschen, der Jesus nachfolgen will, gibt sie den wichtigen Rat: Was er euch sagt, das tut! Folgt diesem Jesus aufs Wort. Folgt ihm bedingungslos, und folgt ihm mit praktischer Tat, nicht nur mit den Lippen. Denn er ist es wirklich wert: Er ist der Retter der Menschheit! *Markus Majonica*

? Wie reagieren Sie auf das, was Jesus sagt und wer er ist?

! Jesus nachfolgen – ewiges Leben gewinnen!

Johannes 2,1-12

Bete Gott an!

OFFENBARUNG 22,9

Anbetungswürdig

Als Tony Turek, der Torwart der legendären deutschen Fußballnationalelf des Jahres 1954, nach seinem ersten Patzer mit einer besonders eindrucksvollen Parade seinen »Kasten« sauber hielt, jubelte der Radioreporter Herbert Zimmermann und nannte Turek einen »Teufelskerl« und – in einem Atemzug – einen »Fußballgott«. Dieser Begriff wurde seinerzeit nicht nur von Kirchenvertretern heftig kritisiert, auch der damalige Bundespräsident Theodor Heuss meinte: »Das geht zu weit.« Zimmermann musste sich öffentlich entschuldigen, und seine Zukunft als Sportreporter geriet ernsthaft in Gefahr.

Heute gibt es unzählige Musik- oder Film-Diven (wörtlich: »Göttliche«) oder Sportidole, die von ihren Fans für göttlich und anbetungswürdig gehalten werden. Es gibt z. B. einen Internet-Fanklub für die deutsche Interpretin Lena Meyer-Landrut, in dem diese nur als die »anbetungswürdige LML« bezeichnet wird. Im Alltag werden heute sogar zuweilen feine Speisen oder exquisite Weine von ihren Konsumenten gerne als »göttlich« und anbetungswürdig bezeichnet. Diese Attribute erscheinen mittlerweile nahezu inflationär.

Ganz anders sieht das ein Engel Gottes, der im letzten Kapitel der Bibel das Wort ergreift. Der Evangelist Johannes, dem Gott einen Blick in die Zukunft der Menschheit offenbart, fällt am Schluss nieder, um »anzubeten zu den Füßen des Engels«, der ihm all die zukünftigen Dinge im Auftrag Gottes gezeigt hatte. Doch dieser Engel – immerhin ein wirklich himmlisches Wesen mit unmittelbarem Zugang zu Gott – nimmt es mit der Ehrfurcht vor dem wahren Gott ganz genau. Er korrigiert Johannes mit den Worten: »Sieh zu, tu es nicht!«

Es gibt nur einen, der wirklich anbetungswürdig ist: Bete Gott an!

Markus Majonica

? Warum ist uns aus den Augen geraten, wer wirklich anbetungswürdig ist?

! Wer Gott nicht anbetet, hat die falsche Priorität in seinem Leben.

† Daniel 3,1-28

Jeder, der aus der Wahrheit ist, hört meine Stimme.

JOHANNES 18,37

Was ist Wahrheit?

Balthasar Hubmaier war Reformator und Führer der Täuferbewegung. Das heißt, er lehnte die Kindertaufe ab und setzte sich für die biblische Anwendung der Glaubenstaufe ein, für die er bis an sein Lebensende einstand. Am 10. März des Jahres 1528 wurde er, wegen seiner Einstellung, als Ketzer in Wien auf einem Scheiterhaufen verbrannt. Seine letzten Worte waren: »Die Wahrheit ist untödlich.« Als Jesus von den Juden angeklagt wurde und vor Pontius Pilatus stand und es darum ging, ob er schuldig gesprochen werden konnte oder nicht, fragte ihn dieser: »Was ist Wahrheit?« Vorher hatte Jesus ihm gesagt: »Ich bin dazu geboren und dazu in die Welt gekommen, dass ich für die Wahrheit Zeugnis gebe. Jeder, der aus der Wahrheit ist, hört meine Stimme« (Johannes 18,37).

Was ist für Sie Wahrheit? Ist es das, was Sie für richtig und falsch halten? Oder halten Sie das, was Ihnen z. B. die Medien für richtig verkaufen, als die Wahrheit? Die Wahrheit ist keine menschliche Erfindung, keine Meinung und kein Fantasiegebilde. Die Wahrheit ist in Jesus Mensch geworden. Er ist das vollkommene Abbild Gottes. Er ist in seinem Wesen die ganze Wirklichkeit des Gottseins und Menschseins. Er sagt deshalb mit Recht von sich selbst:« Ich bin die Wahrheit« (Johannes 14,6).

Über sein Reden und Handeln wird uns in der Bibel sehr viel berichtet. Dort sehen wir, dass beides übereinstimmt, auf ihn ist Verlass, weil er die Wahrheit sagt und auch nach der Wahrheit handelt. Er kam, um uns Gottes Liebe zu zeigen, unsere Schuld auf sich zu nehmen und den Tod zu sterben, den wir verdient hätten. Nur durch Jesus Christus können wir Vergebung von unserer Schuld erfahren, wenn wir ihm glauben und seine Vergebung persönlich in Anspruch nehmen.

Robert Rusitschka

Was ist für Sie Wahrheit?

Lernen Sie Jesus Christus kennen, er ist die Wahrheit!

Psalm 119,25-32

Ich aber ging an dir vorüber und sah dich in deinem Blut strampeln und sprach zu dir: Du sollst leben!

HESEKIEL 16,6

Zwei starben für mich (1)

Mit diesem Titel überschrieb mein Vater seine Geschichte, wie Gott in sein Leben trat. Hier ist sein Bericht: *Im Morgengrauen des 11. März 1945 sahen wir uns in unseren Erdlöchern vor Stettin einer ganzen Armada russischer Panzer gegenüber. Ein riesiger Schrecken überfiel uns, als diese auf uns loszurollen begannen. Hier bestand kaum noch Hoffnung, mit dem Leben davonzukommen. Dann ging alles drunter und drüber. Wie von einem Vorschlaghammer getroffen fiel ich hin. Ehe ich begriff, was geschehen war, spürte ich schon das Blut aus meinem Oberschenkel pulsen. Mein erster Gedanke:* Nun muss ich sterben, das ist mein Ende. *Dabei stand mir ein Erlebnis vor Augen, das nur wenige Tage zurücklag. Wir fanden einen Soldaten tot in seinem Blut liegend, der … offenbar niemand hatte, der ihn verband, und darum verblutete. War das nun auch mein Schicksal?*

Doch das Schlimmste war: Als einer, der in seiner Jugend das Wort Gottes oft gehört, aber eine Entscheidung für Jesus immer wieder aufgeschoben hatte, wusste ich sofort: In 10 bis 15 Minuten werde ich in der Hölle sein.

Verzweifelt schrie ich um Hilfe, aber wer würde sich von den Kameraden aus der Deckung wagen? Doch das Unglaubliche geschah. Einer kam, packte mich unter den Armen, zog mich in Deckung und verband mich mit seinem Verbandszeug. Doch der Notverband blutete durch. Bei dem Versuch, mich in einem Keller in Sicherheit zu bringen, passierte es: Ein Knall, ein Schrei, und der Kamerad wälzte sich schwer getroffen am Boden. Mit Mühe und Not schafften die anderen Kameraden es dann doch, uns in den Keller zu ziehen, und dann verließen sie uns mit dem Versprechen, wenn die Front bis zum Abend halten würde, wolle man uns rausholen. Aber es war erst früher Morgen. (Fortsetzung folgt) *Günter Seibert*

? Sind Sie bereit, Gott zu begegnen?

! Schieben Sie die Entscheidung nicht vor sich her, bis es zu spät ist.

† Lukas 23,32-43

Wenn du ihn bitten wirst, wird er dich hören, und du wirst deine Gelübde erfüllen.

HIOB 22,27

Zwei starben für mich (2)

Damit begannen für mich die längsten und hoffnungslosesten Minuten und Stunden meines Lebens. Neben mir der schwer Verwundete und – wie ich bald sah – sterbende Kamerad, draußen der Kampfeslärm und im Himmel vielleicht ein Gott, den ich aber oft abgewiesen hatte und mit dessen Hilfe ich nun in Todesangst kaum rechnen konnte – falls es ihn überhaupt gab!

Zunächst war ich mit dem Sterbenden beschäftigt. Sein Stöhnen stach mir ins Herz hinein. Er hatte sein Leben für mich gewagt und war nun dabei, es zu verlieren. Noch nicht einmal Trost konnte ich ihm zusprechen, denn ich hatte selbst keinen. Darum empfand ich es fast als Erlösung, als nach etwa einer halben Stunde sein Stöhnen leiser wurde und er zuletzt noch die Adresse seiner Mutter in Berlin flüsterte. Dann war es still. Mein Kamerad Adolf Nickel starb für mich. Ich war allein.

In diesen Stunden zog mein Leben an mir vorüber, und ich erkannte zum ersten Mal, wie inhaltslos, sinnlos und ziellos es war. Doch Gott, an den ich schon nicht mehr glaubte, begann wieder mit mir zu reden. Mein Gewissen wurde lebendig, ich erkannte die vielen versäumten Gelegenheiten, bei denen ich zu Gott hätte umkehren können, und hatte nur noch den einen Wunsch, dass ich noch eine Chance bekäme. Doch die stand bei 1:100. Jeden Moment musste ich damit rechnen, dass russische Soldaten die Treppe herunterkämen. Für diesen Fall hatte ich mir eine Handgranate bereitgelegt, mit der ich mein Leben beenden wollte.

In dieser verzweifelten Situation betete ich zu Gott: »Herr, wenn es dich gibt, und du mich aus dieser aussichtslosen Lage rettest und ich aus diesem Krieg wieder heimkomme, dann will ich mich zu dir bekehren und mein Leben soll dir gehören. Ich will dir dienen mit den Gaben, die du mir gibst!«

Günter Seibert

? Haben Sie Ihre Chance schon genutzt?

! Lesen Sie morgen, wie es weiterging!

† Lukas 9,57-62

Wenn ihr heute die Stimme Gottes hört, dann verschließt euch seinem Reden nicht!

HEBRÄER 3,15

Zwei starben für mich (3)

Nach einer gefühlten Ewigkeit wurde es endlich Abend. Draußen war es still geworden; aber die Ungewissheit, wer nun das Feld beherrschte, blieb. Da ich wieder etwas zu Kräften gekommen war, schleppte ich mich auf den Ellenbogen die Treppe hinauf, um Ausschau zu halten. Dann hörte ich plötzlich Stimmen. Freund oder Feind? Die Spannung wuchs. Doch, Gott sei Dank, es waren mein Gruppenkamerad und der Zugführer, die mich suchten und fanden. Ich war gerettet – nicht zuletzt, weil ein anderer sein Leben für mich geopfert hatte. Dann kam ich ins Lazarett, von dort aus in amerikanische Gefangenschaft, und so war ich bereits am 10. Juni 1945 wieder daheim. Nachdem meine Verwundung ausgeheilt war, konnte ich bald wieder meiner Arbeit nachgehen, und mit einem großen Nachholbedarf an Lebensfreude stürzte ich mich wieder voll ins Vergnügen.

Nur einem netten alten Mann zuliebe, der mich freundlich eingeladen hatte, ging ich zu einer der ersten Nachkriegs-Evangelisationen. Der Evangelist sprach eindringlich, dass wir nur durch den Tod Jesu vor dem Gericht Gottes gerettet werden. Mir wurde neu bewusst: »Jesus starb für mich!« Das erinnerte mich an meinen Frontkameraden Adolf Nickel, der sein Leben für mich geopfert hatte. Selbstverständlich hatte ich seine letzte Bitte erfüllt und seine Mutter benachrichtigt, sobald die Post wieder funktionierte. Aber ich hatte Gott ja auch ein Versprechen gegeben! In diesem Augenblick streckte der Evangelist seinen Arm in meine Richtung und rief: »Und du da, denkst du nicht mehr an dein Versprechen, das du Gott in höchster Todesnot gegeben hast?« Das traf mich wie ein Hammer! Und es war kein Zufall. Hier sprach der lebendige Gott persönlich. Da konnte ich nicht mehr anders: Ich bekannte unter Tränen all meine Schuld und stellte von da an Gott mein Leben zur Verfügung.

Günter Seibert

? Sind Sie Gottes Einladung schon gefolgt?

! Diese Einladung anzunehmen ist wichtiger als die schönste Familienfeier.

† Lukas 14,15-24

Denn obwohl die Welt von Gottes Weisheit umgeben ist, hat sie mit ihrer Weisheit Gott nicht erkannt.

1. KORINTHER 1,21

π = 3.1415926535 8979323846 ...

Die Kreiszahl Pi (π) ist eine mathematische Konstante, die das Verhältnis des Umfangs eines Kreises zu seinem Durchmesser angibt. Diese Zahl zu berechnen ist gar nicht so einfach, insbesondere, wenn man sie genau bestimmen will, sie hat nämlich unendlich viele Nachkommastellen. Schon Archimedes hat sich mit der Berechnung von Pi beschäftigt.

Heute ist es ein regelrechter Sport geworden möglichst viele Stellen von Pi in kürzester Zeit von einem Computer berechnen zu lassen oder auch möglichst viele Stellen auswendig aufsagen zu können. Den deutschen Rekord erzielte am 14. März 2024 die Frankfurter Gedächtniskünstlerin Susanne Hippauf mit 18 026 Nachkommastellen. Sie hat drei Stunden und fünf Minuten gebraucht, um sie aufzusagen. Natürlich ist die Zahl Pi auch von naturwissenschaftlicher Bedeutung für die Geometrie, für die Mathematik, aber auch für die Physik.

Naturwissenschaftliche Weisheit hilft, Zusammenhänge zu verstehen und Dinge zu berechnen, um damit etwas vorhersagen oder konstruieren zu können. Sie bietet uns aber keinen Zugang zu Informationen über Gott und die nichtsichtbare Wirklichkeit. Mit unserer menschlichen Weisheit können wir Gott nicht erkennen. In der Schöpfung kann man sehr viel Weisheit entdecken und damit zu dem Rückschluss auf einen Schöpfer kommen. Wenn wir aber etwas über Gott wissen wollen, muss er selbst uns das offenbaren. Genau das hat er getan. In höchstem Maße in seinem Sohn Jesus Christus, der auf die Erde kam. Durch ihn ist er für uns erfahrbar geworden, und in seinem Wort, der Bibel, hat er sich uns umfassend mitgeteilt. Hier ist die Quelle des Wissens, das wirklich von Bedeutung ist, denn sie weist uns den Weg hinaus aus unserer Verlorenheit und Vergänglichkeit zu ewigem Leben mit Gott.

Bernhard Volkmann

? Gibt es Gott etwa nur dann, wenn ihn die Naturwissenschaft beweisen kann?

! Dann wäre es kein Gott, sondern nur ein Teil unserer Welt, die wir erkennen und erforschen können.

† 1. Korinther 2

15 | MÄRZ SAMSTAG

Das ist die Haltung, die euren Umgang miteinander bestimmen soll; es ist die Haltung, die Jesus Christus uns vorgelebt hat.

PHILIPPER 2,5

Identitätsstiftung

Es schlug ein wie eine Bombe: Der Deutsche Fußballbund, kurz DFB, wechselte im März 2023 seinen Trikotausrüster vom deutschen Hersteller »Adidas« zum amerikanischen Konkurrenten »Nike«. Ein Aufschrei ging durch die Medien: Deutschland und Adidas gehörten doch zusammen wie Schnitzel und Kartoffelsalat! Wie kann man die Treue zueinander nach so vielen Jahrzehnten, fast ein ganzes Jahrhundert, brechen? Der deutsche Vizekanzler Robert Habeck meinte, er hätte sich vom DFB »ein Stück mehr Standortpatriotismus gewünscht«.

Die Gründe für das »Zerwürfnis« werden unterschiedlich gesehen. Für die einen ist es verwerflich, für Geld die »Identität« zu verraten. Was aber ist Identität? Gründet sie sich tatsächlich auf die Marke eines Sportartikelherstellers? Ist die Marke nicht längst Fassade, und sind die Werte, die einst damit verbunden waren, nicht schon längst preisgegeben?

Ich frage mich, was heutzutage wirklich Identität stiften kann. Kann etwa die Fußball-Europameisterschaft im eigenen Land es schaffen, die Nation wieder zu einen? Was nützt uns ein »Sommermärchen«, wenn bald danach wieder Eiseskälte herrscht? Wo finde ich etwas, was wirklich Bestand hat, was mir Sicherheit gibt, was mir sagt, wer ich bin und was ich nötig habe? Und was sich nicht schon bald wieder in Luft auflöst? Ich habe nur eine Antwort gefunden: Jesus Christus, wie er uns in der Bibel vorgestellt wird. Seit er in diese Welt kam und das Problem der Sünde, der Unversöhnlichkeit, des Egoismus und der Rücksichtslosigkeit gelöst hat, indem er am Kreuz dafür sein Leben ließ, können Menschen, die seine Vergebung in Anspruch nehmen, unter ganz neuer Voraussetzung leben – und nicht nur ein »Sommermärchen« erleben, sondern für immer teilhaben an einer völlig neuen Welt. *Tim Petkau*

? Worüber definieren Sie sich? Was begründet Ihre Identität?

! Äußerlichkeiten gehen nicht genug in die Tiefe und können unser Wesen nicht ändern – Jesus schon.

† Philipper 2,1-11

Denn das ganze Gesetz ist in einem Wort erfüllt, in dem: »Du sollst deinen Nächsten lieben wie dich selbst.«

GALATER 5,14

Raiffeisen Genossenschaften

Den Namen Raiffeisen kennt man von den Raiffeisen-Banken, die sich heute mit den Volksbanken zusammengeschlossen haben. Es hat alles angefangen im Jahr 1848 mit Friedrich Wilhelm Raiffeisen, der Bürgermeister der Gemeinde Flammersfeld im Westerwald war. Er sah die Not der Bauern, die sich Dünger und Saatgut nur leisten konnten, indem sie bei Geldverleihern zu horrenden Zinsen Geld liehen.

So gründete er den Flammersfelder Hilfsverein zu Unterstützung mittelloser Bauern – die erste Genossenschaft. Der Grundgedanke war, dass jeder solidarisch ein Stück Verantwortung für die anderen Vereinsmitglieder übernehmen sollte. Wohlhabendere Landwirte stellten Mittel zur Verfügung, die Ärmeren konnten somit sehr günstige Kredite bekommen. Es war eine Verknüpfung von Wohlhabenden und Armen auf der Grundlage christlicher Nächstenliebe und gegenseitigem Vertrauen. Die Genossenschaften waren ohne jedes Gewinnstreben konzipiert, mit dem christlichen Anliegen, den wirklich Bedürftigen in der eigenen Umgebung wirkungsvoll zu helfen. Als Ziel der Genossenschaft formulierte er: »Liebe deinen Nächsten wie dich selbst! Nicht mehr und nicht weniger.« Die einfache Anwendung eines biblischen Prinzips brachte vielen armen Bauern und auch Handwerkern einen Ausweg aus den Schulden und letztlich einen gewissen Wohlstand.

Das Wort Gottes, die Bibel enthält viele gute ethische Prinzipien. Gott selbst hat uns eine Gebrauchsanweisung für das Zusammenleben von uns Menschen gegeben. Wohl dem, der Gott und sein Wort kennt und danach lebt. Es wird für ihn selbst und für andere zum Wohl und Segen sein. Eins jedoch ist zu beachten: Diese Prinzipien funktionieren nicht ohne die persönliche Bindung an den, der sie geschaffen hat.

Bernhard Volkmann

? Was zeigt die Initiative Raiffeisens deutlich?

! Christsein hat nicht nur mit dem Kopf (Denken), sondern auch sehr viel mit dem Herzen und dem realen Leben zu tun.

† 5. Mose 15,7-11

Denn aus Gnade seid ihr gerettet durch Glauben, und das nicht aus euch, Gottes Gabe ist es.

EPHESER 2,8

Bereits bezahlt

»Die Gummibärchen brauche ich auch noch!« Irritiert schaue ich zuerst die Kassiererin an, dann meine Tochter im Kinderwagen, die strahlend eine kleine Tüte in der Hand hält, wie man sie in den Regalen neben dem Kassenband im Supermarkt erhält. Der mir völlig unbekannte Mann hatte ihr vor dem Verlassen des Geschäfts ebendieses Tütchen kommentarlos, aber mit einem Lächeln im Gesicht, überreicht. »Aber die hat der Herr vor uns doch bereits bezahlt ... oder etwa nicht?«, erwidere ich und versuche, die Situation einzuordnen. Die Kassiererin schaut kurz auf den Kassenbon, der noch vor ihr liegt. Schließlich nickt sie und entschuldigt sich freundlich, bevor sie sich wieder meinem Einkauf auf dem Band widmet.

Etwas, das man sich wünscht oder sogar benötigt, einfach so geschenkt zu bekommen, erfreut nicht nur Kinder, sondern wahrscheinlich jeden Menschen. In dem oben beschriebenen Erlebnis wäre ich zwar in der Lage gewesen, die Gummibärchen selbst zu bezahlen, aber weil das Geschenk eben so völlig unerwartet kam, war die Freude groß. Wie groß wäre diese Freude erst bei einem Geschenk, das ich mir niemals hätte selbst kaufen können!

Die Bibel spricht von einem solchen Geschenk, das weitaus wertvoller ist als eine Tüte Gummibärchen. Das betrifft etwas, für das kein Mensch in der Lage wäre, die Gegenleistung aufzubringen – unsere Schuld gegenüber Gott. Vor dem gerechten und heiligen Gott können wir, so wie wir sind, nicht bestehen. Wir benötigen jemanden, der für uns bezahlt. Durch seinen Tod am Kreuz hat Jesus Christus, Gottes Sohn selbst, das für uns getan. Heute weiß ich: Meine Schuld vor Gott ist bereits bezahlt, ich muss das Geschenk nur noch annehmen und glauben, dass es mir persönlich gilt. *Judith Pohl*

? Wie steht es um Ihre Schuld gegenüber Gott?

! Nehmen Sie das Geschenk der Rettung an – Jesus Christus hat auch für Ihre Schuld bezahlt.

† Epheser 2,1-10

Ich aber sage euch: Liebt eure Feinde und betet für die, die euch verfolgen.

MATTHÄUS 5,44

»Duty to warn«

Im März 2024 forderte ein Anschlag der Terrororganisation »Islamischer Staat« auf die *Crocus City Hall* bei Moskau ca. 140 Menschenleben. Besonders dramatisch war dabei, dass die russische Regierung bereits zwei Wochen vor dem Attentat gewarnt worden war. Amerikanische Geheimdienste hatten Hinweise auf die Terroraktion entdeckt und trotz der gestörten Beziehungen zu Russland weitergegeben. Die Amerikaner wollten Leben retten und befolgten dafür ihre »Duty to warn«-Regel (zu Deutsch: »die Pflicht zu warnen«). Diese Selbstverpflichtung gilt nicht nur gegenüber Verbündeten, sondern sogar gegenüber feindlich gesinnten Staaten. Leider bewertete die russische Seite die Hinweise jedoch als Provokation und Einschüchterungsversuch.

Auch Christen, die dem Vorbild von Jesus Christus folgen wollen, werden oft als Provokateure wahrgenommen. Sie warnen vor der größten aller Bedrohungen, nämlich dem Gericht Gottes. Sie erklären, dass Gott aufgrund seiner Heiligkeit Schuld und Sünde in unserem Leben mit der ewigen Verlorenheit bestrafen muss. Doch sie weisen auch auf den Ausweg hin. Denn Jesus Christus hat aus Liebe für uns Menschen viel mehr getan, als nur eine Warnung auszusprechen. Er ist selbst Mensch geworden und hat uns durch sein Leben gezeigt, wie und wer Gott ist. Als der Einzige, der ein Leben lang frei von Sünde geblieben ist, hat er am Kreuz unsere Schuld auf sich genommen. Weil die Gefahr für jeden Menschen real ist, ist die lebensrettende Botschaft vom Glauben an den gekreuzigten und auferstandenen Jesus Christus die wichtigste Botschaft der Welt.

Es ist ein Zeichen von Liebe, keinem Menschen die Wahrheit zu verschweigen: Glaube an Jesus – nur er schenkt dir Vergebung und ewiges Leben!

Andreas Droese

? Wann ist es wichtig, Menschen auch dann zu warnen, wenn sie die Hinweise nicht hören wollen?

! Wenn es um Leben und Tod geht, ist es lieblos, die Wahrheit zu verschweigen.

✝ Hesekiel 33,1-20

Opfere Gott Dank und erfülle dem Höchsten deine Gelübde; und rufe mich an am Tag der Not; ich will dich retten, und du wirst mich verherrlichen!

PSALM 50,14-15

G-Netz und andere Verbindungen

Wir kennen heute D1, O2, 4G, 5G und noch viele andere Verbindungsmöglichkeiten. Es schon erstaunlich, was heutzutage alles möglich ist. Die Technik wird immer besser, immer schneller, und auch die Entwicklung wird immer schneller. Es geht rasant zu, und ich komme kaum noch mit. Unsere Kinder kennen sich da besser aus. Sie sind damit aufgewachsen und kommen meist schnell damit zurecht. Man kann über Satelliten in die ganze Welt telefonieren. Die Geräte werden immer kleiner und leistungsfähiger. Sagenhaft, wie das alles funktioniert. Bilder und Daten werden in Sekundenschnelle millionenfach ausgetauscht. Der Markt der Möglichkeiten wird immer größer.

Trotz dieser guten Verbindungen werden die Menschen aber immer einsamer. Man sieht bei uns kaum noch einen Menschen auf den Straßen, der ohne Handy herumläuft. An den Bushaltestellen, wo man sich früher noch oft unterhalten hat, sieht fast nur noch geneigte Köpfe. Alles schaut auf das Smartphone oder das Tablet. Man hat Verbindung, aber kaum noch persönlichen Kontakt. Schade!

Aber was ist jetzt das in der Überschrift erwähnte G-Netz? Bei diesem Netz brauche ich keine technischen Hilfsmittel, kein Handy und dergleichen. Schon in der Bibel finden wir das G-Netz. Das verbindet uns direkt mit dem lebendigen Gott. G steht nämlich für Gebet. Ich darf mit Gott reden, jederzeit, an jedem Ort und sogar gebührenfrei. Das Beste aber ist, Gott hört mir zu. Ich darf ihm alles sagen, wirklich alles. Gott hat immer ein offenes Ohr und er freut sich sogar, wenn ich mit ihm rede. Man kann mit ihm über alles reden, ihm sogar die persönlichen Sünden bekennen, die uns von ihm trennen. In Jesus ist die Verbindung zu ihm dauerhaft und störungsfrei freigeschaltet für alle, die im Glauben zu ihm kommen.

Joschi Frühstück

? Ist Ihnen klar, dass wir mit allen Anliegen zu Gott kommen dürfen?

! Nutzen Sie doch diese wunderbare Möglichkeit, im Gebet mit Gott Verbindung aufzunehmen!

† Hiob 33,26-28

Gott schenkt vereinsamten Menschen ein Zuhause, Gefangene führt er in Freiheit und Wohlergehen. Doch wer sich ihm widersetzt, der muss bleiben in dürrem Land.

PSALM 68,7

Die Sucht nach Glück

Laut Glücksspielatlas der Drogenbeauftragten der Bundesregierung von 2023 haben mehr als 1,3 Millionen Deutsche eine Glücksspielstörung mit ernsthaften gesundheitlichen, finanziellen und sozialen Problemen. Weitere 3,3 Millionen Menschen zeigen riskantes Glücksspielverhalten mit ersten Anzeichen für Sucht, wie Entzugserscheinungen, wenn nicht gespielt wird. Fast jeder Dritte, der Sportwetten abschließt, hat eine Glücksspielstörung. Das Traurige daran ist, dass diese Art Suchtverhalten sehr verharmlost wird, obwohl nachgewiesen ist, dass Betroffene eine hohe Suizidrate aufweisen, nicht selten ihre Familien zerstören und ihre Existenz ruinieren.

Was reizt am Glücksspiel? Es ist der Botenstoff Dopamin, der beim Gewinnen ausgeschüttet wird. Das löst intensive angenehme Emotionen aus. Der Spielende belohnt mit diesem Glückshormon sein Verhalten und motiviert sich selbst, immer weiterzuspielen. Je schneller auf einen Einsatz ein Ergebnis folgt, desto stärker verändert das Spiel das Bewusstsein. Geldspielautomaten und Sportwetten machen deshalb leichter abhängig als Lotto, auf dessen Ergebnis man länger warten muss. Tragisch ist, dass das Gehirn Verlustserien leicht ausblendet.

Wer betroffen ist, sollte sich unbedingt therapeutisch helfen lassen. Doch wirklich frei von Abhängigkeiten und Zwängen kann man eigentlich nur dann werden, wenn man sich Gott unterstellt. Kapituliert man mit seinem verkorksten Leben vor Jesus und bekennt sein Dilemma, wird er sicher eingreifen. Er kann aus Versagern Helden machen, aus Verlierern Gewinner. Das Glück, das Gott seinen Kindern schenkt, hält nicht nur kurz an, sondern ist dauerhaft und nicht von Hormonen abhängig. Er ist übrigens nur ein Gebet weit entfernt. *Daniela Bernhard*

? Welche Ihrer Bekannten würden Sie als glücklich einschätzen?

! Die Sucht nach Glück führt in der Regel ins Unglück.

† Psalm 34

Jesus antwortete: »Ich bin das Brot des Lebens. Wer zu mir kommt, wird nie mehr hungrig sein, und wer an mich glaubt, wird nie mehr Durst haben.

JOHANNES 6,35

Nachdenken über ein Tattoo? (1)

Vor längerer Zeit war ich mit der Bahn unterwegs und sah jemanden mit dem Tattoo, das folgenden Satz abbildete: »Starve the Ego and feed the soul.« Ich zückte das Handy und ließ mir diesen Satz sofort übersetzen: »Das Ego verhungern lassen, die Seele nähren.«

Wir wollen diesen Satz einmal etwas näher betrachten. »Ego« steckt in dem Wort Egoismus, und eine Erklärung des Duden dazu lautet: »Streben nach Erlangung von Vorteilen für die eigene Person, … ohne Rücksicht auf die Ansprüche anderer.« Die zwei häufigsten Erklärungen der »Seele« beschreibt der Duden so: **1.** Gesamtheit dessen, was das Fühlen, Empfinden und Denken eines Menschen ausmacht; und **2.** substanz-, körperloser Teil des Menschen, der nach religiösem Glauben unsterblich ist und nach dem Tod weiterlebt. Das Interessante ist, dass auch im Internet die Menschen diesen Spruch für beide Varianten verwenden. Der häufigste Gedanke ist, dass man das eigene »Ich« zurückstellt, aber dennoch den Fokus auf das eigene Wohlbefinden legt, ohne egoistisch zu sein. Das klingt zunächst einmal nach einer gesunden Lebensart.

Aber womit sollen wir denn unsere Seele nähren? Dazu wendet man diesen Spruch am besten auf den Glauben an JESUS an, denn die Frucht, die daraus entsteht, ist dann viel weitreichender. JESUS selbst kam auf die Erde, um zu dienen, und nicht, um bedient zu werden. Er hatte nicht seine, sondern unsere Vorteile im Blick. Dadurch war die Motivation alles andere als egoistisch. Zusätzlich gab er unserer Seele die Möglichkeit, ihn als das »Brot des Lebens« (siehe Tagesvers) aufzunehmen. Jesus ist die beste Nahrung, und wenn man ihn in sein Leben aufnimmt, dann hat man für die Seele alles, was man braucht, nämlich ewiges Leben.

Gabriel Herbert

? Worauf richten Sie den Fokus in Ihrem Leben zwischen Egoismus und Altruismus (Rücksichtnahme)?

! Das Tattoo eines Wahlspruchs auf der Haut reicht bei Weitem nicht aus, man muss auch danach leben.

† Johannes 12,44-50

Denn ich errettete den Armen, der da schrie, und die Waise, die keinen Helfer hatte.

HIOB 29,12

Opfer und/oder Täter?

Heute ist »Tag der Kriminalitätsopfer«. Dieser Aktionstag wurde 1991 vom »Weißen Ring« eingeführt, einem gemeinnützigen Verein, der gezielt Opfer von Kriminalität unterstützen will. Denn in Deutschland befasst man sich von offizieller Seite in der Regel mehr mit den Tätern als mit den Opfern. Das Augenmerk von Polizei und Justiz richtet sich vorwiegend auf die Aufklärung von Straftaten und die Verfolgung der Straftäter. Der Schutz der Opfer und die Fürsorge für sie durch staatliche Stellen findet weit weniger Beachtung.

Aus meiner langjährigen Erfahrung als Schutz- und Kriminalpolizist kann ich dies bestätigen, und ich möchte nur ein Beispiel dafür nennen: Bei den zahlreichen Wohnungseinbrüchen, an deren Aufklärung ich beteiligt war und vor Ort mit den Wohnungseigentümern sprach, beobachtete ich, wie deprimiert, verzweifelt und ohnmächtig die Opfer waren. Der materielle Schaden spielte dabei eher eine untergeordnete Rolle. Die Betroffenen müssen vor allem psychisch sehr leiden, da ein Fremder in ihre Privatsphäre eingedrungen ist und rücksichtslos im Haus und dort vor allem in den intimsten Bereichen Chaos angerichtet hat. Diese Verletzungen bleiben oft unbeachtet und die Opfer damit allein.

In Gottes Reich geht es anders zu. Gott schaut ganz besonders auf die Opfer, die Schwachen und Zerbrechlichen. Er kümmert sich um die, die verletzt wurden. Jesus ist voll innigen Mitgefühls. Er weinte, als er eine Witwe sah, deren Sohn gestorben war.

Wenn Sie Opfer bedrückender Ereignisse geworden sind, dann ist es gut, wenn Sie eine Zufluchtsstätte haben. Diese kann man finden – in Gott. Er wartet mit offenen Armen auf Sie, wenn Sie ihm Ihr Leben, Ihre Nöte und Sorgen anvertrauen.

Axel Schneider

? Fühlen Sie sich manchmal wehrlos und hilflos?

! »Gott ist uns Zuflucht und Stärke, als Beistand in Nöten reichlich gefunden.« (Psalm 46,2)

✝ 2. Samuel 22,1-7

Wir haben erkannt, dass Gott uns liebt, und haben dieser Liebe unser ganzes Vertrauen geschenkt. Gott ist Liebe, und wer sich von der Liebe bestimmen lässt, lebt in Gott, und Gott lebt in ihm.

1. JOHANNES 4,16

Nachdenken über ein Tattoo? (2)

»Love yourself first« – »Liebe dich zuerst«. Diesen kurzen Spruch habe ich ebenfalls vor einiger Zeit an einem Menschen gelesen. Zunächst einmal ist dieser Spruch gegensätzlich zu dem in der Andacht am Tag zuvor. Dahinter steckt vielleicht ein Streben nach mehr Selbstvertrauen oder der Wunsch, das eigene »Ich« nicht zu vernachlässigen. Dieses »Ich« steht allerdings in unserer Welt zunehmend im Vordergrund. Das Motto »Selbstverwirklichung ohne Grenzen« wird in allen Bereichen unserer Gesellschaft möglichst umfassend umgesetzt. Gern werden solche Menschen, die sich selbst verwirklichen, als mutig und selbstbewusst eingestuft. Ein gesundes Selbstvertrauen ist ja auch für jeden Menschen wichtig! Dennoch bleibt die Frage, woran man sein Selbstvertrauen fest macht. An Verdienst, Freunden, dem eigenen Haus, der Familie, dem Verein oder vielleicht an besonderen Leistungen? Dann sind schon einmal die außen vor, die nichts von alledem haben, deren Selbstvertrauenssäule eingestürzt ist und bei denen das »Glück« scheinbar nicht auf ihrer Seite steht.

Unser Tagesvers weist in eine andere Richtung: Das gesündeste Selbstvertrauen findet man bei Gott. Wenn wir das Leben von Jesus betrachten, dann war seine Motivation nicht die Selbstliebe. Er liebte die Menschen und bewies das ultimativ, als er für Sie und mich am Kreuz starb. Er tat es aus reiner Liebe zu Ihnen und zu mir und verzichtete darauf, sich selbst zu lieben. Sozusagen nach dem Motto: »Love others first« – »Liebe andere zuerst«. Er liebt mich unabhängig davon, wie ich aussehe, welche Leistungen ich erbringe oder wie viel Geld ich habe. Jeder Mensch ist von Gott geliebt, das zeigte Jesus durch sein Sterben am Kreuz. Nicht Selbstliebe hält mich also aufrecht, sondern die Tatsache, dass Gott mich liebt.

Gabriel Herbert

? Wie viel Zeit, Mühe und Geld haben Sie bisher Ihrer eigenen Person, also der Selbstliebe gewidmet?

! Erst versöhnt und auf ewig verbunden mit Gott wird der Drang immer stärker, für andere statt für sich selbst zu leben.

† Lukas 10,25-37

Siehe, ich stehe an der Tür und klopfe an; wenn jemand meine Stimme hört und die Tür öffnet, zu dem werde ich hineingehen und mit ihm essen und er mit mir.

OFFENBARUNG 3,20

Sei ein Türöffner!

Es war am 24. März 2015 um 10.41 Uhr. Ein Airbus A320 der Fluggesellschaft Germanwings war auf dem Weg von Barcelona nach Düsseldorf. Er zerschellte an den französischen Alpen, nachdem der Kopilot die Maschine bewusst in den Sinkflug gebracht hatte. Alle 150 Insassen kamen dabei ums Leben. Die Nachforschungen ergaben, dass der eigentliche Pilot die Kabine verlassen hatte, um auf die Toilette zu gehen. Als er zurückkam, fand er die Kabinentüre von innen verschlossen vor. Alles Klopfen und Rufen half nichts. Der Absturz war vom Kopiloten eine beschlossene Sache.

Man wird zu Recht denken: Schrecklich! Wie kann der Kopilot nur solch eine Entscheidung treffen und nicht nur sich selbst, sondern alle anderen Fluggäste in den Abgrund reißen?

Doch denken wir einmal über uns selbst nach: Wie sieht unser persönlicher Lebensflug aus? Vielleicht sind wir noch weit davon entfernt, einen »Absturz« zu planen. Aber es gibt im Leben eine Menge Turbulenzen, in denen wir gefährlich ins Trudeln geraten können, etwa durch finanzielle Probleme oder Sorgen um die Ehe, die Gesundheit oder den Arbeitsplatz. Und auch diese Frage ist wichtig: Wo werden wir landen, wenn unser Leben beendet ist?

Hätte der Kopilot seinerzeit auf das Klopfen seines Kapitäns die Kabinentür wieder geöffnet und diesem das Steuer übergeben, wäre dieses große Unglück nicht geschehen. Eine Kurskorrektur wäre noch möglich gewesen. Auch wir brauchen jemanden, der rechtzeitig unser Leben unter Kontrolle bringt, damit wir am Ende nicht »abstürzen«. Jesus Christus bietet sich mit dem Tagesvers als unser Kapitän und Lebensretter an. Aber auch ihm müssen wir zunächst »die Tür öffnen«, damit er das Steuer unseres Lebens übernehmen kann und uns sicher ans Ziel bringt.

Robert Rusitschka

? Halten Sie Ihre Herzenstür noch verschlossen?

! Öffnen Sie die Tür, damit Jesus Christus einziehen kann!

† Hebräer 12,25-29

Der Sohn des Menschen ist gekommen, zu suchen und zu erretten, was verloren ist.

LUKAS 19,10

Endlich Frühling!

Wer von uns kennt nicht diese schrecklichen kalten Jahreszeiten? Überall ragen kahle Bäume in die Luft. Kalter Wind fegt durch die Straßen und bringt alles Leben zum Erstarren. Die Farben der Natur verschwinden im traurigen Grau des Nebels. Die Sehnsucht nach dem Frühling wird immer stärker, aber er will einfach nicht kommen. Noch eine Woche versinkt im Regen. Furchtbar! Alle Schönheit und Lebensfreude schwindet dahin. Man fragt sich: »Was ist eigentlich der Sinn dieses Lebens?« Aber zum Glück gibt es ja den Fernseher, das Oktoberfest und jede nur mögliche Unterhaltung! Ein scheinbarer »Frühling«. Nichts wie hinein in dieses »Glück«! Und danach? Wieder genau das gleiche Grau.

Ich kenne jemanden, der zu uns in dieses Grau gekommen ist und uns den wirklichen Frühling gebracht hat: Jesus! Er war mitten unter uns Menschen, ganz nah und mit den Nöten der Menschen vertraut. Wozu? Um uns rauszuführen aus diesem Kreislauf und zu retten, was verloren ist. Verloren in der Sinnlosigkeit des Lebens und in den eigenen Sünden. Jetzt fragen Sie mich: Welche Sünden? Die Sünde, dass Sie sich nicht an Gottes Regeln halten. Ich möchte Ihnen ein Beispiel geben: Der Staat stellt Verkehrsregeln auf. Wenn Sie sich nicht daran halten, sind Sie ein »Verkehrssünder«. Gott stellt die Regeln des Lebens auf. Wenn Sie sich nicht daran halten, sind Sie ebenfalls ein Sünder. »Verkehrssünden« müssen bezahlt werden. Die Sünden gegen Gott, müssen ebenfalls bezahlt werden.

Hier kommt Jesus ins Spiel. Er ist am Kreuz für Ihre und meine Sünden gestorben und hat unser hohes Bußgeld bezahlt. Er hat das eintönige Einerlei unseres Lebens ohne Gott durchbrochen, damit wir es nicht mehr durchleben müssen, sondern sinnvoll und zielbewusst leben können. Frühling!

Johannes Unger

? In welcher »Jahreszeit« leben Sie?

! Dringen Sie endlich zum Frühling durch!

† Lukas 4,16-22

Und die Priester gingen in das Innere des Hauses des HERRN, um es zu reinigen. Und sie brachten alles Unreine, das sie in dem Tempel des HERRN fanden, in den Hof des Hauses des HERRN hinaus.

2. CHRONIK 29,16

Frühjahrsputz

Einmal im Jahr, um die Frühlingszeit, überkommt mich eine ungeheuer große Motivation, alles zu putzen (die sollte ich auch nutzen, denn ansonsten ist sie ebenso schnell wieder weg). Dann werden Vorhänge nach dem Winter wieder staubfrei gewaschen, Fenster vom Dreck befreit und die Küchenschränke ausgeräumt, geputzt und deren Inhalt sortiert. Das ist eine Menge Arbeit, aber das anschließende Gefühl der Sauberkeit ist sehr angenehm und der Mühe wert.

Neulich stieß ich in der Bibel ebenfalls auf eine Art Riesen-Frühjahrsputz. Zur Vorgeschichte: Hiskia wurde mit 25 Jahren König, nachdem sein Vater Ahas gestorben war. Ahas verehrte wie kein anderer König fremde Götzen und betete nicht den wahren Gott an. Aus diesem Grund baute er auch neue Götzenaltäre und benötigte den Tempel Gottes nicht mehr. Daher ließ er seine Tore für viele Jahre verschließen. Dementsprechend schlecht sah es leider auch in seinem Königreich aus.

Als Hiskia König wurde, lesen wir interessanterweise, dass die erste Amtshandlung im ersten Monat seiner Regierung die Öffnung der Tore des Tempels war. Dann ordnete er die komplette Reinigung des Tempels an, und die Leviten und Priester machten sich eifrig ans Werk. Hiskia hatte erkannt, woran das Volk erkrankt war und warum es bergab ging: Der König und das Volk hatten sich abgewendet von Gott, hatten die Verbindung gekappt und im wahrsten Sinne des Wortes die Tür zugemacht. Hiskia nun ließ den Tempel wieder für seine eigentliche Bestimmung herrichten, nämlich für die Anbetung Gottes.

Auch wir Menschen heute haben eine Bestimmung. Auch wir sind geschaffen, um Gott zu loben und anzubeten. Den Weg zu ihm hat Jesus frei gemacht. Und er will umgekehrt sogar in uns Wohnung nehmen – wenn dort alles sauber ist.

Rebecca Grimm

? Hat sich in Ihrem Leben auch eine Menge Gerümpel und Dreck angehäuft?

! Dann nutzen Sie doch den Frühlingsanfang, um gründlich aufzuräumen und sauberzumachen!

† 2. Chronik 29

27 | MÄRZ DONNERSTAG

Die segnende Seele wird reichlich gesättigt, und der Tränkende wird auch selbst getränkt.

SPRÜCHE 11,25

Paganini

Der italienische Violinvirtuose Paganini war einer der bedeutendsten Musiker des 19. Jahrhunderts, seine technischen Fähigkeiten überwältigten das Publikum regelmäßig. Er wurde 1782 in Genua in armen Verhältnissen geboren; es war sein Vater, der ihn früh an die Musik heranführte. So lernte Paganini erst Mandoline und dann Violine. Sein Talent konnte nicht verborgen bleiben: Schon mit zwölf Jahren gab er Konzerte in Theatern, und als er 14 war, brachte ihn sein Vater nach Parma. Dort wurde er später mit einer echten Guarneri-Violine beschenkt. Er nannte sie »il Cannone« wegen ihres kraftvollen Klangs; sie wurde sein Lieblingsinstrument. Guarneri-Violinen zählen zu den begehrtesten Streichinstrumenten der Welt. Rund 200 Exemplare gelten als erhalten, sie liegen im Preis bei bis zu 20 Millionen Euro!

Mit seiner »Cannone« wurde Paganini eine echte Legende, 1828 spielte er sogar vor Kaiser Franz II. in Wien! Doch bereits mit 58 Jahren starb er in Nizza infolge eines Blutsturzes. In seinem Testament vermachte Paganini seine Geige seiner Heimatstadt Genua »wo sie fortwährend aufbewahrt werden muss«, und zwar unter der Auflage, dass niemand mehr auf ihr spielen dürfe! Infolgedessen wurde die wertvolle Geige bald wurmstichig und damit unbrauchbar. Nur im fortwährenden Gebrauch – durch Musizieren – wäre sie erhalten geblieben.

Nur wer sich für andere einsetzt, findet völlige Freude, denn »die segnende Seele wird gesättigt«. Nur wer seine Gaben an andere verschenkt, wird glücklich, denn »der Tränkende wird auch selbst getränkt«. Jesus Christus hat so gelebt. Er hat sein Leben für andere eingesetzt und es am Kreuz sogar für die ganze Welt in den Tod gegeben. Was hat er eigentlich davon?

Andreas Fett

? Haben Sie schon Ihr Leben verloren, um es zu finden? (Siehe Matthäus 10,39.)

! Hamstern und Horten ist materialisierter Egoismus! Geben ist seliger als ...

† Apostelgeschichte 9,36-43

Und wie Mose damals in der Wüste die Schlange erhöhte, so muss auch der Menschensohn erhöht werden, damit jeder, der glaubt, in ihm das ewige Leben hat.

JOHANNES 3,14-15

Jesu Kreuzweg – ein Siegeszug?

Im Römischen Reich war es üblich, erfolgreiche Feldherren mit einem Triumphzug zu ehren. So ein spektakuläres Ereignis war ein herausragender Höhepunkt im Leben des siegreichen Schlachtenlenkers, der gemeinhin seinen Sieg der römischen Gottheit Jupiter weihte. Dem gefeierten Helden wurden magische Eigenschaften zugesprochen, denn er gewährleistete Rom und seinen Bewohnern Glück und Erfolg. Der von Tausenden Menschen Bejubelte fuhr stehend in einem prächtigen Wagen, der von vier Pferden gezogen wurde. Hinter ihm stand ein Sklave, der ihm einen goldenen Kranz über dem Kopf hielt, zugleich aber ununterbrochen mit den Worten mahnte: »Memento mori.« (Bedenke, dass du sterblich bist.) »Respice post te, hominem te esse memento.« (Sieh dich um und bedenke, dass auch du nur ein Mensch bist.). Römische Kriegshelden bedurften offenbar wegen ihrer Neigung zum Größenwahn stets dieser Mahnung.

Der Kreuzweg Jesu weist Parallelen auf, ist jedoch ganz gegensätzlich. Jesus ist ebenfalls ein Sieger. Keiner, der Menschen als Kriegsbeute verschleppte, um sie vor applaudierendem Publikum abzuschlachten, sondern einer, der sich selbst opferte, weil er die Menschen überaus liebt. Er ist Gott, wurde aber als der Allerverachtetste und Unwerteste (Jesaja 53,3) verhöhnt und erniedrigt. Er zog durch die Straßen, aber nicht zum Kapitol, sondern zu einem Hügel, auf dem hingerichtet wurde, außerhalb der Stadt. Dabei wurde er nicht von Untertanen hofiert, sondern mit Peitschen getrieben, mit der Last des schweren Holzbalkens auf seinem Rücken. Er wurde nicht gefeiert, sondern gekreuzigt – und doch hat er triumphiert. Er besiegte den schlimmsten Feind, den Tod und den Teufel. Allein in Jesus können wir bis heute Vergebung unserer Schuld und das ewige Leben erhalten. *Daniela Bernhard*

? Sind Sie schon auf der Siegerseite?

! Kein Feldherr hat je den Tod besiegt.

† Johannes 19,17-30

Der Engel aber … sprach zu den Frauen: Fürchtet euch nicht! Denn ich weiß, dass ihr Jesus, den Gekreuzigten, sucht. Er ist nicht hier, denn er ist auferstanden, wie er gesagt hat.

MATTHÄUS 28,5-6

Kein Aprilscherz

Stefan Raab galt über zwei Jahrzehnte hinweg als der deutsche Showmaster und Entertainer im deutschen Fernsehen. Seine Fernsehkonzepte schlugen ein und erreichten regelmäßig ein Millionenpublikum. Selbst verrückte Ideen setzte er erfolgreich um, was er anfasste, wurde sprichwörtlich zu Gold. Umso größer dann die Meldung 2015: Stefan Raab hört auf. Von jetzt auf gleich zieht er sich aus der Öffentlichkeit zurück. Sein Stammsender ProSieben kann die Quoten nicht halten, viele Sendungen müssen eingestellt werden.

Zeitsprung, 29. März 2024: Stefan Raab veröffentlicht im Internet ein Video, dass er am 1. April eine große Neuigkeit verkündigen will. Die Gerüchteküchen brodeln, viele Fragen sich, ob dieses erste Lebenszeichen nach so vielen Jahren tatsächlich echt ist oder ob es sich nur um einen Aprilscherz handelt. Doch tatsächlich kündigt der Entertainer dann einen Boxkampf an, den er bestreiten will. Am Tag darauf kann man ab 15.00 Uhr auf einer offiziellen Ticketwebsite Karten dafür kaufen. Die Nachfrage ist groß! Nach zwei Stunden ist alles restlos ausverkauft.

Ich denke ich an einen anderen Mann, von dem man meinte, er habe endgültig abgedankt: Jesus starb vor rund 2000 Jahren und wurde begraben. Er hatte jedoch angekündigt: Ich werde wiederkommen. Und tatsächlich: Drei Tage später ist er wieder auferstanden und seinen Anhängern erschienen. Ich weiß nicht, ob Stefan Raab darauf anspielen wollte, jedenfalls reicht sein Comeback nicht annähernd an das heran, was nach Jesu Auferstehung geschah. Unzählige haben durch Jesus Frieden mit Gott gefunden und wurden verändert. Nicht Boxkämpfe stehen für sie ganz oben auf der To-do-Liste, sondern Werke der Liebe, die sie aus Dankbarkeit für Gott und an anderen Menschen tun. *Tim Petkau*

? Was ist aus Ihrer Sicht nachhaltiger – ein kurzes Fun-Spektakel oder ein echter Neubeginn mit Langzeitwirkung?

! Jesu Rückkehr auf die Erde mit allen, die zu ihm gehören, steht noch aus. Erwerben Sie Ihr »Ticket«, um dabei zu sein.

✝ Apostelgeschichte 1,1-11

An jenem Tag, dem ersten der Woche ... kam Jesus und trat in die Mitte und spricht zu ihnen: Friede euch!

JOHANNES 20,19

Robinson und Sonntag?

Zwölf Tage nach seinem Schiffbruch wird Robinson Crusoe bewusst: Ohne Hilfsmittel würde er bald an der Zeitrechnung irre werden. Also errichtet er ein Holzkreuz, auf dem er das Datum seiner Ankunft auf der Insel notiert. Ab da ritzt er jeden Tag eine Kerbe in das Holz. An jedem siebten Tag macht er einen tiefen **Einschnitt**: sonst würde er »bald sogar den Sonntag nicht mehr von den Wochentagen unterscheiden können«. Bedeutungslosigkeit und Einerlei, unterbrochen durch den Sonntag, »der einzige Tag, um mich von verdüsternden Gedanken, die täglich auf meine Seele einstürmen, zu befreien.«Daniel Defoe drückt durch seine berühmte Romanfigur aus, dass es der Sonntag – und nicht Freitag – ist, der ein Innehalten des Menschen rechtfertigt.

Warum dies so ist, zeigt Jesus Christus an jenem **einschneidenden** Sonntag seiner Auferstehung: »An jenem Tag, dem ersten der Woche ... kam Jesus und trat in die Mitte und spricht zu ihnen: Friede euch! Und als er dies gesagt hatte, zeigte er ihnen die Hände und die Seite« (Johannes 20,19-20). Den tiefen **Einschnitt**, den der Herr präsentiert, sind seine Wunden in den Händen und seiner Seite: Wie **einschneidend**! Sie machen den Sonntag zum Sinntag, zum erstrangigen, zum herausgehobenen Tag. Der Sonntag unterbricht das Hamsterrad frustrierenden Funktionierens. Statt Schule und Studium, Schaffen und Shoppen, Sollerfüllung und Seelenleere – Stopp! Es ist Sonntag!

Für die Christen wurde der erste Tag der Woche zum Ruhetag. Es war der Tag der Auferstehung Jesu Christi und somit auch der Anfang einer neuen Schöpfung. Jesus hat uns mit Gott versöhnt durch das Kreuz. »Er kam und verkündigte Frieden ... denn durch ihn haben wir ... [seit jenem Tag] den Zugang zu dem Vater« (Epheser 2,16-18).

Andreas Fett

? Wieso schützt unser Gesetz den Sonntag als Tag der seelischen Erhebung?

! Der Tag der Auferstehung hat Ewigkeitswert!

† 1. Korinther 15,12-19

Denn nicht ein leeres Wort ist es für euch, sondern es ist euer Leben.

5. MOSE 32,47

Wie ich zur Bibel fand

Ich war 30 Jahre alt und führte ein harmonisches Leben mit meiner Frau und unseren zwei Söhnen. Kirche und Glauben gegenüber war ich eher gleichgültig. Ich hatte, weil ich gerne lese und wir zur Hochzeit eine Bibel geschenkt bekommen hatten, schon zweimal versucht, sie zu lesen. Ich war allerdings nach den spannenden Geschichten im 1. Buch Mose immer im 2. Buch Mose stecken geblieben, als es für mich langweiliger wurde.

Dann zog ein »Missionar« mit seiner Familie aus Holland in das Mehrfamilienhaus, in dem wir wohnten. Ich hielt Abstand, weil mir das Ganze nicht so geheuer war. Aber sie freundeten sich mit meiner Frau und den Kindern an. Als ich im Frühjahr mit einer Grippe zu Hause bleiben musste, kam er zu einem Krankenbesuch vorbei. Nach dem dritten Satz, den wir wechselten, waren wir bereits beim Thema Glauben. Obwohl ich bisher dieses Thema immer schnell beendet hatte, war ich dieses Mal zu meiner eigenen Überraschung sehr offen, und wir redeten einige Stunden. Alle Fragen, die ich hatte, ließ ich raus, egal ob zum Glauben oder über den Alltag. Ich holte sogar meine Bibel, und auf alle meine Fragen antwortete und argumentierte er anhand von Bibelstellen, was mich sehr beeindruckte.

Nach diesem Gespräch entschloss ich mich, es erneut mit der Bibel zu versuchen, doch fing ich nun hinten an: Mit der Offenbarung. Und tatsächlich erfuhr ich, wie die Bibel in mein Leben sprach. Je länger ich las, desto mehr hat mich dieses Buch ergriffen. Dann las ich die ganze Bibel durch, um alles zu erfahren, was Gott uns zu sagen hat. Nach neun Monaten war ich das erste Mal durch. Ich habe erlebt, dass dieses Buch kein langweiliger Kram ist, sondern das man hier Gott begegnen kann. Seitdem hat die Bibel mein Leben verändert. *Bernd Grünewald*

? Wie sieht Ihre Beschäftigung mit der Bibel aus?

! Die Bibel ist Gottes Wort: lebendig und zeitlos gültig.

† 5. Mose 32,44-47

Und Gott sah alles, was er gemacht hatte, und siehe, es war sehr gut.

1. MOSE 1,31

Wie schützen wir unsere Erde?

Vor 51 Jahren (1974) warnten die Chemiker Mario J. Molina und Frank Sherwood Rowland bereits davor, dass von Menschen freigesetzte Fluorchlorkohlenwasserstoffe (FCKWs) die Ozonschicht in der Stratosphäre schädigen können. Die sogenannten FCKWs wurden unter anderem als Treibmittel in Spraydosen und in Kühlmitteln verwendet. 20 Jahre später erhielten die Forscher den Nobelpreis für Chemie, da sie den Einfluss dieser Schadstoffe auf die Bildung des Ozonlochs geklärt hatten. Im Montreal-Protokoll von 1987 einigte man sich weltweit darauf, dass die ozonabbauenden FCKWs durch andere Stoffe ersetzt werden sollten. Denn die Ozonschicht schützt uns vor der schädlichen UV-Strahlung der Sonne, die z. T. zu Hautkrebs führen kann. Der Schutz unserer Erde war schon damals vielen Menschen wichtig. Heute ist das Bewusstsein darüber noch viel stärker geworden, wie wichtig es ist, unseren Planeten zu schützen.

Aber nicht nur die Erde ist bedroht. Unser Seelenheil steht auch auf dem Spiel. Auch da sorgen »Schadstoffe«, nämlich unsere Sünde, für eine zerstörerische Belastung, die unweigerlich mit dem Tod enden wird, denn der Lohn der Sünde ist der Tod, sagt die Bibel (Römer 6,23). Gott warnt uns schon seit Beginn der Schöpfung davor, dass er Sünde richten wird. Er hat aber auch eine Möglichkeit zur Rettung vorbereitet.

Was können wir also tun, damit unsere Seele für die Ewigkeit gerettet wird? In der Bibel steht: »Es ist dem Menschen bestimmt, einmal zu sterben, danach aber kommt das Gericht« (Hebräer 9,27; ELB). Im Johannes-Evangelium heißt es aber auch: »Wer an ihn (den Sohn Gottes) glaubt, wird nicht gerichtet« (Johannes 3,18). Also ist der Glaube an Jesus Christus die entscheidende Maßnahme, um ewiges Leben im Reich Gottes zu bekommen.

Uwe Harald Böhm

? Sind Sie auch ein Umweltschützer?

! Ergreifen Sie auch für Ihre Seele die alles entscheidende Schutzmaßnahme!

† 1. Mose 1

Das Blut Jesu Christi, seines Sohnes, reinigt uns von aller Sünde.

1. JOHANNES 1,7

Weil es »Judenblut« war …

»Sie sind der Meinung, das war …?«Wer weiß, wie diese Zeile weitergeht, ist älter als 50 Jahre. Der legendäre Ausruf mit Hochsprung »… das war Spitze!«war Markenzeichen von Hans Rosenthal. Heute wäre sein 100. Geburtstag. In den 1970er- und 80er-Jahren kannte jeder seine Quizshow »Dalli Dalli«. Er überlebte als jüdischer Teenager das Dritte Reich, als einziger seiner Familie – versteckt in Gartenlauben, geschützt von Nachbarinnen. Nach dem Krieg berichtete Hans von seinem kleinen Bruder Gert. Der litt an Kinderlähmung, war zweijährig halbseitig gelähmt. Doch Gert überwand das Poliovirus und war einer der wenigen, die komplett geheilt wurden. Das war in der 1930er-Jahren nur sehr selten der Fall, denn es gab noch keine Impfung gegen Kinderlähmung. Die einzig wirksame Therapie war ein Serum aus dem Blut Betroffener, die sich vollständig von der Krankheit erholt hatten. Gert Rosenthals Blut war also für viele die Rettung. Es hatte die Kraft, viele andere davor zu bewahren, an Kinderlähmung zu erkranken.

Aber als die Rassengesetze der Nazis in Kraft traten, durfte Gert kein Blut mehr spenden. Es war ja »Judenblut« und damit »unarisch«. Unvorstellbar: Die Nazis versagten aufgrund ihrer absurden Rassentheorie »Germanenkindern« das einzige Rettungsmittel. Und als der kleine Gert 1942 im KZ Majdanek ermordet wurde, konnte sein Blut endgültig niemanden mehr retten.

Es gibt allerdings ein Blut, dessen Rettungskraft bis heute wirksam ist: »Das Blut Jesu Christi, seines Sohnes, reinigt uns von aller Sünde.« Sünde betrifft uns – anders als z. B. Polio – ausnahmslos alle, auch wenn wir das oft nicht wahrhaben wollen. Wenn wir dieses Blut nicht in Anspruch nehmen, schlagen wir die einzigartige Rettungsmöglichkeit gegen die Sünde aus.

Andreas Fett

? Mit welcher Währung wollen Sie für Ihre Sünden bezahlen?

! Jesu Blut macht jeden Schaden gut.

✝ Hebräer 9,11-28

Jesus antwortete und sprach zu ihm: Wenn jemand mich liebt, wird er mein Wort halten, und mein Vater wird ihn lieben, und wir werden zu ihm kommen und Wohnung bei ihm machen.

JOHANNES 14,23

Wo Goethe nie gewesen ist

Im April 2023 machten wir einen Spaziergang durch die Altstadt von Salzwedel (Sachsen-Anhalt). Dabei sahen wir uns die restaurierten Fassaden der Häuserzeilen an. Neben einer Tür war ein Schild angebracht mit folgenden Worten: »In diesem Haus übernachtete Johann Wolfgang von Goethe ...« ich stutzte – der Text ging weiter: »... nie«. Diese humorvolle Inschrift brachte mich ins Nachdenken: Es gibt einige Orte, an denen Johann Wolfgang von Goethe auf seinen Reisen tatsächlich übernachtet hat. Oft kündet ein entsprechendes Schild von diesem Umstand, ohne den Zusatz »nie«. Die heutigen Bewohner eines solchen Hauses sind stolz darauf, dass der »größte Deutsche« einmal dort eine Nacht zugebracht hat. Entsprechendes gilt auch für viele andere berühmte Dichter, Komponisten, Maler, Forscher usw.

Doch in der weitaus überwiegenden Zahl der Gebäude in Deutschland hat nie eine berühmte Person übernachtet. Und für die Menschen, die in solchen »normalen« Häusern leben, ist dies auch nicht sehr entscheidend.

Ganz anders ist das jedoch hinsichtlich der Frage, ob der Sohn Gottes Einzug in das Haus meines Lebens halten konnte – oder nicht. Der Tagesvers macht deutlich, dass Jesus Christus, ja, Gott selbst, tatsächlich bei Menschen wohnen wollen. Die Voraussetzung dafür ist, dass wir ihm unser Herz öffnen und unser Leben zur Verfügung stellen. Wenn ein Mensch diese Einstellung im Herzen hat, zieht dort nicht irgendein Prominenter ein, sondern Jesus Christus selbst wird mit seinem Vater bei einem solchen Menschen wohnen. Und wenn Jesus so in meinem Leben einzieht, geschieht das nicht nur für eine Nacht, sondern für die Ewigkeit.

Wie dramatisch ist es daher, wenn über einem Leben steht: Hier hat Gott nie gewohnt!

Martin Reitz

? Ist in Ihrer Wohnung schon mal ein berühmter Mensch gewesen?

! Öffnen Sie Ihre Wohnung bzw. Ihr Herz für Gott!

† Offenbarung 3,14-20

In der folgenden Zeit zog Jesus durch viele Städte und Dörfer und verkündigte überall die Freudenbotschaft vom Reich Gottes.

LUKAS 8,1

Die Liste der vergessenen Nachrichten

»In den Nachrichten hört man sowieso immer nur dasselbe!« Das meinen viele Menschen, und ganz unrecht haben sie nicht. Tatsächlich gibt es in jedem Jahr einige Dauerbrenner-Themen, die einen großen Teil der anderen Inhalte verdrängen. So musste man in den News-Spalten der online-Zeitungen zum Zeitpunkt der Abfassung dieses Artikels weit scrollen, um eine Nachricht zu finden, die nichts mit den Kriegen in der Ukraine und im Gazastreifen oder mit der Klimakrise zu tun hatte – wohl auch deshalb, weil Schreckensmeldungen mehr Leser anziehen als positive Nachrichten.

Die INA (Initiative für Nachrichtenaufklärung) veröffentlicht daher jedes Jahr in Zusammenarbeit mit dem Deutschlandfunk eine »Liste der vergessenen Nachrichten«. Das sind zehn Themen, die keine oder nur wenig Aufmerksamkeit in den Medien bekommen haben, obwohl sie gesellschaftlich relevant sind. Auf den ersten Platz hat es im April 2024 die Phytosanierung geschafft, eine Möglichkeit, wie man mit Schwermetallen verunreinigte Gewässer umweltschonend wieder sauber machen kann. Nie davon gehört? Das ist es ja ...

Es ist sicher bedauerlich, wenn man nicht umfassend informiert ist, sondern nur kurze Informationen zu ein oder zwei aktuellen Dauerbrenner-Themen aufnimmt. Viel schwerwiegender aber ist es, wenn im persönlichen Leben wenige Themen so viel Raum einnehmen, dass sie viel wichtigere Fragen verdrängen. Der Beruf, die Kinder, die Gesundheit, überhaupt die Probleme des Alltags können so wichtig werden, dass man der guten Botschaft der Bibel gar keine Beachtung schenkt: Gott wurde Mensch. In Jesus gibt es Vergebung von Schuld, ein sinnerfülltes Leben und die Gewissheit der Auferstehung. Dieses Thema sollte bei uns die Nummer 1 sein – und dann wird auch alles andere seinen Platz finden.

Elisabeth Weise

? Was können wir tun, damit wir die wichtigste Botschaft der Welt nicht vergessen?

! Gott möchte unsere Nummer 1 sein.

✝ Lukas 8,1-15

Mit deinem Starrsinn und unbußfertigen Herzen aber häufst du dir selbst Zorn auf für den Tag des Zorns und der Offenbarung des gerechten Gerichts Gottes.

RÖMER 2,5

Geblitzt!

Ich war mit dem Auto unterwegs und freute mich auf ein gemütliches Frühstück bei meiner Freundin. Zeitlich war ich etwas knapp dran und wollte daher zügig fahren, was leider durch den Berufsverkehr nur selten möglich ist. Endlich tat sich eine Lücke auf, sodass ich den langsamen Lkw vor mir überholen konnte. Ich gab Gas und dann – ein kurzes Aufleuchten ließ mich zusammenzucken. Zu dumm! Der Blitzer! An den hatte ich gar nicht mehr gedacht. Den Rest der Fahrt versuchte ich, mir auszurechnen, wie hoch mein Bußgeld wohl sein würde. Das Frühstück bei meiner Freundin war trotzdem schön, der Rest der Woche auch. Aber zwischendurch musste ich doch immer wieder an den unvermeidlichen Briefumschlag denken, der über kurz oder lang in unserem Briefkasten liegen würde ...

Wenn man zu schnell gefahren ist und geblitzt wurde, dann kommt der Bußgeldbescheid auf jeden Fall. Manchmal dauert es etwas länger, aber irgendwann kommt er. Auch dann, wenn man in der Zwischenzeit ordentlich fährt und den Gedanken an den unangenehmen Vorfall gern beiseiteschiebt.

Ähnlich ist es bei Gott. Er registriert immer, wenn wir gegen seine Gebote verstoßen. Allerdings bestraft er unsere Sünde nicht sofort, dies wird erst am Ende der Zeit beim Jüngsten Gericht geschehen. In der Zwischenzeit wartet er darauf, dass wir ihm unsere Schuld bekennen. Weil Jesus Christus am Kreuz die Strafe dafür getragen hat, kann Gott uns vergeben. Doch wer diese Chance nicht nutzt, der muss am Ende selbst für seine Taten geradestehen. Es nutzt nichts, den Gedanken an dieses Gericht zu verdrängen, denn die Strafe wird am Ende bezahlt werden müssen. Ohne Angst in die Zukunft schauen kann der, der weiß, dass seine Schuld vergeben ist und nicht mehr zur Sprache kommen wird.

Elisabeth Weise

? Warum richtet Gott Sünde nicht sofort?

! Der Tag des Gerichtes wird kommen, auch wenn man das nicht wahrhaben möchte.

† 2. Thessalonicher 1,3-12

06 | APRIL
Internationaler Tag des Sports

SONNTAG

Dann rief Mose Josua zu sich und sagte vor allen Israeliten zu ihm: »Sei mutig und stark!«

5. MOSE 31,7

20,19 Meter

Kugelstoßen war nie meine Disziplin, dafür war ich weder groß noch stark genug. Ganz anders kann da Yemisi Ogunleye auftreten. Die zu diesem Zeitpunkt 25-Jährige gewann im letzten Jahr bei der Hallenweltmeisterschaft der Leichtathleten in Glasgow mit einer persönlichen Bestleistung von 20,19 Metern ganz überraschend eine Silbermedaille der Kugelstoßerinnen. Dieser Erfolg war für die Sportlerin mit nigerianischen und deutschen Wurzeln von ganz besonderer Bedeutung. Denn Jahre zuvor waren zwei Knie-Operationen zunächst einmal das scheinbare Aus für eine Karriere als Leistungssportlerin. Doch dann stellte sie ihre Technik um und kämpfte sich langsam, aber sicher bis in die Weltspitze vor: ein beeindruckendes Comeback.

Besonders berührt haben mich neben ihrer offensichtlichen und herzlichen Siegesfreude aber vor allem ihre Aussagen, die sie in einem Interview kurz nach ihrem Erfolg tätigte. Sie berichtete, sie habe morgens, vor dem Wettkampf, in der Bibel gelesen und darin den Zuspruch gefunden: Sei mutig und stark! Das habe sie ins Stadion begleitet und ihr Zuversicht und Ruhe gegeben. Im weiteren Verlauf des Interviews schilderte sie, dass ihr Glaube an Jesus Christus ihr wesentlicher Halt sei. Dieser Glaube habe sie auch durch die schwierigen, von Rückschlägen geprägten Lebensabschnitte hindurchgetragen. Angesichts ihres Sieges hätte sie zu Recht stolz sein können. Doch sie schloss mit den Worten: »Alle Ehre sei Jesus!«

Dieses erfrischende Zeugnis einer jungen Frau hat mich sehr gefreut: Es macht deutlich, dass Jesus Christus wirklich und spürbar in das Leben von Menschen eingreift, unabhängig vom Alter, und gerade in Lebenssituationen, die nicht nach einem Sieg aussehen.

Markus Majonica

? Mit wem können Sie Ihre Rückschläge teilen?

! Eine Beziehung zu Jesus trägt durch das ganze Leben.

✝ Psalm 27

Denn kein Mensch auf Erden ist so gerecht, dass er nur Gutes täte und niemals sündigte.

PREDIGER 7,20

Jeder Zweite … jeder Vierte … jeder …

Ich stand im Wartezimmer meines Hausarztes vor einem Werbeständer, auf dem mehrere Pharmakonzerne ihre Medikamente für diverse Krankheiten anpriesen. Unter anderem blätterte ich gelangweilt eine Zeitung durch, um die Überschriften zu lesen. Dabei stieß ich auf einen Artikel, in dem der Redakteur feststellte, dass jeder zweite Mensch unter Fehlstellungen der Füße leidet. Ich blätterte weiter und fand einen Artikel, in dem ein Autor darüber schrieb, dass jeder Vierte unter Bluthochdruck leidet. So könnten wir wohl eine unendliche Liste von Krankheiten mit ihren Statistiken aufzählen und darüber berichten, wie viele Menschen unter Blessuren leiden.

In diesem Moment dachte ich daran, dass ich in der Vergangenheit ebenso Teil dieser Statistiken war. Ich war einer dieser »Vierten« mit Bluthochdruck und einer dieser »Zweiten« mit Fußfehlstellung. Einige andere meiner früheren Probleme betrafen die Insulinbildung, besonders aber eine seelische Not mit körperlicher Entkräftung.

Etliche Funktionsstörungen meines Körpers konnte ich durch Veränderung meiner Essgewohnheiten loswerden. Die Störung meiner Seele hatte allerdings besondere Ursachen, die mein Gewissen auf Dauer stark belasteten. Ich lebte in Ehebruch und meinen Beruf übte ich außerhalb meiner Kompetenzen aus. Die Bibel benennt das mit dem Oberbegriff Sünde. Würde es über dieses Thema eine Reportage geben, müsste statistisch gesehen ehrlicherweise »Jeder ohne Ausnahme« dabeistehen.

Kein Arzt kann unsere bösen Seiten heilen, kein Pharmakonzern hat ein Medikament dagegen. Auch der Einsatz von künstlicher Intelligenz (KI) wird das sündige Wesen des Menschen nicht verändern können. Nur Gott selbst kann uns in Jesus Christus vergeben, heilen und neu machen.

Sebastian Weißbacher

? Welche Beschwerden quälen Sie?

! Nur Gott kann die Seele von ihrem Kernproblem heilen: von der Sünde!

† Römer 8,18-23

Ich spielte auf dem weiten Rund der Erde und hatte meine Freude an den Menschen.

SPRÜCHE 8,31

Menschliches Leben

»Wer sich jetzt am geringsten Menschen vergreift, vergreift sich an Christus, der Menschengestalt angenommen hat und in sich das Ebenbild Gottes für alles, was Menschenantlitz trägt, wiederhergestellt hat.«

Diese Aussage schrieb Dietrich Bonhoeffer im Kontext der Nazizeit: Wer anderen Menschen ihr Menschsein abspricht, wer sie als »Untermenschen« kategorisiert oder Tieren gleichstellt, wer Juden, Sinti, Roma, etc. vernichtet, nur weil sie Juden, Sinti, Roma etc. sind, vergreift sich am Sohn Gottes selbst. Dass derselbe in der Person Jesu Christi Mensch geworden ist, ist ein klarer Liebesbeweis Gottes zu allem, was ein Menschenantlitz trägt. Weder Engeln noch Tieren – so schützenswert letztere sind – ist dieses Privileg zuteilgeworden. Der Tagesvers, der bildhaft von der göttlichen Weisheit handelt, aber tatsächlich von Jesus selber spricht, macht deutlich: Der Gottessohn hatte von Beginn der Schöpfung an seine Lust, seine Wonne, seine Freude an den *Menschen!* Und das trotz ihrer Gottesferne und Rebellion. Sein Angebot der Liebe und des Heils, um die Kluft zwischen Gott und Mensch zu überbrücken, gilt dabei grundsätzlich jedem. Dieses Angebot muss allerdings angenommen werden, denn sonst verbringen wir die Ewigkeit fern von Gottes Liebe. Das wäre tragisch.

Dass Gott den Menschen so wertschätzt, macht aber auch *unsere* Verantwortung für jedes menschliche Leben ganz eindeutig: Hier gibt es z. B. keine »Ausländer«, keine »Juden«, sondern nur Menschen. Weder der ungeborene noch der todesnahe Mensch fällt aus diesem liebevollen Blick Gottes heraus. Damit ist der Schutzbereich menschlichen Lebens – von der Zeugung bis zum Tod – durch Gott klar definiert und für uns Menschen absolut verbindlich.

Markus Majonica

? Wie ist Ihre Antwort auf Gottes Liebe?

! Gottes Liebesangebot kann nur zu Lebzeiten angenommen werden.

† Galater 3,26-29

Denn ich hatte mich entschlossen, unter euch nichts anderes zu kennen außer Jesus Christus und ihn als den Gekreuzigten.

1. KORINTHER 2,2

Das Kreuz (1)

In den nächsten drei Beiträgen geht es um das wichtigste Symbol des Christentums: das Kreuz. Paulus, der Apostel und Autor vieler Briefe des Neuen Testaments, schrieb viel darüber, und wir folgen ihm darin. Für ihn war das Kreuz kein bloßes Symbol. Er sah vor sich die Person des Gekreuzigten und die kraftvolle Botschaft, die darin lag.

Jesus starb »keinen schönen Tod« wie der Philosoph Sokrates. Zum Tod verurteilt durfte Sokrates im guten Alter von 70 Jahren seinen Giftbecher trinken, um geehrt im Kreis seiner Freunde und Familie zu verscheiden. Das Kreuz Jesu dagegen war der grausamste Tod. Zum Gespött der Menschen gemacht wirkte er wie ein Gescheiterter. »Für die Juden ist das ein Skandal, für die anderen Völker eine Dummheit«, schreibt Paulus. Weshalb ein Kreuz? Es sagt etwas über uns Menschen aus. Wir liegen in unserem Urteil über Gott völlig verkehrt. Den einzigen Guten verurteilten wir als schlimmsten Verbrecher. Jesus starb nicht für vermeintliche Gutmenschen. Er starb für die, die unter ihrer guten Fassade die Hässlichkeit ihrer Motive und Taten erkannt haben. Nicht nur »die ungerechten Menschen damals« brachten ihn an diesen Ort, sondern auch unsere eigene Gottesferne.

Manfred Siebald, ein christlicher Liedermacher, wundert sich im Refrain seines 1976 veröffentlichten Lieds »Das kleine Kreuz an deinem Hals« darüber, was wir Menschen mit dem Kreuz gemacht haben. Wir haben es klein und süß gemacht. Als ein polierter Anhänger passt es in unsere Hände. In seinem Lied will er die Augen für den öffnen, der sich dort wirklich kreuzigen ließ. In der vorletzten Strophe antwortet er auf das »Warum«: »Denn dein Versagen hing an ihm und deine Last, / du wirst sie los sein, wenn du sie ihm überlässt.« *Winfried Elter*

? Was wäre in Ihnen vor sich gegangen, wenn Sie damals unter dem Kreuz Jesu gestanden hätten?

! Das Sterben Jesu daran war unbedingt notwendig, damit wir von unserem ewigen Verderben gerrettet werden können.

✝ Lukas 22,32-43

Denkt daran, wie Christus uns geliebt und sein Leben für uns gegeben hat, als eine Opfergabe, an der Gott Gefallen hatte.

EPHESER 5,2

Das Kreuz (2)

Auf dem Vorplatz von Notre-Dame befindet sich eine Steinplatte mit einem Bronzekreis. Er ist von einer Windrose umgeben und mit der Inschrift »Nullpunkt der Straßen Frankreichs« versehen. Dieser Kilometerpunkt dient als Anhaltspunkt für die Berechnung der Entfernungen zu anderen Städten Frankreichs. Will man also die Entfernung von Paris angeben, kann man das nicht von einem beliebigen Ort in Paris machen. Man muss von diesem Zentral- oder Fundamentalpunkt vermessen.

Wenn wir uns einschätzen wollen, wie Gott uns als Menschen sieht, müssen wir auch von einem solchen Fundamentalpunkt ausgehen. Jesus ist Gottes Referenzpunkt. Er zeigt, wie sich Gott einen Menschen vorgestellt hat: ein Leben in vertrauensvoller Beziehung zu ihm. Jesus war nicht nur tadellos, sondern sein Gang an das Kreuz zeigte seine tiefste Motivation: eine Liebe stärker als der Tod und eine echte Hingabe an die Ziele Gottes, seines Vaters. Trotz der Schande dieses Ortes, wählte Jesus diesen Ausgang freiwillig. Entscheidend ist also nicht nur, was ich tue, sondern was der Motor meines Tuns ist.

Daher ist das Kreuz Jesu der Punkt, an dem ich meine wirkliche Entfernung zu Gott messen kann. Schon 700 Jahre vor dem Kommen Jesu hatte der Prophet Jesaja uns Menschen als irrende Schafe charakterisiert, die ihren eigenen Weg gehen. Wir folgen unseren eigenen Interessen und haben die Treue zu Gott gebrochen und seine Beziehung zu uns nicht gewollt. Deshalb hat sich Jesus am Kreuz geopfert. Die oben angegebene Bibelstelle spricht davon.

Wer die unendliche Entfernung seines Lebens zu Gott erkennt, ist eingeladen, sein Leben dem Gekreuzigten anzuvertrauen und sich auf den Weg mit dem jetzt Auferstandenen zu machen. *Winfried Elter*

Warum war Jesus bereit, den niedrigsten Platz einzunehmen, den Menschen ihm zumuteten?

Jede menschliche Verfehlung hat seinen Preis. Jesus bezahlte den Preis, den wir nicht bezahlen konnten.

Jesaja 53,1-12

Ich jedoch will auf nichts anderes stolz sein als auf das Kreuz unseres Herrn Jesus Christus.

GALATER 6,14

Das Kreuz (3)

Stellen Sie sich vor: Eine Fußballmannschaft hat den ersehnten Pokal gewonnen. Bei der Siegerehrung klettern die Fans auf das Siegertreppchen und verdecken die Gewinner. Wie unpassend! Fromme Leute haben genau das oft gemacht und sich vor Jesus gestellt, der am Kreuz den Sieg errungen hat. Paulus war davon weit entfernt, wie unser Tagesvers zeigt. Er ließ sich keine Krone aufsetzen, während sein Retter für ihn eine Dornenkrone trug. Sein Fazit war: Wenn irgendetwas laut herausposaunt werden muss und eine Siegerehrung verdient hat, dann ist es Jesus für seinen Kreuzestod. Paulus wusste und schrieb in Galater 2,20: »Das Leben, das ich jetzt noch in meinem sterblichen Körper führe, das lebe ich im Glauben an den Sohn Gottes, der mich geliebt und sich selbst für mich geopfert hat.« Für ihn bedeutete also Christsein nicht, dass er nun ein besserer Mensch war, sondern dass ein neues Leben in ihm begonnen hatte, das er aus der Glaubensbeziehung zu Jesus lebt.

Dazu fällt mir wieder ein Lied von Manfred Siebald ein. Er singt in seinen Liedern immer wieder von Jesus und von seinem Kreuz. In dem 1984 erschienenen Lied »Kreuzschnabel" stellt er sich vor, dass ihn deshalb manche Zeitgenossen für einen komischen Vogel halten. In seiner Vorliebe für Wortspiele singt er zunächst über viele Vogelarten, denen er nicht gleicht. Am Schluss lüftet er das Geheimnis, welchem Vogel er gleichen will. Es ist der Kreuzschnabel, weil er vom Kreuz den Schnabel einfach nicht halten kann und von der Person, die dort sein Leben gab. Solange es Menschen gibt, die nach Gottes Hilfe und nach Erlösung rufen, will er von der besten Botschaft nicht schweigen: Nur durch Glauben an den Gekreuzigten und seinen Sieg können Menschen ihr Leben von vorn beginnen.

Winfried Elter

? Welche Errungenschaft erfüllt Sie mit großem Stolz?

! Wer an Jesus glaubt, wird von seinem Geist erfüllt und gibt dem alle Ehre, durch den er ein neues Leben gewonnen hat.

† 1. Timotheus 1,12-17

Denn so hoch der Himmel über der Erde ist, so groß ist seine Gnade über denen, die ihn fürchten.

PSALM 103,11

Gott über allem

Wo der für uns sichtbare Himmel anfängt, und wo er aufhört, lässt sich nicht ganz eindeutig klären. Geht man etwa davon aus, dass die Wolken im Himmel schweben, dann beginnt der Himmel bereits recht knapp über dem Erdboden. Denn die meisten Wolken bilden sich in zwei bis zwölf Kilometern Höhe über der Erde, in Bergregionen manchmal sogar noch niedriger. Wo der Weltraum beginnt, lässt sich auch nicht so deutlich festlegen. Die sogenannte *Kármán-Linie*, benannt nach dem Luftfahrtechniker Theodore von Kármán, ist eine gezielt gesetzte Grenze in einer Höhe von 100 km über dem Meeresspiegel, die dazu genutzt wird, um die Luftfahrt von der Raumfahrt zu unterscheiden. Der erste Mensch, der die *Kármán-Linie* überschritt, war der sowjetische Kosmonaut Juri Gagarin am 12. April 1961.

In unserem Tagesvers wird wohl über den nicht sichtbaren Himmel gesprochen, dort, wo Gott »wohnt«. Ein Ort, der noch unendlich höher, erhabener und grenzenloser ist als der sichtbare Himmel und der Weltraum. Wir könnten im Sinne dessen, was Gott im Neuen Testament geoffenbart hat, den Tagesverses aber auch so formulieren: So hoch wie der »Wohnsitz« Gottes ist, so groß ist seine Gnade für die Menschen, die an Jesus glauben.

Hätte Gott sich nur als so hoch wie der Himmel über uns offenbart, wären wir ewig in unserer Verlorenheit und Gottesferne geblieben. Trotz der Gnade, die er den Menschen schon immer gewährte, hätte noch etwas Entscheidendes gefehlt, nämlich dass Gott vom Himmel zu uns herabkommt, um alles zu beseitigen, was uns von ihm trennt. Und tatsächlich ist das geschehen, als Jesus Christus, Gottes Sohn, zu uns auf die Erde kam. Im Glauben an Jesus darf ich endgültig Teilhaber seiner nicht fassbaren, überströmenden und nicht enden wollenden Gnade und Güte sein.

Axel Schneider

? Denken Sie manchmal an Gottes Größe, wenn Sie zum »Himmel« blicken?

! Denken Sie auch daran, wie großartig es ist, dass Gott in Jesus Mensch geworden ist.

† Jesaja 63,19–64,8

Er heilt die, deren Herzen gebrochen sind, und verbindet ihre schmerzenden Wunden.

PSALM 147,3

Raub der Kindheit

Meine Mutter war gerade einmal sechs Jahre alt, als der Zweite Weltkrieg wütete. Mein Großvater war irgendwo an der Front, und die Großmutter musste mit ihren vier Kindern auf eigene Faust aus Ostpreußen kommend nach Westen fliehen. Diese überhastete Reise fiel in den tiefsten Winter. Der Bevölkerung war es zuvor verboten worden, das Land in der wärmeren Jahreszeit zu verlassen. Meine Mutter und ihre Geschwister saßen hungrig auf einem Pferdefuhrwerk. Zu beiden Seiten des Weges lagen Leichen und tote Pferde, Häuser brannten ... Diese schrecklichen Bilder prägten sich bei meiner Mutter ein.

Nach der Ankunft in der neuen Heimat besuchte meine Mutter die Grundschule. Ein Lehrer ermutigte sie, mit den anderen Kindern zu spielen. Doch sie blieb abseits stehen. Sie konnte und wollte nicht spielen. Die Erinnerungen hatten sie zu sehr mitgenommen. Es war, als sei ihre fröhliche Kindheit durch die Kriegserlebnisse beendet worden.

Ihr Vater fand nach langer Suche wieder zurück zu seiner Familie, und im Laufe der Zeit verspürte meine Mutter wieder so etwas wie Geborgenheit. Doch die eigentliche Wendung folgte erst noch: In einem Jugendkreis erfuhr sie immer mehr über die Bibel, Gottes Wort. Sie erlebte, wie Gott mit seiner Liebe dem Einzelnen nachgeht. Jesus Christus wurde nun ihr Begleiter durchs Leben – und ihre inneren Wunden begannen, wirklich zu heilen.

Dieses Erlebnis illustriert, was auch der Tagesvers deutlich macht: Gott hat die Verwundeten im Blick. Der Allmächtige ist wie ein Arzt, der die schmerzenden Wunden verbindet und gebrochene Herzen heilt – seien es Kriegserlebnisse, persönliche Abwertungen oder Verluste. Wie bei einem Arztbesuch dürfen wir mit ihm die Wunden der Vergangenheit besprechen und erwarten, dass er sie heilt. *Stefan Taube*

? Wurde auch Ihnen die Kindheit oder ein Teil des Lebens geraubt?

! Bei »Terminvereinbarungen« mit Gott gibt es keine Wartezeiten.

✝ Psalm 103

14 APRIL MONTAG
Schau-in-den-Himmel-Tag

Er zählt die Zahl der Sterne, er ruft sie alle mit Namen.

PSALM 147,4

Ein Stern, der einen Namen trägt

Vor einigen Jahren besuchte ich mit ein paar anderen jugendlichen Freundinnen eine gemeinsame Freundin in der Uckermark. Da Sommer war, kamen wir auf die Idee, draußen zu übernachten. Die besagte Freundin wohnte auf einem Freizeitgelände, das einen eigenen Seezugang besaß. Deshalb beschlossen wir, nicht einfach nur irgendwo zu übernachten, sondern mit dem hauseigenen Floß (etwa 3 x 3 Meter groß) ein Stück weit auf den See rauszufahren, den Anker zu werfen und dort mit Isomatten und Schlafsäcken unser Nachtquartier aufzuschlagen.

Mitten in der Nacht wachte ich auf. Über mir sah ich den hell erleuchteten Sternenhimmel – so viele hatte ich in meinem ganzen Leben noch nicht gesehen. Dort, wo es keine großen Städte im näheren Umkreis gab und die Landschaft nicht »lichtverschmutzt« war, erstrahlten die Sterne in ihrem vollen Glanz.

Vor ein paar Tagen las ich in der Bibel den Tagesvers, der mich an diese sternenklare Nacht erinnerte: »Er zählt die Zahl der Sterne, er ruft sie alle mit Namen.« Gott kennt jeden einzelnen Stern dieses gewaltigen Sternenmeeres mit Namen. Wie viel mehr kennt und sieht er jeden einzelnen Menschen? Sie und mich persönlich? Denn einen Vers vorher lesen wir: »Er heilt, die zerbrochenen Herzens sind, er verbindet ihre Wunden.« Der Vers bedeutet also noch viel mehr, als dass der große Gott nur wüsste, wie viele Menschen sich aktuell auf der Erde befinden. Denn er nimmt sich sogar jedes Einzelnen an und möchte die größte Wunde des Menschen heilen: die verloren gegangene Gottesbeziehung. Wenn Sie das nächste Mal einen Sternenhimmel beobachten, dann freuen Sie sich daran, dass Gott uns alle mit Namen kennt und dass er durch Jesus Christus alles möglich machte, um Ihr Herz auf ihn auszurichten!

Rebecca Grimm

? Was bedeuten ein Sternenhimmel und Gottes Allwissenheit für Sie persönlich?

! Danken Sie Gott spätestens beim nächsten Sternenhimmel dafür, dass er Sie kennt und Sie liebt!

† Psalm 121

Noch eine kleine Weile, und die Welt sieht mich nicht mehr; ihr aber seht mich; weil ich lebe, sollt auch ihr leben!

JOHANNES 14,19

Den Tod überwinden?

Der Milliardär Peter Thiel plant, später unter kontrollierten Bedingungen zu sterben, sein Gehirn dann kurz noch mit Sauerstoff versorgen zu lassen, möglichst zeitnah in ein Eiswasserbad zu gelangen, eine konservierende Flüssigkeit und ein Frostschutzmittel in seine Gefäße zu bekommen und bei minus 196 Grad Celsius in einen Metalltank mit flüssigem Stickstoff gelegt zu werden. Dort würde Thiel so lange bleiben, bis die Menschheit ihn auftauen und sein Weiterleben sicherstellen kann.

Das Anliegen des PayPal-Gründers ist nachvollziehbar. Der Tod ist das Schreckensgespenst der Menschen seit jeher. Einerseits unausweichlich und vorhersehbar, andererseits furchteinflößend und kaum berechenbar. Wohl die meisten Menschen würden den Tod nur allzu gerne überwinden und sich den Hoffnungen Thiels anschließen. Was jedoch ironischerweise bei diesen Überlegungen nahezu ausgeklammert wird, ist, dass der Tod längst überwunden wurde. Es gab bereits einen Menschen, der den Tod überwunden hat, indem er drei Tage nach seinem Sterben zurückkehrte, mit seinen Leuten sprach und von unzähligen Augenzeugen gesehen wurde. Sowohl sein Tod wie auch sein Wiedererscheinen zählen zu den am besten belegten historischen Ereignissen der ganzen Menschheitsgeschichte: Jesus Christus starb in Jerusalem an einem Freitag im April etwa in der Zeit zwischen 30 und 33 n. Chr. Am darauffolgenden Sonntag verließ er bei Sonnenaufgang sein Grab und zeigte sich den Menschen. Dieses Ereignis ist im Neuen Testament zuverlässig bezeugt.

Das Hoffnungsvolle bei dieser Tatsache ist, dass Jesus denen, die an ihn glauben, in Johannes 14,19 zuruft: »Weil ich lebe, werdet auch ihr leben!« Wer an Jesus Christus glaubt, wird leben, nachdem er hier auf der Erde gestorben ist.

Alexander Strunk

? Was passiert fünf Sekunden nach Ihrem Tod?

! Lesen Sie das Buch »Die Tatsache der Auferstehung« von Josh McDowell!

† Johannes 20

»Ich habe Unrecht getan und einen Unschuldigen verraten!«, bekannte er. »Was geht uns das an?«, gaben sie ihm zur Antwort. »Das ist deine Sache!«

MATTHÄUS 27,4

Du Judas!

Woran denkt man als Erstes, wenn man den Namen Judas hört? Natürlich an Verrat – und das zu Recht. Denn tatsächlich hatte Judas Iskariot sich von den Hohenpriestern mit 30 Silberlingen bestechen lassen, um seinen Meister Jesus zu verraten: den Mann, den er drei Jahre begleitet und von dem er nur Gutes und Freundlichkeit erlebt hatte. Doch nach seinem Verrat wurde dieser Jesus tatsächlich zum Tode verurteilt. Das hatte Judas nicht gewollt! Nun bereute er seinen Treubruch, lief zu den Hohenpriestern und versuchte, seine Tat rückgängig zu machen. Doch seine Mitverschwörer gingen nicht darauf ein: »Das, Judas, ist *deine* Sache!«

Wir können über die Hinterhältigkeit der Hohenpriester streiten und darüber, dass sie sich doch ebenfalls schuldig gemacht hatten an der Verfolgung und schließlich am Tod eines Unschuldigen. Aber in einem Punkt lagen sie mit ihrer Aussage richtig: Mit seiner individuellen Schuld stand Judas ganz alleine da. – Man kann einem Menschen aus vielen Notlagen helfen: Bei der Jobsuche, bei Problemen mit Behörden, bei drängenden Arbeiten am Haus oder bei Geldproblemen. Aber Schuld ist etwas, da kann kein Mensch helfen. Wenn einen das Gewissen zu Recht anklagt, kann einem kein Mensch diese Not wirklich abnehmen. Judas suchte in seiner Gewissensnot den Ausweg schließlich im Selbstmord. Doch das beseitigte seine Schuld ja auch nicht. Die nahm er mit in die Ewigkeit. Das ist schrecklich!

Aber halt! Es gibt *doch* einen, der uns in dieser Not helfen kann. Jesus Christus ist genau dafür auf die Welt gekommen, um unsere Schuld zu sühnen. Das bedeutet: Wenn ich mit meiner Schuld zu ihm gehe, werde ich sie wirklich los! Hier – und nur hier – kann mein Gewissen Frieden finden.

Markus Majonica

? Was würden Sie gerne loswerden?

! Verpassen Sie nicht den einzigen Ausweg aus der Schuldfalle!

† 2. Korinther 5,17-21

Gott ist nicht ein Gott der Toten, sondern der Lebenden.

MARKUS 12,27

Leben nach dem Tod?

Gibt es Leben nach dem Tod? Und kann man das beweisen? Ob es einen naturwissenschaftlichen Beleg dafür gibt, weiß ich nicht. Aber es gibt einen sicheren Beweis, den Jesus Christus selbst uns liefert. Er ist der Sohn Gottes, er muss es wissen.

Die Sadduzäer waren die Skeptiker zur Zeit Jesu, was diese Frage anging. Sie glaubten nicht an ein jenseitiges Leben und eine Auferstehung der Toten. Mit dieser Überzeugung traten sie an Jesus heran und legten ihm einen ausgedachten Fall vor: Eine Frau heiratet einen Mann, der sechs Brüder hatte. Dieser Mann stirbt. Die Witwe heiratet dessen Bruder, der wiederum stirbt. Und so geht es alle sieben Brüder durch. Dann folgt die scheinbar clevere Frage: Wenn es ein Leben nach dem Tod gäbe, dann träfe die Frau im Jenseits ja auf sieben Ehemänner. Wer ist denn nun dort mit ihr verheiratet?

Jesus entgegnet ihnen mit entwaffnender Klarheit: Ihr kennt weder die Aussagen der Bibel hierzu noch die Kraft Gottes. Er erläutert: Gott hatte sich bereits dem Mose im brennenden Dornbusch als der Gott Abrahams, Isaaks und Jakobs vorgestellt. Zur Zeit eines Mose waren diese drei Männer allerdings schon lange tot. Doch nun sagt der Sohn Gottes in Bezug auf ebendiese Selbstvorstellung Gottes: Gott ist nicht ein Gott der Toten, sondern der Lebenden. Das bedeutet nichts anderes als: Abraham, Isaak und Jakob sind zwar physisch lange vor Moses Lebzeiten gestorben, doch sie leben nach ihrem Tod weiter, in der Gegenwart Gottes. Damit attestiert Jesus Christus selbst, dass es selbstverständlich ein Leben nach dem Tod gibt.

Diese Aussage Jesu kann man ablehnen. Doch dann gilt einem dasselbe Urteil wie den Sadduzäern: Ihr versteht nichts von der Kraft Gottes, ihr irrt sehr!

Markus Majonica

? Wenn es ein Leben nach dem Tod gibt: Wo werden Sie es verbringen?

! Nur wer sein Leben Jesus Christus anvertraut, wird in der Ewigkeit bei ihm sein.

† Markus 12,18-27

18 APRIL
Karfreitag

FREITAG

Wahrlich, ich sage dir: Heute wirst du mit mir im Paradies sein.

LUKAS 23,43

Wie kann man wissen, dass man in den Himmel kommt?

Jesus Christus hängt am Kreuz. Links und rechts von ihm hängen zwei Räuber. Beide spotten. Doch plötzlich kommt der eine zur Besinnung. Er weist seinen Kumpel zurecht und erinnert ihn daran, dass sie beide die Strafe verdient haben – im Gegensatz zu dem Mann in der Mitte. Was dieser Räuber, dessen Namen wir nicht kennen, jetzt tut, beantwortet die Frage: »Wie kann man wissen, dass man in den Himmel kommt?«. Nachdem er eingesehen hat, dass er schuldig ist, bittet er Jesus Christus: »Jesus, gedenke meiner, wenn du in dein Reich kommst.«

Der sterbende Räuber weiß, dass ihm jetzt nur noch einer helfen kann. Er hat von diesem Jesus längst nicht so viel wie wir heute gewusst, aber das, was er in den vergangenen Stunden erlebte, reichte aus, um ihn um Hilfe zu bitten. Den Namen Jesus hat er oft genug an diesem Tag gehört. Außerdem steht oben am Kreuz: »Jesus, König der Juden«. Dann hat er auch das Gebet von Jesus gehört: »Vater, vergib ihnen.« Damit hat Jesus bei ihm ins Schwarze getroffen. Er weiß, dass er schuldig ist. Und er weiß auch, dass er bald vor dem heiligen Gott stehen wird. Er braucht dringend Vergebung. Nun hat er Jesus beobachtet. Er erkennt: Dieser Jesus ist schuldlos, er ist ein König, er hat ein Reich, und er wird auferstehen. Letztlich wird ihm klar: Jesus ist Gott.

Nachdem der Räuber seine Schuld bekannt hat und Hilfe bei Jesus Christus sucht, bekommt er diese wunderbare Zusage: »Heute wirst du mit mir im Paradies sein.« Herrlich! Und gleichzeitig so Mut machend für uns alle. Denn die Gewissheit, in den Himmel zu kommen, beruht allein auf dem Glauben an Jesus Christus, den Sohn Gottes. Der sterbende Räuber kann zu seinem Heil nichts hinzufügen. Er hat nur das Wort des Heilands – und das allein reicht aus. *Hartmut Jaeger*

? Wissen Sie, dass Sie in den Himmel kommen?

! Klären Sie das am besten gleich, indem Sie sich im Gebet an Jesus wenden und dem Beispiel oben folgen.

† Johannes 1,12; 1. Johannes 5,12-13

Pilatus aber wunderte sich, dass er schon gestorben sein sollte; und er rief den Hauptmann herbei und fragte ihn, ob er schon lange gestorben sei.

MARKUS 15,44

War sein Tod nur ein Irrtum?

Fußballfreunde waren geschockt: Im September 2023 meldete eine norwegische Tageszeitung, dass der erfolgreiche Torjäger Erling Haaland erschossen worden sei. Glücklicherweise handelte es sich um eine Falschmeldung, die von der Zeitung schnellstens korrigiert wurde. Eigentlich sollte darin von einem Fotoshooting berichtet werden. Das Wort »Shooting« wurde aber durch eine künstliche Intelligenz wörtlich übersetzt und dadurch vermeldet, dass Erling Haaland Opfer einer »Schießerei« geworden sei.

War es bei Jesus Christus ähnlich? Sind Millionen Christen durch eine Falschmeldung fehlgeleitet worden? Die Berichte von Tod und Auferstehung des Herrn Jesus Christus kommen jedoch nicht wie diese Pressemeldung nur aus einer einzigen Quelle, sondern sind durch eine Vielzahl biblischer wie auch außerbiblischer Hinweise belegt. Augenzeugen haben die Kreuzigung beobachtet. Dabei handelte es sich nicht nur um Freunde von Jesus, sondern auch um seine Ankläger, die sofort interveniert hätten, wenn Jesus überlebt hätte, und für die Bewachung seines Grabes sorgten. Die Soldaten, die Jesus gekreuzigt hatten, verstanden ihr Handwerk. Sie bestätigten dem Statthalter Pilatus ausdrücklich, dass Jesus tot sei – und wussten, dass sie für die Richtigkeit dieser Aussage mit dem eigenen Leben einstehen mussten. Auch außerbiblische Geschichtsschreiber wie Tacitus und Flavius Josephus berichten vom Tod Jesu. Die Jünger von Jesus haben Entbehrung, Verfolgung und sogar den Märtyrertod für die Verbreitung der Botschaft in Kauf genommen, von der sie felsenfest überzeugt waren: Jesus hat am Kreuz die Sünde von uns Menschen auf sich genommen und mit seinem tatsächlichen Sterben und Auferstehen unsere Schuld bezahlt.

Andreas Droese

? Was würde es für uns bedeuten, wenn Jesus nicht gestorben wäre?

! Die Berichte von Tod und Auferstehung des Herrn Jesus Christus sind glaubwürdig und Kerninhalte der Rettungsbotschaft.

† Matthäus 28

Wenn aber Christus nicht auferweckt ist, so ist euer Glaube nichtig; ihr seid noch in euren Sünden.

1. KORINTHER 15,17

Rechtsanwalt prüft Auferstehung

Kennen Sie den laut dem *Guinness-Buch der Rekorde* erfolgreichsten Rechtsanwalt der Welt? Es handelt sich um Sir Lionel Luckhoo (1914–1997). Er war Politiker, Rechtsanwalt, Richter und Diplomat. Dabei arbeitete er auch als Botschafter für Britisch-Guayana in Deutschland. Seine juristische Tätigkeit übte er sowohl in Guayana als auch in England aus. Den Eintrag ins *Guinness-Buch der Rekorde* verdankte er der Tatsache, dass er als Verteidiger bei 245 Mordanklagen in Folge einen Freispruch erreichte – teils erst in der Berufungsinstanz. Zweimal wurde ihm durch Königin Elizabeth ein Adelstitel verliehen.

Welche Fähigkeiten benötigt ein Jurist, um so erfolgreich zu sein? Er muss analytisch denken können. Wenn der Staatsanwalt scheinbar stichfeste Beweise gegen seinen Mandanten vorlegt, muss er in der Lage sein, die Schwachstellen zu finden. Ein auf den ersten Blick schlüssiges Plädoyer gegen seinen Schützling muss er überzeugend widerlegen oder in Zweifel ziehen können. Er muss wissen, was zuverlässige und überzeugende Indizien für die Glaubwürdigkeit der Zeugen sind. Umgekehrt braucht er ein sicheres Gespür für Widersprüche und Ungereimtheiten in Zeugenaussagen.

Lionel Luckhoo wuchs in einem nominell christlichen Elternhaus auf. Doch erst im Alter von 64 Jahren wurde er Christ aus Überzeugung. Bei einer Veranstaltung der Internationalen Vereinigung Christlicher Geschäftsleute hatte er ein tiefgreifendes Bekehrungserlebnis. Jahrelang hatte er sich der zentralen Frage des Christentums gewidmet: Ist Jesus Christus wirklich von den Toten auferstanden? Nach akribischen Forschungen kam er zu der Schlussfolgerung: »Ich sage unmissverständlich, dass die Beweise für die Auferstehung Jesu Christi so überwältigend sind, dass sie absolut keinen Raum für Zweifel lassen.«

Gerrit Alberts

? Glauben Sie an die Auferstehung Jesu?

! Ohne Auferstehung geht uns die Hoffnung verloren.

† 1. Korinther 15,20-28

**Was sucht ihr den Lebendigen unter den Toten?
Er ist nicht hier, sondern er ist auferstanden.**

LUKAS 24,5-6

Warum die Frage der Auferstehung wichtig ist

Professor Gary Habermas promovierte an der Michigan State University in Religionsgeschichte und -philosophie. Der Titel seiner Doktorarbeit war: *Die Auferstehung Jesu – eine rationale Untersuchung.* Als er gefragt wurde: »Warum verbringen Sie so viel Zeit Ihres Lebens mit dem Studium der Beweise für die Auferstehung Jesu?«, antwortete er: »Jeder Fetzen Beweis für die Auferstehung von Jesus Christus ist auch ein Beweis für meine eventuelle Auferstehung.«

In der Tat ist die Frage der Auferstehung Jesu Christi der Dreh- und Angelpunkt des christlichen Glaubens. Er behauptete: »Ich bin die Auferstehung und das Leben. Wer an mich glaubt, wird leben, auch wenn er stirbt« (Johannes 11,25). Entweder ist diese Aussage Ausdruck eines krankhaften Größenwahns oder eine der größten Zusagen, die je in der Weltgeschichte geäußert wurden. Ein wichtiges Argument für die Glaubwürdigkeit der Auferstehung ist die Aussage von Zeugen. Paulus, ursprünglich ein fanatischer Gegner der Christen, schrieb: »Jesus erschien zuerst Kephas und dann den Zwölfen. Danach erschien er mehr als 500 Brüdern gleichzeitig, von denen die meisten noch leben, einige aber entschlafen sind. Dann erschien er Jakobus, dann allen Aposteln, und zuletzt erschien er mir« (1. Korinther 15,5-8).

Insgesamt erschien Jesus während vierzig Tagen viele verschiedene Male mehr als 515 Personen: Frauen und Männern, Einzelpersonen und Gruppen, lauter Menschen, die zunächst nicht an seine Auferstehung glaubten. Er sprach und aß mit ihnen. Er lud sogar Thomas, einen extremen Skeptiker, ein, seine Wundmale anzusehen und zu berühren. Wir halten viel schlechter bezeugte Nachrichten für wahr. Warum also sollten wir dieser vielfach bezeugten Tatsache der Auferstehung nicht vertrauen?

Gerrit Alberts

? Welche Konsequenzen hat die Auferstehung Jesu für Sie?

! Wenn Sie glauben, werden Sie mit unzähligen anderen zum ewigen Leben auferstehen.

† 1. Thessalonicher 4,13-18

Denn da durch einen Menschen der Tod gekommen ist, so kommt auch durch einen Menschen die Auferstehung der Toten.

1. KORINTHER 15,21

Nach der Auferstehung

Haben Sie schon einmal über Folgendes nachgedacht: Wie werden Christen nach der Auferstehung gestaltet, und mit welchen Eigenschaften werden sie ausgestattet sein? Es ist geradezu unfassbar, was Jesus denen, die ihm angehören, zugesagt hat. In Johannes 17,22 betet Jesus zum Vater: »Und ich habe ihnen die Herrlichkeit gegeben, die du mir gegeben hast …« Paulus schreibt davon in 1. Korinther 15,42-43: »So auch die Auferstehung der Toten. Es wird gesät verweslich und wird auferstehen unverweslich. Es wird gesät in Niedrigkeit und wird auferstehen in Herrlichkeit. Es wird gesät in Armseligkeit und wird auferstehen in Kraft.« Man kann nur staunen, wenn der Apostel Johannes bezeugt: »Meine Lieben, wir sind schon Gottes Kinder; es ist aber noch nicht offenbar geworden, was wir sein werden. Wir wissen aber: wenn es offenbar wird, werden wir ihm gleich sein« (1. Johannes 3,2).

Wie kann man diese gewaltige Aussage verstehen? In der Schöpfung wurde zwar der Mensch zum Bilde Gottes geschaffen, aber im Sündenfall wurde diese Ebenbildlichkeit stark beeinträchtigt. Nur von Jesus sagt die Bibel: »Er ist der Abglanz seiner (= Gottes) Herrlichkeit und das Ebenbild seines Wesens« (Hebräer 1,3). Wenn Christen im Himmel Jesus gleich sein werden, dann ist konsequenterweise daraus zu schließen: Sie werden so umgestaltet, dass auch sie der Abglanz der Herrlichkeit Gottes sind und das Ebenbild seines Wesens tragen werden.

Individuell wird jeder eine eigene Persönlichkeit sein, aber die äußeren Merkmale und die Wesensmerkmale werden mit denen des Herrn Jesus übereinstimmen. Auch der Auferstehungsleib wird nicht mehr raum- und zeitgebunden sein. Das übersteigt alle Vorstellungen, die man vom Menschsein unter den gegenwärtigen Bedingungen haben kann.

Werner Gitt

? Sind Sie sich Ihrer Auferstehung zum ewigen Leben gewiss?

! Vertrauen Sie Ihr Leben Jesus an!

† 1. Korinther 15,3-19

Denn ihr gingt in der Irre wie Schafe, aber ihr seid jetzt zurückgekehrt zu dem Hirten und Aufseher eurer Seelen.

1. PETRUS 2,25

Lückenschwimmen (1)

Was macht man im Urlaub bei Dauerregen? Man geht entweder ins Museum oder ins Schwimmbad. Wir wählten Letzteres, aber viele andere auch. Und so wurde es ein unerwartetes »Gemeinschaftserlebnis« – mit hohem Verkehrsaufkommen im Wasserbecken. Auf diese Weise entdeckten wir aber auch eine neue sportliche Disziplin: das Lückenschwimmen. Nicht nur am Beckenrand suchte man Lücken, wo man andocken konnte, auch unterwegs im Becken musste man nach solchen Ausschau halten, um kurvenreich und flexibel auf den Verkehrsstrom reagierend möglichst den gegenüberliegenden Beckenrand zu erreichen.

Viele sind im Leben ähnlich unterwegs. Sie schlängeln sich durch, so gut es geht, ein sicherer Halt am Beckenrand ist lange nicht oder sogar niemals in Sicht. Für »Mitschwimmer« interessiert man sich wenig oder gar nicht, weil man so sehr damit beschäftigt ist, selbst nicht unterzugehen. Fast überall, wo man hinkommt, ist schon wer, und man muss schauen, ob irgendwo noch eine Lücke bleibt, wo man weiterkommen und schließlich einen Halt finden könnte. Ein wirkliches Ziel ist erst einmal keine Option. So werden viele irgendwo hingespült – ohne Sinn, ohne Zweck, ohne Ziel, verloren im Ozean der Zeit.

Doch das muss nicht so sein. Jemand bietet Orientierung an, bahnt einen Weg und kann uns sogar ins Schlepptau nehmen. Jemand, der zu uns ins Becken gesprungen ist, jemand der weiß, was es bedeutet, unterzugehen, der aber für uns alle zum Rettungsschwimmer bestimmt worden ist: Jesus, Gottes Sohn, der in diese Welt voller Sünder gekommen ist, um ihnen den Weg zum Leben zu weisen und einen Platz anzubieten, an dem sie für immer sicher und geborgen sind. Dem kann man sich anschließen und den Weg gehen, den er uns gebahnt hat.

Joachim Pletsch

? Ziellos – zwecklos – orientierungslos – trifft das auch auf Sie zu?

! Das muss nicht so bleiben. Bei Jesus kann man Sinn, Zweck und Ziel finden.

† Matthäus 14,22-33

Der hat uns gerettet und berufen mit heiligem Ruf … durch die Erscheinung unseres Retters Christus Jesus, der den Tod zunichtegemacht, aber Leben und Unvergänglichkeit ans Licht gebracht hat.

2. TIMOTHEUS 1,9-10

Lückenschwimmen (2)

Das gestern schon beschriebene Bild für unser Leben können wir noch vertiefen, indem wir weitere biblische Aspekte darauf anwenden. So ist unser Leben nach allem, was die Bibel darüber sagt, keineswegs ein Freizeitvergnügen. Wenn es auch zeitweise angenehme Seiten hat, so bedeutet es doch letzten Endes für jeden Menschen einen Überlebenskampf, für den er zwar mühevoll über viele Jahre hinweg ertüchtigt wird, um am Ende dennoch »unterzugehen«, denn auf uns alle wartet der Tod.

Das »Schwimmbecken« als der Ort unseres Lebens müssen wir uns also ganz anders vorstellen als unser Schwimmbad am Wohn- oder Urlaubsort. Dieses Becken ist ohne jeden Ausstieg, und die Ränder sind so hoch von der Wasseroberfläche entfernt, dass jeder, der hinausklettern will, nicht einmal annähernd den Rand erreicht. Es gibt keinen Haltegriff oder eine Trittfläche am Rand, auf der wir uns ausruhen könnten. Irgendwann ermüden wir also und ertrinken schließlich, weil wir uns nicht mehr über Wasser halten können. Auch der Zusammenschluss mit anderen hilft nicht, weil wir alle unter den gleichen Bedingungen im Becken sind: nach unten bodenlos und nach oben hoffnungslos.

Wie notwendig ist da die Rettung von oben gewesen, als Gott sich buchstäblich zu uns herabgelassen hat. Sein Arm reicht nicht nur weit genug in das Becken hinab, um uns dort zu halten, zu tragen und am Ende zu sich zu nehmen, damit wir endgültig festen Boden unter unseren Füßen haben. Er ist – wie bereits gestern gezeigt – selbst in Jesus, seinem Sohn, zu uns in das Becken hinabgestiegen. Dieser hatte an dem Leben hier in allem Anteil – sogar am Tod –, um aus diesem in seiner Auferstehung jedoch siegreich hervorzugehen und zuletzt alle die mitzunehmen, die durch Glauben Anschluss an ihn gefunden haben.

Joachim Pletsch

? Begreifen Sie, um was es geht?

! Nur Jesus, der von Gott gesandte Retter, kann uns durch den Tod hindurch zu ewigem Leben bringen.

✝ 1. Petrus 3,18-22

Die Menschen sind wie das Gras, und ihre Schönheit gleicht den Blumen: … Das Gras verdorrt, die Blumen verwelken, aber das Wort unseres Gottes bleibt gültig für immer und ewig.

JESAJA 40,6-8

Der Maßstab für Gerechtigkeit

Der Film »Das Urteil von Nürnberg« (1961) stellt die Nürnberger Prozesse rund um die Verbrechen des Nazi-Regimes packend dar. Es geht um die Verurteilung von vier ranghohen Nazi-Juristen. Dabei sind die Argumente des Verteidigers sehr interessant. Er sagte sinngemäß: »Der Angeklagte hat vollkommen richtig gehandelt. Er musste sich an das Gesetz halten, welches zu dem Zeitpunkt galt.«

Dieses Argument wirft für mich einige Fragen auf: Wer darf bestimmen oder definieren, was gut und böse ist? Der Staat oder eine Gruppe von Intellektuellen? Was ist, wenn der Staat seine Ethik oder seine Gesetze einfach ändert, wie es damals geschehen ist? Oder entscheidet die Mehrheit, was richtig und falsch ist? Als Adolf Hitler an die Macht kam, war die Mehrheit für Hitler. Vielleicht muss es einfach zum Wohle der Gesellschaft dienen? Aber was ist dann mit den Minderheiten, die im Dritten Reich grausam umgebracht wurden?

Nein! Auf Menschen ist kein Verlass. Wir brauchen etwas Dauerhafteres als irgendeine menschliche Einrichtung. Wir brauchen jemanden, der unveränderlich gut ist und bleibt. Dieser Jemand ist Gott. Er hat uns seine Definition von Gut und Böse in einem Buch niedergeschrieben, in die Bibel! Die Staatsmänner, die dieses Land nach dem Krieg wiederaufgebaut haben, wussten das. In der Präambel des Grundgesetzes steht folgender Vermerk: »Zutreffend ist, dass die Väter und Mütter des Grundgesetzes in der Bezugnahme auf Gott den christlichen Gott des Alten und Neuen Testaments vor Augen hatten.« Sie hatten den Gott vor Augen, der wie ein ewiger Fels herausragt, in einer Zeit des ständigen Wandels, um Halt zu geben. Diesem Gott kann man sich persönlich anvertrauen, um für sein Leben Sinn, Zweck und Ziel zu erhalten – für Zeit und Ewigkeit!

Johannes Unger

? Woran halten Sie sich, wenn es um Ihre Werte und um Ihr Verhalten geht?

! Sich wie ein Fähnchen im Wind zu drehen nutzt letztendlich weder Ihnen selbst noch anderen etwas.

† Matthäus 5,1-12.19-20

26 | APRIL — SAMSTAG

Er aber antwortete und sprach: Es steht geschrieben: »Nicht von Brot allein soll der Mensch leben, sondern von jedem Wort, das durch den Mund Gottes ausgeht.«

MATTHÄUS 4,4

Die Bibel – ein giftfreies Lebensmittel

Mehrere Universitäten haben im Frühjahr 2024 Teile ihres Bücherbestandes gesperrt. Weil sie Arsen enthalten konnten, durften Tausende von Büchern nicht mehr ausgeliehen werden. Es handelte sich um Bücher mit speziellen grünen Einbänden, die im 19. Jahrhundert vor Parasiten schützen sollten. Der arsenhaltige Staub kann jedoch bis heute für Menschen lebensgefährlich sein.

Da Gottes Wort zu allen Zeiten Menschen inspiriert hat, Bibelteile kunstvoll auszugestalten, könnten auch Bibeln mit dieser Technik hergestellt worden sein. Doch unabhängig von allen beim Drucken verwendeten Materialien gilt in jedem Fall: Der Inhalt der Bibel ist von Gott garantiert und frei von jedem Gift. Denn Gott hat sein Wort durch den Heiligen Geist Menschen anvertraut, die es in seinem Auftrag aufgeschrieben haben. Auch die Weitergabe und Zusammenstellung hat er sorgfältig gelenkt, sodass die Bibel nur das enthält, was seinem Willen entspricht. Darum ist die Bibel im besten Sinne ein »Lebensmittel«: Gott übermittelt uns darin seine Botschaft, damit wir ihn dadurch kennenlernen. Der Nutzen wird in 2. Timotheus 3,16 so erklärt: »Sie lehrt uns die Wahrheit zu erkennen, überführt uns von Sünde, bringt uns auf den richtigen Weg und erzieht uns zu einem Leben, wie es Gott gefällt.«

So wie wir zur Stärkung unseres Körpers regelmäßig Essen benötigen, brauchen wir Gottes Wort als Nahrung für unsere Seele. Heute haben wir durch gedruckte Bücher, digitale Angebote, Hörbibeln usw. unzählige Zugangswege, die Gott uns zu seinem Wort eröffnet hat. Nutzen wir diese immer geöffnete »Bibliothek Gottes mit 66 Büchern«, indem wir sie regelmäßig lesen oder hören, darüber nachdenken und im Gebet mit Gott darüber reden?

Andreas Droese

? Was denken Sie, warum es Gott wichtig ist, durch die Bibel mit Ihnen zu reden?

! Nehmen Sie sich nach dem Bibellesen ein paar Minuten Zeit, im Gebet mit Gott über das Gelesene zu reden.

† Psalm 119,57-64

Denn »jeder, der den Namen des Herrn anruft, wird gerettet werden«. Doch wie sollen sie den anrufen, an den sie nicht glauben?

RÖMER 10,13-14

Der Wille, gefunden zu werden

Im April 2024 strandeten drei Männer auf der unbewohnten Insel Pikelot im Pazifik. Vollkommen ohne technische Ausrüstung fanden sie dort dennoch einen Weg, um Hilfe zu rufen: Aus Palmwedeln formten sie am Strand die vier großen Buchstaben »H-E-L-P«. Als darauf eine Maschine der US-Marine die Insel überflog, entdeckte sie den nach oben gerichteten Hilferuf. Sofort wurde eine Rettungsmannschaft losgeschickt, um die Männer abzuholen. Die Küstenwache hob bei den Medien das »bemerkenswerte Zeugnis ihres Willens, gefunden zu werden« hervor. Der Einfallsreichtum sei ausschlaggebend dafür gewesen, dass die Rettungskräfte die gestrandeten Männer hätte retten können.

Die Männer wussten, dass sie auf der winzigen Insel keine dauerhafte Lebensperspektive hatten. Darum arbeiteten sie nicht daran, es sich dort wohnlich einzurichten, sondern gefunden und gerettet zu werden. Aus Gottes Sicht ist das auch für uns Menschen die höchste Priorität. Denn aus der himmlischen Perspektive gleichen wir gestrandeten Schiffbrüchigen. Wir sind für die Gemeinschaft mit Gott geschaffen. Doch schon die ersten Menschen haben gegen Gottes Gebote verstoßen und dadurch die direkte Verbindung zu Gott verloren. Kein Mensch schafft es seitdem, ohne Sünde zu leben. Auch wenn wir versuchen, uns richtig zu verhalten, verstoßen wir immer wieder gegen Gottes gute Gebote. Aus eigener Kraft können wir uns darum nicht aus unserem verlorenen Zustand befreien, wir sind wie »gestrandet«. Doch weil Gott uns liebt und zu sich nach Hause holen will, hat er uns seinen Sohn Jesus Christus schon längst als Retter gesandt. Entscheidend ist aber unser Wille, von ihm gefunden und gerettet zu werden. Gerettet wird nur der, der seine Bitte nach oben, an Jesus Christus richtet. *Andreas Droese*

? Was verstehen Sie unter der Aufforderung, den Namen des Herrn anzurufen?

! Jesus rettet den, der gerettet werden will.

✝ Psalm 145

Vergisst etwa eine Frau ihren Säugling, dass sie sich nicht erbarmt über den Sohn ihres Leibes? Sollten selbst diese vergessen, ich werde dich niemals vergessen.

JESAJA 49,15

Passwort vergessen

Ein deutscher Programmierer besitzt Bitcoins im Wert von über 450 Millionen Euro (Stand: 9. April 2024) – aber er hat sein Passwort vergessen! Eigentlich könnte Stefan Thomas Dutzende Millionen Euro besitzen. Eigentlich. Denn so viel Geld wären seine 7002 Bitcoins aktuell wert. Doch der deutsche Programmierer, der in San Francisco lebt, findet sein Papier mit dem Passwort nicht und kommt somit nicht an sein Vermögen heran. Seitdem hat er es achtmal mit seinen beliebtesten Passwort-Kombinationen probiert – und achtmal ein falsches Passwort eingegeben. Bei zehn Fehlversuchen werden die auf dem Stick gespeicherten Daten unwiderruflich verschlüsselt und die Bitcoins sind für immer verloren.

Mir persönlich passiert so etwas auch ab und zu einmal. Allerdings nicht mit solchen Konsequenzen. Aber das Vergessen ist ein Problem, das wir Menschen öfter haben. Wie gut, dass das bei Gott anders ist! Wir werden im Tagesvers daran erinnert, dass Gott uns niemals vergisst. Es ist schwierig sich vorzustellen, dass eine Mutter ihren Säugling vergisst, absolut unvorstellbar ist es aber, dass Gott diejenigen vergisst, die an ihn glauben. Warum ist das so?

In dem Vers, der sich unserem Tagesvers anschließt, heißt es: »Siehe, in meine beiden Handflächen habe ich dich eingezeichnet.« Das erinnert mich an Jesus Christus, der seine Hände hat durchbohren lassen, als er am Kreuz für unsere Sünden gestorben ist. Seitdem ist jeder, der an Jesus glaubt, gewissermaßen in seine Hände eingegraben. Jesus hat so viel für ihn erduldet, dass er ihn niemals wieder vergessen wird. Alle großen und kleinen Probleme unseres Lebens stehen ihm ständig vor Augen. Wie traurig wäre es, diese Tatsache zu vergessen!

Thomas Kröckertskothen

? Wie kommt es, dass wir so schnell das Gute vergessen, das Gott uns bereits getan hat?

! Erinnern Sie sich bewusst an das, was sie über Gott und sein Wesen wissen!

† Jesaja 49,14-16

Denn aus dem Herzen kommen hervor böse Gedanken, Mord, Ehebruch, Unzucht, Diebstahl, falsche Zeugnisse, Lästerungen; diese Dinge sind es, die den Menschen verunreinigen.

MATTHÄUS 15,19-20

Das Buddenbrook-Syndrom

Stellen Sie sich vor, Sie haben Zahnschmerzen im Unterkiefer links. Der Zahnarzt findet aber keine Ursache für die Schmerzen und rät zu einem Besuch beim Kardiologen. In seltenen Fällen kann nämlich tatsächlich eine gefährliche Herzerkrankung hinter ungeklärten Zahnschmerzen stecken, dies bezeichnet man als *Buddenbrook-Syndrom*.

Nun könnten Sie verärgert aufspringen und einen anderen Zahnarzt aufsuchen. Und dann noch einen. Vielleicht kaufen Sie sich auch eine Mundspüllösung oder putzen sich ausgiebig die Zähne. Doch nichts will helfen, es wird immer schlimmer. Vielleicht ist die moderne Ernährung schuld, die Umwelt, ein falsches Material für die Zahnfüllung. Doch während die Ursache an vielen Stellen gesucht wird, liegt das Problem tiefer: Ihr Herz ist der Auslöser der Schmerzen. Auflagerungen in den Herzkranzgefäßen lassen fast kein Blut mehr durch, der Herzmuskel wird schlecht versorgt, und ein Herzinfarkt steht unmittelbar bevor. So etwas wäre doch fatal! Die ganze Zeit wurde an den Zähnen herumgedoktert, während die Ursache ein krankes Herz war.

Vielleicht kennen Sie Folgendes aus Ihrem Leben: Sie sind schlecht gelaunt, reden unschöne Worte, sind verbittert, missmutig, gereizt und gehen anderen aus dem Weg. Die ganze Zeit meinen Sie, dass die Schuld bei den anderen liegt. Dabei liegt die wahre Ursache bei Ihnen selbst. Jesus sagt in unserem Tagesvers, dass unser eigenes böses Herz die Ursache für das Problem ist. Es ist leicht, die Schuld woanders zu suchen, aber auch tragisch. Denn wenn wir der Diagnose des göttlichen Arztes nicht zustimmen, dann werden wir auch die einzig wirksame Therapie nicht mitmachen, die er anbietet, nämlich ihm unsere Schuld zu bekennen und ein erneuertes und gereinigtes Herz zu bekommen.

Marcus Nicko

? Warum suchen wir die Schuld für unsere Probleme gern bei anderen?

! Suchen Sie den besten Arzt, Jesus Christus, auf und hören Sie auf seine Diagnose!

† Hebräer 3,12-13

**Thomas antwortete und sprach zu ihm:
Mein Herr und mein Gott!**

JOHANNES 20,28

(M)ein Herr und (m)ein Gott

In Deutschland zählen sich rund 26 % der Bevölkerung zur katholischen Kirche, 24 % sind evangelisch. Daneben gibt es noch circa 1,8 % Orthodoxe und etwas mehr als ein Prozent gehört zu einer anderen christlichen Kirche oder Gemeinschaft, wie zum Beispiel einer Freikirche (Quelle: BMI).

Ich gehe einmal davon aus, dass der weit überwiegende Teil dieser Menschen, trotz aller theologischen Abweichungen und praktischen äußeren Unterschiede, eines gemeinsam hat: den Glauben an den Gott der Bibel. Und auch viele andere Menschen, die nicht Mitglied einer christlichen Glaubensgemeinschaft sind, werden diesen Glauben an Gott teilen. Das ist grundsätzlich gut. Doch Gott will mehr. Es geht dem Gott der Bibel nicht darum, dass Menschen (nur) von seiner Existenz überzeugt sind, dass wir wissen, dass es *einen* Gott und Herrn gibt. Gott möchte, dass wir Menschen sind wie der Thomas, der zu Gottes Sohn Jesus Christus sagen konnte: »Mein Herr und mein Gott!«

Damit drückt Thomas einige ganz existenzielle Dinge aus, die allein das Verhältnis zu Gott definieren: Zum einen natürlich, dass Jesus Christus als Sohn Gottes wahrer Gott ist. Zum zweiten nennt er ihn aber »meinen« Gott. Das hat nichts mit Besitz zu tun, sondern damit, dass er eine ganz eigene, individuelle und persönliche Beziehung zu dem Sohn Gottes hat. Gott möchte nämlich nicht nur theoretisch erkannt werden, sondern eine Beziehung mit uns Menschen pflegen. Er will, dass wir ihn in unser Herz schließen, so, wie er uns in seinem Herzen trägt.

Und schließlich nennt Thomas diesen Jesus Christus »meinen Herrn«. Das bedeutet, dass er Jesus sein Leben anvertraut, sich ihm unterstellt und ihm als seinem Meister nachfolgt. Nur diese klare Haltung gegenüber Gott zählt.

Markus Majonica

? Können Sie wie Thomas bekennen: »Mein Herr und mein Gott!«, oder bleibt es bei *ein* Herr und *ein* Gott?

! Jesus sucht echte Nachfolger.

† 2. Timotheus 4,9-22

Ich sage euch: Ebenso wird Freude im Himmel sein über einen Sünder, der Buße tut, mehr als über neunundneunzig Gerechte, die die Buße nicht nötig haben.

LUKAS 15,7

Gesucht – gefunden!

Heute ist es genau zwei Jahre her, dass ein Kleinflugzeug in Südkolumbien abstürzte. An Bord waren vier Kinder zwischen 1 und 13 Jahren, ihre Mutter, der Pilot und ein indigener Führer. Die Erwachsenen kamen bei dem Absturz ums Leben, die Kinder waren verschwunden. Hunderte Soldaten und Indigene machten sich auf die Suche. Zu dieser Zeit war im Dschungel gerade Dauerregen. Wie sollten die Kinder im dichten Regenwald überleben? Hatte die Aktion überhaupt einen Sinn? Doch die Einsatzkräfte gaben trotz vieler Schwierigkeiten nicht auf.

Die Mühe lohnte sich: Nach vierzig Tagen wurden alle vier Kinder gefunden, abgemagert, voller Insektenstiche, aber noch am Leben. Die Freude war groß, und viele Medien berichteten über das Ereignis. Die vier Kinder wurden »Kinder des Friedens« genannt, weil der Präsident Petro genau an dem Tag, an dem die Kinder gefunden wurden, einen Waffenstillstand mit einer linken Guerillaorganisation ausgehandelt hatte.

Auch Gott meldet seine Menschen als »verschwunden« (verloren), denn seit dem Sündenfall sind wir von seinen Wegen abgekommen. Doch er leistet vollen Einsatz, er geht uns nach, denn er möchte nicht, dass wir verloren bleiben. Er weiß, dass wir ohne ihn dem Untergang geweiht sind. Das ist viel schwieriger als die Suche im kolumbianischen Dschungel, denn wir Menschen wollen oft gar nicht von Gott gefunden werden und laufen manchmal sogar weg von ihm. Wir schlagen uns lieber allein durch, als dass wir uns unter seine Obhut begeben. Doch Gott gibt uns nicht auf, er ruft uns zu sich. Wenn wir uns von ihm finden lassen, von unserem falschen Weg umkehren und unser Leben ihm anvertrauen, dann wird eine große Freude im Himmel sein. Und wir können sicher wissen, dass wir für ewig gerettet sind.

Beatrix Weißbacher

? Wie lange wollen Sie sich noch vor Gott verstecken?

! Wenden Sie sich zu Gott und ergreifen Sie die Hand, die Sie retten will!

✝ Lukas 15,1-24

Ich preise dich darüber, dass ich auf eine erstaunliche, ausgezeichnete Weise gemacht bin. Wunderbar sind deine Werke, und meine Seele erkennt es sehr wohl.

PSALM 139,14

Das Wunder der Schwangerschaft

»Sie sehen ja auch zwei?«, fragte die Frauenärztin mit Blick auf das Ultraschallbild und läutete damit eine turbulente Zeit für uns als Familie ein. Mit großem Staunen erlebten wir die folgenden Monate. Begleitet durch einen Pränataldiagnostiker sahen wir, wie das Blut durch die wenige Millimeter großen Herzen floss, und hörten in der dreizehnten Schwangerschaftswoche die beruhigenden Worte: »Sie müssen sich jetzt keine großen Sorgen mehr machen. Die Natur hat eine fast hundertprozentige Erfolgsquote, dass sich alles perfekt weiterentwickeln wird.«

Als der Bauch größer wurde, ermutigte der Experte uns: »Ab der 30. Woche hat die Natur ein Einsehen: Damit die Schwangerschaft für die Mutter nicht zu belastend ist, verlangsamt sich das Wachstum der Zwillinge im Vergleich zu Einlingen.« Perfekt. Als unsere Söhne fünf Wochen zu früh auf die Welt kamen und die Hebamme mir sie zum Stillen anlegte, wunderte ich mich über die plötzlich einsetzende Milchproduktion. »Das hat die Natur gut eingerichtet; wenn die Plazenta geboren ist, werden die Stillhormone freigesetzt.«

Immer wieder stutzten wir bei diesen Formulierungen. Wer oder was ist diese »Natur«? Hat sie einen zielgerichteten Willen, konkrete Pläne und Mitleid mit der Schwangeren? Laut Wörterbuchdefinition natürlich nicht, sie ist keine Person, nur eine Bezeichnung dessen, was ohne Zutun des Menschen existiert. In der Bibel finden wir eine andere Erklärung: Gott als Schöpfer steckt hinter diesen Mechanismen. Das Wunder der Schwangerschaft ist deshalb eines, weil Gott alles wunderbar ineinandergreifen lässt. Seine genialen Ideen und Einrichtungen lassen ihn zum Schöpfer und Erhalter des Lebens werden – im Großen wie im Kleinen.

Janina und Philipp Strack

? Was bringt Sie zum Staunen?

! Halten Sie heute nach Gottes Schöpferhand Ausschau!

Psalm 139,13-18

Das war das wahrhaftige Licht, das, in die Welt kommend, jeden Menschen erleuchtet.

JOHANNES 1,9

Die Sonne ist für alle da!

Ich freue mich auf die ersten Frühlingstage, an denen die Sonne bereits die Kraft hat, mich zu wärmen. Die Sonne ist ein sehr schönes Bild für Leben, Orientierung und Klarheit. Ohne ihr Licht wüchsen keine Pflanzen. Unsere Körper sind dringend auf ihr Licht angewiesen, um z. B. Vitamin D zu bilden. Ohne ihr Licht hätten wir keinen Unterschied zwischen Tag und Nacht. Sie bestimmt unseren Lebensrhythmus. Und das Schönste ist: Sie ist für alle da! Sie scheint für alle Menschen. Sie macht keinen Unterschied zwischen Arm und Reich, Klug und Dumm, ja, sie scheint sogar auf gute und böse Menschen. Doch um in den Genuss ihres Lichtes zu kommen, muss ich mich ihr aussetzen. Wer hingegen im Schatten bleibt, den wärmt sie nicht. Wer lichtscheu ist, hat keinen Anteil an der Freude, die sie schenken kann.

In etwa so ist es mit dem Erscheinen des Sohnes Gottes in unserer Welt. Im Johannesevangelium wird Jesus als das »Licht der Welt« bezeichnet. Und dieses wahrhaftige Licht ist in die Welt gekommen, um *jeden* Menschen zu erleuchten. In Jesus Christus erscheint das Licht der Liebe Gottes. Wie das Licht der Sonne ist es zunächst einmal für jeden da. Darin besteht die Größe der Liebe und des Heilsangebotes Gottes: Dieses wahrhaftige Licht hat das Potenzial, das Herz jedes Menschen zu erhellen, wenngleich dabei auch alle meine dunklen Seiten ans Licht kommen. Doch wie bei der Sonne gilt: Damit dieses Licht auf mich wirken kann, aufdeckend, aber auch heilend, muss ich mich ihm aussetzen. Wie vor der Sonne kann ich mich auch vor dem Licht der Liebe Gottes verkriechen. Ich kann es ignorieren, leugnen oder aber die Dunkelheit mehr lieben als das Licht, weil ich sein Licht scheue und Angst davor habe, was dadurch sichtbar wird. Doch wie tragisch wäre das!

Markus Majonica

? Darf Gottes Licht in Ihr Leben scheinen?

! Es liegt nicht an Gott, wenn man sein Licht verpasst.

† Matthäus 4,13-17

Noah aber fand Gnade vor dem Herrn.

1. MOSE 6,8

Noah

Welche Vornamen sind in Deutschland die beliebtesten? Um das herauszufinden, erfasste im Jahr 2023 der Experte für Vornamen, Knud Bielefeld, mehr als 280 000 Geburtsmeldungen. Neben Emilia war Noah klarer Favorit. Der Name hat seine Wurzeln in der hebräischen Sprache und bedeutet: »Gott ist beruhigt« oder »Beruhige dich, oh Gott«. Warum wollen so viele Eltern gerade heute ihren Sohn Noah nennen? Als möglicher Grund wird im Internet angegeben, dass der Name gern in Anlehnung an die Geschichte von der Arche Noah vergeben wird. Noah und seine Familie und ein Teil der Tiere wurden als Einzige durch eine große Flut hindurch gerettet.

Dazu hatte Gott die Arche geplant, und Noah sollte sie bauen. Das konnte er nur allein durch die Kraft seines Glaubens tun. Noah glaubte Gott und befolgte gehorsam seine Anweisungen. Er baute ein großes Schiff, obwohl weit und breit keine Gefahr zu sehen war. Deshalb wurde er mit seiner ganzen Familie gerettet. Dabei dachte Noah nicht nur an sich. Während der ganzen Bauzeit warnte er die anderen Menschen, dass eine alles vernichtende Flut kommen würde. Er mahnte sie, mit seiner Familie in die Arche zu kommen, um nach der Flut weiterzuleben. Die Menschen damals hätten ihm nur glauben müssen.

Bis heute lädt Gott ein. Zum Glauben an ihn und an seinen Sohn Jesus Christus, der am Kreuz gestorben ist, damit wir zum ewigen Leben gerettet werden. Und Gnade finden vor dem Herrn. Bis heute ist die Arche Noah ein Symbol für Schutz und Geborgenheit. Kindergärten heißen Arche, Heime für Obdachlose und auch viele andere diakonische Einrichtungen nennen sich so. Damit weisen sie hin auf Jesus Christus als die Arche, als Rettung und Schutz Gottes für uns, damit wir ewig leben können.

Herbert Laupichler

? Haben Sie den Glauben, um zur Arche Gottes – Jesus Christus – zu kommen?

! Falls nicht, dann bitten Sie um Ihrer ewigen Rettung willen Gott darum, Ihnen diesen Glauben zu schenken!

† Hebräer 11,7

Denn er ist unser Gott, und wir sind das Volk seiner Weide und die Herde seiner Hand. Heute, wenn ihr seine Stimme hört, verhärtet euer Herz nicht!

PSALM 95,7-8

Wird schon gut gehen!?

Auf einer Nordseeinsel wurde Geburtstag gefeiert. Dabei lernte ich einen jungen Chirurgen kennen, der interessanterweise für einige Monate bei uns in Dortmund im Krankenhaus arbeitete, um seine Kenntnisse in der Hand-Chirurgie vertiefen. Er berichtete Schreckliches: Ins Klinikum Dortmund werden zahlreiche Unfallopfer per Hubschrauber eingeflogen, die mit dem Motorrad verunglückt sind. Die körperlichen Schäden, besonders an den ungenügend geschützten Händen sind enorm. Deshalb gibt es wohl extrem viele Hand-Operationen.

Mir ging bei diesem Gespräch so vieles durch den Sinn. Einerseits: Was für eine besondere Chance für die lebensgefährlich Verletzten, gerettet zu werden, inklusive der Wiederherstellung der Glieder-Funktionen! Andererseits: Wie viel Leid erfahren die Geschädigten und andere beteiligte Unfallopfer! Und schließlich: Wie oft habe ich selbst in Gesprächen mit Motorrad-Fahrern die trügerische Sicherheit herausgehört: »Ich habe ja den Helm und die Lederkleidung – wird schon gut gehen!«

Wird schon gut gehen? Verdrängt man da nicht etwas? Auch in der beruflichen Begleitung von Menschen habe ich so oft das Verdrängen von offenkundigen Fakten erlebt. Menschen weichen Entscheidungen aus im Hinblick auf die Renovierung ihres Hauses, beim »Sich-kleiner-Setzen« oder bezüglich klarer Regelungen für den Nachlass (um für Frieden bei den Nachkommen zu sorgen). Wird schon gut gehen?

Es gibt ein solches Ausweichen auch bei »Ewigkeits-Fragen«. Jesus Christus bietet Vergebung, Frieden und Halt in dieser Welt und ewiges Leben nach dem Tod an. Entscheiden darf und muss man sich allerdings persönlich. Ein oberflächliches »Wird schon gut gehen!« wäre Fatalismus und kein Wahrnehmen der persönlichen Verantwortung!

Klaus Spieker

? Haben Sie für sich die »Ewigkeits-Fragen« geklärt, indem Sie auf Gottes Angebot eingegangen sind?

! Packen Sie Themen und Lebensbereiche an, in denen Sie Entscheidungen treffen müssen!

† Apostelgeschichte 3,22-26

HERR, in der Not haben sie dich gesucht. Als deine Züchtigung sie bedrängte, schrien sie.

JESAJA 26,16

Not lehrt beten

Im Leben eines jeden Menschen gibt es Krisen, sowohl im persönlichen als auch im gesellschaftlichen und weltpolitischen Bereich. Als dieser Beitrag im Frühjahr 2024 verfasst wurde, herrschte in unserem Land große Verunsicherung: Schrumpfende Wirtschaft, sinkende Realeinkommen wegen hoher Energiepreise, kaum bezahlbarer Wohnraum, Bedrohung der heimischen Landwirtschaft, Klimakatastrophen, Spaltung der Gesellschaft, Terrorgefahr und Antisemitismus, der Ost-West-Konflikt eskalierte zur realen Kriegsgefahr, Bündnisverpflichtungen wurden in Frage gestellt. Die Liste ließe sich endlos fortsetzen.

Solche multiplen Krisen führen einerseits zu Existenzängsten und depressiven Verstimmungen besonders bei jungen Menschen. Andererseits sind es diese existenziellen Krisen, die Menschenherzen für das Evangelium öffnen. In den Trümmern von Nachkriegsdeutschland waren die verbliebenen Kirchen voll wie vorher lange nicht mehr. Aktuell erleben z. B. die christlichen Gemeinden in der im Krieg mit Russland befindlichen Ukraine ungeahnten Zulauf. Auch Verfolgung und Bedrückung von Christen hat in den betroffenen Ländern die Verbreitung des Evangeliums nicht verhindert, sondern eher noch begünstigt.

»Not lehrt beten«, so lautet ein altes Sprichwort. Aber stimmt das wirklich? Sicher ist, dass viele schon gebetet haben wie: »Wenn Du mich hier herausholst, Gott, wenn es Dich gibt, dann …« Oder: »Wenn Du mich heilst, dann …« In vielen Fällen führte das Gebet in der Not tatsächlich zu einem lebensverändernden Glauben, in anderen Fällen aber auch nicht. Doch was nützt ein erhörtes Gebet, wenn es nicht in eine dauerhafte Beziehung zu Jesus Christus führt, der ein für alle Mal am Kreuz für uns sein Blut vergoss, um uns mit Gott zu versöhnen?

Bernhard Czech

? Haben Sie auch schon aus der Not heraus gebetet?

! Jesus sagt: »Kommt her zu mir, alle ihr Mühseligen und Beladenen! Und ich werde euch Ruhe geben.« (Matthäus 11,28)

† Psalm 116

»Ihre Füße sind schnell, Blut zu vergießen. Verwüstung und Elend ist auf ihren Wegen, und den Weg des Friedens haben sie nicht erkannt.«

RÖMER 3,15-17

Nie wieder Krieg?

Vor 80 Jahren ging der Zweite Weltkrieg mit der Kapitulation der Deutschen Wehrmacht zu Ende. Schätzungen gehen davon aus, dass in diesem Krieg 60 Millionen Menschen umkamen. Unbeschreiblich war das Leid durch Hunger, Gefangenschaft, Vergewaltigung, Angst, Traumatisierung, Versklavung und Folter. Wie nach jeder blutigen Auseinandersetzung wurde nach dem Zweiten Weltkrieg der Ruf laut: »Nie wieder Krieg!« Leider hat sich dieser Wunsch nicht erfüllt. Nach einer vorsichtigen Schätzung kamen allein in der Zeit von 1945 bis 1992 in 135 Kriegen weitere 12,5 Millionen Menschen ums Leben.

Wie kommt es, dass bei uns Menschen ein scheinbar unheilbarer Hang zum Krieg besteht? Die Historikerin Iris Chang forschte zu einem der berüchtigtsten japanischen Gräueltaten im Zweiten Weltkrieg, dem Massaker von Nanjing, bei dem fünfzig- bis dreihunderttausend chinesische Zivilisten ermordet wurden. Sie stellt fest: »Die Zivilisation ist an sich etwas Hauchdünnes. Irgendein Webfehler in der menschlichen Natur lässt es zu, dass selbst unaussprechliche Schandtaten in Minutenschnelle zu Banalitäten werden.« Eine Rezensentin ihres Buches schreibt: »Die Versuchung ist groß zu denken: *Ich werde mich doch nicht so barbarisch verhalten.* Aber wenn man bedenkt, wie viele dieser Männer Wehrpflichtige aus der ansonsten normalen japanischen Gesellschaft waren, wird einem klar, dass auch wir wahrscheinlich zu verabscheuungswürdigen Taten fähig sind.«

Der Webfehler in der menschlichen Natur wird in der Bibel Sünde genannt. Damit sind nicht die bösen Taten gemeint, sondern ihre Wurzel, nämlich unser Hang zur Bosheit. Es gibt nur einen, der völlig frei von dieser egoistischen Neigung war. Die Tatsache, dass er ohne Sünde war, qualifiziert ihn zu unserem Erlöser. Sein Name heißt Jesus Christus.

Gerrit Alberts

? Warum gibt es bis heute Kriege auf dieser Welt?

! Die Bibel hat recht: Wir brauchen die Erlösung durch Jesus Christus!

† Micha 4,1-5

Wer seine Verbrechen zudeckt, wird keinen Erfolg haben; wer sie aber bekennt und lässt, wird Erbarmen finden.

SPRÜCHE 28,13

Bedingungslose Kapitulation

Heute vor 80 Jahren, am 8. Mai 1945, ging in Europa der Zweite Weltkrieg zu Ende. In Berlin-Karlshorst wurde die bedingungslose Kapitulation der Wehrmacht unterzeichnet. Aber nicht der Führer des Deutschen Reichs, Adolf Hitler, unterschrieb die Kapitulation. Denn er hatte sich dieser durch Selbstmord entzogen und hinterließ in Europa einen Trümmerhaufen und über 60 Millionen Tote.

Doch konnte sich Hitler wirklich einfach so aus dem Staub machen? Aus seinen menschlichen Überlegungen heraus vielleicht ja. Aber der Verantwortung vor Gott entkommt er nicht. Denn Gott hat uns als moralische Wesen geschaffen, und wir müssen einmal vor ihm Rechenschaft ablegen. Das Bewusstsein dafür findet sich in vielen Religionen wieder: Wir wünschen uns ausgleichende Gerechtigkeit. Aber in Bezug auf uns selbst scheuen wir diese Gerechtigkeit und leben in Angst, weil wir wissen, dass unser Leben dunkle Seiten hat und dass wir Schuld auf uns geladen haben. Wir haben vielleicht niemanden umgebracht, aber Jesus warnt uns z. B., dass jeder, der seinen Bruder im Streit beschimpft, vor Gott wie ein Mörder dasteht (Matthäus 5,22).

Weder durch Askese und Selbstkasteiung noch durch gute Werke gelingt es, sich mit Gott wieder gut zu stellen. Denn dadurch werden die Sünden nicht ungeschehen gemacht! Doch Gott bietet uns eine überraschende Lösung an: bedingungslose Kapitulation vor ihm und Inanspruchnahme seiner Vergebung für unsere Schuld, wenn wir sie ihm ehrlichen Herzens bekennen. Wir müssen anerkennen, dass wir nicht so sind, wie wir sein sollen, dass wir unpassend für den Himmel sind und keinen Anspruch auf Rettung haben. Aber gerade dann greift Gott ein, vergibt und beschenkt uns mit ewigem Leben. Weil er gnädig ist.

Thomas Pommer

? Versuchen Sie auf irgendeine Weise, sich mit Gott gut zu stellen?

! Gnade heißt, ich bekomme nicht, was ich verdient habe (Strafe), sondern ich bekomme, was ich nicht verdient habe (Belohnung).

† Galater 2,15-21

Sinnt nicht auf hohe Dinge, sondern haltet euch zu den Niedrigen; seid nicht klug bei euch selbst!

RÖMER 12,16

Todeszone

Im Jahr 2019 sah ein Bergsteiger seinen letzten Sonnenaufgang vom Gipfel des Mount Everest. Er überlebte den gefährlichen Aufstieg, aber die Höhe drückte ihm auf das Herz, und er starb auf dem Weg nach unten. Ein medizinischer Experte warnt davor, den Gipfel des Berges als das Ziel der Reise zu betrachten. Stattdessen müsse man schnell auf- und wieder absteigen, denn in solchen Höhen befinde man sich »in der Todeszone«.

Wenn man hoch hinaus will, kann das auf unerwartete Weise gefährlich werden. In der Bibel ist König David dafür ein treffendes Beispiel. Bei seinem »Aufstieg« tötete er Löwen und Bären, erschlug den Riesen Goliat und wich dem Speer des Königs Saul aus. Er besiegte die Philister, die Ammoniter und eroberte Jerusalem, um auf dem Berg Zion als König über Israel zu herrschen. Bei all dem stand ihm Gott bei, der ihn erwählt hatte, König in Israel zu sein. Aber auf der Höhe seines Erfolgs, nachdem »der Herr David den Sieg schenkte, wo er auch hinkam« (1. Chronik 18,6), beging er Ehebruch und Mord. Sein Erfolg war ihm zu Kopf gestiegen, und er missbrauchte, was er doch nur gnädig von Gott empfangen hatte.

Natürlich dürfen wir Menschen uns über Erfolge freuen. Aber wir sollten uns immer wieder bescheiden daran erinnern, wem wir das letztlich zu verdanken haben. Nicht der eigenen Leistung und Kraft, sondern der Fügung Gottes in unserem Leben. Jesus mahnt seine Nachfolger, nicht nach Macht, Einfluss und Reichtum zu streben. Denn dadurch ist schon mancher zu Fall gekommen oder hat Unrecht und Betrug zu seiner Lebensgrundlage gemacht. Uns Menschen steht Demut an; dann wird Gott zur rechten Zeit dafür sorgen, dass wir zu Ansehen und Würde kommen – wenn das seinem Plan für uns entspricht.

Herbert Laupichler

? Wovon machen Sie in Ihrem Leben Erfolg abhängig?

! »Gott widersteht den Hochmütigen, den Demütigen aber gibt er Gnade.« (1. Petrus 5,5)

† Klagelieder 3,25-33.40-41

Als er die Scharen von Menschen sah, ergriff ihn tiefes Mitgefühl; denn sie waren erschöpft und hilflos wie Schafe, die keinen Hirten haben.

MATTHÄUS 9,36

Trainersuche

Im Frühjahr 2024 befand sich der FC Bayern in einer misslichen Lage. Die Saison war eher bescheiden: Kein Meistertitel, kein Pokalsieg, und die Chancen in der Champions League schienen auch nicht besonders hoch. Wie so häufig wurde der Trainer, zu dieser Zeit noch Thomas Tuchel, für die ausgebliebenen Erfolge verantwortlich gemacht. Also musste ein neuer Trainer her. Das dürfte bei einem erfolgsgewohnten Traditionsverein doch kein Problem werden, könnte man meinen. Sicher stünden die Bewerber Schlange. Doch das Gegenteil trat ein. Ein Trainer nach dem anderen sagte ab: Leverkusens Trainer Xabi Alonso, Nationaltrainer Nagelsmann, der Nationaltrainer Österreichs, Ralf Rangnick, dann Brightons Trainer De Zerbi. Die Presse schrieb, die Trainersuche des FCB verkomme zur Farce. Und die Fans der Konkurrenz reagierten hämisch. Offenbar war den Kandidaten der Job zu heikel, die Erwartungen vielleicht zu hoch, die Machtverhältnisse in München zu undurchschaubar. Fast bekam man Mitleid mit den Spielern. Doch da würde sich schon jemand finden! Bei dem Gehalt!

Viel dramatischer als die Lage der hochdotierten Bayernspieler stellte sich allerdings die Lage der Menschen dar, als der Sohn Gottes auf diese Erde kam. Er traf auf Zeitgenossen, die orientierungslos waren und denen jemand fehlte, der sie aus ihren echten Ängsten und Nöten rettete. Diese Aufgabe barg nicht die Chance auf gefeierte Triumphe, hier lockte nicht das große Geld oder Anerkennung. Diese Aufgabe war verbunden mit Widerstand, Leid, Verachtung und Tod.

Warum Jesus Christus dennoch bereit war, sich einer verlorenen Menschheit zuzuwenden, macht der Tagesvers deutlich: Unsere Lage jammerte ihn, das heißt: Er hatte herzliches Erbarmen mit unserer Verlorenheit.

Markus Majonica

? Wer trainiert Ihr Leben?

! Jesus Christus trägt auch Sorge um Sie.

† Johannes 10,1-15

Doch er hat unsere Leiden getragen, und unsere Schmerzen hat er auf sich geladen. … Doch er war durchbohrt um unserer Vergehen willen, zerschlagen um unserer Sünden willen.

JESAJA 53,4-5

»Ich kenne ihren Schmerz«

Wer selbst Leid erlebt hat, dem fällt es leichter, Mitleid zu empfinden. Wenn wir uns selbst einmal das Schlüsselbein gebrochen haben oder wegen eines Bandscheibenvorfalls nahezu unbeweglich waren, können wir diesen Schmerz nachvollziehen, wenn ein anderer ihn erleidet. Indem wir unsere eigene Situation erinnern, leiden wir mit dem anderen mit. Wir haben Mitleid.

Gott stellt sich in der Bibel auch als jemand vor, der Mitleid hat. Wenn er im Alten Testament mit Mose über das Volk Israel spricht, das in Ägypten als Sklavenvolk schuften musste, sagt er: »Ich kenne ihren Schmerz« (2. Mose 3,7). Aber kann Gott wirklich Mitleid haben, wo er doch Gott ist und es ihm an nichts fehlt? Kann er mitempfinden mit dem, was Sie quält und schmerzhaft für Sie ist? Ist er dafür nicht viel zu distanziert?

Nein, denn Gott hat jegliche Distanz aufgegeben, als er seinen Sohn Jesus Christus auf die Erde geschickt hat. Jesus hat hier gelebt und jede Form von Schmerz gesehen: Schmerz, den sich Menschen gegenseitig zufügen, durch Krankheit verursachten Schmerz, Schmerzen durch spontane Verletzungen, seelische Schmerzen, selbstzugefügte Schmerzen durch einen unmoralischen Lebenswandel … Jesus hat alle diese Arten von Schmerz wahrgenommen. Aber hat er sie auch selbst erlebt?

Ja, das hat er. Über ihn steht in der Bibel: »Er war verachtet und verlassen von den Menschen, ein Mann der Schmerzen und mit Leiden vertraut … Doch er hat unsere Leiden getragen, und unsere Schmerzen hat er auf sich geladen« (Jesaja 53,3-4). Als Christus am Kreuz hing, ertrug er unermesslichen Schmerz und litt für unsere Sünden. Und so kann er mitleiden und mitempfinden mit allem Schwerem, was wir erleben. Und unsere Sünden kann er uns vergeben, weil er dafür bezahlt hat.

Jannik Sandhöfer

? Kommt Gott Ihnen manchmal weit weg vor?

! Er kennt Ihren Schmerz.

† Jesaja 53,1-6

12 | MAI
Tag der Kinderbetreuung | MONTAG

Jesus aber rief sie zu sich und sprach: Lasst die Kinder zu mir kommen und wehrt ihnen nicht, denn solcher ist das Reich Gottes.

LUKAS 18,16

Sorglos

Ich weiß nicht, was in ihrem kleinen Köpfchen vor sich geht. Jetzt ist meine kleine Enkelin schon 6 Wochen alt. Sie ist unglaublich süß – wie jedes Neugeborene. Sie schläft nach festem Rhythmus, trinkt hervorragend bei der Mama. Das alles ist genussvoll anzusehen. Sie wird geliebt von ihren Eltern und Geschwistern, von Opa und Oma, Tanten und Onkeln. Kaum ist sie wach, wird sie ständig geherzt, geküsst und herumgetragen. Sie wirkt vollständig sorglos. Denn alle ihre wahrnehmbaren Bedürfnisse werden liebevoll gestillt, meist unmittelbar. Die Mama weiß, was gut ist für sie. Ob es ihr nachts immer leicht fällt aufzustehen, weiß ich nicht, aber sie tut es, weil sie ihre Tochter liebt. Die feuchte und schmutzige Windel wird bald gewechselt!

Wenn sie dann getrunken hat und ich sie ansehe, denke ich oft: *So ist Himmel, so ist Kindschaft, so ist Christsein.* Eigentlich. Und dann erinnere ich mich gern an Bibelverse wie: »Wenn ihr nicht werdet wie die Kinder …« Jesus nahm damals auch die Kinder auf den Arm und segnete sie. Damit zeigte er, wie einfach es ist, zu Gott zu kommen und sich ihm anzuvertrauen. Denn Gott wartet darauf, dass wir das tun und seine Kinder werden.

Meine Enkelin ist mein Anschauungsunterricht: *Peter, vertraue Gott, so wie die Kleine es tut. Sei so sorglos und unbekümmert wie sie.* Der himmlischer Vater weiß, was wir bedürfen. Jesus drückte das einmal sehr stark aus, als er seine Jünger aufforderte, zu bitten. Kein Vater wird seinem Kind, wenn es um ein Brot bittet, einen Stein geben. Er sagte: »Wenn nun ihr, die ihr böse seid, euren Kindern gute Gaben zu geben wisst, wie viel mehr wird euer Vater, der in den Himmeln ist, denen Gutes geben, die ihn bitten!« (Matthäus 7,11).

Peter Lüling

? Gott vertrauen wie ein Kind – da muss man doch nicht lange überlegen, das zu tun, oder?

! Wir können zu Gott kommen, um das Gute empfangen, was er für uns bereithält.

✝ Matthäus 6,26-34

Gott ist zwar unsichtbar, doch an … der Schöpfung haben die Menschen seit jeher seine ewige Macht und göttliche Majestät sehen und erfahren können.

RÖMER 1,20

Den Schöpfer finden

Wohl jeder von uns hat schon einmal staunend einen Sonnenaufgang beobachtet oder angesichts eines gewaltigen Bergpanoramas den Atem angehalten. Unser Tagesvers sagt, dass wir in der Natur etwas von der ewigen Macht und Majestät Gottes erkennen können. Der Schöpfer wird in seiner Schöpfung sichtbar. Deshalb können wir uns nicht herausreden, dass wir von Gott nichts wissen würden.

Es ist einfach genial, mit welch ausgeklügeltem System z. B. die Jahreszeiten funktionieren. Woher wissen die Bäume und Pflanzen, wann sie blühen müssen? Es ist faszinierend, nach welchen Regeln das Wetter funktioniert, wie die Ökosysteme im Meer aufgebaut sind – es gibt unzählige Beispiele. Vieles ist noch nicht einmal erforscht. All dieses Wunderschöne soll zufällig und planlos entstanden sein? Ist es nicht offensichtlich, dass hinter all diesen Geheimnissen etwas Größeres, nämlich ein Schöpfer, steht? Welch eine Geringschätzigkeit der Genialität, Perfektion und Weisheit Gottes, sein Werk als ein Produkt des Zufalls hinzustellen!

Die Natur kann in uns eine Ahnung und Sehnsucht nach dem Schöpfer wecken. Aber sie selbst kann weder diese Sehnsucht stillen noch uns in eine Beziehung zu Gott führen. Dafür sind wir auf eine weitere Offenbarung Gottes angewiesen. Zum Glück hat er das in seinem Wort, der Bibel getan. Hier bekommen wir die entscheidenden Informationen über sein Wesen und seine Eigenschaften. Wir lesen, dass er uns liebt und seinen Sohn auf diese Welt geschickt hat, um uns von unserer Sünde zu erlösen. Und wir erfahren, dass er auch eines Tages die Natur, die seit dem Sündenfall aus den Fugen geraten ist, erlösen und einen neuen Himmel und eine neue Erde schaffen wird. *Annegret Heyer*

? Hat ein Naturerlebnis in Ihnen schon einmal eine Ahnung von Gott geweckt?

! Der Schöpfer hat sich in der Bibel weiter offenbart.

† Psalm 104

Wenn wir aber im Licht wandeln, wie er im Licht ist, haben wir Gemeinschaft miteinander, und das Blut Jesu, seines Sohnes, reinigt uns von jeder Sünde.

1. JOHANNES 1,7

Licht deckt alles auf

Staub von der Straße, Blumentröge auf der Fensterbank und der Regen sorgten dafür, dass unsere Fenster reif waren zum Putzen. Da ich wusste, dass Fensterputzen im Sonnenschein nicht gut funktioniert, suchte ich einen bewölkten Tag dazu aus. Ich wollte meiner Frau damit eine Freude machen und sie mit geputzten Fenstern überraschen.

Leider funktionierte das so gar nicht nach meinem Sinn. Ich weiß nicht genau, was ich falsch machte. Vielleicht hatte ich zu wenig Putzmittel verwendet, nicht oft genug frisches Wasser genommen, oder das Putztuch war zu dreckig geworden. Als meine Frau wieder zu Hause war, wartete ich voller Spannung darauf, dass meinem Liebling die geputzten Fenster auffielen. Nichts dergleichen passierte. Warum? An einem der nächsten Sonnentage deckte das Licht der Sonne auf, dass noch viele Putzstreifen vorhanden waren. Als ich ihr von meinem Missgeschick erzählte, freute sie sich trotzdem über meine Aktion.

Eine andere Lichtquelle deckt bei Weitem mehr auf: Es ist das Licht der heiligen Schriften der Bibel. Wer in dieses Licht tritt, erkennt durch die Gesetze Gottes zunächst einmal seine eigene Schuld und Verlorenheit. Dieses Licht der Heiligkeit Gottes durchleuchtet unser tiefes Inneres. Durch Gottes Gebote habe ich erkannt, dass ich als Sünder keine Chance habe, eine Beziehung zu Gott zu pflegen. Doch das Licht der Bibel ist auch das Licht, das zum Leben führt: Das Evangelium von Jesus Christus hat mir den Weg zu ihm gezeigt. Durch den Glauben an ihn bin ich von Schuld gereinigt. Nun kann ich mich über all die guten Worte der Bibel freuen. Jesus ist mein Herr und Retter geworden, meine hell leuchtende Lampe für den irdischen Lebensweg bis hinein in die Ewigkeit bei Gott.

Sebastian Weißbacher

? Was bewirken die Worte der Bibel bei Ihnen?

! Lassen Sie sich vom Licht des Wortes Gottes durchleuchten und reinigen!

† Johannes 1,1-5.9

Ich bin Josef, euer Bruder, den ihr nach Ägypten verkauft habt.

1. MOSE 45,4

Familienstreit

Mir ist keine Familie bekannt, in der es nicht irgendwelche Konflikte gibt. Die Ursachen liegen oft lange zurück, und die Anlässe sind manchmal scheinbar harmlos: Ein falsches Wort, ein vergessener Geburtstag, ein fehlendes Danke. Häufig wiegen die Gründe aber auch schwerer: Rivalität zwischen Geschwistern, Streit um ein Erbe, usw. Jahr um Jahr werden die Gräben tiefer. Bei Familienfeiern geht man sich tunlichst aus dem Weg. Und manchmal reden die Beteiligten nie mehr ein Wort miteinander. Unversöhnlich gestimmt bleibt jeder für sich.

Auch in der Bibel werden solche Familienkonflikte beschrieben. Unter den Söhnen des Patriarchen Jakob, der von Gott Israel genannt wurde, herrschte z. B. große Eifersucht, weil ihr Vater einen von ihnen, Joseph, bevorzugte. Der Neid fraß um sich. Das ging so weit, dass Josephs Brüder eines Tages beschlossen, den unliebsamen Konkurrenten einfach umzubringen! Zwar wurde dieser Plan nicht umgesetzt. Doch wurde Joseph stattdessen durch seine Brüder als Sklave verkauft. Für Josef folgten harte Jahre, u. a. im Gefängnis. Joseph hätte allen Grund gehabt, seine Brüder aus tiefstem Herzen zu hassen und auf Rache zu sinnen. Nach menschlichem Ermessen gab es in diesem Familienstreit keine Chance auf Versöhnung und Frieden.

Doch sogar in dieser dramatischen Familienchronik schenkt Gott einen Neuanfang: Die Brüder müssen sich eines Tages ihrer Verantwortung stellen, als sie Joseph wieder begegnen. Joseph übt keine Rache, obwohl er das hätte tun können. Er vergibt seinen Brüdern, die ihre Schuld anerkennen. So beginnt ein neues Kapitel, in dem die zerstrittenen Brüder den Weg wieder gemeinsam gehen können. Was damals möglich wurde, kann jeder erleben, der sich auf Einsicht, Bekennen und Vergeben einlässt!

Markus Majonica

? Kennen Sie Familienkonflikte?

! Verantwortung übernehmen und Vergeben ist der Schlüssel zum Neubeginn.

✝ 1. Mose 45

Freuen werden sich die Gerechten, sie werden jauchzen vor dem Angesicht Gottes und jubeln in Freude.

PSALM 68,4

Kinderfreude

Meine Frau und ich waren mit dem Auto unterwegs. Es hat etwas geschneit und besonders die Kinder im Dorf hatten ihre Freude daran. Bei uns im Nordschwarzwald schneit es nämlich nicht so viel wie andernorts. Weiße Weihnachten gibt es selten, und selbst in den Wintermonaten danach ist die weiße Pracht selten anzutreffen. Der Schneepflug hatte die Straßen geräumt und kleine Schneehaufen an den Straßenrand geschoben.

Zwei Jungen waren wohl gerade von der Schule kommend auf dem Heimweg. Sie scharrten mit den Füßen kleine Häufchen Schnee auf die Fahrbahn und stießen Freudenschreie aus, als wir mit dem Auto den Schnee plattmachten. Welche Freude können doch solche Kleinigkeiten auslösen! Ach ja, Kind müsste man sein, dann wäre nicht alles so kompliziert. Wir Erwachsene tun uns da schon schwerer. Oder? Das muss aber nicht so sein, denn es gibt für jeden Anlass zur Freude.

Wahre Freude – wo kommt sie her, und gibt es sie überhaupt? Ja, ich denke schon. Diese wahre Freude ist bei Gott zu finden. Es ist die Freude, Vergebung seiner Schuld erfahren zu haben, und darüber, von Sünden erlöst zu sein. Leider denken wir zu wenig über Gott nach und das, was er uns Menschen zugedacht hat. Er hat alles getan, um mich zu finden, um mich aus der Gottesferne herauszuretten. Dafür hat er seinen Sohn gegeben, der am Kreuz für meine Sünden starb. Seit über 50 Jahren kenne ich nun den Herrn Jesus und weiß um diese wahre Freude in ihm. Es ist eine Freude, die selbst in schweren Zeiten da ist und mich trägt. Eine Freude, die keinem vorenthalten wird, der sich in Buße und Glauben zu Gott wendet. Und mit dieser Freude kann man sich auch wieder über die Kleinigkeiten im Leben freuen – wie ein Kind! *Joschi Frühstück*

? Über was können Sie sich noch freuen? Wann haben Sie das letzte Mal einen Freudenschrei losgelassen?

! Wenn Sie die wahre Freude suchen, kommen Sie zu Jesus, er wartet schon auf Sie.

† Johannes 15,11

Jesus Christus spricht: Denn auch der Sohn des Menschen ist … gekommen … um … sein Leben zu geben als Lösegeld für viele.

MARKUS 10,45

Belächelte Erfindung

Wussten Sie eigentlich, dass das Telefon eine deutsche Erfindung ist? Als Erfinder des Telefons gilt allgemein der Amerikaner A. Graham Bell, der 1875 auch das entsprechende Patent eingereicht hat. Aber schon zehn Jahre vorher tüftelte in Deutschland der aus Gelnhausen stammende Philipp Reis an einem Apparat, mit dem man Töne übertragen konnte. Das Morsegerät war bereits erfunden, aber es konnte nur einzelne Impulse übertragen. Reis wollte mit Hilfe von elektrischem Strom Töne übermitteln, um das Senden von Sprache zu ermöglichen. 1861 gelang ihm der Durchbruch, und er stellte seine Erfindung dem Physikalischen Verein in Frankfurt vor. Allerdings fand er bei den Wissenschaftlern kein Gehör. Seine Erfindung wurde als unnütze Spielerei abgelehnt und belächelt. Graham Bell hatte Kenntnis von den Arbeiten seines deutschen Kollegen und entwickelte dessen Gerät weiter. Und so trat das Telefon seinen Siegeszug an, und wir können uns heute ein Leben ohne dieses Gerät kaum noch vorstellen.

Eine bahnbrechende Erfindung, die das Leben unserer Gesellschaft tiefgreifend beeinflusste, hat keine Anerkennung gefunden und wurde nur belächelt. Jesus Christus ging es ganz genauso. Auch er hat die Weltgeschichte grundlegend verändert. Er ist derjenige, der einen Weg zurück in die Beziehung zu Gott ermöglichte. Er ist derjenige, der sein Leben gegeben und das Gericht Gottes über unsere Schuld auf sich genommen hat. Und doch wird er oft belächelt: »Wozu braucht man das? Ich habe es nicht nötig, dass einer für mich die Schuld bezahlt!«

Doch so wie das Telefon die Welt veränderte und heute von allen gebraucht wird, so wird sich auch noch zeigen, dass ein Leben in der Ewigkeit nur mit Jesus Christus möglich ist. Jeder braucht ihn – auch Sie und ich.

Bernhard Volkmann

? Denken Sie auch, dass das Sterben Jesu am Kreuz keinerlei Bedeutung für Sie hätte?

! Es ist gut, längerfristig zu denken – auch über den Tod hinaus!

✝ 1. Korinther 2,6-16

18 MAI **SONNTAG**

Denn ihr seid um einen Preis erkauft worden.

1. KORINTHER 6,20

Teure Anschaffung

Bremsklötze oder Bremsscheiben? Kettenschaltung oder Nabenschaltung? Vollgefedert, halb gefedert – gar nicht gefedert? Ich tat mich wirklich nicht leicht mit dem Kauf eines neuen Fahrrads. Die Auswahl ist für den Fahrrad-Laien sowohl online im Shop als auch offline im Geschäft riesengroß. Und nimmt man schon einmal Geld für so eine Anschaffung in die Hand, will man es auch möglichst gut anlegen. Bloß kein Drahtesel, der nach 200 km nicht mehr rundläuft! Nein, wenn, dann soll das Rad gern auch viele Jahre halten. Deswegen prüfen wir auf Qualität und Klasse. Erst recht bei allen größeren Investitionen: Smartphone, Auto, Wohnung oder sogar ein Haus. Es soll ja das Geld auch wert sein.

In der Bibel gebraucht Gott das Kaufen und Erwerben von Eigentum, um seinen Rettungsplan zu erklären. Jesus Christus kam vor 2000 Jahren auf die Erde, um ein perfektes Leben zu geben. Nach etwa 30 Lebensjahren gab er dieses Leben freiwillig hin, um einen Preis zu bezahlen – für uns! Jesus investierte alles. Höchstpreis geboten. Höchstpreis gezahlt. Er wollte uns »kaufen«, damit wir nicht mehr unseren üblen Launen und gierigen Lüsten gehören, die in Tod und Verderben enden, sondern ihm, damit wir wahren Frieden und echte Freude finden. Was für eine Investition! Jesus dachte tatsächlich, dass es das wert war! Dass wir es wert waren.

Prüfte ich mein Leben so genau, wie das oben erwähnte neue Fahrrad, müsste ich schnell feststellen, dass man es da keinesfalls mit einem Spitzenklasse-Modell zu tun hätte. Ehrlich gesagt, hat es allenfalls noch Schrottwert. Umso erstaunlicher ist es für mich, dass Jesus mich als so wertvoll erachtet, dass er bereit war, für mich zu sterben. Das Wunderbare ist: Er macht mich völlig neu, und dadurch bin ich dann tatsächlich wertvoll.

Jan Klein

? Wie lange prüfen und vergleichen Sie, ehe Sie eine große Anschaffung tätigen?

! Alles, woran es uns mangelt, hat Jesus für uns vollbracht.

† 1. Korinther 6,9-11

Niemand sage, wenn er versucht wird: Ich werde von Gott versucht; denn Gott kann nicht versucht werden vom Bösen; er selbst aber versucht niemand.

JAKOBUS 1,13

Versuchung und Prüfung

Die Bibel sagt, dass Gott uns gern in den Himmel bringen will. Allerdings passen dahin nur Leute, deren Sünden vergeben sind. Aber wer hält sich schon für einen Sünder, der das nötig hätte? Darum führt Gott uns in Situationen, in denen wir zeigen, was in uns steckt. Wir merken in solchen Situationen, dass wir zum Bösen neigen, zu Zorn, Habsucht, Neid, Herrschsucht und Unwahrheiten. Dabei werden wir also nicht von Gott, sondern von dem versucht, was in unserem Herzen ist.

Wären unsere Herzen so rein wie das des menschgewordenen Gottessohnes, würden wir auch reagieren wie er, als der Teufel ihm anbot, Gottes Führung in den Hunger zu unterlaufen und sich selbst zu helfen oder durch ein Wunder sich selbst in Szene zu setzen oder mithilfe des Teufels die Welt zu regieren. Für ihn war all das nur eine Prüfung, die er – uns zum Vorbild – bravourös bestand.

Prüfung und Versuchung sind also die zwei Seiten derselben Medaille. Sind wir mit Gott im Bunde und in tatsächlicher Gemeinschaft, werden auch die schwersten Situationen nur zu Prüfungen unseres Vertrauens auf Gott. Wir sollen und dürfen in diesen Zeiten lernen, dass alle Wege Gottes gut und gerecht sind, was uns oft sehr schwerfällt. Versuchen wir, dasselbe auf eigene Faust zu erzwingen, werden wir in solchen Versuchungen scheitern.

Reagieren wir in solchen Fällen ehrlich, so werden sie uns zu Augenöffnern, die uns unsere Erlösungsbedürftigkeit zeigen und den Weg frei machen, unsere ganze Hoffnung auf die Barmherzigkeit Gottes zu setzen, er möge sich unser annehmen. Und nichts anderes wollte er damit erreichen. Also: Gott versucht niemanden. Er will Sie für den Himmel gewinnen.

Hermann Grabe

? Wie reagieren Sie auf »Bauchlandungen«?

! Gott meint es immer nur gut mit uns.

✝ Jakobus 1

**»Ich bin der Weg!«, antwortete Jesus.
»Ich bin die Wahrheit und das Leben!«**

JOHANNES 14,6

Im falschen Zug

Gemütlich sitze ich im Zug und freue mich, in wenigen Minuten meine Enkel umarmen zu können. Doch dann rast der Zug mit vollem Tempo an meiner Station vorbei. Mir wird klar: Ich sitze im falschen Zug, im Intercity statt im Regio! Ich werde an einem Ort landen, wo ich gar nicht hinwollte; und meine Fahrkarte ist nicht mehr gültig, es droht mir Ärger, wenn der Kontrolleur mich erwischt.

Ähnliches passiert uns manchmal, wenn wir in der Hektik unseres Alltags und der Fülle der auf uns einprasselnden Informationen und notwendigen Entscheidungen eine falsche Wahl treffen und auf Abwege geraten. Wenn wir das zu spät bemerken, können wir nicht einfach umkehren, wir bleiben stecken, und müssen die Konsequenzen tragen.

Noch weit tragischer ist, wenn wir mit unserem ganzen Leben im »falschen Zug« unterwegs sind. Das hat noch viel weiter reichende Folgen. Daran kann aber Jesus etwas ändern. Er bietet uns an, zu ihm umzukehren und dann gemeinsam mit ihm durchs Leben zu gehen. Denn er selbst hat uns bestätigt, dass er gekommen ist, uns Leben zu geben und alles reichlich dazu (Johannes 10,10). Nicht nur ein gewöhnliches, irdisches Leben, sondern sogar ewiges Leben in Gemeinschaft mit Gott. Jesus erklärt uns in Johannes 17,3, dass dieses ewige Leben schon hier auf Erden beginnt, denn es bedeutet, den einzigen wahren Gott zu erkennen und den, den er zu uns gesandt hat, Jesus Christus. Allein mit dieser Ausrichtung finden wir ein wirklich lohnendes und ewig sicheres Ziel. Und an diesem Ziel sind wir nicht allein, sondern vereint mit vielen anderen, die dort schon angekommen sind und noch ankommen werden.

Was Jesus im Tagesvers von sich behauptet, trifft wirklich zu. Er kann uns wirklich sicher dorthin bringen, wo er bereits ist.

Martin Grunder

? Wohin sind Sie unterwegs auf Ihrer Lebensreise?

! Verpassen Sie nicht den »richtigen Zug«!

† Johannes 14,1-10

»Du bist der Gott, der mich sieht!«

1. MOSE 16,13

XL gesucht

Andreas, ein aufmerksamer Mann, der in einem Haus der Betreuung und Pflege lebt, besuchte vor einigen Jahren regelmäßig die Gottesdienste der christlichen Gemeinde, zu der meine Familie und ich gehören. Eines Tages sprach er mich an. »In unserem Haus lebt ein junger Mann, der kaum etwas zum Anziehen hat! Kennst du vielleicht jemanden, der gebrauchte Herrenbekleidung in XL verschenken möchte?« Ich verneinte, versprach aber, mich umzuhören.

Eine Woche später kam eine nette Mitarbeiterin dieses Betreuungs-Hauses nach dem Gottesdienst auf mich zu und erkundigte sich ebenfalls nach XL-Bekleidung. Schnell stellte sich heraus, dass sie sich Sorgen um den gleichen Neuzugang machte. Sie wusste, dass ich in unregelmäßigen Abständen Kleiderspenden vorbeibrachte. Die Freude war meist groß, denn das vom jeweiligen externen Betreuer zugeteilte Taschengeld ist nur gering. Ich sagte, dass ich im Moment keine Kleidung auf Vorrat hätte, dass ich jedoch zuversichtlich sei, demnächst wieder Spenden zu erhalten.

In der darauffolgenden Woche brachte ich unsere jüngste Tochter zum Kindergarten. Als ich mich im Gruppenraum von ihr verabschieden wollte, kam eine der Erzieherinnen fragend auf mich zu, ob ich eigentlich noch Bekleidung annehmen würde? Im vergangenen Herbst hatte sie mir schon einmal Damenkleidung mitgebracht. »Die Kleider sind allerdings in großen Größen, denn mein Sohn hat so viel abgenommen, dass ihm nichts mehr passt!«, erklärte sie mir augenzwinkernd. Erfreut über Gottes präzise Versorgung berichtete ich ihr von den Anfragen für Kleider in XL für einen jungen Mann. Wir mussten beide lachen. So ist Gott: Er weiß genau, was wir brauchen. *Manuela Basista*

? Was trauen Sie Gott zu?

! Gott hat auch für das gesorgt, was wir zum ewigen Leben brauchen.

✝ Matthäus 6,26-31

Gibt sich nicht sogar der Satan als Engel des Lichts aus?

2. KORINTHER 11,14

Perfekt getarnt

Im Jahr 2023 beobachteten Forschende in Australien erstmals einen Käfer, der sich geschickt als Termite verkleidet, und unerkannt als vermeintliche Artgenossin unter ihnen lebt. Der sogenannte Austrospirachtha carrijoi trägt eine realistische Nachbildung einer Termite auf seinem Rücken, die aus seinem vergrößerten Unterleib besteht, inklusive Pseudo-Beinen und falscher Antennen. Der Kopf des Käfers befindet sich gut versteckt unter der Termitenattrappe. Schamlos nutzt der zu den Kurzflügelkäfern zählende Krabbler das Sozialverhalten dieser staatenbildenden Insekten aus, indem er sich durchfüttern lässt. Denn im Termitenstaat haben die sogenannten Arbeiter die Aufgabe, Nahrung vorzuverdauen und an hungrige Mitglieder der Kolonie zu verteilen. Sobald der Käfer im Termitennest lebt, hat er für den Rest seines Lebens ausgesorgt. In der Wissenschaft spricht man von einer der vielleicht verrücktesten Formen von Mimikry (n-tv.de).

Tarnen und Verstellung ist aber nicht nur eine Eigenart harmloser Insekten und Tiere. Sie ist auch ein Wesenszug des größten Menschenfeindes überhaupt: des Teufels. Er gibt sich gern als etwas anderes aus, als etwas Gutes, wie z. B. als »Engel des Lichts«. Doch in Wirklichkeit ist jeder seiner Kontakte mit Menschen voller Lüge. Es begann im Paradies, als er Adam und Eva betrog. Und seine Lügen haben für uns Menschen fatale Konsequenzen. Deswegen wird der Teufel auch als »Menschenmörder von Anfang an« und als Vater der Lüge bezeichnet (Johannes 8,44). Mit List und Verstellung vernebelt er unsere moralischen Vorstellungen, aber vor allem unser Bild von Gott. Wer sich von solchen Täuschungen befreien will, muss sich an das Wort der Wahrheit halten: die Bibel!

Daniela Bernhard

? Sind Sie schon einmal auf eine Lüge hereingefallen?

! Jesus Christus ist die Wahrheit in Person!

Epheser 1,3-14

Suchet den HERRN, solange er zu finden ist; ruft ihn an, solange er nahe ist.

JESAJA 55,6

Planlos in die Zukunft

Vor ungefähr zwei Jahren legte ich in Cottbus mein Abitur zusammen mit etwa 60 anderen Schulkameraden ab. Über ein Jahrzehnt hatte ich in der Schule verbracht, und nun stand der nächste Lebensabschnitt unmittelbar bevor. Während mir seit einiger Zeit klar war, dass ich Lehrer werden wollte, hatte ein Freund bereits eine Ausbildungsstelle sicher, ein anderer bewarb sich für ein Medizinstudium, usw. Doch der eine oder andere hatte sich noch überhaupt keine Gedanken über seine Zukunft gemacht ...

Natürlich, nach vielen Jahren des Schulbankdrückens sehnten wir uns alle nach einer Pause – Freizeit genießen, ohne eine lebensentscheidende Wahl treffen zu müssen. Dennoch war eine Entscheidung unumgänglich! Und in der Tat würde sie unsere zukünftigen Jahre, vielleicht sogar Jahrzehnte, maßgeblich beeinflussen. Wer sie zu lange hinauszögerte, würde kopflos in die Zukunft stolpern und vielleicht einige Jahre verlieren.

Zugegeben: Dieser Entschluss ist zwar von großer Bedeutung, aber dennoch korrigierbar, wenn es notwendig wird. Andere Entscheidungen im Leben sind das jedoch nicht, und genau das macht sie so essenziell. Vor allem die Entscheidung, ob wir ein Leben mit oder ohne Gott führen wollen. Es ist eine Wahl, die nicht nur unsere nächsten Jahre oder Jahrzehnte prägt, sondern weit darüber hinausgehend über die Ewigkeit entscheidet, die nach unserem Tod folgt. Gerade das macht diese Entscheidung so schwerwiegend – wir können sie nur zu Lebzeiten treffen, ohne zu wissen, wann unser Ende kommen wird. Es ist logisch, nach dem Schulabschluss über seinen weiteren Werdegang nachzudenken, aber noch viel logischer ist es doch, sich zu Lebzeiten Gedanken über ein Leben nach dem Tod zu machen!

Hung Thanh Thai

? Was hindert Sie daran, sich für Gott zu entscheiden?

! Die Entscheidung für ein Leben mit Gott sollte man nicht aufschieben.

✝ Johannes 5,24-29

Denn er hat den, der von keiner Sünde wusste, für uns zur Sünde gemacht, damit wir in ihm zur Gerechtigkeit Gottes würden.

2. KORINTHER 5,21

Gerechtigkeit – angemaßt oder angeboren?

Heute vor 300 Jahren wurde Jonathan Wild im Londoner Hyde Park öffentlich hingerichtet. Er wurde zum Tode verurteilt, weil er als Kopf einer Bande das von anderen erbeutete Diebesgut als selbst ernannter Polizist den rechtmäßigen Besitzern gegen Gebühr zurückgab, nachdem der Diebstahl in der Zeitung stand. Da es noch keine behördliche Polizei gab, wurde auf diese Weise die »Privatpolizei« entlohnt. Um Diebstähle einzugrenzen, waren Gesetze erlassen worden, die die Hehlerei hart bestraften. Um diesem Risiko zu entgehen, führte für andere Kriminelle bald kein Weg an Wild vorbei, der das Diebesgut von ihnen übernahm. Gleichzeitig überlieferte er rivalisierende Banden dem Gericht. Mit der Zeit erwarb er sich durch seine überaus »erfolgreiche« Ermittlungsarbeit einen heldenhaften Ruhm. 1718 bezeichnete Wild sich selbst als *Thief Taker General of Great Britain and Ireland* (Generaldiebesfänger von Großbritannien und Irland).

Damit eignete dieser Jonathan Wild sich allerdings den Nimbus eines Gerechten an, den er gar nicht besaß. Und als sein Doppelleben (Hehler und »Polizist«) aufflog, schlug die Bewunderung der Massen in Hass um.

Welch einen starken Kontrast stellt hierzu Jesus Christus dar: Er war der einzige wirklich gerechte Mensch. Er hatte keine einzige Sünde – im Gegensatz zu uns (und auch zu Jonathan Wild). Damit wir aber in den Genuss seiner Sündlosigkeit kommen und vor Gott bestehen können, hat er freiwillig die Schuld der ganzen Menschheit auf sich geladen. Seit Adam und Eva haben wir die enge Beziehung zu Gott verloren, weil wir eher dem Teufel glauben als Gott. Um diese verlorene Beziehung zu heilen, musste der Gerechte – Jesus – für uns, die Ungerechten, sterben. Wer das versteht und annimmt, wird wie Jesus wirklich gerecht vor Gott.

Bernhard Czech

? Haben Sie jemals versucht, sich die Gerechtigkeit, die vor Gott gilt, zu erwerben?

! Lassen Sie sich diese Gerechtigkeit von Jesus Christus schenken!

† Römer 3,20-26

Ihr seid vielmehr zum Berg Zion gekommen und zur Stadt des lebendigen Gottes. Diese Stadt ist das himmlische Jerusalem mit seinen vielen Tausend Engeln.

HEBRÄER 12,22

»Jerusalema«

Mit diesem Titel gelang während der Corona-Zeit einem südafrikanischen Discjockey ein echter Überraschungshit: Der eingängige Rhythmus von »Jerusalema« führte dazu, dass weltweit zu diesem Song getanzt wurde. Die Bewegungen, die aus einem traditionellen Hochzeitstanz stammen, wurden unzählige Male nachgeahmt und in Videos ins Internet gestellt. So sah man Polizisten, Feuerwehrleute, Krankenhauspersonal etc., die ein Zeichen gegen die Unsicherheit der Pandemie setzen wollten. Doch wovon handelte dieser Song eigentlich genau? In dem Text heißt es u. a.: »Jerusalem ist meine Heimat ... Schütze mich, begleite mich, lass mich hier nicht zurück. ... Mein Platz ist nicht hier. Mein Königreich ist nicht hier.«

Damit bringt dieses Lied eine starke Sehnsucht nach einer idealen Heimat, nach einem Ort der Geborgenheit und der Gemeinschaft zum Ausdruck. Kein Wunder, dass die ganze Welt danach tanzte.

Warum allerdings verbindet das Lied seine Hoffnung mit der Stadt Jerusalem? Sicherlich ist nicht die gleichnamige Stadt in Israel gemeint, denn dort herrschen recht wenig Schutz und Geborgenheit. Wer sich aber mit der Bibel beschäftigt, der kann lernen, dass Gott selbst mit dem Bild des himmlischen Jerusalem einen Ort beschreibt, an dem jedes Sehnen seine Erfüllung findet. Es ist ein Ort des Friedens und der untrennbaren Gemeinschaft mit Gott. Anders als der Tanz zu »Jerusalema«, der einige Minuten Freude und Ablenkung schenkte, gibt es dort ewig nichts mehr, was uns bedrücken könnte. Die Sehnsucht nach diesem Ort ist also berechtigt. Dort ist allerdings Jesus Christus die zentrale Person. Um dort eingelassen zu werden, bedarf es einer persönlichen Beziehung zu diesem Jesus. Hier und jetzt. *Markus Majonica*

? Was ist Ihr »Sehnsuchtsort«?

! Noch heute kann Ihr Sehnen ein konkretes Ziel bekommen.

† Offenbarung 21

Er entäußerte sich selbst, nahm die Gestalt eines Knechtes an und wurde wie die Menschen; [er] erniedrigte … sich selbst und wurde gehorsam bis zum Tod, ja bis zum Tod am Kreuz.

PHILIPPER 2,7-8

Eine Evakuierung findet nicht statt

Vor einigen Jahren kam der Film »Die dunkelste Stunde« in die Kinos. Die Handlung beschreibt die ersten Jahre Winston Churchills als Premierminister und wie er sich darum bemüht, eine Invasion Englands durch Hitlerdeutschland aufzuhalten. Das stellt ihn vor riesige Herausforderungen. Denn die deutsche Wehrmacht überrollt innerhalb weniger Tage die Niederlande, Belgien und Luxemburg.

Im Mai 1940 sind große Teile der französischen Armee und fast die gesamten britischen Expeditionsstreitkräfte an der französischen Kanalküste bei Dünkirchen eingeschlossen. Eine verheerende Niederlage scheint unausweichlich. Auch in Calais befinden sich britische Truppen, die möglichst lange die Stellung halten sollen. Während in einer spektakulären Rettungsaktion knapp 330 000 Briten und Franzosen aus Dünkirchen evakuiert werden können (»Das Wunder von Dünkirchen«), fällt im Film in Bezug auf die Soldaten in Calais der eindrückliche Satz: »Eine Evakuierung findet nicht statt.« Tatsächlich kommen viele dieser Soldaten um, und mehrere Tausend geraten in Kriegsgefangenschaft, da sie nicht gerettet werden können – im Gegensatz zu ihren Kameraden in Dünkirchen.

Der Satz »Eine Evakuierung findet nicht statt« hat sich mir tief eingeprägt und mich an eine noch viel folgenschwerere Situation erinnert – nämlich an den Moment, als Jesus Christus als Mensch auf der Erde dem Tod ins Angesicht sieht. Er weiß, dass er sterben soll, und bittet seinen Vater, verschont zu werden. Aber auch bei ihm ist die Antwort ähnlich: »Eine Evakuierung findet nicht statt.« Jesus musste bis zum Tod gehen, er konnte seine Mission nicht vorzeitig beenden. Sein Sterben war notwendig, damit ich gerettet werden konnte. *Michaja Franz*

Was wäre geschehen, wenn Gott, der Vater, seinen Sohn Jesus kurz vor dessen Tod »evakuiert« hätte?

Lesen Sie die Lebensgeschichte von Jesus, um zu verstehen, warum sein Tod notwendig war.

Lukas 22,39-46

Er schafft Gewaltiges, das nicht erforscht werden kann, tut Wunder, die nicht mehr zu zählen sind.

HIOB 9,10

Erwartungen eines Hahnes auf dem Bauernhof

»Jesus kann nicht auf dem See gelaufen sein«, sagen viele. »Er kann doch einen Blinden nicht einfach sehend gemacht haben.« Oder: »Jesus kann unmöglich nach drei Tagen von den Toten auferstanden sein. Und eines Tages wiederkehren wird er auch nicht.« Manche Texte in der Bibel klingen in den Ohren aufgeklärter Menschen wie Märchen.

Der britische Philosoph Bertrand Russell (1872–1970) war kein Christ, er glaubte nicht einmal an Gottes Existenz. Aber er gebrauchte in seinem Buch *The Problems of Philosophy* ein spannendes, wenn auch unschönes Bild. Er vergleicht unsere Erwartung, dass sich die Dinge auch in Zukunft so wiederholen, wie wir sie bisher beobachtet haben, mit der Erwartung eines Hahnes, der auf einem Bauernhof heranwächst. Der Hahn erlebt mit absoluter Regelmäßigkeit, dass er täglich sein Futter bekommt, wenn der Bauer zum Stall kommt. Doch eines Tages kommt der Bauer nicht, um den Hahn zu füttern, sondern um ihm den Hals umzudrehen ...

Dass es unerwartet anders kommen kann, ist auch mit bestimmten Ereignissen so, von denen die Bibel redet. Vieles in unserer Welt entspricht unseren Erwartungen. Naturgesetze sind berechenbar. Doch sie sind eingebettet in einen größeren Zusammenhang, in eine Realität, zu der auch und vor allem Gott gehört. Naturgesetze sind die normale, reguläre Art, wie die Welt funktioniert. Ein Wunder dagegen ereignet sich als außergewöhnliches Handeln Gottes, der außerhalb des Universums existiert. Wenn dieser Gott Besonderes vorhat, können auch besondere Dinge geschehen. Gott beabsichtigt schließlich etwas mit dieser Welt. Darum können und müssen wir bei aller Regelmäßigkeit in unserem Alltag mit erstaunlichen Unregelmäßigkeiten rechnen. *Markus Wäsch*

? Vertrauen Sie Gott, der die Naturgesetze zwar nicht aufhebt, ihnen wohl aber manchmal etwas hinzufügt?

! Wenn Jesus eines Tages wieder auf die Erde zurückkommt, sollten Sie darauf vorbereitet sein.

† Hebräer 12,18-29

Ein Anwalt der Witwen und ein Vater der Waisen ist Gott in seiner heiligen Wohnung. Den Einsamen gibt er ein Zuhause.

PSALM 68,6-7

Vatersein

Vater werden ist sehr leicht. Dagegen ist Vater sein sehr herausfordernd. Viele Ehen starten verheißungsvoll mit schönen Bildern und viel Romantik, doch brechen sie unter der Last des Alltags schnell wieder auseinander oder vereinsamen in einem kalten Neben- oder Gegeneinander. Man ist sich uneinig im Umgang mit Geld, in der Kindererziehung, ein Partner geht fremd ... Jede dritte Ehe wird geschieden. Und was ist dann mit den Kindern?

Wir leben in einem Land voller Alleinerziehender. Viele Frauen haben Männer, aber eigentlich haben sie keine Männer. Viele Kinder haben Eltern, aber eigentlich nur auf dem Papier. Ein Song von den Ärzten fasst die Ehe vieler Paare heutzutage gut zusammen. Dort beschreibt eine Strophe, wie risikoreich es sei, eine Ehe einzugehen, weil der »Rosenkavalier« schon nach kurzer Zeit sein »wahres Ich« zeigen und zum »Tier« werden könne.

So ist der Mensch. In meinem Leben gibt es auch einen Vater, aber keine Beziehung zu ihm. Das hinterlässt in meinem Leben eine riesige und schmerzvolle Lücke und drängt zu einem Schrei nach Liebe, der aber ungehört verhallt. Wer kann diese Lücke schließen? Wer kann meinen »leeren Tank« mit Liebe füllen?

Ich habe eine Antwort gefunden. Sie steht in unserem Tagesvers: Es ist der Gott der Bibel. Er ist mein Vater geworden, und er kann für uns alle zum Vater werden. Das ist keine Fiktion oder irgendein psychologischer Trick. Das ist Fakt. Gott möchte diesen großen Mangel an Liebe in unserem Leben ausfüllen. Er möchte sich wirklich um unsere Bedürfnisse kümmern. Mit ihm können auch Beziehungen in der Ehe wieder wirklich gelingen. Bei ihm kann sogar aus einem Tier wieder ein echter Rosenkavalier werden.

Johannes Unger

? Wie kommen Sie in Ihrem Leben mit Mangel an Liebe, Geborgenheit und Erfüllung zurecht?

! Das, was uns wirklich fehlt, ist eine bleibende Beziehung zu Gott als unserem Vater.

† Johannes 14,21-27

»Was kein Auge gesehen und kein Ohr gehört und keinem Menschen ins Herz gekommen ist, was Gott denen bereitet hat, die ihn lieben.«

1. KORINTHER 2,9

Verständigung im Himmel?

Unsere Sprache ist ein großes Geschenk unseres Schöpfers an uns. Gott beurteilte die gesamte Schöpfung einschließlich der Sprache mit »sehr gut«. Mit dem Sündenfall erlitt auch die Sprache großen Schaden – Lüge, Spott und Missverständnisse zogen ein. Bezüglich des Himmels sagt Gott: »Siehe ich mache alles neu!« Dieses »Alles« beinhaltet auch die Sprache. Die Sprache der Ewigkeit ist von himmlischer Art. »Was kein Ohr gehört hat« – sie geht also über das Irdische weit hinaus. Wenn es im Himmel Dinge gibt, die hier auf der Erde nicht in unser Herz gelangen können, dann sind jene himmlischen Empfindungen auch nicht mit unserer irdischen Sprache erfassbar. Die himmlische Sprache wird daher alle unsere menschlichen Sprachen weit übertreffen:

Sie wird komplexer sein, um kompliziertere Sachverhalte und göttliche Empfindungen auszudrücken. Sie wird harmonischer sein, da sie keine Merkmale des Sündenfalles trägt. Sie wird unmissverständlich sein, da im Himmel alles vollkommen ist. Sie wird kräftiger, wortreicher und wortgewaltiger sein: »Und ich hörte eine Stimme vom Himmel wie die Stimme eines großen Wassers und wie die Stimme eines großen Donners, und die Stimme, die ich hörte, war wie von Harfenspielern« (Offenbarung 14,2). Die himmlische Sprache wird das Wesen der Liebe und der Freude angemessen ausdrücken können.

Wie nur wird man im Himmel eine so alles überragende Sprache erlernen – etwa in einem Sprachkurs? Mit Sicherheit nicht! Es wird wie bei der Schöpfung sein. Die Himmelsbürger erhalten eine komplette Sprache mit einem göttlichen Wortschatz – etwa so wie bei einem Computer eine neue Software installiert wird. Mit dieser Sprache werden die Erlösten dann endlich fähig sein, Gott angemessen zu loben und zu preisen.

Werner Gitt

? Haben Sie die Gewissheit, einmal an jenen Ort des Himmels zu kommen?

! Es ist der Wille Jesu, dass wir einmal in alle Ewigkeit bei ihm sind. Vertrauen Sie sich ihm an!

✝ Johannes 17,24

Ich bin der Weg und die Wahrheit und das Leben; niemand kommt zum Vater außer durch mich.

JOHANNES 14,6

Ich bin … die Antwort auf all deine Fragen (1)

Ich kenne keinen Menschen, der nicht irgendwelche ungeklärten Lebensfragen hat. Dabei hat nicht jede dieser Fragen das gleiche Gewicht: Jüngere Menschen fragen nach der richtigen Ausbildung, dem richtigen Partner usw. Dann folgen vielleicht Fragen dazu, wie man seine Kinder erziehen und was man ihnen mitgeben soll. Berufswahl und -wechsel, Karriere und Familie: All das sind Spannungsbögen, die Fragen aufwerfen. Darüber hinaus gibt es natürlich auch die ganz großen Fragen: Woher kommen wir, wozu leben wir, wohin gehen wir? Was kommt nach dem Leben? Diese Rätsel beschäftigen seit dem Beginn der Geschichte die großen – und weniger großen – Geister der Menschheit. Sie schaffen Unruhe, und sie wollen beantwortet werden.

Doch wer kann uns Orientierung geben? Wer kann unsere Lebensfragen wirklich beantworten? Wer gibt uns Weisheit für die Herausforderungen, die sich uns stellen? Gibt es jemanden, auf den wir uns unbedingt verlassen können? Für den die Zukunft kein Buch mit sieben Siegeln ist? Der unbeeindruckt von den Wechseln der Zeit immer da ist, nie den Überblick verliert, alles sieht, alles weiß und alles beurteilen kann?

Jesus Christus hat während seiner Lebenszeit auf dieser Erde wiederholt für sich in Anspruch genommen, tatsächlich die entscheidenden Fragen unseres Lebens zu beantworten. Zum Beispiel sagt er im Tagesvers über sich, dass er *die Wahrheit* ist, der wir glauben können; *der Weg*, dem man getrost folgen kann; und *das Leben*, das zu leben sich wirklich lohnt und das zum richtigen Ziel führt. Von dieser Art der Ich-bin-Aussage gibt es im Johannesevangelium einige. Wenn man sie »bei Licht« betrachtet, decken diese Aussagen alle Fragen unseres Lebens ab. Lesen Sie morgen weiter!

Markus Majonica

? Welche Lebensfragen bewegen Sie?

! Vertrauen Sie Ihr Leben nicht irgendjemandem an!

† Markus 10,17-31

Jesus aber sprach zu ihnen: Ich bin das Brot des Lebens. Wer zu mir kommt, den wird nicht hungern, und wer an mich glaubt, den wird niemals dürsten.

JOHANNES 6,35

Ich bin ... die Antwort auf deinen Lebenshunger (2)

Ich kenne diesen unbändigen Lebenshunger: Manchmal, wenn ich mit dem Auto unterwegs bin und das Radio eine Musik spielt, die perfekt zu meiner Gefühlslage passt, schüttet das Gehirn Endorphine aus, und der Fuß drückt ganz von allein ein wenig fester auf das Gaspedal. Oder kennen Sie dieses unbändige Fernweh, wenn man in einem Flughafen die Tafel mit den Abflügen sieht? Seit meiner Kindheit empfinde ich dieses Kribbeln, wenn ich in einem warmen Land aus dem Flieger steige und diese eigentümliche Geruchsmischung aus Kerosin, sonnenheißem Asphalt, mediterranen Kräutern und Meeresluft rieche.

Allerdings haben all diese Dinge ein Manko: Selbst der mitreißendste Hit ist nur von kurzer Dauer. Und auch der schönste Urlaub hat einmal ein Ende, und wir müssen in unseren sorgenvollen Alltag zurückkehren. Schnell ist der alte Lebenshunger wieder da. Und auch die scheinbar langfristigen Glücksversprecher stillen diesen Hunger nicht auf Dauer: Wie viel Sehnen nach Wohlstand, Anerkennung und Erfolg bleibt trotz aller Anstrengung unerfüllt! Wie viele Affären und Scheidungen zeugen davon, dass auch hier der Lebenshunger viel zu oft enttäuscht wird.

Und nun dieser Jesus: Er verspricht, dass (nur) er ein Leben geben kann, das den Lebenshunger wirklich stillt. Dauerhaft und verlässlich. Denn er *ist* das Leben (Johannes 14,6). Dass Jesus Christus dieses Versprechen hält, kann ich aus eigener Erfahrung bestätigen. Von Menschen und Dingen bin ich schon oft enttäuscht worden. Ziele, auf die ich lange hingearbeitet hatte, haben mich nach ihrem Erreichen leer gelassen. Doch von Jesus Christus bin ich noch nie enttäuscht worden. Ich habe erlebt: Wer zu ihm kommt und ihm nachfolgt, dessen Leben macht er reich.

Markus Majonica

? Womit stillen Sie Ihren Lebenshunger?

! Jesus führt nicht in die Irre – wenn er Ihr Leben führt, können Sie das Ziel nicht verfehlen.

† Lukas 12,22-34

Ich bin das Licht für die Welt. Wer mir nachfolgt, wird nicht in der Dunkelheit umherirren, sondern er hat das Licht, das ihn zum Leben führt.

JOHANNES 8,12

Ich bin … die Antwort auf deine Orientierungslosigkeit (3)

Die »Generation Y«, auch »Generation Why« (»Generation Warum?«) genannt, umfasst die in den frühen 1980ern bis zu den in den späten 1990ern Geborenen – die also aktuell zwischen 25 und 45 Jahre alt sind. Forscht man im Internet zu dieser Gruppe, so fällt auf, dass dieser Generation eine »riesige Orientierungslosigkeit« im »Dschungel aus Möglichkeiten« (Spiegel online) attestiert wird. Die Vielfalt der Optionen für die Lebensgestaltung hinsichtlich Ausbildung, Beruf oder Freizeit erschlägt viele. Und während alle anderen scheinbar »das perfekte Ding« für ihr Leben entdecken, schlägt man sich mit der Verantwortung herum, mit der selbst gewählten Richtung tatsächlich glücklich zu werden. »Also bloß nicht vorschnell festlegen – erst, wenn alles zu zweihundert Prozent passt, hast du's richtig angestellt« (Spiegel online).

Diese Orientierungslosigkeit angesichts einer Vielzahl an Möglichkeiten beobachte ich aber nicht nur bei der geschilderten Altersgruppe, sondern auch bei allen anderen. Und sie findet sich nicht nur individuell, sondern auch im Kollektiv. Sei es in der Politik oder in der Wirtschaft: Angesichts der immer komplexer werdenden Welt erscheint es immer schwieriger, den richtigen Weg zu finden. Kein Wunder, dass sich unter uns entweder ein Gefühl der Ohnmacht ausbreitet oder wir auf simplifizierende Erklärungen hereinfallen, die ihrerseits wenig mit der Realität zu tun haben.

Anders der Sohn Gottes: Aufgrund seiner Allwissenheit, seiner Ewigkeit und seiner absoluten moralischen Autorität kann er jedem Menschen eine absolut verlässliche Orientierung geben – und zwar in allen Fragen unserer Existenz. Es gibt nur eine Bedingung: Man muss sich entscheiden, ihm nachzufolgen!

Markus Majonica

? Was gibt Ihnen die Orientierung für Ihre Entscheidungen?

! Wer sich im Leben nicht verlaufen will, braucht jemanden, der sich mit dem Leben wirklich auskennt.

† Johannes 12,35-36.44-50

Ich allein bin die Tür. Wer durch mich zu meiner Herde kommt, der wird gerettet werden. Er kann durch diese Tür ein- und ausgehen, und er wird saftig grüne Weiden finden.

JOHANNES 10,9

Ich bin … die Antwort auf deine Ausweglosigkeit (4)

Im Jahr 1920 schrieb Franz Kafka die folgende »Kleine Fabel«:

»Ach«, sagte die Maus, »die Welt wird enger mit jedem Tag. Zuerst war sie so breit, dass ich Angst hatte, ich lief weiter und war glücklich, dass ich endlich rechts und links in der Ferne Mauern sah, aber diese langen Mauern eilen so schnell aufeinander zu, dass ich schon im letzten Zimmer bin, und dort im Winkel steht die Falle, in die ich laufe.« – »Du musst nur die Laufrichtung ändern«, sagte die Katze und fraß sie.

Ich finde, diese Schilderung gibt sehr treffend das Gefühl der Ausweglosigkeit der menschlichen Existenz wieder: Ist das Leben zunächst scheinbar »so weit«, dass uns diese Weite mangels klarer Orientierung Angst macht, so wird es durch die Umstände immer enger und läuft unweigerlich auf den Tod hinaus. Und auch ein Richtungswechsel bringt nicht die Lösung, sondern endet in einer Katastrophe. Das Leben ist in der Tat voller möglicher Sackgassen, aus denen es kein Entkommen gibt; voller Fallen, in die man tappen kann. Mir sind schon viele Menschen begegnet, die in eine Lebenssituation geraten sind, die wirklich ausweglos ist und in die Resignation führt.

Doch das muss nicht das Ende aller Hoffnung sein. Jesus Christus macht mit dem Tagesvers die machtvolle Aussage, dass er (allein!) die Tür ist, die selbst aus der ausweglosesten Situation herausführen kann. Für ihn ist noch nicht einmal der Tod – wie bei der Maus – das Ende! Dabei ist er nicht nur ein Ausweg *aus* der ausweglosen Situation, sondern auch der Weg *in* ein Leben, das befreit und erfüllend ist – wie eine saftig grüne Weide, auf der die Seele Ruhe, Frieden und Sicherheit finden kann. Und das nicht nur auf Zeit, sondern auf ewig. *Markus Majonica*

? Was ist Ihre Lebensnot?

! Glücklich ist, wer in einem brennenden Haus den Notausgang kennt – und ihn auch nutzt.

† Psalm 62

Ich bin der gute Hirte. Ein guter Hirte setzt sein Leben für die Schafe ein.

JOHANNES 10,11

Ich bin ... die Antwort auf deine Suche nach Geborgenheit (5)

Wenn ich über Geborgenheit nachdenke, fällt mir zuerst das Bild eines kleinen Kindes ein, das still an der Brust oder in den Armen seiner Mutter liegt, ihren Herzschlag und ihre Wärme spürend. Geborgenheit hat mit Schutz zu tun, mit Fürsorge, Liebe und Sicherheit. So können uns unsere Beziehungen zu anderen Menschen Geborgenheit geben: unsere Beziehung zum Partner, zur Familie oder zu Freunden. Viele empfinden ihre eigenen vier Wände als Quelle der Geborgenheit. In solcher Geborgenheit kann ich zur Ruhe kommen.

Allerdings sind dies nicht immer Quellen der Geborgenheit. Ich kenne Menschen, die in frühester Kindheit von ihren Eltern statt Geborgenheit Gewalt und Lieblosigkeit erfahren haben. Die Geborgenheit einer Ehe ist – statistisch gesehen – äußert fragil, ebenso wie die von Freundschaften. In die eigenen vier Wände kann eingebrochen werden, sodass man sich dort unsicher statt geborgen fühlt.

Dagegen bietet Jesus Christus eine Geborgenheit, die über jede Zerbrechlichkeit erhaben ist. Er verwendet das Bild eines guten Hirten. Die Arbeit eines guten (!) Hirten umfasst die Fürsorge für seine Schafe in allen Bereichen: Er bietet Schutz vor äußeren Gefahren, er bewahrt seine Schafe vor dem Einfluss der Natur. Er achtet darauf, dass seine Schafe eine gute Weide mit ausreichender Nahrung finden. Er geht ihnen voran und gibt dadurch Orientierung. Er lässt seine Schafe nie im Stich, sondern gibt notfalls sogar sein Leben für sie. Er hat jedes einzelne Schaf im Blick, ganz individuell. Wenn eines seiner Schafe sich verirrt, geht er ihm nach und bringt es zurück in die Sicherheit seiner Gegenwart. Und wenn es schwach oder krank ist, pflegt er es und trägt es auf seinen Schultern ans Ziel.

Markus Majonica

? Welchen Grund könnte es geben, diese Geborgenheit nicht in Anspruch zu nehmen?

! Wer behütet leben möchte, benötigt einen guten Hirten.

† Johannes 10,1-18

Ich bin die Auferstehung, und ich bin das Leben. Wer an mich glaubt, der wird leben, selbst wenn er stirbt.

JOHANNES 11,25

Ich bin … die Antwort auf deine Frage nach dem Tod (6)

Mit Barbie-Puppen hatte ich zum ersten Mal intensiveren Kontakt, als ich im Alter von etwa vier Jahren die Strapazierfähigkeit einer solchen Puppe testete, die meiner großen Schwester gehörte. Während der Kindheit unserer Tochter wurde ich erneut mit der Glitzerwelt von Barbie und Ken konfrontiert. Aus Neugier habe ich auch einmal in die gleichnamige Komödie hineingeschaut, die 2023 in die Kinos kam. Ich persönlich konnte mit diesem Film wenig anfangen und habe ihn auch nicht zu Ende geschaut. Interessant fand ich aber, dass der Bruch der Hauptdarstellerin mit ihrer rosafarbenen Glitzer-Glimmer-Immer-Wohlfühl-Welt damit begann, dass sie anfing, sich Gedanken über das Sterben zu machen, und dies auch offen aussprach. Sehr zum Entsetzen ihrer Umgebung. Denn solch morbide Gedanken passten doch nicht in die scheinbar ideale Welt von Barbie und Co.

Tatsächlich ist das aber nicht nur ein Phänomen der Barbie-Kunst-Welt. Auch in unserer Gesellschaft ist der Tod eher ein Tabuthema, das nicht in gesellige Runden passt. Meistens wird daher dieser heikle Punkt umschifft. Mit dem Sterben setzt sich niemand gern auseinander, bis es dann so weit ist. Und das kann schneller kommen, als man denkt! Ich habe für mich entdeckt, dass es gut ist, regelmäßig Todesanzeigen zu lesen. Dann merkt man anhand der Lebensdaten, dass der Tod schon rein statistisch gesehen näher ist als die eigene Geburt. Doch auch diese Therapie löst nicht das Problem des Todes. Er ist für uns Menschen die letzte, große Absolutheit. Aber: Muss das so sein?

Jesus Christus sagt hier, dass er die Auferstehung und das Leben **ist**. Er verspricht ein Leben, das den Tod überdauert – ewiges Leben. Doch dieses Versprechen will und muss geglaubt werden! *Markus Majonica*

? Ist der Tod für Sie ein Thema?

! Es ist entscheidend, sich mit dem Tod auseinanderzusetzen, bevor er eintritt.

† Johannes 11,17-45

05 | JUNI — DONNERSTAG

Denn wer sein Leben erhalten will, der wird's verlieren; wer aber sein Leben verliert um meinetwillen, der wird's finden.

MATTHÄUS 16,25

Furchtlos!

Am 5. Juni 1989 stellte sich ein Mann auf dem Tian'anmen-Platz, dem »Platz (am Tor) des Himmlischen Friedens« in Chinas Hauptstadt Peking, einer Kolonne von Panzern entgegen. Ein Furchtloser, der sein Leben riskierte! Er wird bis heute nur als »Tank Man« oder »Unkown Rebel« geführt, da er bisher nicht öffentlich identifiziert worden ist. Dennoch nahm ihn das *Time Magazine* in die Liste der 100 einflussreichsten Personen des 20. Jahrhunderts auf.

Mich beeindrucken solche Menschen sehr. Ich wäre auch gerne mutig, tapfer, furchtlos. Ich habe mich gefragt: Wie kann man das werden? Woher nimmt man die Kraft, das eigene Leben zu riskieren? Vor allem dann, wenn man allein auf das Diesseits setzt und keine Perspektive über den Tod hinaus hat, keine Hoffnung, dass das Opfer des eigenen Lebens irgendetwas bewirkt. Ich bin Gott sehr dankbar, dass er uns einen wirklich guten, verlässlichen, belastbaren und glaubhaften Grund gibt, mutig und furchtlos sein zu können. Die Bibel bezeugt nachdrücklich, dass das biologische Leben auf dieser Erde nicht alles ist: Es gibt eine Existenz nach dem Tod, die zeitlich unbegrenzt ist – die Ewigkeit. Jesus Christus, der selbst sein Leben geopfert hat, bestätigt dies mit seiner Auferstehung deutlich. Auch gibt er die feste Zusage: Wer sein (endliches) Leben auf ihn setzt, ja, wer es um seinetwillen einsetzt und sogar verliert, bleibt kein Verlierer! Im Gegenteil, er gewinnt ein ewiges Leben.

Lieber Leser: Der Wind in unserer Zeit wird rauer, die Gefahren akuter, die Herausforderungen größer. Ich wünsche mir und uns, dass wir unser Leben auf den *einen* setzen, für den zu sterben sich wirklich lohnt, und der uns Leben über den Tod hinaus zu schenken vermag.

Markus Majonica

? Wofür riskieren Sie etwas?

! Gott lässt niemanden im Stich, der sich auf ihn verlässt.

† Johannes 10,23-30

Er wird sich wieder über uns erbarmen, wird unsere Schuld niedertreten. Und du wirst alle ihre Sünden in die Tiefen des Meeres werfen.

MICHA 7,19

Tiefseetourismus

Als im Jahr 1985 das Wrack des versunkenen Passagierschiffs *Titanic* in einer Tiefe von fast 4000 Metern entdeckt wurde, stieg das Interesse an einer Besichtigung oder Erkundung der Überreste des Luxusliners. Zahlreiche Fahrten mit Tauchrobotern oder bemannten U-Booten sind seitdem durchgeführt worden. Dabei wurden über 5500 Objekte aus der Titanic geborgen und anschließend ausgestellt oder versteigert. Besondere Aufmerksamkeit erlangte das Thema, als im Juni 2023 ein U-Boot bei einer solchen Tauchfahrt implodierte und alle fünf Insassen ums Leben kamen.

Mich schreckt allein der Gedanke an den extrem hohen Wasserdruck in einer solchen Tiefe und die dort herrschende Dunkelheit so ab, dass ich nicht im Traum auf die Idee käme, dorthin reisen zu wollen. Vielleicht empfinde ich es deshalb als passend, dass diese nahezu unerreichbaren Tiefen mit ihren lebensfeindlichen Bedingungen im Tagesvers als der Ort angegeben werden, wo Gott unsere Schuld verbirgt.

Natürlich ist kein Platz dieser Welt für Gott unerreichbar. Aber das Bild von der Tiefe des Meeres drückt doch sehr plastisch aus, dass bekannte und vergebene Schuld tatsächlich nicht mehr ans Tageslicht kommen wird. Gott verspricht, dass er nie mehr an unsere Sünden denkt. Wer auch immer in der Tiefsee zu fischen versucht, ich darf sicher sein, dass Gott das nicht tun wird, sofern ich sein Angebot der Gnade und Vergebung angenommen habe. Weil Jesus Christus, Gottes Sohn, das Gericht für meine Schuld getragen hat, darf ich für immer frei sein von dem, was mich belastet und von Gott getrennt hat. Wie befreiend und lebensverändernd ist diese Gewissheit: Meine Schuld ist in der Tiefe des Meeres versenkt, und ich werde ihr nie mehr begegnen müssen!

Judith Pohl

? Welche Dinge sind es, die Sie gern in den Tiefen des Meeres versenkt wüssten?

! Bekennen Sie Ihre Schuld vor Gott, dann ist sie für immer vergeben!

† Psalm 103,1-12

Hierin ist die Liebe Gottes zu uns offenbart worden, dass Gott seinen einzigen Sohn in die Welt gesandt hat, damit wir durch ihn leben.

1. JOHANNES 4,9

Jemand musste sterben

»Jemand anderes musste sterben, damit meine Schwägerin leben kann.« Das sagte uns eine Freundin mit zitternder Stimme am Telefon. Ihre Schwägerin wurde wegen eines Tumors an der Niere behandelt. Ihr Zustand verschlechterte sich allerdings zusehends; Krankenhaus, Intensivstation, Koma. Die Ärzte hatten zunächst keine Erklärung für die Verschlechterung. Dann entdeckte einer von ihnen eine Infektion der Leber mit einem Herpesvirus. Die einzige Möglichkeit der Lebensrettung war eine Lebertransplantation. Erstaunlicherweise fand sich innerhalb von wenigen Tagen eine passende Leber, die dann transplantiert werden konnte. Unserer Freundin wurde klar, dass dies nur möglich war, weil ein anderer Mensch gestorben ist. Sie hatte damit einen Kernpunkt des Evangeliums wiedergegeben: Jesus Christus musste sterben, damit wir Menschen leben können.

Grundsätzlich ist jeder Mensch durch die Sünde von Gott getrennt und steht unter dem Zorn Gottes. Aus unserer Kraft können wir diesen Zustand nicht ändern. Aber Jesus Christus, der Sohn Gottes, war nie getrennt von seinem Vater. Er war der Einzige, der völlig ohne Sünde und Schuld war, auch als er als Mensch auf dieser Erde lebte. Und deshalb konnte er unsere Sünde und alle Schuld auf sich nehmen und hat die Strafe dafür, den Tod, erduldet. Wer das für sich in Anspruch nimmt, für den ist die Trennung von Gott aufgehoben, weil seine Sünde gesühnt bzw. vergeben ist.

Doch genauso, wie man sich keine Leber erarbeiten oder erkaufen kann, genauso wenig kann man sich diese Errettung erarbeiten oder kaufen. Sie ist ein Geschenk, das im Glauben angenommen werden muss. Dieses Angebot abzulehnen wäre fatal, denn das wäre tödlich und für ewig unveränderlich. *Thomas Kröckertskothen*

? Ist Ihnen klar, dass jemand für Sie sterben musste, damit Sie gerettet werden können?

! Nehmen Sie Jesu Stellvertretung noch heute für sich in Anspruch!

† Römer 3,9-26

Niemand nimmt das Leben von mir, sondern ich lasse es von mir selbst. Ich habe Gewalt, es zu lassen und habe Gewalt, es wiederzunehmen.

JOHANNES 10,18

Er bezahlte die Mordwaffe

Wilhelm von Nassau lebte von 1533 bis 1584 und war Anführer des niederländischen Freiheitskampfes gegen die Spanier. König Philipp II. von Spanien setzte eine hohe Belohnung auf ihn aus. »Wir geben«, hieß es in seiner Verfügung, »besagten Wilhelm Nassau preis als einen Feind des Menschengeschlechts und überliefern sein Eigentum allen, die desselben habhaft werden können. Wenn einer genug Mut hat, ihn lebend oder tot auszuliefern oder ihn zu töten, bekommt er sofort 25.000 Kronen. Ist er ein Verbrecher, wird ihm verziehen, ist er noch nicht adlig, so wird ihm der Adel verliehen.«

Angelockt durch dieses üppige Angebot versuchten mindestens vier Männer vergeblich, Wilhelm umzubringen. Am 8. Juni 1584 verschaffte sich schließlich ein gewisser Balthasar Gérard unter einem Vorwand Zugang zum Prinzenhof in Delft. Er wollte auskundschaften, wie es um den Schutz seines Opfers bestellt war. Er bat Wilhelm um eine kleine finanzielle Unterstützung, angeblich für Schuhe und Strümpfe. Davon kaufte er sich allerdings zwei Pistolen und Munition, eben die Waffen, mit denen er zwei Tage später Wilhelm ermordete. Von der ausgelobten Belohnung hatte er jedoch nichts. Man fasste ihn, brannte ihm die Tathand aus, brach ihm die Knochen und spannte ihn auf ein Wagenrad.

Ungewollt hatte Wilhelm seinem Mörder die Instrumente seines Verbrechens in die Hand gegeben. Es gibt einen anderen – Jesus –, der in vollem Bewusstsein den Mord an ihm ermöglicht hat. Er hat die Bäume wachsen lassen, aus denen sein Kreuz gezimmert war. Er ist der Schöpfer und Erhalter aller Dinge. Ohne ihn könnten wir keinen Atemzug tun. Dennoch war er bereit, einen qualvollen Tod für uns zu sterben. Warum? Das war der einzige Weg, uns vor dem ewigen Verderben zu retten.

Gerrit Alberts

? Wer würde sich schon seinem Mörder ausliefern?

! Der, der durch seinen Tod andere retten kann.

† Apostelgeschichte 2,1-13.22-24

Auch wenn ich wandere im Tal des Todesschattens, fürchte ich kein Unheil, denn du bist bei mir; dein Stecken und dein Stab, sie trösten mich.

PSALM 23,4

Alleingelassen?

Auf meinem Weg zur Arbeit fahre ich mit dem Zug. Ab und zu nehme ich eines unserer Kinder mit, weil das immer ein Highlight für sie ist. Wenn man auf dem Land wohnt, ist das Fahren mit Zügen, U-Bahnen, S-Bahnen und sogar mit Bussen etwas Besonderes. Alles ist neu und unbekannt für unsere Kinder, deshalb stellen sie viele Fragen und bekommen spannende Eindrücke.

An einem Tag nahm ich unseren damals fünfjährigen Sohn mit. Auf dem Heimweg mussten wir von dem U-Bahngleis drei Ebenen nach oben in Richtung Zug. Die U-Bahn hatte Verspätung, und die Umsteigezeit war sehr kurz, also beeilten wir uns. Auf der dritten Treppe hörte ich auf einmal das »Piepen« vom Schließen der Türen unseres Zuges. Ich rannte los mit dem Gedanken, die Tür noch zu erreichen, um dann gemeinsam einzusteigen. Mein Sohn verstand die Situation natürlich nicht, fing an, panisch zu werden, und schrie. Sein spontanes Empfinden war wohl so: ›In dieser völlig fremden und unbekannten Umgebung lässt mein Vater mich zurück!‹ Im Zug angekommen, konnte ich ihm die Situation dann in Ruhe erklären.

In unserem Leben ist es manchmal ähnlich. Es passieren Dinge, die wir uns nicht erklären können. Wir fühlen uns dann vielleicht ebenso allein bzw. zurückgelassen und verstehen die Situation nicht. Dann fragen wir uns: »Wo ist Gott jetzt?« Wenn man nach solchen Zeiten zurückblickt und diese Phasen genauer betrachtet, wird einem klar, dass Gott immer da war. Aber er war vielleicht gerade »beschäftigt«, eine Tür offen zu halten oder eine andere zu öffnen. Wir kennen nicht den Plan für unser Leben, und Gottes Handeln verstehen wir genauso wenig. Im Gegensatz zu uns kann Gott in die Zukunft schauen und das »Piepen« verstehen.

Gabriel Herbert

? Wie viel hängt für Sie im Alltag davon ab, ob Gott bei Ihnen ist?

! Nicht nur im Alltag ist das von Belang, sondern vor allem im Blick auf die Ewigkeit.

† Jeremia 1,4-9.17-19

Kommt her zu mir alle, die ihr mühselig und beladen seid, so will ich euch erquicken!

MATTHÄUS 11,28

Sehnsucht nach Frieden

Carl Gustav Boberg (1859–1940) war schwedischer Pastor und Verleger. Im Jahre 1885 machte er einen längeren Spaziergang, als plötzlich aus dem Nichts ein gewaltiges Gewitter losbrach. Ein heftiger, bedrohlicher Sturm erhob sich. Als das Unwetter vorbei war, schaute Boberg über die klare Bucht hinaus. In der Ferne hörte er eine Glocke läuten. Und die Worte »Wie groß bist du« gingen ihm nicht mehr aus dem Kopf. »Du großer Gott, wenn ich die Welt betrachte, / die du geschaffen durch dein Allmachtswort … / Dann jauchzt mein Herz dir, großer Herrscher, zu, / wie groß bist du, wie groß bist du!« Können Sie sich die Gefühle Bobergs vorstellen, als er dieses Lied dichtete? Nach diesem heftigen Sturm herrschte eine solche Ruhe, dass er diese andächtigen Verse dieses wundervollen Liedes niederschrieb.

Wie geht es Ihnen in diesen unruhigen und friedlosen Zeiten? Es vergeht doch fast kein Tag, an dem wir nicht mit irgendwelchen Horrormeldungen konfrontiert werden, an dem nicht irgendetwas Schreckliches auf unseren Straßen, in unseren Häusern passiert. Haben Sie da nicht auch den Wunsch oder die Sehnsucht nach Ruhe, Frieden und Geborgenheit? Bei Menschen ist das alles nicht zu finden, dort werden Sie höchstens vertröstet, belogen und enttäuscht. Das fängt im Kleinsten an und geht bis in die höchsten Kreise.

In Matthäus 11,28 ruft uns Jesus Christus zu: »Kommt her zu mir alle, die ihr mühselig und beladen seid, so will ich euch erquicken!« Dieses Angebot von Gottes Sohn sollten Sie annehmen, denn es gibt nichts Besseres und Sichereres auf dieser Welt. Ihm können Sie alles anvertrauen, was Sie bedrückt, er hat immer ein offenes Ohr für Ihre Nöte. Ich habe es schon oft erfahren dürfen.

Robert Rusitschka

? Haben auch Sie Sehnsucht nach echtem Frieden?

! Er ist nur bei Jesus Christus zu finden.

† Markus 4,35-41

Deshalb lasst nun auch uns ... jede Bürde und die uns so leicht umstrickende Sünde ablegen ... indem wir hinschauen auf Jesus, den Anfänger und Vollender des Glaubens.

HEBRÄER 12,1-2

Schling-Fing-Fang

Umschlungen. Eines Nachmittags stand ich in unserem Garten und betrachtete das neu angelegte Beet. Komisch: Überall kamen kleine, grüne Pflanzen zum Vorschein, die ich dort nicht gepflanzt hatte und die außerdem rasend schnell wuchsen. Ich entfernte sie; doch nur wenige Tage später waren sie bereits wieder genauso groß und kräftig vorhanden. Meine Recherche zeigte: Es handelte sich um eine Wicke. Da diese sich um andere Pflanzen schlingt, indem sie sie als »Rankhilfe« nutzt, und alles in ihrer Nähe einfängt, bekam sie den liebevollen Spitznamen Schling-Fing-Fang. Dieses »Unkraut« wird man nur los, wenn man es mit der kompletten Wurzel entfernt – und die sitzt tief. Ein Entfernen der sichtbaren Pflanzenteile reicht nicht aus, sondern lässt die Pflanze weiterwachsen. Der Bewuchs nimmt bei einer oberflächlichen Entfernung kein Ende.

Befreit. Als ich so vor unserem »befallenen Strauch« stand, wurde mir deutlich, dass es in meinem Leben nicht anders ist. Jeder von uns erkennt in seinem Leben Dinge, die schlecht und böse sind (z. B. Lügen, üble Nachrede) und die einen, einmal damit begonnen, ganz leicht gefangen nehmen können. Auch hier wird eine oberflächliche Entfernung der Symptome und Tätigkeiten nicht ausreichen, um eine Veränderung zu bewirken. Doch diese ist lebensnotwendig. Denn in diesem »natürlichen« Zustand können wir keine Gemeinschaft mit Gott haben. Eine grundlegende Veränderung ist nötig. Bei der Wicke muss die Wurzel entfernt werden, und genauso muss auch in unserem Leben eine grundlegende Trennung und Erneuerung stattfinden. Das Geniale: Gott bietet sie uns durch seinen Sohn und dessen Tod am Kreuz an. Wir dürfen durch seinen Tod und seine Auferstehung zu neuen Menschen werden, die von der Umschlingung der Sünde befreit sind!

Ann-Christin Bernack

? In welchen Bereichen haben Sie eine tief greifende Veränderung nötig?

! Jesus hat alles getan, damit diese Veränderung geschehen kann.

† Römer 8,1-16

Ich bin das lebendige Brot, das aus dem Himmel herabgekommen ist; wenn jemand von diesem Brot isst, wird er leben in Ewigkeit.

JOHANNES 6,51

Brot vom Himmel

Kennen Sie das Manna? Die Bibel berichtet im 2. Buch Mose, wie Gott das Volk der Israeliten unter dramatischen Umständen aus der Versklavung in Ägypten befreit hat. Für die sich anschließende Wüstenpassage musste die Ernährungsfrage geklärt werden. Wie die vielen Leute durchbringen? Allein die Zahl der wehrfähigen Männer belief sich auf über 600 000. Schon nach kurzer Zeit verbrauchten sich die Vorräte, und eine Notlage machte sich breit. Das Rufen nach Brot wurde immer lauter.

Gott griff ein und stellte eine übernatürliche Nahrungsmittelhilfe für die Krisenregion in Aussicht: »Ich will euch Brot vom Himmel regnen lassen.« Und tatsächlich, tagtäglich ernährte er sie mit dem sogenannten Manna. Über eine Periode von 40 Jahren konnten sich die Menschen an diesem »Himmelsgetreide« satt essen.

Aber was war das für eine sonderbare Substanz? Schon die Beschreibung der Haltbarkeit ist verwunderlich. Es war eigentlich nicht langlebig. Man konnte das Manna nur morgens in der Kühle vom Boden aufsammeln, bei höheren Temperaturen in der Mittagshitze zerschmolz es. Zudem ließ es sich normalerweise nicht bis zum Folgetag aufbewahren, es verfaulte sehr schnell. Doch an jedem 6. Tag blieb es sonderbarerweise auch nach 24 Stunden noch genießbar, damit das Volk am 7. Tag die Sabbatruhe einhalten konnte. Noch erstaunlicher ist, dass eine kleine Menge davon zur Erinnerung an Gottes Versorgung in der Wüste über viele Jahre in einem Gefäß aufbewahrt werden konnte. Ein Wunder!

Später verglich sich Jesus mit dem Manna. Er ist das wirkliche Lebensbrot mit himmlischer Herkunft, das nicht nur für kurze Zeit hält und sättigt, sondern lange, sehr lange, ja, ewig. Wohl dem, der dieses Brot im Glauben zu sich nimmt! *Arndt Plock*

? Wie äußert sich das Verlangen nach dem wahren Himmelsbrot bei Ihnen?

! Sprechen Sie im Gebet mit Jesus Christus, und bitten Sie ihn, in Ihr Leben zu kommen!

† Johannes 6,22-59

Eine tüchtige Frau – wer findet sie? ... Ihr vertraut das Herz ihres Mannes. ... Sie erweist ihm Gutes und nichts Böses alle Tage ihres Lebens.

SPRÜCHE 31,10-12

Eine tüchtige Frau

Heute vor 500 Jahren heiratete in Wittenberg der deutsche Reformator Martin Luther die ehemalige Nonne Katharina von Bora. 41 Jahre war der frühere Mönch alt, als er die Ehe mit Katharina einging. Sechs Kinder wurden den beiden geschenkt. Katharina war eine tüchtige Frau. Sie versorgte die Familie, koordinierte den Haushalt und die Landwirtschaft, betreute eine Krankenstation und prägte, nicht zuletzt auch durch ihre Teilnahme an Diskussionen und Tischreden, die Reformation mit.

Martin Luther litt nämlich zeitweise unter Schwermut. So musste Katharina ihn immer wieder aufrichten. »Ihr seid unlustig, Martinus! ... ich habe euch einen Tee zubereitet, der ist gut gegen die Unlust: Achillea Millefolium, die gemeine Schafgarbe ... Die schlimmste Krankheit ist die Unlust, und ich dulde sie nicht unter meinem Dach. Da schreibst du in deine Kirchenlieder: ›Nun freut euch, lieben Christen g'mein, und lasst uns fröhlich springen ...‹ Ich mag´s nicht leiden, dass mein Gemahl was anderes lebt, als er schreibt. Der Widersacher des Teufels ist die Freude und die Zuversicht. Den Teufel treibt man mit Lachen aus dem Haus. Und nun hadere nicht länger mit deinem Gott! Er ist gewohnt, dass man mit ihm hadert, Hauptsache, er hadert nicht mir dir!« So weit ein Zitat von Katharina von Bora.

Christen können sich freuen über die ewige Rettung in Jesus Christus. Die sorgt nicht nur für eine herrliche Zukunft, sondern nimmt schon jetzt viel Gutes zum Anlass, sich zu freuen und Gott jeden Tag zu danken. Es gibt für Christen nämlich immer eine Adresse, bei der sie alle unsere Sorgen und Nöte abladen können. und die Freude am Herrn ist auch ihr Schutz und Schild, wenn es ihnen nicht gut geht. Denn auch durch dunkle Täler geht ihr Herr ihnen voran. *Herbert Laupichler*

? Haben Sie jemanden, der Ihnen die »Freude im Herrn« schmackhaft macht?

! Auch heute ist das Leben voller Herausforderungen, in denen man Gottes Hilfe wahrlich nötig hat.

† Johannes 15,11-14

Jesus Christus ist derselbe gestern und heute und in Ewigkeit.

HEBRÄER 13,8

Inflation

Inflation ist für die meisten ein unschönes Wort. Es hat für uns in der Regel keinen angenehmen Klang. Denn Inflation bedeutet Geldentwertung, wenn das allgemeine Preisniveau steigt. Man bekommt dann für jede Geldeinheit weniger Güter und Dienstleistungen. Alles wird teurer, und der Wert des Geldes sinkt. Der 100-Euro-Schein hat seinen Wert durch die Zahl, die darauf steht. Damit kann ich für 100 Euro einkaufen. Aber in Zeiten hoher Inflation nimmt die Kaufkraft dieses Scheines immer mehr ab. Seine Zahl ist nicht wertstabil und damit nicht wirklich verlässlich. Diese fehlende Verlässlichkeit beunruhigt Menschen, weil sie merken, dass sie immer weniger für ihr Geld bekommen. Geld kann unserem Leben keine wirkliche Sicherheit geben.

Wertverfall und Inflation sind allerdings Worte, die bei Jesus keine Rolle spielen. Bei ihm geht es nun nicht um Finanzen oder stabilen Geldwert. Aber alles, was er selbst ist und sagt, bleibt immer gleich gewiss und zuverlässig. Seine Aussagen verlieren nie ihren Wert. Jesus Christus selbst ist die Garantie dafür, dass die Worte, die er sagt, wahr sind und Bestand haben. Denn da er, wie der Tagesvers sagt, in alle Ewigkeit derselbe bleibt, haben auch seine Zusagen Ewigkeitswert, selbst wenn der Kosmos – und mit ihm die Erde – aufhört zu existieren. Seine Worte verlieren auch im Jenseits nicht an Gültigkeit oder müssen revidiert werden.

Menschen ändern ihre Meinung, sind unzuverlässig oder kennen einfach nicht alle Zusammenhänge. Bei Jesus, dem Sohn Gottes, ist das anders. Seine Worte sind verlässlich, weil er es als Person ist. Er *ist* die Wahrheit. Er ist also ohne Irrtum und Lüge. Daher kann ich auf seine Zusagen bauen. Das gibt meinem Leben Stabilität. *Manfred Herbst*

? Worauf gründen Sie Ihre Sicherheit?

! Jesus kann und will Ihre inflationsfreie Lebensgrundlage sein.

Matthäus 6,19-34

15 | JUNI SONNTAG

Denn so spricht der HERR, … er ist Gott …: Ich bin der HERR, und sonst gibt es keinen Gott! Nicht im Verborgenen habe ich geredet … Ich bin der HERR, der Gerechtigkeit redet, Wahrheit verkündet.

JESAJA 45,18-19

»Wie würdest du Gott malen?«

Diese Frage bekamen meine Frau und ich vor einiger Zeit von einer Freundin gestellt. Wir waren zunächst sehr überrascht über diese ungewöhnliche Frage. Sie zeigte uns ihr Bild, das sie gemalt hatte: ein alter Mann, der auf einer Wolke sitzt. Diese Vorstellung von Gott ist weit verbreitet. Doch was drückt dieses Bild aus?

Dieses Bild beschreibt letztendlich einen Gott, der nicht mehr genau mitbekommt, was hier unten in seiner Welt eigentlich abgeht, der den Überblick verloren hat und nicht mehr in der Lage ist, vernünftig einzugreifen. Wenn Sie sich Gott als einen solchen alten und gebrechlichen Mann vorstellen, wird es Ihnen sicher sehr schwerfallen, daran zu glauben, dass dieser Gott aktiv in unser Leben eingreift, unsere Weltgeschichte lenkt, und dass wir eines Tages genau vor diesem Gott für unser Leben auf dieser Erde Rechenschaft abgeben müssen. Wenn Ihre Vorstellung von Gott der eines strengen Polizisten entspricht, dann werden Sie ihn vorrangig mit Geboten, Verboten und Bestrafung in Verbindung bringen. Selbst wenn Sie an überhaupt keinen Gott glauben, hat das Auswirkungen auf die Art und Weise, wie Sie Ihr Leben gestalten.

Unser Gottesbild prägt unsere Einstellung, unseren Blick aufs Leben, unsere Ziele, unsere Entscheidungen, unsere Moral, letztendlich unser ganzes Leben. Vorstellungen von Gott gibt es wohl fast so viele, wie es Menschen auf dieser Erde gibt. Doch die große Frage bleibt: Wie ist Gott wirklich? Die Bibel ist die Selbstoffenbarung Gottes, seine »Autobiografie« im XXL-Format. Jede einzelne Seite dieses Buches gibt Einblicke in sein Wesen und Handeln. Wenn Sie also herausfinden möchten, wie dieser Gott wirklich ist, dann führt kein Weg an der Bibel vorbei.

Daniel Beck

? Welche Vorstellung von Gott haben Sie?

! Gleichen Sie Ihr Gottesbild mit dem der Bibel ab!

† Johannes 14,1-14

Denn in ihm ist alles in den Himmeln und auf der Erde geschaffen ..., das Sichtbare und das Unsichtbare, es seien Throne ... Herrschaften ... Gewalten oder Mächte: Alles ist durch ihn und zu ihm hin geschaffen.

KOLOSSER 1,16

Genial gemacht

Vor Jahren stürzte ich von der Leiter und kam unglücklich zu Fall. Das rechte Knie schmerzte, und ich wusste sofort, da ist einiges kaputt gegangen. Kreuzbänder eingerissen, Meniskushorn abgerissen, Schleimbeutel zerfetzt. Innerhalb von zwei Jahren wurde ich zweimal operiert. Dann war ich einigermaßen schmerzfrei, doch irgendwann fing es wieder an. Krankengymnastik, Schmerzmittel, es war ein Auf und Ab. Eine weitere Arthroskopie würde nichts mehr bringen und wurde deshalb abgelehnt.

Im Laufe der Jahre wurde es immer schwieriger, Schonhaltung. Die Ärzte rieten mir zu einem künstlichen Gelenk. Nach 23 Jahren habe ich mich dafür entschieden. Jetzt habe ich also ein künstliches Kniegelenk. Edelmetall und Kunststoff ersetzen nun die Knochenköpfe des Ober- und des Unterschenkels. Die Operation ist gerade sieben Wochen her, und ich staune, wie schnell alles heilt. Reha, Physiotherapie, Lymphdrainage, klasse, was man da heutzutage alles macht. Alle Klammern sind mittlerweile entfernt, die Narbe heilt gut. Ist das nicht erstaunlich? Innerhalb so kurzer Zeit funktioniert alles wieder.

Wie es weitergeht, weiß ich im Moment noch nicht zu sagen, doch ich staune über meinen Schöpfer. Gott hat alles so genial geschaffen, da greift eines in das andere, und normalerweise hält so etwas ein Leben lang. Wie die Sehnen und Bänder alles zusammenhalten, durch Bewegung entsteht Gelenkschmiere. Das kann doch kein Zufall sein! Mich fasziniert das enorm, und ich bewundere diesen genialen Schöpfergott täglich mehr.

Eine Prothese reicht da bei Weitem nicht heran, aber trotzdem bin ich dankbar dafür, dass Gott Menschen der Fähigkeit ausgestattet hat, mir auf diese Weise zu helfen. *Joschi Frühstück*

? Sehen Sie sich als ein Produkt des Zufalls?

! Wenn man genau hinschaut, erkennt man, wie genial in der Schöpfung alles gemacht ist.

✝ Hiob 38

17 JUNI
Nationaler Gedenktag des deutschen Volkes

DIENSTAG

Eine Zuflucht ist der Gott der Urzeit, und unter dir sind ewige Arme.

5. MOSE 33,27

17. Juni 1953: Aufstand in der DDR

Für manche Leser ist dieses Datum vielleicht in den Hintergrund gerückt. Es war ja viele Jahre der »Tag der deutschen Einheit« in der BRD. Ich denke mit großer Dankbarkeit an diesen Tag. Zunächst das politische Ereignis:

1. Nach dem verlorenen Krieg stand in der DDR nach wenigen Jahren fast alles auf dem Spiel. Ausgelöst durch starke Unzufriedenheit mit der täglichen Versorgung, Erhöhung der Arbeitsnormen und der Unterdrückung durch die politische Führung kam es rund um den 17. Juni 1953 quer durchs Land zu Arbeitsniederlegungen und Massendemonstrationen in vielen Betrieben. Mehr als eine Million Menschen waren daran beteiligt. Leider wandte sich die Staatsführung um Hilfe an die Besatzungsmacht Sowjetunion, die mit Panzern den Volksaufstand blutig niederschlug: Es gab mehr als 50 Tote, ca. 15 000 Bürger wurden inhaftiert, russische Standgerichte vollstreckten allein 18 Todesurteile. 36 Jahre später verlief es, Gott sei Dank, anders. Es kam unblutig zur deutschen Wiedervereinigung. Wie gnädig ist Gott!

2. Für mich persönlich ist der 17. Juni mit Gottes Bewahrung bei einem schrecklichen Autounfall verknüpft. An diesem Tag im Jahr 1965 war ein anderer Autofahrer in den vorderen Teil meines Wagens gefahren und hatte ihn zertrümmert. Anschließend geriet er auf die Gegenfahrbahn und schob fünf PKW, die an einer roten Ampel standen, ineinander. Eine Beifahrerin in einem dieser Fahrzeuge lag noch über ein halbes Jahr wegen erheblicher Verletzungen im Krankenhaus. Ich selbst wurde in meinem Auto mit Wucht herumgeschleudert, war aber kaum verletzt. Welch eine Bewahrung, und wie dankbar bin ich Gott!

In allem schrecklichen Erleben ist Gott doch immer noch Gott, der alle Macht hat und letztlich der Not ein Ende macht! *Klaus Spieker*

? Wie viel verdanken wir dem Eingreifen und »Einhalt-Gebieten« Gottes im Weltgeschehen und persönlichen Leben?

! Nehmen Sie sich Zeit zum Nachdenken und Danken über große und kleine Bewahrungen in Ihrem Leben!

✝ Psalm 31

Sammelt euch nicht Schätze auf der Erde!

MATTHÄUS 6,19

Das letzte Hemd

Reich müsste man sein! So richtig reich. Kein Urlaub wäre zu teuer, kein Auto zu unerschwinglich. Vielleicht sogar so reich, dass normale Urlaube langweilen. Ostsee? Türkei? Von wegen! Wie wär's mit Ferien auf dem Mond? Oder noch besser: Ein Ausflug zum Wrack der *Titanic*! Heute vor zwei Jahren ging die schreckliche Nachricht um den Globus: Das U-Boot *Titan* ist auf seinem Tauchgang zur *Titanic* verschollen! An Board fünf Insassen, drei davon Touristen. Sie hatten jeder 250.000 US-Dollar für das Ticket bezahlt. Tage später war der Welt klar: Die Titan ist implodiert. Keine Überlebenden. Einer der drei Touristen war Milliardär! Doch jetzt hatte er nichts mehr von seinem Geld. Das letzte Hemd hat keine Taschen.

Jesus erzählte einmal die Geschichte eines reichen Landwirts, dessen Wohlstand wuchs und der entschied, sich zur Ruhe zu setzen. Er sagte sich: »Du hast viele Güter liegen auf viele Jahre. Ruhe aus, iss, trink, sei fröhlich!« Doch schon in der nächsten Nacht starb er unversehens. Der Tod hatte ihm einen Strich durch die Rechnung gemacht! Jesus zieht aus der Geschichte folgendes Fazit: »So geht es jedem, der für sich selbst Schätze sammelt und nicht reich ist in Gott« (Lukas 12,21).

Die beste Kapitalanlage ist nicht Geld, sondern eine lebendige und versöhnte Beziehung zu Gott! Dazu bietet er uns an, schuldenfrei zu werden. Aufgrund unserer Sünden stehen wir nämlich tief in Gottes Schuld. So tief, dass wir sie niemals abstottern können! Zumal wir jeden Tag nur noch mehr Schulden anhäufen. Die einzige Lösung heißt Jesus. Er starb am Kreuz, um unsere Schulden zu tilgen. Wer das für sich persönlich in Anspruch nimmt, kann »reich sein in Gott« mit einem himmlischen Erbe, das unermesslich größer ist als aller irdischer Reichtum.

Jacob Ameis

? Dreht sich bei Ihnen alles ums Geld?

! Vertrauen Sie Jesus Ihr Leben an! Mit Ihm werden Sie einen Reichtum gewinnen, der für immer bleibt.

† Lukas 12,13-34

19 JUNI
Fronleichnam

DONNERSTAG

Sorgt euch um nichts; ... lasst durch Gebet und Flehen mit Danksagung eure Anliegen vor Gott kundwerden. Und der Friede Gottes ... wird eure Herzen und eure Gedanken bewahren in Christus Jesus!

PHILIPPER 4,6-7

Das Gedankenknäuel abgeben

Es ist gegen morgen. Zu früh zum Aufstehen. Ich bin nicht wirklich wach, aber ich schlafe auch nicht richtig. Genau die passende Voraussetzung, um ausgeliefert zu sein an allerlei Gedanken, die mich beschäftigen oder belasten, oder alle Fragen zu wälzen, die noch nicht gelöst sind. Die Gedanken kreisen, gehen von einem zum anderen. Ein wirres Gedankenknäuel. Ich beginne zu argumentieren, zu durchdenken, zu widerlegen.

Wer kennt das nicht, in solch dämmrigen Momenten in Gedanken so beschäftigt zu sein, dass es beunruhigt, belastet oder einfach nervt. Formulierungen aus einem Buch treffen es gut: Es ist wie ein innerer Lärm, ein Geplapper, das nicht verstummt. Der laufende Kommentar im Kopf zu allem und jedem. Endlose innere Wiederholungen zu einem unguten Gespräch. Fantasien, wie wir uns vorstellen, unserem Gegner die Meinung zu sagen. Unsere Sorgen, die unsere Freude und unseren Frieden zerschlagen. Hypothetische Szenarien. Innere Rollenspiele über die Zukunft. Idealisierungen, das Träumen vom perfekten Leben.

An diesem halb wachen Morgen mache ich Folgendes – und das kann ich echt empfehlen: Ich merke, dass ich in meinem Argumentieren nicht weiterkomme. Ich muss es Gott übergeben. Er allein kann in diese ungelösten Dinge hineinwirken. So übergebe ich das ganze Gedankenknäuel Gott und lege es ihm zu Füßen mit der Bitte: »Herr, kümmere du dich darum.« Und das Kreisen in den Gedanken hört auf. Es gibt noch zwei oder drei Versuche, die ich mit dem gleichen Gebet abstelle. Der Friede Gottes ist erlebbar, wie der Tagesvers sagt, wenn wir unsere Sorgen, Gedanken und offenen Fragen an Gott abgeben. Diese Erfahrung wünsche ich allen, die mit solchen Gedankenknäueln kämpfen.

Manfred Herbst

? Was machen Sie mit solchen Gedanken?

! Nur mit Jesus Christus bekommt man Frieden in sein Herz und Ordnung in seine Gedanken.

† Psalm 42

Ein Lehrgedicht von David, als die Männer von Sif Saul meldeten, dass David sich bei ihnen versteckt hielt. ... Gott, durch deinen Namen rette mich! Schaff mir Recht durch deine Macht!

PSALM 54,1-3

Wenn dir Leute in den Rücken fallen

Das Leben des Hirtenjungen David verlief wirklich atypisch. Bereits als Jugendlicher versprach Gott ihm, dass er einmal König über Israel sein würde. Einige Zeit später bezwang er mit einer Steinschleuder den Riesen Goliath. Doch frisch verheiratet musste David vor seinem eigenen Schwiegervater, dem eifersüchtigen König Saul, fliehen. Dieser fürchtete nämlich, dass ihm in David angesichts dessen Beliebtheit ein Konkurrent im Blick auf das Königtum erwuchs, und begann, den von Gott zum Herrscher ausersehenen David zu hassen. Er trachtete ihm nach dem Leben. David musste deswegen für längere Zeit »abtauchen«. Er und seine Begleiter wechselten auf der Flucht häufig den Aufenthaltsort. So kam David mit seinen Männern in die Wüste Sif. Doch die Bewohner dieser Region waren David nicht wohlgesonnen. Statt sich auf die Seite des zu Unrecht Verfolgten und von Gott verheißenen Königs zu schlagen, verrieten sie ohne Not seine Anwesenheit bei König Saul.

David hätte wegen dieses Verrats verbittert sein können. Ja, er hätte den Bewohnern von Sif Rache schwören können. Doch von alledem lesen wir nichts. David floh erneut, und dann dichtete er ein Lied, das in Psalm 54 wiedergegeben wird – ein Lied an Gott. Darin bringt er zum Ausdruck, dass er nicht von Menschen, sondern von dem Ewigen abhängig ist. »Gott ist mein Helfer! Der HERR ist es, der mein Leben beschützt« (Vers 6). David wusste, dass Gott in allem das letzte Wort hat.

Verläuft Ihr Leben auch atypisch? Haben Sie Enttäuschung oder gar Verrat erlebt? Was ist Ihre Reaktion? Für eine weise Reaktion gibt es leider kein Patentrezept. Doch eine Handlung ist immer richtig: das Gebet zu Gott. Wenn Jesus an Ihrer Seite steht, ist es jederzeit möglich, ihm den Frust und die eigene Ausweglosigkeit zu sagen. *Stefan Taube*

? Gibt es in Ihrem Leben Parallelen zu dem von David?

! Beten Sie für den, der in Ihrer Biografie »der Täter« ist.

† 1. Samuel 23,19-28

Und David war in großer Bedrängnis, denn das Volk sprach davon, ihn zu steinigen. […] Aber David stärkte sich in dem HERRN, seinem Gott.

1. SAMUEL 30,6

Verkehrserziehung fürs Leben

Die Frage des Verkehrspolizisten machte mich nachdenklich; dabei war sie gar nicht an mich gerichtet. Ich kam gerade zu Fuß an einer der Grundschulen unserer Stadt vorbei. Jener Polizist brachte dort Erstklässlern die wichtigsten Verhaltensregeln im Straßenverkehr bei: »Und wo schaut ihr hin, wenn ihr die Straße überqueren wollt? Nach oben in die Luft?« »Neeein!«, schrien die Kleinen im Chor. »Ja, wohin denn?«, wollte der freundliche Mann wissen. Sofort ließen die Kinder hören, was sie bereits gelernt hatten: »Nach links und nach rechts natürlich.« Der Polizist und seine Assistentin zeigten sich zufrieden.

Im Weitergehen fragte ich mich, wo *ich* hinschaue, wenn ich in eine gefährliche Situation gerate. Schaue ich auch nach links und rechts? Viele tun das; so viele, als sei das eine Regel auf den Straßen unseres Lebens. Man schaut sich nach Beratern um, nach Leuten, die zum Beispiel in einer ähnlichen Lage sind oder waren. Man schaut sich nach Menschen um. Allerdings kann man sich leider nicht immer auf Menschen verlassen. Menschen können irren. Menschen können enttäuschen. Nein, wenn ich vor wichtigen Entscheidungen stehe oder mich in Schwierigkeiten befinde, will ich nicht zuerst zur Seite, sondern nach oben schauen. So wie David es tat. Er hatte eine Reihe von Fehlentscheidungen getroffen, was dazu führte, dass sich seine eigenen Leute gegen ihn wandten und ihn sogar umbringen wollten. Auf die konnte sich David bestimmt nicht verlassen. Also wandte er sich in seiner Not an Gott; er »stärkte sich in dem HERRN«. Das brachte in seiner prekären Lage die Wende.

Wollen wir also immer nur nach links und nach rechts schauen, wenn wir Hilfe brauchen? Ich will wie die Kinder rufen: »Neeein!«

Markus Wäsch

? An wen wenden Sie sich, wenn Sie in Schwierigkeiten stecken?

! Breiten Sie Ihre Not und Sorgen im Gebet vor Gott aus!

† Psalm 28

Er war verachtet und von den Menschen verlassen, ein Mann der Schmerzen und mit Leiden vertraut, wie einer, vor dem man das Gesicht verbirgt.

JESAJA 53,3

Entstellt

Leider muss ich mich beruflich oft mit Bildern auseinandersetzen, die entstellte Menschen zeigen. Manche davon sind Opfer von Kampfhandlungen, manche mussten Folter erdulden. Es gibt solche, deren Erscheinungsbild von Krankheiten stark in Mitleidenschaft gezogen wurde, die Unfälle erlitten hatten, oder bei denen eine Operation fatale Folgen hatte. Diese Entstellungen haben oft eines gemeinsam: Der Betroffene hat ein vielleicht einmal sehr schönes Aussehen verloren. Nun wendet man sich eher ab, wenn man ihm begegnet, und das bewirkt neues Leid für den ohnehin schon tief Getroffenen.

Im Tagesvers begegnet uns ein Mann, der ebenfalls mit Schmerzen, Leiden und Ablehnung vertraut war, einer, vor dem man das Gesicht verbarg. Es ist in diesem Text des Alten Testaments vorausschauend von Jesus Christus die Rede. Prophetisch wird hier ein Bild gezeichnet, das wir in dem Antlitz des gefolterten, von Geißelhieben, Dornenkrone und Faustschlägen gezeichneten Christus wiedererkennen. Doch der Prophet Jesaja, der diese Verse niederschrieb, macht klar: Der Grund für diese Entstellung war nicht ein blindes Schicksal, ein Unfall, eine tragische Krankheit oder eine fehlgeschlagene OP. Die Entstellung des Angesichts des Sohnes Gottes war die Folge jeder einzelnen unserer vielen Sünden, Kränkungen und menschlichen Treubrüche gegen Gott. Dieser schreckliche Anblick verdeutlicht, was Sünde aus uns Menschen macht: Sie entstellt unsere Seele, unser ganzes Wesen. Wir haben dadurch unsere Schönheit vor Gott verloren.

Doch es gibt eine Lösung. Jesaja macht deutlich: Jesus hat gleichsam unsere Entstellung getragen. Und durch das, was er hierbei litt, hat er für jeden, der es fassen mag, Heilung für unsere Entstellung bewirkt.

Markus Majonica

? Was ist Ihr Heilmittel gegen Schuld?

! Die Sühnung meiner Schuld war Gott unendlich teuer.

† Jesaja 53,1-6

Wer mein Wort hört und glaubt dem, der mich gesandt hat, der hat ewiges Leben und kommt nicht ins Gericht, sondern er ist aus dem Tod in das Leben übergegangen.

JOHANNES 5,24

Second-Hand

07:30

Neulich verabredete ich mich mit einer guten Freundin zu unserem gemeinsamen »Hobby«: einen Second-Hand-Laden zu besuchen. Wir lieben es, die Sachen durchzugucken und – im besten Fall – schöne, gebrauchte Sachen für wenig Geld zu bekommen. Natürlich hat man nicht jedes Mal Erfolg, aber genau das macht vermutlich den Reiz aus.

Bei eben genannter Verabredung kam mir nun plötzlich der Gedanke, dass es bei Gott kein »Second-Hand« gibt. Damit meine ich, dass man nicht automatisch in den Himmel kommt, nur weil man jemanden kennt oder gar von jemandem abstammt, der glaubt. Unsere siebenjährige Tochter sagte neulich voller Überzeugung beim Abendessen: »Natürlich komme ich auch in den Himmel, weil du und Papa ja an Gott glaubt!« Im anschließenden Gespräch konnten wir ihr aufzeigen, dass jeder Mensch selbst die Entscheidung treffen muss, ob er glaubt, dass Jesus für seine Sünden am Kreuz gestorben ist oder nicht.

Auch die Bibel macht das unmissverständlich deutlich. In Hebräer 12,25 lesen wir: »Seht zu, dass ihr den nicht abweist, der da redet!« Und einige Kapitel vorher (3,12) heißt es: »Seht zu, Brüder, dass nicht etwa in jemandem von euch ein böses Herz des Unglaubens ist.« Gott gibt jedem Menschen die Chance, sein Angebot anzunehmen, und stellt ihn in die Verantwortung, diese Entscheidung zu treffen. Bei dieser Entscheidung geht es um so viel mehr als ein günstiges Angebot im Second-Hand-Laden. Ein dort gekauftes Teil macht vielleicht eine Zeit lang glücklich, aber die Entscheidung, ob man an Jesus glaubt, der für meine Sünden gestorben ist, hat so viel weitreichendere Auswirkungen. Ich wünsche Ihnen, dass Sie – was den Glauben angeht – Neuware kaufen und nicht Second-Hand.

Rebecca Grimm

? Worauf verlassen Sie sich in Bezug auf Ihre Zukunft in der Ewigkeit?

! Die Fahrkarte, die ein anderer gelöst hat, ist für Sie nicht gültig.

† Apostelgeschichte 26,22-29

Wir haben euch streng geboten, in diesem Namen nicht zu lehren.

APOSTELGESCHICHTE 5,28

Ein Stein des Anstoßes

Heute ist es leicht, über alle möglichen Themen ins Gespräch zu kommen. Man kann sozusagen über »Gott und die Welt« reden. Doch wenn das Gespräch auf Jesus Christus zuläuft, wird es manchem Gegenüber unangenehm. Hier in Europa ist das Gespräch dann oft schnell zu Ende, in anderen Gegenden der Welt kann es sogar lebensgefährlich werden.

Das ist kein Phänomen nur unserer Zeit. Die Apostelgeschichte berichtet in Kapitel 5 davon, wie zahlreiche Menschen in Jerusalem zu Beginn unserer Zeitrechnung zum Glauben an ebendiesen Jesus kamen. Und bereits damals führte dies sehr schnell zu einer sehr heftigen Gegenreaktion. Man ließ die Prediger und Zeugen dieses Jesus, die Apostel, festnehmen und streng bewachen. Nachdem ein Engel sie befreit hatte und die Apostel erneut im Tempel in Jerusalem von Jesus Christus redeten, ließ man sie erneut festnehmen. Ihnen wurde noch einmal deutlich gemacht: Wir hatten euch doch streng verboten, von diesem Jesus zu reden!

Offensichtlich hätten die Nachfolger Jesu vieles gedurft, aber eben nicht in diesem Namen lehren. Doch warum erregt dieser Name – Jesus Christus – so viel Anstoß? Damals wie heute polarisiert Jesus Christus extrem. Aus meiner Sicht liegt das daran, dass dieser Jesus allen Ernstes den Anspruch erhebt, Herr über unser Leben sein zu wollen, dass er den Anspruch erhebt, allein und ausschließlich den Weg zu Gott zu öffnen und ewiges Leben zu schenken.

Für die einen ist dies unerhört, intolerant, anmaßend oder zumindest ein riesiger Unsinn. Doch für die, die sich auf diesen Anspruch Jesu einlassen, wird er genau das, was er zusagt: Ein Erlöser aus aller Schuld, ein Retter aus der Verlorenheit, ein guter Hirte, der einen nie allein lässt, und eine unerschöpfliche Kraftquelle! *Martin Reitz*

? Was löst der Name »Jesus« bei Ihnen aus?

! Jesus Christus fordert stets zu einer Entscheidung heraus.

† 1. Korinther 1,18-24

25 | JUNI | MITTWOCH
Tag des Seefahrers

Der Weg des Narren ist richtig in seinen Augen, aber der Weise hört auf Rat.

SPRÜCHE 12,15

Kompass-Probleme

Manche Menschen steuern ihr Lebensschiff mit leichter Hand über den Ozean der Zeit und richten sich dabei nach ihrem ganz privaten Kompass. Und eines Morgens stellen sie fest, dass die Sonne im Westen aufgeht. Weil ihnen aber nicht bewusst ist, dass eine Änderung der Drehrichtung der Erde absolut tödliche Katastrophen zur Folge hätte, wundern sie sich nicht lange. So richten sie sich weiter nach ihrem Kompass, ohne zu merken, dass bei diesem über Nacht Süden und Norden vertauscht wurden.

Natürlich kann solche Verdrehung der Fakten bei einem Kompass aus Messing nicht passieren. Aber der Kompass, durch den wir uns leiten lassen, unser Denken und unser Gewissen, dieser individuelle Lebenskompass ist leider sehr leicht zu manipulieren. Das geschieht nicht nur durch eigene Wünsche und Begierden. Immer stärker wirken die modernen Meinungsbildner in den Medien auf diesen »Kompass« ein. Unser Tagesvers sagt uns, dass es Torheit ist, sich auf das so leicht verführbare eigene Denken zu verlassen. Wir sollten Gott um Rat fragen, der nicht nur die ganz große Übersicht hat, sondern auch seine Geschöpfe liebt und sie in sein Himmelreich führen will und kann.

Was will er uns mitteilen und raten? Dazu kann man in der Bibel mehr als genug finden. Zunächst sollte uns klar werden, dass wir Sünder sind und Gottes Gerechtigkeit und Heiligkeit nicht entsprechen. Das zu wissen ist wichtig, um nicht fälschlicherweise zu denken, das bliebe ohne Folgen. Und dann erfahren wir von Gottes Bemühungen aus Liebe, das Problem der Sünde zu beseitigen und uns vor ewigem Schaden zu bewahren. Dazu hat er seinen Sohn am Kreuz die Strafe für unsere Sünden erdulden lassen, um uns mit sich zu versöhnen. Und das darf nun jeder im Glauben für sich in Anspruch nehmen. *Hermann Grabe*

? Wo und bei wem justieren Sie Ihren »Kompass«?

! Man sollte es tun, bevor man auf ein Riff gelaufen ist.

† Psalm 119,1-16

Dies aber wisse, dass in den letzten Tagen schwere Zeiten eintreten werden; denn die Menschenwerden selbstsüchtig sein, geldliebend, prahlerisch, hochmütig, Lästerer, den Eltern ungehorsam, undankbar ...

2. TIMOTHEUS 3,1-2

Schwere Zeiten

Dass der Tagesvers zutrifft, erlebt eine Frau in meinem Umfeld, nennen wir sie Frau M., jeden Tag: Sie kümmert sich mit Hingabe um Kinder aus schwierigen Verhältnissen, wie z. B. Theo. In seiner eigenen Familie erlebte dieser Junge keine Geborgenheit. Er lernte kein Vertrauen zu seiner leiblichen Mutter. Sein Vater erfüllte nicht die Verantwortung, die er gegenüber seinem Sohn hätte wahrnehmen müssen. Er gab ihm weder Liebe, noch sorgte er für ihn.

Frau M. hatte großes Mitleid mit Theo. Daher nahm sie ihn im Alter von etwa vier Jahren in ihre eigene Familie auf. Sie tat alles, um ihm ein gutes Zuhause zu bieten und die Defizite auszufüllen. Jahrelang kümmerte sie sich aufopferungsvoll um ihn. Tatsächlich schien es, als könne so alles gut werden. Theo ist ein aufgewecktes Kind und wurde oft wegen seiner Klugheit und Begabung gelobt. In der Grundschulzeit blühte er regelrecht auf.

Dann kam der Wechsel ins Gymnasium und die Pubertät. Seine Respektlosigkeit gegenüber den Lehrern lässt ihn anecken. Er wird ermahnt. Doch das fruchtet nicht. Er wird immer wieder frech, ist ungehorsam, hat immer Ausreden. Wird er zur Rechenschaft gezogen, wird er laut und verteidigt sich, dass der Eintrag im Klassenbuch doch für »gar nichts war«. Andererseits hat das viele Lob wegen seiner Klugheit ihn stolz und überheblich gemacht. Frau M. möchte ihm gern helfen. Auch die Lehrer versuchen ihr Bestes. Theo ist auf die abschüssige Bahn geraten, die der Tagesvers für unsere Zeit vorhersagt.

Was hilft? Für Theo – und für uns alle – ist eine echte Umkehr nötig: das Anerkennen der Verantwortung für das eigene Handeln und eine konsequente Ausrichtung nach dem guten Willen Gottes. Geschieht diese Umkehr nicht, drohen schwere Zeiten! *Anna Schulz*

? Wie empfinden Sie das Klima in unserer Gesellschaft?

! Wer sein Leben Gott anbefiehlt, entkommt von jeder schiefen Bahn.

† 2. Timotheus 3,10-17

Es geschah ihnen aber, dass sie ein ganzes Jahr in der Gemeinde zusammenkamen und eine zahlreiche Menge lehrten und dass die Jünger zuerst in Antiochia Christen genannt wurden.

APOSTELGESCHICHTE 11,26

Dosenöffner gesucht!

Ich war von Jugend auf als katholischer Christ engagiert, doch stets hungrig. Ich fühlte meinen Hunger nach Gott und nach Leben nie wirklich gesättigt. Mit 43 Jahren habe ich dann zu meinem HERRN gefunden. Das hätte auch schneller gehen können. Denn auch in meiner Jugend war ich schon echten Christen begegnet, zumindest durch Bücher. Ich hatte das Buch *Wahre Jüngerschaft* von William Mac Donald gelesen. Doch damals konnte ich die Ratschläge dieses Buches nicht umsetzen, weil mir mein katholischer Glaube den Weg dazu versperrte. Ich hätte jemanden gebraucht, der mir den Weg dazu geöffnet hätte – einen »Dosenöffner«.

Einfache Fragen hätten mein vermeintliches Christsein ins Wanken bringen können: Warum erfahre ich mich als Sünder, und kann doch nicht aufhören zu sündigen? Warum habe ich Hunger nach Gott, doch all meine Anstrengungen helfen mir nicht, ihn wirklich zu besitzen? Warum ist das Leben in der Kirche so wenig deckungsgleich mit dem, wie es im Neuen Testament beschrieben wird? Jemand hätte mir den Glauben noch einmal von Grund auf neu erklären müssen, wie das Neue Testament ihn klipp und klar zeigt. Dann hätte ich verstanden, warum wir leben: Um Gott die Ehre zu geben! Wie wir die Errettung erlangen: Indem wir Jesus Christus in einem persönlichen Akt des Glaubens als unseren Heiland annehmen!

Wie ist es bei Ihnen, finden Sie Zugang zu den Betrachtungen in diesem Andachtsbuch? Brauchen Sie einen »Dosenöffner«, um Zugang zu der Botschaft zu erlangen, die auf diesen Seiten vermittelt werden soll? Wenn es solche Fragen wie oben beschrieben sind, die Sie beschäftigen, dann schreiben Sie doch eine E-Mail an die Redaktion dieses Kalenders, dann können Sie mit den Autoren ins Gespräch kommen.

Thomas Müller

? Benötigen Sie Erklärungen, um einen Zugang zu den Gedankengängen in diesem Buch zu finden?

! Gute Fragen können unzureichende Lebenskonzepte ins Wanken bringen und die Chance zu einem Neuanfang eröffnen.

† Apostelgeschichte 11,19-26

Und Gott schuf den Menschen ihm zum Bilde, zum Bilde Gottes schuf er ihn.

1. MOSE 1,27

Der Wert des Menschen (1)

»Die Würde des Menschen ist unantastbar!«, so lautet Artikel 1 des deutschen Grundgesetzes. Diese Aussage ist damit Ausgangspunkt und Grundlage für die Verfassung der Bundesrepublik Deutschland. Aus ihr kann man ableiten, dass der Mensch einen Wert hat. Was aber ist so wertvoll an einem Menschen? Mein Chemielehrer in der Schule hat uns gesagt, dass der Materialwert ca. 20 DM betragen würde, wenn man die chemischen Bestandteile, aus denen ein Mensch besteht, im Laden kauft. Zu über 50 % bestehen wir nur aus Wasser. Man könnte sich deshalb fragen, warum Gott überhaupt einen Gedanken an uns verschwendet (vgl. Psalm 144,3).

Das christliche Weltbild, das auch die Gründerväter der Bundesrepublik anerkannten, setzt voraus, dass jeder Mensch nicht nur einen materiellen, sondern auch einen ideellen Wert hat, der auf der Ebenbildlichkeit mit Gott beruht. Gott, der allein Wert in sich selbst hat und von dem alle Wertsetzung ausgeht, spricht uns einen Wert zu. Er hat uns seinem Wesen ähnlich gemacht, damit wir ihm ein Gegenüber sein können. Er ist allwissend, gerecht und souverän – und hat uns einen Verstand, ein Gewissen und einen Willen gegeben. Er möchte eine persönliche Beziehung zu uns Menschen haben, in der wir ihm unsere Gedanken und Gefühle mitteilen. Wir sind wertvoll, aber Gott erwartet von uns, dass auch wir ihn wertschätzen, hochschätzen, ja, anbeten für seine Liebe zu uns. Seinem Volk lässt Gott mitteilen: »Ich habe dich je und je geliebt; darum habe ich dich zu mir gezogen aus lauter Güte« (Jeremia 31,3).

Es ist fatal, wenn Regierungen Gott aus ihrer Erklärung oder Verfassung ausschließen. Damit leugnet man den Bezug des Menschen zu Gott. Doch ohne Gott beraubt sich der Mensch seiner Würde!

Thomas Pommer

? Worauf sehen Sie Ihren Wert gegründet?

! Wir sind wertvoll, weil Gott uns liebt.

1. Johannes 4,7-10

Darum, weil du kostbar bist in meinen Augen und wertgeachtet und ich dich lieb habe.

JESAJA 43,4

Der Wert des Menschen (2)

Mein Opa war leidenschaftlicher Briefmarkensammler und bewahrte sogar Alben im Tresor auf, weil sie sehr viel wert waren. Obwohl man mit diesen Briefmarken heute nicht mal mehr einen Brief frankieren kann, haben sie einen hohen Sammlerwert. Heute vor 175 Jahren, am 29. Juni 1850, wurde der Sachsendreier, die erste Briefmarke im Königreich Sachsen, ausgegeben. Er trägt die offizielle Bezeichnung »Sachsen, Drei Pfennig rot«. Damals hat er 3 Pfennig gekostet. Heute kann man bei ebay diese Briefmarke für 4000 Euro kaufen.

Gestern haben wir in unserer Andacht davon gelesen, dass wir wertvoll sind, weil Gott uns liebt! Er möchte eine Beziehung zu uns Menschen haben. Dabei kommt es ihm wie bei einem Sammler auf jeden einzelnen Menschen an, denn jeder von uns ist ein Unikat (Psalm 139,14). Der Kirchenvater Augustinus beschreibt Gottes Sammlerleidenschaft treffend: »Gott liebt jeden einzelnen Menschen so, als gäbe es außer ihm niemanden, dem er seine Liebe schenken könnte.«

Doch wie viel sind wir Gott wirklich wert? Wie sehr er uns liebt, zeigt und beweist uns Gott durch Jesus Christus. Gott war bereit, seinen geliebten Sohn auf die Erde zu schicken. Dieser hat am Kreuz den Preis für unsere Sünden – das ist der Tod (Römer 6,23) – bezahlt und unseren Schuldschein zerrissen (Kolosser 2,14). Wir waren unter die Sünde verkauft (Römer 7,14) und von dem heiligen Gott getrennt, dessen Augen zu rein sind, um Böses auch nur ansehen (Habakuk 1,13). Aber Jesus hat mit seinem Leben das Lösegeld gezahlt (Matthäus 20,28), damit alle, die an ihn als ihren Retter glauben, Vergebung bekommen und mit Gott in einer ewigen Beziehung leben können. Gottes Liebe ist umso unbegreiflicher, weil wir sie nicht verdient haben. *Thomas Pommer*

? Wie viel ist Ihnen die Beziehung zu Gott wert?

! Gott hat das Wertvollste für uns gegeben, weil wir ihm so viel wert sind.

† Matthäus 13,45-46

Und siehe, ein Aussätziger kam heran und warf sich vor ihm nieder und sprach: Herr, wenn du willst, kannst du mich reinigen. Und er streckte die Hand aus, rührte ihn an und sprach: Ich will. Sei gereinigt!

MATTHÄUS 8,2-3

Vollkommene Heilung

Wenn solche Ereignisse in der Bibel geschildert werden, mag es für den einen oder anderen surreal klingen. Es hört sich an wie eine Fiktion, denn es wird uns etwas mitgeteilt, das nach menschlichem Ermessen eigentlich gar nicht sein kann. Natürlich gibt es unzählige Menschen, die das einfach nicht glauben und solche belächeln, die es tun. Die Frage ist auch, warum Jesus heute, wenn er existent ist und lebt, nicht weiterhin Menschen heilt, wenn sie ihn darum bitten.

Ich denke, dass Jesus zur damaligen Zeit als Mensch unter Menschen gelebt hat und diese Wunder als Zeichen seiner Göttlichkeit getan hatte. Alle Heilungen durch ihn waren vollkommen, d. h., die Menschen wurden vollständig wiederhergestellt. Aber alle diese Menschen mussten irgendwann trotzdem sterben. Vielleicht hat so ein Geheilter später erneut eine unheilbare Krankheit bekommen. Wir wissen es nicht.

Jesus machte uns durch sein Wirken hier auf Erden klar, dass es letztlich nicht auf körperliche Heilung ankommt. Das ist nicht das wirkliche Problem des Menschen, auch wenn der Mensch selbst meint, dass seine Gesundheit das höchste Gut ist. Unser Körper funktioniert irgendwann nicht mehr, aber die unsterbliche Seele schreit nach Heilung und Rettung. Jesus ist gekommen, um Menschen auf ihre schlimmste Krankheit hinzuweisen: die in uns wohnende Sünde, unser Handeln gegen Gottes Willen.

Das Wichtigste für jeden Menschen ist, mit seinen Sünden zu Jesus zu kommen, Buße zu tun und um Vergebung zu bitten. Der Glaube heilt jeden von seinen Sünden – durch die Gnade Gottes – und das zu 100 %! Dem Aussätzigen war klar, dass er krank war, deshalb bat er um Heilung. So muss jedem von uns klar sein, dass wir krank an Sünde sind und einer Heilung bedürfen. *Axel Schneider*

? Zweifeln Sie an Gott, wenn Sie krank sind?

! Durch Glauben bekommt man Zugang zur Gnade Gottes (Römer 5,2).

† Römer 5,1-11

01 | JULI DIENSTAG

Gnadenbeweise des HERRN sind's, dass wir nicht gänzlich aufgerieben wurden, denn seine Barmherzigkeit ist nicht zu Ende; sie ist jeden Morgen neu, und deine Treue ist groß!

KLAGELIEDER 3,22-23

Veraltet?

In meiner Heimatstadt Soest wurde 2011 ein Rettungszentrum gebaut. Um die Kräfte von Katastrophenschutz, Feuerwehr, Veterinärdienst und Polizei zu bündeln, brachte man all diese Dienstbereiche in diesem Gebäude unter. Dadurch sollten im Krisenfall alle Kräfte besser koordiniert werden und zusammenarbeiten können, damit man die Bevölkerung erfolgreich schützen und retten kann. Damals war dies als modernes Pilotprojekt gefeiert worden, mit dem man getrost in die Zukunft gehen konnte.

Doch im vergangenen Jahr stellte sich heraus, dass dieses moderne Rettungszentrum nicht mehr den aktuellen Anforderungen an den Katastrophenschutz erfüllt. Die Lagerräume sind zu klein für die bei Waldbränden und Unwettern erforderlichen immer größeren Geräte. Z. B. reichte der Schlauchturm nicht mehr aus. Waren zur Bauzeit nur einige Hundert Schläuche erforderlich, sind es mittlerweile rund 15 000. Einer der Gründe für die nicht mehr ausreichenden Dimensionen ist: Pandemien, Hochwasser wie im Ahrtal oder Kriege waren 2011 noch kein Thema. Ich fürchte, dass dies mit unseren menschlichen Bemühungen um Schutz und Rettung oft so ist: Was heute noch ausreichend erscheint, ist morgen schon veraltet, weil sich neue Herausforderungen stellen, mit denen keiner rechnen konnte.

Bei Gott ist das nicht so. Denn er kennt die Zukunft. Sein Hilfs- und Rettungsangebot ist niemals veraltet, sondern alle Morgen neu! Das gilt vor allem für das große Rettungsangebot Gottes: In seinem Sohn Jesus Christus reicht er uns seine rettende Hand. Und diese Hand ist auch heute noch, nach rund 2000 Jahren, genauso wirkmächtig und rettungsstark wie eh und je. Nur ergreifen muss man diese Hand, solange man dies noch kann, ein jeder für sich! *Markus Majonica*

? Wo suchen Sie nach Sicherheit in Zeiten der Not?

! Mit Jesus Christus hat man eine ewig sichere Perspektive.

✝ Titus 2,11-14

Zu dir, der Gebete erhört, werden alle Menschen kommen.

PSALM 65,3

Ein Gott, der hört

Mit unserer zweijährigen Tochter stehe ich kritisch vor den Bananenkartons. Während sie bereits nach einigen Früchten greift, um sie energisch in ihr Wägelchen zu verfrachten, schüttle ich den Kopf: »Die können wir leider nicht nehmen, die sind alle noch lange nicht reif.« Wir durchsuchen erfolglos die Kiste, und ich erkläre ihr dabei etwas von der richtigen Bananenfarbe und Lieferwegen. Beim Weitergehen meint unsere Große wie so oft: »Das muss ich gleich mal Papa erzählen, dass alle Bananen grün waren.«

Ich muss schmunzeln. Ihr Papa sitzt seit Tagen an wichtigen Prüfungsvorbereitungen und hat sicherlich ganz anderes im Kopf als grüne Bananen. Aber ich weiß, dass er seine Arbeit sofort unterbrechen wird, wenn sein kleines Mädchen auf seinen Schoß klettert, um ihm von ihrem Supermarktausflug zu berichten. Er wird Nachfragen stellen und mit großen Augen zuhören. Einfach, weil er sich über seine Tochter freut.

Ich bin mir sicher, dass sich Gott genauso freut, wenn wir Kontakt mit ihm aufnehmen. In der Bibel begegnen wir immer wieder einem Gott, der zuhört, wenn er angesprochen wird. Er geht mit den ersten Menschen spazieren, um sich auszutauschen, reagiert auf das verzweifelte Gebet einer Frau, die sich ein Kind wünscht. Das gequälte Schreien seines Volkes Israel erweckt sein Mitleid. Er bespricht seine Pläne mit Königen und Patriarchen.

Wer sich in der Bibel auf die Suche macht, wird diesen Gott, der sich mitteilt und mit uns im Gespräch bleibt, immer wieder entdecken. Ihm, der die Erde in ihrer Bahn hält und die Sonne tagtäglich aufgehen lässt, sind die großen und kleinen Sorgen der Menschen nicht egal und eine Antwort wert.

Janina und Philipp Strack

? In welchen Situationen beten Sie?

! Nutzen Sie das Gebet, um eine persönliche Beziehung mit Gott aufzubauen!

† 1. Samuel 1,1-20

Durch Glauben verstehen wir, dass die Welten durch Gottes Wort bereitet worden sind.

HEBRÄER 11,3

Unglaublich – großartig – überwältigend!

Das gegenwärtige, wissenschaftlich »belegte« Weltbild beschreibt den Anfang des Universums mit dem sogenannten Urknall, mit dem aus dem Nichts *alles* entstanden sei. All die Galaxien mit ihren Sternen, dunkler Materie, schwarzen Löchern, unser Sonnensystem, unsere Erde mit all ihren Lebewesen und nicht zuletzt auch wir Menschen. Unglaublich, nicht wahr?

Die Bibel bezeugt uns Gott als den Schöpfer aller Dinge. Im Johannesevangelium wird das so beschrieben: »Im Anfang war das Wort. Das Wort war bei Gott, ja das Wort war Gott. Von Anfang an war es bei Gott. Alles ist dadurch entstanden. Ohne das Wort entstand nichts von dem, was besteht« (Johannes 1,1-3). Und dieses Wort Gottes, durch das alles, was wir sehen, entstanden ist, wird in diesem Evangelium auf Jesus Christus bezogen – den Sohn Gottes, der Mensch geworden ist. Das ist doch großartig, nicht wahr?

Wenn wir nun diesen Gott, der Schöpfer von Himmel und Erde, kennen lernen wollen brauchen wir nur die Bibel zu lesen. Die vier Evangelien im Neuen Testament beschreiben uns das Leben und Wirken von Jesus Christus. Er zeigt uns den Weg zurück von unseren Irrwegen zu Gott, dem Vater. Diese vier Evangelien bezeugen auch, dass Gott uns liebt und uns seine Liebe auch bewiesen hat: »Er gab seinen einzigen Sohn dafür, dass jeder, der an ihn glaubt, nicht ins Verderben geht, sondern ewiges Leben hat« (Johannes 3,16). Überwältigend, nicht wahr?

Was fehlt jetzt noch? Der persönliche Glaube, von dem unser Tagesvers spricht. Dieser Glaube führt zum Verstehen dessen, was die Bibel uns über den Anfang unserer »Welten« offenbart. Und wie finden wir diesen Glauben? Er entsteht durch den Herzensentschluss, dem, der sich uns in der Bibel offenbart, bedingungslos zu vertrauen.

Martin Grunder

? Was ist beindruckender? Ein zufälliger Knall oder ein persönlicher Schöpfer-Gott, der uns liebt?

! Die Bibel gibt uns klare Antworten und führt uns auf den richtigen Weg – zurück zu Gott!

† Johannes 1,1-12

»Der HERR aber, der selber vor euch hergeht, der wird mit dir sein und wird die Hand nicht abtun und dich nicht verlassen. Fürchte dich nicht und erschrickt nicht!«

5. MOSE 31,8

Winnie Puuhs Reise in den Süden

Winnie Puuh ist ein kleiner Bär, der zusammen mit seinen Freunden tolle Abenteuer erlebt. Die Geschichte von der Reise in den Süden habe ich meinen Kindern oft als Gute-Nacht-Geschichte vorgelesen. Sie handelt davon, dass Winnie und sein Freund Ferkel die Schwalben beobachten, die während des Winters in den Süden fliegen. Diese Idee finden die beiden so gut, dass sie ebenfalls in den Süden wandern möchten. Zusammen mit ihren Freunden Tigger, Kanga, Ruh, Rabbit und Eule laufen sie los. Jeder nimmt nur ein Gepäckstück mit, das für ihn am wichtigsten ist, für Winnie ist das natürlich sein geliebter Honigtopf. Die Freunde kommen in Gegenden, in denen sie noch nie zuvor waren, und als ihnen kalt wird, merken sie, dass sie falsch gelaufen sind: statt Richtung Süden sind sie in Richtung Nordpol unterwegs! Sofort drehen sie um und laufen schnellstens in die richtige Richtung.

Wir alle sind auf einer Reise, unserer Lebensreise. Auch in unserem Leben kommt es manchmal vor, dass wir in die falsche Richtung gehen. Oft realisieren wir das erst, wenn alles schiefgeht und uns nichts richtig gelingen will. Wenn wir bisher ohne Gott gelebt haben, dann ruft er uns zur Umkehr und einem Neubeginn auf.

Auf unserer Reise haben wir ebenfalls Weggefährten, manche für länger, manche nur für ein kurzes Stück. Wenn wir Gott zu unserem Ziel machen, dann gibt es jemanden, der immer an unserer Seite ist und unseren Lebensweg zusammen mit uns geht. Das ist Jesus Christus. Er hilft uns, unser Gepäck zu tragen, und er ist für uns da. Das kann auf unterschiedliche Weise geschehen. Durch Weggefährten, durch ein Hinweisschild oder durch Ermutigungen aus seinem Wort, der Bibel. Er selbst wird auch dafür sorgen, dass wir sicher am Ziel ankommen.

Judith Zall

❓ Sind Sie bereit umzukehren und sich auf den richtigen Weg zu begeben?

❗ Halten Sie Augen und Ohren dafür offen, wie Jesus Ihr Wegbegleiter ist!

✝ Galater 1,11-24

Ich bin gekommen, damit sie das Leben haben und es im Überfluss haben.

JOHANNES 10,10

Born to be wild

Es ist Samstagabend, und ein Mitspieler aus meiner Hobbyfußballrunde spielt heute mit seiner Band in einem nahe gelegenen Pub. Ich stehe also neben meinem Freund Herbert (Name geändert) im Pub. Herbert ist Rentner und liebt Rock'n'Roll. Er trägt ein kariertes Hemd zur Jeans und hält ein Bierglas in der Hand. Schließlich erklingt das Lied »Born to be wild«. Zu den Klängen der Band singt Herbert voller Begeisterung den krächzend gezogenen Refrain mit »Born to be wi-i-i-ld«! Er hat die Augen geschlossen und hält beide Hände samt Bierglas in die Höhe. Dieses Bild ist mir damals hängen geblieben.

Dieser Wunsch nach dem Ausbrechen aus dem Alltag ist vermutlich nicht ungewöhnlich. Etwas Besonderes zu erleben, Abenteuer zu suchen und dem Leben Qualität zu geben ist vermutlich für (fast) jeden Menschen wichtig. Doch nach jedem besonderen Moment und nach jedem Abenteuer folgt die Ernüchterung und der Wunsch nach einem neuen Erlebnis. Wann und wie bekommt unser Leben eine Qualität, die wir uns wünschen?

Jesus selbst sagt in Johannes 10,10, dass er auf die Welt gekommen ist um Leben im Überfluss zu geben. Vor und nach dieser Aussage stellt sich Jesus als der gute Hirte vor, also als derjenige, der sich um Menschen sorgt und ihre beste Versorgung will. Jesus kennt als unser Schöpfer unsere Bedürfnisse. Jesus will nicht nur unser Leben füllen, sondern verspricht im Tagesvers, dass er uns Überfluss geben möchte. Wir sind nicht »Born to be wild«, sondern geboren, um tagtäglich in der Gemeinschaft mit Jesus Christus ein Leben zu führen, das nicht von Highlights abhängig ist. Und das beginnt dann, wenn Jesus der Herr unseres Lebens wird, indem wir seine Ansprüche respektieren und ihm die Führung in allem überlassen. *Joachim Franz*

? Wie füllen Sie den immer wiederkehrenden Hunger nach neuen Highlights in Ihrem Leben?

! Der nie endende Lebenshunger zeigt nur, dass wir für eine andere Welt geschaffen sind.

† Epheser 5,8-20

Der ist wie ein Baum, gepflanzt an den Wasserbächen, der seine Frucht bringt zu seiner Zeit, und seine Blätter verwelken nicht. Und was er macht, das gerät wohl.

PSALM 1,3

Der einsamste Baum der Welt

Mitten in der Wüste Ténéré, in der Südsahara im Niger, wo es nur Sand, Steine und zeitweise Temperaturen von über 50 Grad Celsius gibt, stand vor einigen Jahren eine einsame Akazie. Es war der einzige Baum im Umkreis von mindestens 150 km. Die Einheimischen machten einen Bogen um den Baum, da es ihnen nicht geheuer vorkam, wie dieser Baum überleben konnte. Ein betrunkener Lkw-Fahrer soll, so erzählen manche, den Baum eines Abends im Jahr 1973 gerammt und somit gefällt haben. Andere gehen davon aus, dass er einem Wüstensturm zum Opfer gefallen ist.

Kommandant Michel Lesourd von der französischen Kolonialverwaltung wollte dem Geheimnis des Baumes im wahrsten Sinne des Wortes auf den Grund gehen, da er dort eine Wasserquelle vermutete. Doch erst in 35 Metern Tiefe stießen die Arbeiter endlich auf Wasser. Zu ihrer Überraschung reichten die Wurzeln des Baums aber tatsächlich genauso tief in die Erde. Dies war das Geheimnis seiner Überlebenskunst.

Was für diesen Baum gilt, gilt auch für uns Menschen. Wir leben zuweilen in äußerst unwirtlichen Lebensumständen, die gekennzeichnet sein können durch Zukunftsängste, Krankheit, Mobbing oder Einsamkeit. Wie kann es da gelingen, gleichwohl nicht alle Hoffnung fahren zu lassen, sondern zu wachsen und sogar ein fruchtbares, erfülltes Leben zu führen? Wie der Baum benötigen wir eine Quelle, aus der unsere Lebenswurzeln Kraft für das Leben ziehen können. Im 4. Kapitel des Johannesevangeliums macht Jesus Christus einer Frau, die gerade aus einem Brunnen Wasser schöpfen möchte, deutlich, dass (nur) er diese lebendige Quelle ist. Doch um eine eigene Beziehung zu dieser Quelle »lebendigen Wassers« zu bekommen, muss jeder seine eigenen Wurzeln bis zu ihm ausstrecken und aus dieser Quelle trinken.

Bernhard Czech

? Aus welcher Quelle schöpfen Sie?

! Jesus bietet sich als Quelle des Lebens jedem an, der will.

† Johannes 4,1-42

07 JULI
Globaler Tag der Vergebung

MONTAG

Seid aber gegeneinander freundlich und barmherzig und vergebt einander, gleichwie auch Gott euch vergeben hat in Christus.

EPHESER 4,32

Ist »sich entschuldigen« kompliziert?

Ich bin bei meinen Freunden Simon und Helena (Namen geändert) zu Besuch. Mit am Tisch sitzt auch ihre Tochter Celina (Name geändert). Wir reden über ihre Ehe. Des Öfteren ist sie angespannt. So darüber zu reden zeugt von Vertrauen: Das geht nur unter guten Freunden. Irgendwann sage ich: »Wenn es keine Vergebung gäbe, wäre unsere Ehe schon geschieden.« Ich frage Simon: »Entschuldigst du dich mal bei deiner Frau?« Die Antwort ist traurig. In der langjährigen Ehe kam das nur ganz vereinzelt vor. Ich frage Helena das Gleiche. Die Antwort: ein Kopfschütteln. Ich frage Celina: »Entschuldigen sich deine Eltern bei dir?« Ein empörtes »Nein« (fast so, als sei das so unmöglich wie absurd). Mein Fazit: »Ich würde mit keinem von euch verheiratet sein wollen!« (So kann man wirklich nur mit guten Freunden reden).

In den letzten Tagen muss ich immer wieder über das Gespräch nachdenken. In der Schule (ich arbeite als Lehrer) komme ich mit einigen Schülerinnen ins Gespräch. Ich frage sie: »Entschuldigen sich eure Eltern mal bei euch?« Fast wie aus der Pistole kommt ein »Nein«. »Wie wäre es für euch, wenn die das machen würden?« – »Das wär krass!« Warum ist es so kompliziert, sich zu entschuldigen? Das ist so unendlich traurig! Aber so realistisch.

Wie viel Schuld häufen wir in unseren Beziehungen an! Wie viele Scherbenhaufen gibt es! Wie viele Wunden sind nicht verheilt? Mein Stolz, meine Rechthaberei, meine Unversöhnlichkeit und mein Egoismus sind die Ursache! Wie würde mein Ehepartner reagieren, wenn ich mal um Entschuldigung bitten würde? Meine Kinder? Mein Nachbar? »Das wär krass!«

Und wie sieht es erst in der Beziehung zu Gott aus? Wann habe ich eigentlich das letzte Mal bei IHM um Vergebung gebeten? *Willi Dück*

? Warum scheint es so kompliziert zu sein, um Vergebung zu bitten?

! Sich entschuldigen bringt Heilung.

✝ Matthäus 18,21-35

Doch er wurde um unserer Übertretungen willen durchbohrt, wegen unserer Missetaten zerschlagen; die Strafe lag auf ihm, damit wir Frieden hätten, und durch seine Wunden sind wir geheilt worden.

JESAJA 53,5

Der einzig wahre Held

Superhelden – sie sind etwas Herausragendes, etwas Besonderes. Jeder von ihnen hat seine eigene Geschichte mit besonderen Kräften, Schurken und Herausforderungen. Aber trotz ihrer Vielfalt haben sie alle eins gemeinsam: Die Bösen hassen sie, die Guten lieben sie!

Doch in dieser Welt der Superhelden ragt ein Film heraus wie kein anderer: »Batman – The Dark Knight«. Er beginnt mit Batman, einem Helden, der für das Gute kämpft, so wie die anderen Superhelden auch. Doch endet er mit einem Twist, der uns alle schockiert zurücklässt … Batman trifft eine folgenschwere Entscheidung: Um seine Stadt Gotham vor dem Chaos zu bewahren, nimmt er bereitwillig die Last der Verbrechen des Schurken auf sich. Obwohl er allein Gothams wahrer Retter ist, wird er nun mit Hass und Unverständnis konfrontiert – und gerade das macht diese Entscheidung so unvorstellbar schmerzhaft. Trotz des Schmerzes endet der Film mit den Worten Batmans: »Ich bin, was auch immer für Gotham nötig ist.«

Diese Geschichte fasziniert viele Zuschauer, doch sie bleibt letztendlich nur Fiktion – alles ausgedacht! Aber es gibt eine wahre Heldengeschichte, die die von Batman bei Weitem übertrifft. Dieser Held entschied sich nicht nur dafür, die Schuld *eines* Menschen auf sich zu nehmen, sondern die Schuld *aller* Menschen. Er führte kein Leben auf der Flucht, sondern starb blutig an einem Kreuz. Und doch empfing er keinen Applaus, keinen Dank. Nur Unverständnis, Wut und Hass an dem Tag seines Todes. Dieser Held ertrug all das, weil er wusste, dass es die einzige Möglichkeit für uns Menschen war, unsere Schuld wiedergutzumachen. Batman mag Gothams »wahrer Held« sein, aber der wahre Held der ganzen Welt ist Jesus Christus!

Hung Thanh Thai

? Begegnen Sie diesem Helden Jesus mit Bewunderung oder Unverständnis?

! Jesus ist ein wahrer Held, weil er bereit war, sein Leben für uns zu opfern.

✝ Lukas 23,26-49

Wer erkennt aber die Stärke deines Zorns?

PSALM 90,11

Unter Gottes Zorn

»Wir haben rechtzeitig gewarnt.« Das sagte der Deutsche Wetterdienst in Bezug auf die Hochwasserkatastrophe im Ahrtal im Jahr 2021. Ob diese Warnung wirklich früh genug hinausging, wurde im Nachhinein viel diskutiert. Fakt ist, dass für viele die Flut überraschend kam und verheerende Folgen mit sich brachte.

Unvorhergesehene Naturkatastrophen werden auch in Zukunft eine Gefahr für uns bleiben. Doch eine viel schlimmere Gefahr droht allen, die Gottes Warnungen missachten und nicht befolgen. Sehr deutlich spricht Gott in der Bibel davon, dass ein Tag des Gerichts kommt, an dem Gott seinen Zorn gegenüber aller Ungerechtigkeit, Gottlosigkeit und Sünde offenbaren wird. Gottes Zorngerichte über alle Menschen, die sie erleben müssen, werden als sehr schrecklich beschrieben und finden ihren Endpunkt in der ewigen Hölle. Man könnte meinen, dass die beschriebene Strafe zu hart und schrecklich ausfalle. Aber in Wirklichkeit werden Gottes Gerichte völlig gerecht sein. Völlig ungerecht wäre es, wenn die Menschen endlos ungestraft weitermachen könnte mit Hass, Mord, Lügen, Verleumdung, Ehebruch, Betrug.

Die Gefahr, Gottes Zorn zu erleben, schwebt wie eine bedrohliche, dunkle Wolke über den Menschen. Eines Tages wird er wie ein Wolkenbruch über sie hereinbrechen. Davor warnt Gott sehr eindrücklich in seinem Wort. Niemand wird dann sagen können, er sei nicht gewarnt worden. In seiner großen Liebe und Barmherzigkeit zeigt Gott uns aber einen Ausweg aus dieser bedrohlichen Lage. Das kommt zum Beispiel in diesem Bibelvers zum Ausdruck: »Wer an den Sohn (Jesus) glaubt, der hat ewiges Leben; wer sich aber weigert, dem Sohn zu glauben, der wird das Leben nicht sehen, sondern der Zorn Gottes bleibt auf ihm« (Johannes 3,36).

Paul Wiens

? Wie klar ist Ihnen, dass es am Ende eng für Sie werden kann?

! Nur Jesus Christus kann Sie retten vor dem kommenden Zorn.

✝ 1. Thessalonicher 1,2-10

Und wer Durst hat, der komme. Wer will, der trinke vom Wasser des Lebens! Er bekommt es geschenkt.

OFFENBARUNG 22,17

Wasser, nichts als Wasser!

Stellen Sie sich einmal folgende Situation vor: Naher Osten, Mittagszeit, die Sonne brennt erbarmungslos vom Himmel. Sie haben seit Stunden nichts getrunken und sind ermüdet von der Arbeit oder einem langen Fußmarsch. Nach was sehnen Sie sich am meisten? Genau. Wasser. Nichts als Wasser! Wenn es wirklich darauf ankommt, wollen wir keinen Kaffee, keine Cola oder einen Energydrink angeboten bekommen, sondern nur Wasser. Die Frau, mit der Jesus im heutigen Bibeltext redete, hatte großes Interesse, als er vom »lebendigem Wasser« sprach. Sie kannte Hitze, Trockenheit und vor allem unbändigen Durst aus eigener Erfahrung.

Wir erleben derzeit einen starken Trend zum Wassertrinken. Geruchsdosen in Wasserflaschen, die uns das Wassertrinken schmackhaft sollen oder auch 2-Liter-Wasserflaschen mit aufgedruckter Uhrzeit – eine Herausforderung, regelmäßig genug zu trinken. Man ist stolz darauf, wenn man es geschafft hat, genügend Wasser in sich hineingeschüttet zu haben.

Unternehmen produzieren Limonade, Tee, Kaffee, Wein, Bier oder Fruchtsaft – aber Wasser ist eine Erfindung von Gott selbst. Man kann einfach an eine Quelle gehen und trinken. Und wenn es hart auf hart kommt, der Durst überhandnimmt, dann wollen wir auch nur noch Wasser. Nichts anderes. Wir brauchen auch nichts anderes so nötig zum Leben wie Wasser.

Jesus spricht von einem Lebensdurst, den jeder Mensch hat. Er vergleicht ihn mit dem Durst nach Wasser. Nur er selbst, das lebendige Wasser, kann diesen Durst wirklich stillen. Menschen, die ihren Lebensdurst ohne ihn stillen wollen, scheitern letztendlich. Karriere, Gesundheit, Familie, Reisen oder Luxus – alles kann von einem auf den anderen Moment wegbrechen. Jesus bleibt.

Thomas Bühne

? Womit stillen Sie Ihren Lebensdurst?

! So wie wir Wasser brauchen, brauchen wir Gott, um unseren Lebensdurst zu stillen.

✝ Jesaja 55,1-3

11 | JULI | FREITAG
Muntere-die-Einsamen-auf-Tag

Und spräche ich: Nur Finsternis möge mich verbergen und Nacht sei das Licht um mich her: Auch Finsternis würde vor dir nicht verfinstern, und die Nacht würde leuchten wie der Tag, die Finsternis wäre wie das Licht.

PSALM 139,11-12

Wer bin ich, wenn ich allein bin?

Als Kind war ich ab und an gern allein zu Hause. Dann konnte ich meinen Tag ganz nach meinem Belieben gestalten: Niemand, der mich beobachtete, niemand, der mich kontrollierte. Ich konnte den Fernseher anschalten, wenn ich es wollte, sehen, was ich wollte, Süßigkeiten haben, so viel ich wollte usw. Nicht, dass es mir um wirklich Verbotenes gegangen wäre, aber ich war gern mein eigener Chef. Im Studium allein in meiner Bude war es ähnlich: Bis auf die Telefontermine mit dem Zuhause und den seltenen Besuchen meiner Verwandten war ich ganz für mich, konnte schalten und walten, aufstehen, essen und trinken, was, wann und wie viel ich wollte. Und manchmal, wenn ich beruflich unterwegs bin, in einer fremden Stadt, in der mich niemand kennt, ertappe ich mich bei dem Gedanken: Was könnte ich tun, um meine Freiheit auszunutzen? Es sieht mich ja keiner!

Doch das ist aus zwei Gründen falsch: Zum einen bringt man auch das scheinbar unbeobachtet Geschehene mit nach Hause. Verliert man seine Selbstachtung, dann geht das nicht spurlos an einem vorbei. Meine Treue und meine Haltung bewahrheiten sich nämlich vor allem dann, wenn niemand zusieht.

Zum anderen ist es in der Tat so, dass Gott, der allwissend ist, wirklich gar nichts verborgen bleiben kann. Das Licht seiner Gegenwart strahlt, ob wir es uns wünschen oder nicht, auch in die tiefe Nacht unserer Fantasien, Motive und Taten. Diese erschreckende Wahrheit bietet aber (mindestens) zwei sehr gute Chancen: Einmal kann mich das Bewusstsein von Gottes Gegenwart von Dingen abhalten, die sonst keiner sähe. Zum anderen bietet er jedem, der sich von ihm durchleuchten lässt, die Chance auf Vergebung all der Dinge, deretwegen wir vielleicht das Licht scheuen.

Markus Majonica

? Wer sind Sie, wenn Sie alleine sind?

! Es geht darum, sich stets so verhalten, dass Gott zusehen könnte.

✝ 1. Johannes 1,5-7

Was wollt ihr tun am Tag der Heimsuchung und beim Sturm, der von weither kommt? Zu wem wollt ihr fliehen um Hilfe und wo euren Reichtum lassen?

JESAJA 10,3

Nicht zu bändigen

Wer hätte das für möglich gehalten? Ein Tornado im Landkreis St. Wendel! Niemand ist darauf vorbereitet, als am 12. Juli 2023 der Wind in einer Schneise von 100 m durch das saarländische Asweiler pflügt und dabei 30 Häuser beschädigt. Glücklicherweise wird niemand verletzt, doch der Schrecken sitzt tief.

Wieder wird deutlich: Wir haben die Natur nicht unter Kontrolle. Allem Fortschritt zum Trotz erwischt sie uns kalt und oftmals unerwartet mit ihrer Urgewalt, ein ums andere Mal. Wir können sie einfach nicht bändigen. Und den, der die Natur geschaffen hat, schon gar nicht. Er ist gewaltig, unvorstellbar stark. Wir würden Gott gern kontrollieren, nach unseren Vorstellungen zähmen. Doch das ist nicht möglich. Er ist, wie er ist. Unbezwingbar und stark, nicht zu bändigen. Der Schreiber des Psalms 113 ruft aus: »Hoch über alle Nationen ist der HERR, über den Himmel seine Herrlichkeit. Wer ist wie der HERR, unser Gott, der hoch oben thront, der in die Tiefe schaut – im Himmel und auf Erden?«

Aber das Schöne dabei: Dieser mächtige, urgewaltige Gott möchte unser Freund sein. Im gleichen Psalm heißt es: »Er hebt den Geringen aus dem Staub empor, aus dem Schmutz erhöht er den Armen.« Und in Psalm 25,14: »Freundschaft hält der HERR mit denen, die ihn fürchten.« Hier ist beides vereint: ein Bewusstsein von der ehrfurchtgebietenden Majestät des Schöpfers und gleichzeitig innige Freundschaft mit ihm.

Eine solche Freundschaft mit dem Höchsten bewahrt durchaus nicht vor Leid und Katastrophe. Doch sie gibt die tiefe Gewissheit: Was auch immer passiert, ich habe den Allmächtigen auf meiner Seite. Ihm liegt an mir, er kümmert sich um mich. Einen tieferen Frieden gibt es nicht.

Jacob Ameis

? Was heißt es konkret für uns, Gott zu fürchten?

! Sich der Beurteilung durch ihn aussetzen, diese anerkennen und demütig um seine Gnade und Vergebung bitten.

† Psalm 112

Herr, erbarme dich über meinen Sohn, denn er ist mondsüchtig und leidet schwer.

MATTHÄUS 17,15

Wenn Kinder anders sind

Wieder einmal bin ich beruflich zu Besuch in einer Familie mit einem kleinen autistischen Kind mit deutlicher Beeinträchtigung. Es kann sich gut bewegen, spricht aber nicht, äußert sich vorrangig durch Schreien, lebt irgendwie in einer eigenen Welt, spielt nicht und hat bei Weitem noch nicht das Maß an Selbstständigkeit entwickelt wie gesunde Kinder im gleichen Alter.

Immer häufiger begegnen uns auch Kinder mit der Diagnose ADHS oder anderen Störungsbildern. Einige von ihnen verarbeiten Sinneseindrücke anders, sind oftmals zerstreut, schnell abgelenkt und irgendwie ungeschickt, kommen teilweise überaus schlecht mit dem Schulstoff zurecht oder weisen ein schwieriges Sozialverhalten auf. Manche geraten oft in Streit, andere dagegen scheuen jeglichen Kontakt, leiden stark unter Ängsten oder verletzen sich sogar selbst. Die einen haben ihre Gefühlswelt nicht unter Kontrolle und werden schnell wütend oder weinen, andere wiederum zeigen kaum überhaupt irgendwelche Emotionen. Die Kinder selbst können nichts dafür, dass sie solche Veränderungen haben, und für die Eltern bedeutet es häufig eine große Not. Die Medizin kann vielfach helfen, hat aber auch ihre Grenzen.

In der Bibel lesen wir wiederholt, wie verzweifelte Eltern ihre geplagten Kinder zu Jesus brachten. Manches Mal ließ er tatsächlich ein Kind durch ein Wunder völlig gesunden, da, wo es nichts mehr zu hoffen gab. Jesus zeigte damit seine Vollmacht und Liebe als Sohn Gottes. Aber immer erbarmte er sich über die Kleinen, nahm sie in seine Arme, legte ihnen die Hände auf und segnete sie. Er war mitfühlend, wusste auch, wie man die besorgten Eltern tröstet, hatte ein gutes Wort für sie und gab Kraft, das Leid auszuhalten. So kann ihn jeder, der heute zu ihm kommt, auch erleben.

Arndt Plock

? Was empfinden Sie, wenn Sie einem Kind begegnen, das offensichtlich nicht ganz gesund ist?

! Wohl dem, der sie im Gebet zu Jesus bringen kann.

† Matthäus 18,10

Fürchtet euch nicht! Steht und seht die Rettung des HERRN ... Der HERR wird für euch kämpfen, und ihr werdet still sein.

2. MOSE 14,13-14

Sichere Zuflucht finden

»Er ging morgens über ein Feld. Da hörte er in der Ferne das Gebell von Jagdhunden. Als er durch eine Lücke in dem hohen Zaun neben sich sah, bemerkte er ein flüchtiges kleines Reh. Es rannte direkt auf ihn zu – abgehetzt, mit heraushängender Zunge und völlig erschöpft. Das kleine Geschöpf hatte gerade noch Kraft genug, um zu ihm über das Gatter zu springen. Dann stand es einen Moment lang und schaute mit seinen großen wässrigen Augen umher. Schon kam der erste Jagdhund kleffend über den Zaun gesprungen. Der erste Impuls des Rehs war davonzurennen. Aber stattdessen kam es zitternd zu meinem Freund und fiel vor ihm nieder. Ein kleines Häuflein zu seinen Füßen. Er berichtete mir später: ›Ich stand da und kämpfte fast eine halbe Stunde gegen die Hunde. Aber ich spürte, dass die ganze Meute das kleine Reh nicht antasten konnte, nachdem seine Schwachheit bei meiner Stärke Zuflucht genommen hatte!‹« (Dr. A. C. Dixon, amerikanischer Pastor und Autor, 1854–1925).

Ist das nicht anrührend? Rettung bedeutet: Das Schwache findet Schutz bei dem Starken. Genauso darf ich Zuflucht finden bei Jesus, denn »er hat zu mir gesagt: Lass dir an meiner Gnade genügen; denn meine Kraft vollendet sich in der Schwachheit. Darum will ich mich am allerliebsten meiner Schwachheit rühmen, damit die Kraft Christi bei mir wohne« (2. Korinther 12,9).

Diese Kraft steht mir heute zur Verfügung! Gott will seinen Schutz über jeden breiten, der sich bei ihm birgt. Wenn ich mich zu ihm flüchte, werde ich ganz sicher Zuflucht finden, denn er ist stark! Ich allein kann nichts ausrichten. Erst wenn ich erkenne: »Meine Möglichkeiten sind ausgeschöpft«, wird seine Kraft mich retten und machtvoll über mir wachen.

Andreas Fett

? Haben Sie gerade noch Kraft genug, sich zu Jesus zu retten?

! Das genügt, denn der Name Jesus bedeutet Rettung.

† Psalm 7

Da ging Lot hinaus und redete mit den Männern, die seine Töchter heiraten sollten: Macht euch auf und geht aus diesem Ort, denn der HERR wird diese Stadt verderben. Die aber meinten, er scherze.

1. MOSE 19,14

Nur ein Scherz?

Lot, ein Neffe Abrahams, war in die seinerzeit fruchtbare Ebene des Jordans gezogen, wo wir heute das Tote Meer finden. Dort existierten zwei Städte: Sodom und Gomorra. Diese beiden Städte sind bis heute Sinnbild für Unmoral und Ausschweifung. »Hier geht es ja zu wie in Sodom und Gomorra« sagt man, wenn man auf unhaltbare moralische Umstände hinweisen möchte. Tatsächlich war in diesen Städten keiner sicher vor Raub, Mord und Vergewaltigung. Die Täter waren nicht nur ein paar wenige böse Verbrecher. Vielmehr beteiligten sich Menschen aus allen Altersstufen und gesellschaftlichen Schichten an solchen Taten. Unrecht war dort gesellschaftsfähig geworden.

Gott hatte dieses Treiben eine Zeit lang genau beobachtet, bevor er sein Urteil fällte: Eine Gesellschaft, die dermaßen böse und menschenverachtend ist, muss vernichtet werden. Doch obwohl das Gericht über diese Städte angesichts des aufgehäuften Schuldenberges berechtigt war, sollte es immer noch eine Chance der Rettung geben. Deshalb wurde Lot von zwei Boten Gottes auf das unmittelbar bevorstehende Gericht hingewiesen. Und er sollte auch die Menschen in seiner Umgebung davor warnen, dass sie todgeweiht sind, wenn sie nicht Gottes Botschaft Vertrauen schenken und diese böse Umgebung verlassen. Doch die Gewarnten nahmen Lot nicht ernst. Sie hielten das Ganze für einen dummen Scherz – und bezahlten diese Fehleinschätzung kurz darauf mit ihrem Leben.

Ich befürchte, dass auch viele meiner Zeitgenossen sehr wohl die Warnung Gottes vor einem endgültigen Gericht über alle Menschen hören. Doch sie halten diese Warnung für einen Scherz, statt sich von einer zunehmend egoistischen und gottfeindlichen Gesellschaft zu lösen und Rettung bei Gott zu suchen.

Markus Majonica

? Wie beurteilen Sie den Zustand unserer Gesellschaft?

! Nehmen Sie Gottes Warnungen dringend ernst!

† Epheser 5,5-11

Kommt her zu mir, alle ihr Mühseligen und Beladenen! Und ich werde euch Ruhe geben.

MATTHÄUS 11,28

Trennung

Als Pastor Wilhelm Busch von den Nationalsozialisten wegen seiner Predigten ins Gefängnis kam, sperrte man ihn in eine finstere kleine Zelle. Durch die dicke Betonwand hörte er die verzweifelten Rufe seines Zellennachbarn. Tag für Tag und Nacht für Nacht weinte dieser bitterlich und verzweifelte an seinem Leben. Es lag dem Pastor daher auf dem Herzen, einzugreifen und diesem Menschen Trost zuzusprechen, doch die Betonwand trennte die beiden. Ein Austausch war unmöglich, und ein Besuch wurde trotz freundlicher Nachfrage vom Wachpersonal versagt. Busch stand weiter vor der dicken Betonwand, hörte das Elend und alle Not und hätte sich dabei am liebsten durchgegraben, um seinem Mitmenschen beizustehen. Doch es ging nicht. Die Mauer war undurchdringbar und trennte die beiden bis zum Schluss.

Dieses Erlebnis benutzte Wilhelm Busch später gern als Illustration für den menschlichen Zustand: Wie viele Menschen sind verzweifelt und in tiefem Elend und in ihrer Schuld gefangen! So viel Einsamkeit, so viel Schrecken, so viele Tränen und so viel Kummer! Gott hört und sieht das alles, doch der Zugang ist versperrt. In Jesaja 59,2 heißt es: »Eure Vergehen sind es, die eine Scheidung gemacht haben zwischen euch und eurem Gott!«

Wie eine unüberwindbare Mauer trennen uns unsere Vergehen und unsere Schuld von Gott, der so gern eingreifen und helfen möchte. Doch schon Jesaja zeigte einen Ausweg aus der Misere des Menschen: »Ein Erlöser wird kommen!« (V. 20). Das war Jesus Christus. Durch sein Sterben am Kreuz wurde die trennende Mauer eingerissen. Nun kann jeder zu Gott kommen. Er wartet nur darauf, uns unsere Schuld zu vergeben, wenn wir ihn im Glauben ernstlich darum bitten. Wir brauchen nicht länger zu verzweifeln, sondern können frei werden. *Alexander Strunk*

? Kennen Sie solche Zustände, wo Sie Ihre Schuld und Unfreiheit zur Verzweiflung bringt?

! Kommen Sie zu Jesus! Er kann und wird Ihnen helfen.

† Lukas 19,1-10

Denn auch Christus hat einmal für die Sünden gelitten, der Gerechte für die Ungerechten, damit er euch zu Gott führte.

1. PETRUS 3,18

Ungerecht bestraft!

»Es ist eine Lektion in Sachen Widerstandsfähigkeit und Hartnäckigkeit. Wenn man weiß, dass man unschuldig ist, muss man dranbleiben und darf nie aufgeben«, sagte der Afroamerikaner Glynn Simmons, der einen traurigen Rekord aufstellt: Niemand saß länger unschuldig im Gefängnis als er, nämlich 48 Jahre lang. Im Alter von 71 Jahren erhielt Simmons endlich den Freispruch einer Richterin, die überzeugende Beweise seiner Unschuld feststellte. Zusammen mit einem Mitangeklagten war er 1975 wegen Raub und Mord zum Tode verurteilt worden, die Strafe wurde später in lebenslänglich umgewandelt.

Während der ganzen Zeit hatte Simmons unbeirrt seine Unschuld beteuert. Der Fall wurde 2023 auf Antrag der Verteidigung neu aufgerollt. Die Staatsanwaltschaft selbst beantragte die Aufhebung des Urteils, da damals ein Polizeibericht nicht ausgehändigt wurde, der auf Widersprüche der Hauptbelastungszeugin hinwies. Glynn Simmons' eiserne Beharrlichkeit führte letztlich zum Erfolg, und er kam zu seinem Recht, obwohl ein Freispruch nach so langer Zeit eigentlich schon fast chancenlos war.

Es ist schlimm, wenn Unschuldigen etwas zur Last gelegt wird, was sie gar nicht getan haben. Die Strafe für etwas zu tragen, was man nicht verbrochen hat, ist in höchstem Maße ungerecht. Umso erstaunlicher, dass Jesus Christus, der Sohn Gottes, genau dies freiwillig getan hat. Er war vollkommen unschuldig, absolut gerecht. Und doch hat er am Kreuz das Gericht Gottes für die Sünden der Menschen getragen. Warum tat er das? Unser Tagesvers gibt den Grund an: damit er uns zu Gott führte. Der Zugang zu einem heiligen Gott ist frei, seitdem der Gerechte für die Ungerechten starb. Und zwar für jeden, der ihm seine Schuld bekennt.

Daniela Bernhard

? Fällt es Ihnen schwer, einzugestehen, dass Sie vor Gott schuldig sind?

! Durch den Tod des einen Unschuldigen können schuldige Menschen zu Gott kommen.

† Psalm 27

Man muss Gott mehr gehorchen als Menschen.
APOSTELGESCHICHTE 5,29

Der Prediger von Buchenwald (1)

Heute vor 86 Jahren, am 18. Juli 1939 wurde der evangelische Pfarrer Paul Schneider im Konzentrationslager Buchenwald nach knapp zweijähriger Haftzeit durch eine Überdosis des Herzmedikaments Strophanthin ermordet. Er wurde nur 41 Jahre alt. Geboren wurde er am 29. August 1897 in Pferdsfeld im Hunsrück, zog jedoch mit 13 Jahren nach Hochelheim (heutiges Hüttenberg, Hessen), wo sein Vater eine Pfarrstelle antrat. Nachdem er im Ersten Weltkrieg gekämpft hatte, studierte Paul Theologie und wurde zunächst Pfarrer in Hüttenberg und später in Dickenschied. Wenige Tage vor seinem Amtsantritt heiratete Paul seine Margarete (geb. Dieterich), die er während seines Studiums in Tübingen kennengelernt hatte. Zusammen hatte das Paar sechs Kinder.

Nach der Machtergreifung Hitlers wurde Paul schnell klar, dass die Kirche nicht die gleichen Ziele wie die Nationalsozialisten verfolgte, und so weigerte er sich z. B., die Kirchenglocke zur Reichstagswahl am 21. März 1933 zu läuten. Paul Schneider machte sich die Entscheidung nicht leicht, wie er sich gegenüber den Nationalsozialisten zu verhalten habe. Dennoch kamen er und seine Frau Gretel durch Gebet zu dem Entschluss, dass der Staat kein Recht hat, sich in die Belange der Kirche einzumischen. Für Paul war die oberste Instanz Gott, dem er sich allein zur Rechenschaft verpflichtet sah.

In dem Musical »Paul und Gretel – kein Märchen« von Peter Menger über das Leben des Ehepaars Schneider gibt es ein Lied, das seine Entscheidung zum Widerstand verdeutlicht: »Man muss Gott mehr gehorchen als den Menschen, / auf seine Worte mehr als alles and're hör'n. / Wer auf Gottes Wort vertraut, / der hat sein Haus auf festen Grund gebaut.« Mit dieser kompromisslosen Haltung ist uns Paul Schneider auch heute noch ein nachahmenswertes Vorbild.

Rebecca Grimm

? Wer hat in Ihrem Leben das letzte Wort – Menschen oder Gott?

! Gegen den Strom schwimmen kann nur der, der ein klares Ziel hat.

✝ Apostelgeschichte 4,1-22; 5,27-33

So sind wir nun Gesandte an Christi statt, indem Gott gleichsam durch uns ermahnt; wir bitten für Christus: Lasst euch versöhnen mit Gott!

2. KORINTHER 5,20

Der Prediger von Buchenwald (2)

Wie ging es mit Paul Schneider und seiner Gretel weiter? Aufgrund seines Widerstands gegen den Nationalsozialismus wurde Paul dreimal in »Schutzhaft« genommen. Aus der dritten Gefangenschaft wurde er am 27. November 1937 direkt in das neu errichtete Konzentrationslager Buchenwald bei Weimar verlegt. Dort wurde er u. a. zur Zwangsarbeit im Straßenbau abgestellt. Als er anlässlich des Führergeburtstags am 20. April 1938 den Hitlergruß verweigerte, kam er in eine Einzelzelle, den sogenannten Bunker, unter die Aufsicht Martin Sommers. Dort erlitt er schwerste Misshandlungen und ließ es sich trotzdem nicht nehmen, am Ostersonntag unter großen Schmerzen durch die Gitterstäbe seiner Zelle seinen Mithäftlingen zuzurufen, dass heute Ostern sei und dass Jesus selbst gesagt hat: »Ich bin die Auferstehung und das Leben.« Diese und ähnliche Aktionen brachten ihm den Beinamen »Prediger von Buchenwald« ein.

Über ein Jahr lang wurde Paul in seiner Einzelzelle gefangen gehalten und dann am 18. Juli 1939, noch vor Beginn des Zweiten Weltkrieges, ermordet. Paul Schneiders Leichnam war der Einzige, der aus Buchenwald im Sarg herausgegeben wurde, daher konnte er in Dickenschied unter großer Anteilnahme beigesetzt werden. Gretel war trotz allem die Versöhnung sehr wichtig, und so suchte sie Jahre später den Massenmörder Martin Sommer auf, um mit ihm Frieden zu schließen, was dieser jedoch ablehnte. Sie lebte gemäß dem Motto: »Wir sind alle Menschen, die von der Gnade leben.« Und so wundert es nicht, dass heute im KZ Buchenwald, in der ehemaligen Arrestzelle Paul Schneiders, folgender Bibelvers auf einer Gedenktafel zu lesen ist: »Lasst euch versöhnen mit Gott!« (2. Korinther 5,20). Das war sowohl für Paul als auch für Gretel die wichtigste Botschaft – und sie ist es auch heute noch! *Rebecca Grimm*

? Warum konnte Gretel dem Mörder ihres Mannes Versöhnung anbieten?

! Wer mit Gott versöhnt ist, kann Menschen vergeben.

† 2. Korinther 5,18-21

Wer … von dem Wasser trinken wird, das ich ihm geben werde, den wird nicht dürsten in Ewigkeit; … das Wasser, das ich ihm geben werde, wird in ihm eine Quelle Wassers werden, das ins ewige Leben quillt.

JOHANNES 4,14

Bachwasser

Der Sommer vor drei Jahren war heiß. Schon seit Längerem war eine dreitägige Jungs-Wandertour in der Eifel geplant. Begeistert machten sich die acht Jugendlichen mit zwei Erwachsenen auf den Weg. Jeder schleppte in seinem Rucksack Proviant, Isomatte, Schlafsack und Co mit. Am Freitagabend, als die ersten Kilometer gelaufen waren und das Nachtlager aufgebaut war, tranken sie aus dem nahegelegenen Bach Wasser, da das mitgebrachte Wasser schon aufgebraucht war. Auch am Samstag tranken sie weiterhin das Bachwasser, bis sie an einem Supermarkt vorbeikamen, in dem sie frisches, abgefülltes Wasser kauften.

Gegen Samstagabend wurde dem ersten Jugendlichen übel, er verschwand hinter den Büschen und kam nicht wieder. Alle zwei Stunden kamen weitere Jungs dazu. Die Wanderung musste schließlich abgebrochen werden, und alle Jungs waren im Anschluss bis zu einer ganzen Woche lang krank – einschließlich des Jugendlichen, der eigentlich kein Bachwasser trinken wollte, jedoch im Dunkel der Nacht dummerweise die falsche Flasche gegriffen hatte. Nachdem der Infekt überstanden war, können heute alle über die Geschichte lachen.

Was in den Alpen auf 2000 Metern Höhe gut gehen mag, entpuppte sich hier als sehr schlechte Entscheidung. Und doch lehrt es uns eine wichtige Sache: Man sollte sich immer sicher sein, ob die Quelle, aus der man trinkt, sauber ist. Das ist im Leben ganz genauso – seinen Lebensdurst kann man mit allem Möglichen zu stillen versuchen, das sich später jedoch als krankmachend und sogar tödlich entpuppt. Wie schön, dass Jesus Christus uns lebendiges Wasser (= Worte des Lebens) anbietet, das uns nicht nur gesund werden lässt, sondern auch das ewige Leben schenkt. Wir brauchen es nur noch zu trinken.

Rebecca Grimm

? Aus welcher Quelle versuchen Sie, den Durst Ihrer Seele zu löschen?

! Bei Jesus Christus sind Sie an der richtigen Adresse.

† Johannes 4,7-26; 6,68-69

Überaus trügerisch ist das Herz und bösartig.

JEREMIA 17,9

Poolreinigung

Hitze. Lachende Kinder. Badespaß im Pool. In vielen Gärten sind in den letzten Jahren größere und kleinere Wasserbecken eingezogen, um an heißen Tagen eine erholsame Abkühlung zu ermöglichen. Gerade bei größeren Poolanlagen ist es notwendig, dass mithilfe unterschiedlicher Mittel eine Reinigung stattfindet. So bleibt der Badespaß noch lange bestehen, ohne dass das Wasser »kippt«. Die Mühe, die wir in den Pool und das dort enthaltene Wasser stecken, ist teilweise enorm. Wie schön wäre es, wenn wir diesen Einsatz auch in unserem Leben aufbringen würden!

Die Bibel sagt uns sehr deutlich, dass unser Herz »überaus bösartig und trügerisch ist« (Jeremia 17,9), und gleichzeitig heißt es, dass wir es bewahren sollen, denn »von ihm geht das Leben aus« (Sprüche 4,23). Kein Mensch ist davon ausgenommen, dass sein Herz böse ist und dies in seinem Leben sichtbar wird (z. B. durch Lügen oder schlechte Nachrede). Die Bibel nennt das Sünde. Gibt es auch ein Reinigungsmittel für unser Herz? Ja. Die Reinigung unseres Herzens ist sogar dringend notwendig! Denn mit unserem von Geburt an bösem Herzen gibt es keine Chance auf eine enge Beziehung mit Gott. In Römer 6,23 steht: »Denn der Lohn der Sünde ist der Tod.« Das bedeutet, dass eine ewige Trennung von Gott nach dem Tod für jeden Menschen unumgänglich ist.

Doch Gott möchte enge Gemeinschaft mit uns Menschen haben, und daher ist Jesus Christus stellvertretend für die Schuld jedes einzelnen Menschen am Kreuz gestorben und wiederauferstanden. Wenn wir dies glauben, so reinigt Gott unser Herz, die Bibel nennt dies Vergebung. Doch weil das nicht automatisch passiert, muss sich jeder Mensch persönlich dafür entscheiden.

Ann-Christin Bernack

? Wie viel ist Ihnen die Reinigung Ihres Herzens vor Gott wert?

! Ein gereinigtes Herz befähigt zu einem Leben, an dem nicht nur Gott, sondern auch unsere Mitmenschen Freude haben können.

✝ Matthäus 8,1-4

Sie sollen die Wahrheit erkennen, die der Ehrfurcht vor Gott entspricht. Es ist wegen der Hoffnung auf das ewige Leben, das Gott schon vor dem Anfang der Zeit versprochen hat – und er lügt nie.

TITUS 1,1-2

Unangenehm überrascht

Bei einem Einkauf in einem Lebensmittelmarkt wurden wir unangenehm überrascht. Nachdem wir eine größere Menge Fleisch für eine Geburtstagsfeier vorbestellt hatten, schlenderten wir durch das Geschäft. Dabei erblickten wir ein äußerst günstiges Angebot für ein Marken-Waschmittel. Auf dem Preisschild wurde es für 19,99 Euro angeboten. Also rein damit in den Einkaufswagen. An der Kasse kam die Ernüchterung. Auf der Rechnung wurden 24,99 Euro ausgewiesen. Wir reklamierten. Die Filialleiterin berief sich auf ein kleingedrucktes Datum auf dem Preisschild und behauptete, dass die Aktion bereits abgelaufen sei und wir kein Anrecht auf den Aktionspreis mehr hätten. Ja, man muss eben in der heutigen Zeit immer mehr darauf bedacht sein, auch das Kleingedruckte zu lesen.

Ich bin sehr froh, dass es mit den geschriebenen und gedruckten Ziffern und Worten der Heiligen Schrift, der Bibel, anders ist. In ihr gibt es kein »Kleingedrucktes«. Alle Worte Gottes sind offen aufgedeckt. Gott verschweigt nichts. Er ändert auch im Nachhinein nichts. Es ist so, und es wird so sein, wie er gesagt und versprochen hat. Sein Wort ist absolute Wahrheit und daher zuverlässig.

Wenn jemand sagt: »Das darf man heute nicht mehr so annehmen, wie es geschrieben steht; heute muss man das anders verstehen; das gilt für die Zeit und für die Menschen von damals, aber nicht mehr für uns«, dann ist das falsch. Denn Gott ändert seine Meinung nicht. Er selbst verändert sich nicht. Bei Gott werden wir keine Überraschung erleben, dass sein Angebot nicht mehr gilt. Allerdings können wir durchaus den Zeitpunkt verpassen, es rechtzeitig zu nutzen. Es ist wichtig, dass wir ihm unser Herz öffnen, wenn wir in der Bibel seine Worte lesen. Er will uns den Weg zu ihm zeigen.

Sebastian Weißbacher

? Was ist Ihnen aus der Bibel über Gott und sein Heil für uns Menschen bekannt und verständlich?

! Nehmen Sie sich genügend Zeit, Gottes ewige Worte zu lesen – und richten Sie sich danach!

† Lukas 6,46-49

Siehe, zum Heil wurde mir bitteres Leid.

JESAJA 38,17

Das Gute an leidvollen Zeiten

Friedrich von Bodelschwingh (1831–1910) wurde einmal in einer Abstimmung mit großem Vorsprung zum bedeutendsten Bielefelder gewählt – noch vor dem Industriellen Dr. Oetker. Die von ihm gegründeten *von Bodelschwinghschen Stiftungen* sind mit mehr als 20 000 Beschäftigten das größte Sozialunternehmen Europas.

Von Bodelschwingh stammte aus einem westfälischen Adelsgeschlecht mit Verbindungen zum deutschen Kaiserhaus. Friedrich machte zunächst eine Ausbildung als Landwirt und wurde danach evangelischer Pfarrer. 1869 verloren seine Frau Ida und er innerhalb von zwölf Tagen ihre vier Kinder im Alter zwischen ein und sechs Jahren. Alle starben an Diphtherie. Tief erschüttert von diesem Schicksalsschlag schrieb von Bodelschwingh seine Empfindungen unter dem Titel »Vom Leben und Sterben vier seliger Kinder« nieder. Sein Trost war, über dieses Leben hinauszublicken. Sein ältester Sohn Ernst z. B. betete in seinen letzten Tagen immer wieder einen von Zinzendorf gedichteten Vers: »Christi Blut und Gerechtigkeit, / das ist mein Schmuck und Ehrenkleid. / Damit will ich vor Gott bestehn, / wenn ich zum Himmel werd eingehn.« Dennoch saß der Schmerz tief. »Damals«, so schrieb von Bodelschwingh, »merkte ich erst, wie hart Gott gegen Menschen sein kann, und darüber bin ich barmherzig geworden.« Wenige Jahre später, 1872, wurde er Leiter einer Einrichtung für an Epilepsie Erkrankte. Unter seinem Einsatz wurde daraus das weltbekannte Bethel, eine Zuflucht für Tausende von Kranken, Behinderten und Obdachlosen.

Das Leben von Bodelschwingh ist eine Veranschaulichung der Tatsache, dass harte Schicksalsschläge uns Gott gegenüber nicht bitter machen müssen, sondern unserer Gottesbeziehung eine neue Tiefe und Dimension geben können.

Gerrit Alberts

? Was macht Leid mit Ihnen?

! Gott ist der große Tröster.

† Offenbarung 21,1-4

Geh hin zur Ameise, ... sieh ihre Wege an und werde weise! ... Sie bereitet im Sommer ihr Brot, sammelt in der Ernte ihre Nahrung.

SPRÜCHE 6,6-8

Zur rechten Zeit fleißig sein!

Große Ameisen, die viel Nahrung sammeln, gibt es vor allem im Morgenland. Unser einheimisches Beispiel für Fleiß wären wohl die Bienen. Sie nutzen ihre kurze Lebenszeit, um für ihr Volk das Überleben zu sichern. Für die Erzeugung von 1 kg Honig müsste eine einzelne Biene etwa 100 000 km fliegen und 150 Millionen Blüten besuchen. Zum Glück gehören zu einem gesunden Volk jedoch zwischen dreißig- und hunderttausend Tierchen.

Von den Bienen können wir lernen, die Hauptzeit des Blühens intensiv zu nutzen. Wie schade ist es, wenn wir unseren **Frühling**, also die Jugend, vertändeln und verspielen oder unseren aufnahmefähigen Verstand nicht sinnvoll befüllen! Falls Sie sich in diesem Alter befinden, möchte ich Sie ermutigen, sich darüber einmal Gedanken zu machen.

Wenn wir schon im **Sommer** unseres Lebens angekommen sind, haben wir die Verantwortung für unsere Kinder. Verantwortungsvolle Eltern werden ihren Kindern so früh wie möglich mancherlei Anreize zum Lernen bieten, ohne dass es in einer Dressur ausartet. Am meisten helfen wir unseren Kindern, wenn wir sie durch Lieder, Kinderbibeln und Co. mit Gottes Gedanken vertraut machen. Diese Dinge können ihnen ein Leben lang Sinn und Hoffnung geben. Denn schließlich haben wir als Eltern auch die Verantwortung, die Maßstäbe für verantwortungsbewusstes Handeln zu setzen und vorzuleben.

Und auch im **Herbst** des Lebens können wir von der Biene lernen, die bis zu ihrem letzten Lebenstag fleißig bleibt. Im Älterwerden ist es gut, wenn man gelernt hat, dass unser Leben auf dieser Welt nicht die gesamte Realität darstellt, sondern dass es für jeden, der an Jesus Christus als seinen Retter glaubt, ein Vaterhaus im Himmel gibt. Wäre es da nicht schlimm, einmal ohne diese Hoffnung sterben zu müssen?

Hermann Grabe

? Wie blicken Sie auf unsere Welt und auf Ihr Leben?

! Der Frühling des Lebens ist schneller vorbei als gedacht.

✝ Prediger 11,9–12,8

Ja, Gott hat beschlossen, mit der ganzen Fülle seines Wesens in ihm zu wohnen und durch ihn das ganze Universum mit sich zu versöhnen.

KOLOSSER 1,19-20

Ist Jesus Gott?

Diese Frage, die auf den ersten Blick wie eine theologische Spitzfindigkeit aussieht, ist jedoch von grundlegender Bedeutung für den Glauben der Christen durch alle Jahrhunderte bis heute. Am 25. Juli 324, also heute vor 1700 Jahren, endete das erste Konzil von Nicäa (nahe dem heutigen Istanbul) mit über 200 teilnehmenden Bischöfen und deren Entourage. Hauptthema war die Eingangsfrage von oben. Ähnlich einer heute üblichen Abschlussresolution bei großen Konferenzen gab es als Ergebnis die Lehrentscheidung, in der die Wesensgleichheit Jesu mit Gott dem Vater und dem Heiligen Geist in Übereinstimmung mit dem Zeugnis der Bibel festgeschrieben wurde. Notwendig wurde dieses Konzil, weil u.a. Arius von Alexandria mit seiner platonischen Vorstellung des Monotheismus Jesus Christus nur die »Rolle des vornehmsten aller Geschöpfe« zuwies. Die Verbreitung dieser Vorstellung drohte die frühe Christenheit zu spalten. Kaiser Konstantin I. war, nach dem Sieg gegen den oströmischen Kaiser Licinius ein Jahr zuvor, Herrscher über das gesamte römische Imperium geworden. In dieser Rolle sah er sich von Gott berufen, die Einheit der Lehre durch die Einberufung dieses Konzils wiederherzustellen.

Warum ist die Göttlichkeit Jesu Christi so entscheidend? Nur der heilige, sündlose Gott in realer Menschengestalt war in der Lage, dieses einmalige, ewig gültige, stellvertretende Opfer am Kreuz vor den Toren Jerusalems zu vollbringen. Ein Mensch, so vorbildlich er auch sein mochte, reichte dafür genauso wenig aus wie die täglichen Tieropfer im Alten Testament. Nur Gott selbst in seinem Sohn konnte ein vollkommenes Opfer stellen, das wirklich Sünde sühnen konnte. Und durch den persönlichen Glauben an seinen Sohn bietet Gott nun jedem Menschen aus allen Völkern und Jahrhunderten diese Erlösung an.

Bernhard Czech

? Haben Sie schon eine persönliche Beziehung zu diesem einzigartigen, dreieinen Gott?

! Durch das Lesen in der Bibel kann man ihn kennenlernen.

† Kolosser 1,15-23

»Ich will dir den Weg zeigen, den du gehen sollst. Ich will dir raten und dich behüten.« Sei nicht wie ein unvernünftiges Pferd oder Maultier, das Gebiss und Zaumzeug braucht, damit es folgt.

PSALM 32,8-9

Gott willig folgen

In einer Legende wird von einem Landwirt erzählt, der eines Abends mit seinen zehn Eseln vom Feld kam. Er band neun seiner Esel an Pflöcken vor dem Hof fest, aber das zehnte Seil hatte er verloren. Da kam ein Rabbi vorbei. Der Landwirt fragte ihn, was er denn tun solle, damit der Esel nicht wegläuft. »Du musst nur die gleiche Bewegung machen, als ob du den Esel festbindest – das ist alles.« Der Landwirt tat, wie ihm geraten wurde. Als der nächste Tag anbrach, stand der Esel noch brav im Hof. Freudig machte der Bauer die anderen neun Esel los und wollte wieder aufs Feld. Der zehnte Esel aber weigerte sich mitzugehen. Alles Ziehen und Schimpfen half nicht. Der Landwirt suchte den Rabbi auf und bat ihn um Rat. Dieser fragte ihn: »Hast du den Esel wieder losgebunden?« – »Er ist doch gar nicht festgebunden!« – »Das weißt du, aber der Esel weiß es nicht. Er denkt, dass er immer noch festgebunden ist«, sagte der Rabbi lächelnd. Daraufhin tat der Landwirt so, als ob er das Seil lösen würde. Kaum hatte er das getan, da lief der Esel brav mit auf das Feld.

Für mich hat diese Geschichte einen gewissen Charme, denn sie zeigt, wie viel Weisheit und Geduld im Umgang mit Tieren wie auch mit Menschen oft nötig sind. Im Tagesvers geht es darum, dass uns Gott zeigen möchte, welcher Weg gut für uns ist. Dagegen steht, dass der Mensch sich dann oft wie ein störrischer Esel gebärdet und sich sträubt, statt willig zu folgen. Ja, oft geht es sogar noch weiter. Mancher lebt lieber in völliger Abkehr von Gott, ohne zu beachten, dass er sich damit seiner Güte und Gnade beraubt. Doch Gott hat durch Jesus Christus gezeigt, dass er in Liebe jedem nachgeht und sein Angebot aufrechterhält. Nur muss der Mensch es auch annehmen. *Stefan Taube*

? Was müsste geschehen, damit Sie aus freien Stücken Gott willig folgen?

! Der Entschluss, dem zu vertrauen, der uns wahres Leben geben will, eröffnet ungeahnte Perspektiven.

† 1. Mose 17,1-8

Du Mensch, ich habe dich zum Wächter für das Volk Israel bestimmt. Du sollst mir gut zuhören, wenn ich dir eine Botschaft gebe, und ... in meinem Auftrag warnen!

HESEKIEL 3,17

Great Danger – Walk Quickly!

Ein Familienurlaub führte uns nach Kreta. Wir beschlossen, die Samariaschlucht zu durchwandern, ein anstrengendes, aber lohnenswertes Naturerlebnis. Rechts und links der Schlucht ragen die Felswände bis zu 600 m hoch. An besonders engen Stellen besteht die Gefahr, dass von oben Gesteinsbrocken herunterfallen. Davor warnen an diesen exponierten Punkten der rund 17 km langen Schlucht Schilder: Mit den Worten »Great Danger – Walk Quickly«, also »Große Gefahr – geh schnell«, sollen die zahlreichen Besucher auf das bestehende Risiko hingewiesen werden. Ob der Rat, möglichst zügig zu gehen, ein wirksamer Schutz gegen den drohenden Steinschlag ist, sei dahingestellt. Aber die Verantwortlichen für diese Schlucht werden dadurch jedenfalls ihrer Verantwortung gerecht, die Wanderer zu warnen, damit diese sich durch ihr Verhalten auf diese Gefahr einstellen können. Keiner der Besucher kann später sagen: Das habe ich nicht gewusst. Hättet Ihr mich mal gewarnt.

Ein wenig wie in jener Schlucht ist es mit diesem Kalender: Jeder Artikel ist wie ein kleines Schild auf dem Lebensweg. Es weist den Leser Tag für Tag, Jahr um Jahr, darauf hin, dass ein Leben ohne Gott »Great Danger«, also große Gefahr bedeutet. Wenn man sich nicht auf diese Gefahr einstellt und reagiert, endet das Leben in einer ewigen Katastrophe. Hier hilft es auch nicht, einfach das Lebenstempo zu beschleunigen. Denn das Leben führt – ob langsam oder schnell gelebt – in jedem Fall zum Tod. Bis dahin muss das Verhältnis mit Gott geklärt sein, man muss umkehren und mit ihm Frieden machen. Das geht, weil Jesus diesen Notausgang für uns eröffnet hat. Keiner soll sagen können: Das habe ich nicht gewusst. Hättet Ihr mich mal gewarnt!

Markus Majonica

? Warum sind Warner oft unbeliebt?

! Wenn Gott warnt, meint er es gut.

✝ Hesekiel 3,16-21

Wie es den Menschen bestimmt ist, einmal zu sterben, danach aber das Gericht, so wird auch der Christus, nachdem er einmal geopfert worden ist, ... denen zum Heil erscheinen, die ihn erwarten.

HEBRÄER 9,27-28

Der letzte Arbeitstag

Einer der beiden Hausmeister unserer Schule ging in Rente. Ich traf ihn an seinem letzten Arbeitstag, einem Montag, und sah Wehmut in seinen Augen. »Tja«, meinte er, »das ist schon ein komisches Gefühl, wenn gleich Feierabend ist, und dann ist schon die ganze Woche rum.«

Der Ruhestand ist der letzte Lebensabschnitt. Vielen Menschen erscheint es wohl wie eine Nebelwand in ihrem Leben, die vor ihnen liegt, und irgendwo darin befindet sich ein Endpunkt, das Lebensende. Die Frage ist: Was kommt dann? Das ewige Leben oder gar nichts, oder was sonst? Solange wir noch im Berufsleben stehen und sehr beschäftigt sind, ist es vielleicht möglich, dieser Frage auszuweichen. Doch im Ruhestand gibt es weniger Ablenkung, dafür aber zunehmend körperliche Beschwerden, Krankheiten und Schmerzen. Da hält man schon eher inne mit dem vielleicht bangen Blick auf das, was noch kommt. Gott spricht zu jedem Menschen vernehmbar mindestens dreimal (Hiob 33,14.29-30). Vielleicht hat Gott bereits zu Ihnen bereits gesprochen und wird es vielleicht noch einmal tun. Es wäre fatal, wenn man darauf nicht eingeht und mit ihm klärt, was zu klären ist, bevor das Leben zu Ende geht.

Auf die Menschen, die zu Jesus Christus gehören, wartet nach der Bibel am Ende ihres Lebens kein endgültiges Ende, sondern sie gelangen ins Paradies zu ihrem Herrn Jesus Christus (Philipper 1,23). Auf die Menschen, die nicht zu Jesus Christus gehören, weil sie es nicht wollten, wartet am Ende ihres Lebens etwas Schlimmes. Sie kommen an einen Ort der Qual (Lukas 16,28), wo sie auf das Gericht am Ende der Zeit warten. Dort werden sie von Gott nach ihren Taten gerichtet und ins ewige Feuer geworfen werden (Offenbarung 20,12-15). *Thomas Müller*

? Sind Sie bereit, sich der Frage nach Ihrer Ewigkeit zu stellen?

! Man kann seinen Ruhestand so nutzen, dass man nicht zu denen gehört, die am Ende gerichtet werden.

† Johannes 11,25-27

Auch wenn ich wandere im Tal des Todesschattens, fürchte ich nichts Übles, denn du bist bei mir; dein Stecken und dein Stab, sie trösten mich.

PSALM 23,4

Ausgesetzt ohne Kompass

In früheren Zeiten war es eine durchaus übliche Bestrafung für Seemänner, die sich eines Vergehens schuldig gemacht hatten, dass man sie ohne Kompass und Karte auf einer einsamen Insel aussetzte. Das kam natürlich meist einem Todesurteil gleich. Für den Weg nach Hause – vorausgesetzt, dass ein Boot zur Verfügung stand – hatten sie ja nur noch die Sonne und die Sterne als Orientierungshilfe.

Solche Bestrafungsrituale sind natürlich längst Vergangenheit. Aber das Leben kann uns auch heute in Situationen führen, in denen es im übertragenen Sinne ums Überleben geht. Situationen, in denen wir absolutes Neuland betreten und in denen uns weder die Kompass- noch die Landkarten-App unseres Handys weiterhelfen können. Da ist plötzlich die niederschmetternde Diagnose, die bei einem ärztlichen Routine-Check herauskommt. Da ist der Tod einer nahestehenden Person. Oder schlicht der Verlust eines als sicher geglaubten Arbeitsplatzes. In solchen Momenten kann man sich orientierungs- und hilflos fühlen, so als wäre man gerade ohne Kompass oder Ähnliches im Dschungel oder eben auf einer einsamen Insel ausgesetzt worden.

Dem Schreiber unseres Tagesverses waren solche Krisen wohl ebenfalls vertraut. Doch er wusste jemanden an seiner Seite, der selbst im Schlimmsten bei ihm blieb und ihm Trost schenkte. Der ihm Kraft gab durchzuhalten, bis wieder Licht am Horizont schien. Es war kein Geringerer als der allmächtige Gott, der seine Kinder in dieser Welt und somit auch in all den hier begegnenden Problemen niemals alleinlässt. Wenn wir den guten Hirten an unserer Seite wissen, dann bekommen wir Kraft für jeden einzelnen Tag und die Orientierung, die wir brauchen. Das kann auch heute noch jeder erleben, der sich zu Gott wendet und sich ihm anvertraut. *Stefan Nietzke*

? Droht Ihnen auch dieser Todesschatten?

! Zögern Sie nicht, die Hilfe des guten Hirten in Anspruch zu nehmen!

† Psalm 23

Größere Liebe hat niemand als die, dass er sein Leben hingibt für seine Freunde. Ihr seid meine Freunde, wenn ihr tut, was ich euch gebiete.

JOHANNES 15,13-14

Der unsichtbare Freund

Ich war als Kind etwas kräftiger als die anderen Kinder, weshalb ich schon im Kindergarten gemobbt wurde. Schließlich mochte ich gar nicht mehr hingehen, weil ich keine Freundinnen hatte. Stattdessen wartete ich sehnsüchtig auf die Einschulung. Am Anfang war es schön, in einer neuen Umgebung zu sein und mit Kindern zu spielen, die mich wegen meines Dickseins nicht mobbten. Jedoch stellte sich sehr bald heraus, dass Kinder immer einen Grund finden können, jemanden zu schikanieren! Da mir das Lernen Spaß machte, bekam ich viele gute Noten. Das war anderen ein Dorn im Auge, und das Mobbing begann von Neuem. Ich musste oft hören, dass ich eine Streberin sei, meine Schultasche wurde auf die Straße geleert, und jeden Tag wurde ich beschimpft.

Da hätte ich dringend einen guten Freund gebraucht, aber es gab keinen. Deshalb »bastelte« ich mir einen fiktiven Freund, der immer für mich da war, der mir nie weh tat und mich immer liebte. Ich redete mit ihm, er hörte mir zu, verstand mich und sagte mir keine verletzenden Worte. Ich war die Einzige, die von der Existenz dieses Freundes wusste.

Seit ich erwachsen bin, habe ich einen ebenso unsichtbaren Freund, und das ist Jesus Christus. Aber es gibt doch zwei wichtige Unterschiede zu meinem »Freund« von früher. Zum einen ist Jesus real und kein Fantasiegebilde. Ich kann ihn zwar nicht sehen, aber ich erlebe ihn und lerne ihn durch die Bibel immer besser kennen. Ein zweiter Unterschied: Dieser Freund ist nicht nur für mich da, sondern alle Menschen können ihn kennenlernen. Wenn man ihn sucht, lässt er sich finden, denn er möchte in einer Beziehung mit uns leben. Er ist ein echter Freund, der bedingungslos liebt. Das hat er bewiesen, indem er sein eigenes Leben gab, um uns Menschen zu retten.

Beatrix Weißbacher

Haben Sie so einen Freund, der immer bei Ihnen ist?

Lernen auch Sie Jesus Christus als verlässlichen Freund kennen.

Johannes 1,35-51

Das, was war, ist das, was wieder sein wird. Und das, was getan wurde, ist das, was wieder getan wird. Und es gibt gar nichts Neues unter der Sonne.

PREDIGER 1,9

Nichts Neues unter der Sonne?

Ist der Mensch heute noch genauso wie vor Tausenden Jahren? Haben wir uns weiterentwickelt? Sind wir gebildeter oder intelligenter geworden? Oder gibt es tatsächlich »nichts Neues unter der Sonne«, wie der Tagesvers, der vor rund 3000 Jahren niedergeschrieben wurde, uns sagt?

Es gibt wissenschaftliche Untersuchungen, die behaupten, dass der durchschnittliche Bürger Athens um 1000 v. Chr. heute zu den klügsten Köpfen der Gegenwart gehören würde. Andererseits gibt es Untersuchungen, die belegen, dass sich der Wortschatz und die Anzahl der täglich benutzten Wörter in den letzten 100 Jahren deutlich erhöht hat. Gibt es nun einen Fortschritt oder nicht?

Die Bücher des Neuen Testaments sind etwa 2000 Jahre alt, die des Alten Testaments noch deutlich älter. Wie sich die Schreiber damals ausgedrückt haben, ist wohl unnachahmlich und zeugt von großer Schreibkunst. Das alttestamentliche Buch »Hiob«, das vielleicht älteste Buch der Bibel, wird auch außerhalb christlicher Kreise als literarisches Meisterwerk angesehen; die »Hiobsbotschaft« ist sogar sprichwörtlich geworden. Der neutestamentliche 1. Brief des Apostel Paulus an die Korinther verfügt über 437 Verse und ca. 9000 Wörter und nimmt etwa 13 DIN-A4-Seiten auf dem PC ein. Wer von uns hat jemals einen so langen Brief oder eine so lange E-Mail geschrieben?

Lesen wir von den Problemen der Menschen damals, von ihren Anfechtungen und Schwierigkeiten im Umgang miteinander, so fühlen wir uns sofort in unsere heutige Zeit versetzt. Die Bibel zeichnet ein Spiegelbild der Gesellschaft von damals, das heute immer noch topaktuell ist! Denn der Mensch hat sich in seinem Wesen kaum verändert. Was seinen Kern betrifft, gibt es tatsächlich »nichts Neues unter der Sonne«.

Axel Schneider

? Welchen Schluss müsste man daraus ziehen?

! Wir haben das, was in der Bibel in Bezug auf die Erlösung des Menschen geschrieben steht, auch heute noch dringend nötig.

† Prediger 1

Und Gott schuf den Menschen zu seinem Bilde, zum Bilde Gottes schuf er ihn; und schuf sie als Mann und Frau. Und Gott segnete sie und sprach zu ihnen: Seid fruchtbar und mehret euch …!

1. MOSE 1,27-28

Das Wunder der geschlechtlichen Vermehrung

Nach der Evolutionslehre ist die geschlechtliche Vermehrung eine »Erfindung« der Evolution. Die Bibel hingegen sagt, dass es Gottes Erfindung ist (siehe Tagesvers). Welche Idee passt zur beobachteten Wirklichkeit?

Die sexuelle Fortpflanzung kann nicht durch einen Evolutionsprozess beginnen. Sie wäre doch nur möglich, wenn beide Geschlechter gleichzeitig über fertige voll funktionsfähige Organe verfügten. Bei der Evolution gibt es aber definitionsgemäß keine lenkenden, zielorientiert planenden Strategien. Wie sollte eine Entwicklung der dazu notwendigen Organe über Tausende von Generationen geschehen, wenn die Lebewesen sich gar nicht ohne diese Organe vermehren können? Wenn aber die langsame Entwicklung auszuschließen ist, wie könnten dann so unterschiedliche und zudem komplexe Organe, die bis in die letzten Details aufeinander abgestimmt sein müssen, plötzlich auftreten? Außerdem müssten sie noch ortsgleich verfügbar sein.

Bei der großen Anzahl unterschiedlicher Lebewesen, die sich geschlechtlich vermehren (z. B. Tausende von Insekten- und Säugetierarten), ist auch eine entsprechende Vielfalt unterschiedlich strukturierter Geschlechtsorgane erforderlich, die hierfür sehr spezifische Erbinformationen benötigen. Selbst wenn wir annähmen, die geschlechtliche Vermehrung sei ein einziges Mal durch Zufall geschehen, dann würde bei der Durchmischung des Erbguts keine prinzipiell neue Information entstehen, die für andere Arten verwendbar wäre. Demzufolge müsste die Sexualität entsprechend oft immer wieder neu durch Zufall »erfunden« werden. Das aber ist unmöglich! *Werner Gitt*

Können Sie der Bibel in allem glauben?

Die Aussagen der Bibel sind unumstößlich und vertrauenswürdig.

2. Samuel 7,28

Denn so hat Gott die Welt geliebt, dass er seinen einzigen Sohn gab, damit jeder, der an ihn glaubt, nicht verloren geht, sondern ewiges Leben hat.

JOHANNES 3,16

Wenn einer eine Reise tut …

Es war meine erste Flugreise nach Übersee. Zunächst nach Kanada zu meinem Vater und von dort in die USA zu meinen in Mississippi lebenden Geschwistern. Eine weite Reise, und es war spannend. Ich war aufgeregt, wie selten in meinem Leben. Ein Jahr vorher wusste ich von meinen Geschwistern so gut wie gar nichts. Es sind Kinder meiner Mutter. Mutter habe ich mit 16 Jahren das erste und das letzte Mal gesehen. Wie sie nach Amerika kam, ist eine andere Geschichte. Es war schon ein komisches Gefühl und ziemlich aufregend, nun endlich meine Geschwister zu sehen.

Ich kannte meine Geschwister nur von Briefen, die wir uns im vergangenen Jahr geschrieben haben. Von einem meiner Brüder wusste ich, dass er an Jesus Christus glaubt. Es war mir ein großes Anliegen, auch den anderen Geschwistern von meinem Glauben an Jesus zu erzählen. Dem Sohn Gottes hatte ich als junger Mensch mein Leben anvertraut, ihn in mein Leben aufgenommen. Mein größter Wunsch war es nun, dass auch meine Familie in den USA zum Glauben an den Herrn Jesus findet. Liebevoll wurde ich von ihnen empfangen. Es war schön, sie kennenzulernen, mit ihnen Gemeinschaft zu haben. Wir haben geredet, sind zum Gottesdienst gegangen. Eine meiner Schwestern konnte es nicht fassen. »Wieso liebt Gott gerade mich? Ich liebe Drogen, Alkohol und Rock'n'Roll, da kann Gott mich doch nicht lieben!«, meinte sie. Ich sagte ihr, dass ich sie liebe und meine Liebe lange nicht so groß sei wie die Liebe Gottes.

Gott hat seinen eigenen Sohn für uns auf diese Erde gesandt. Jesus ist für meine Sünden ans Kreuz gegangen und hat für meine Schuld vor Gott bezahlt. Diese unfassbar große Liebe Gottes gilt für jeden Menschen, auch für meine Geschwister – und auch für Sie!

Joschi Frühstück

? Haben Sie schon diese große Liebe in Jesus Christus erfahren?

! Es lohnt sich darüber nachzudenken, denn im Leben jetzt entscheidet sich, wo man seine Ewigkeit verbringt.

† 1. Timotheus 2,1-7

Mancher Weg erscheint einem Menschen gerade, aber das Ende davon sind Wege des Todes.

SPRÜCHE 14,12

Zu kurz gedacht

Die Familie freute sich auf den Urlaub auf Mallorca. Dumm war nur, dass das Packen so lange dauerte. Irgendwann realisierte der Vater, dass sie es nicht mehr rechtzeitig zum Flughafen schaffen würden. Panisch geworden, griff er zu einem ungewöhnlichen Mittel: Er rief die Fluggesellschaft an und gab eine Bombenwarnung für seine Maschine ab. Tatsächlich konnte der Flug so erst Stunden später starten – allerdings ohne die Familie, denn der Vater war bereits festgenommen worden, weil die Polizei den anonymen Anruf sofort zurückverfolgt hatte.

Als ich diese Geschichte im Internet las, musste ich schmunzeln. Wie verrückt muss man sein, um auf so eine Idee zu kommen! Andererseits hatte ich etwas Mitleid mit dem gestressten Familienvater, denn turbulente Aufbruchsituationen kennen wir bei uns zu Hause ebenfalls. Und auch in meinem Leben suche ich manchmal, wenn der Druck steigt, eine schnelle Problemlösung, ohne an die langfristigen Folgen zu denken. Hauptsache sofortige Erleichterung! So beginnt übrigens jede Sucht.

Der Glaube an Gott ist etwas ganz anderes. Hier geht es nicht um schnelle Lösungen, die hinterher einen neuen Berg von Problemen mit sich bringen. Gott lockt uns nicht mit einfachen Auswegen, die nachher in neuen Abhängigkeiten münden. Sein Wort redet vielmehr Klartext und mutet uns die unbequeme Wahrheit zu, dass wir Sünder und ohne seine Hilfe verloren sind. Gottes Lösung verlangt, dass wir ihm unsere Schuld bekennen und dann mit seiner Hilfe unser Leben Stück für Stück in Ordnung bringen! Das ist nicht immer leicht und tut auch manchmal weh, führt aber letztlich zum Ziel. Eigene Abkürzungen und verzweifelte Selbsthilfeversuche hingegen machen alles nur noch schlimmer.

Elisabeth Weise

? Wo versuchen Sie, Ihre Lebensprobleme auf krummen Wegen selbst zu lösen?

! Nur wer ehrlich wird vor Gott, findet nachhaltige Hilfe.

Psalm 32

Wer am Geld hängt, wird davon nie genug kriegen, und wer den Wohlstand liebt, wird immer von der Gier nach mehr getrieben werden. Auch dies alles ist so sinnlos!

PREDIGER 5,9

»Gier frisst Hirn«

Mit diesen drastischen Worten beschreibt der wichtigste Kronzeuge im Cum-Ex-Prozess die Logik, mit der ein Netzwerk von Hunderten Akteuren aus der Finanzindustrie im In- und Ausland den bisher größten Steuerskandal der Bundesrepublik verursachte. Die Schadensumme, die dem deutschen Fiskus entgangen ist, beläuft sich auf mindestens 12 Milliarden Euro. Man machte sich eine Gesetzeslücke zunutze, die dieses »Geschäftsmodell« nicht explizit verbietet. Dabei versteht bereits ein Grundschüler, dass es nicht rechtens sein kann, sich Steuern erstatten zu lassen, die man nie bezahlt hat. Selbst nach Schließen dieser Gesetzeslücke im Jahr 2012, ging das »Geschäft« munter weiter, da die kriminelle Energie der Profiteure zu kreativen, immer komplexeren und somit kaum noch nachvollziehbaren Transaktionen geführt haben, sodass eine effektive Strafverfolgung kaum mehr möglich war. Dennoch war der erste Prozess am 4. August 2019 beim Landgericht Bonn ein wichtiger Meilenstein, der die Unrechtmäßigkeit der Cum-Ex-Geschäfte aufarbeitete.

König Salomo zeigt in unserem Eingangsvers auf, dass die Geldgier seit jeher eine Eigendynamik auslöst, sodass der Betroffene oft nicht mehr aus dem Strudel des »Immer-noch-mehr-besitzen-Wollens« aussteigen kann. So lehrt auch Jesus Christus in der Bergpredigt: »Ihr könnt nicht Gott dienen *und* dem Mammon« (Matthäus 6,24). Das Wort Mammon kommt aus dem Aramäischen (der Muttersprache Jesu) und bedeutet »Besitz« oder »Vermögen«. Wegen des Suchtfaktors, den Vermögen auslösen kann, hat Jesus den Mammon als einen Gegenspieler Gottes personifiziert. Leider hindert der Mammon bis zum heutigen Tag viele Menschen daran, zu Gott umzukehren und ihm allein zu dienen.

Bernhard Czech

? Dienen Sie Gott oder dem Geld?

! Die klare Entscheidung, ab heute Gott zu dienen, hat Auswirkung auf Ihre Ewigkeit.

† Matthäus 6,19-34

Durch Glauben war Abraham, als er gerufen wurde, gehorsam, auszuziehen an den Ort, den er zum Erbteil empfangen sollte, und er zog aus, ohne zu wissen, wohin er komme.

HEBRÄER 11,8

Was gefiel Gott an Abraham?

Bevor Abraham »den Gott der Herrlichkeit« (Apostelgeschichte 7,2) gesehen hatte, hätte er es, wie alle seine Bekannten, für völlig unsinnig gehalten, als Viehzüchter die saftigen Weiden des Zweistromlandes, wo die Familie seines Vaters lebte, zu verlassen. Doch nachdem Gott ihn gerufen hatte, war Abraham Gott gehorsam. Er packte alles, was er hatte, zusammen und zog los. Hätte ihn jemand gefragt, wohin er denn reise, so hätte er antworten müssen, er wisse es nicht.

Schritte im Vertrauen erscheinen manchmal wie eine Torheit oder wie ein »Sprung ins Ungewisse«, während sie dem Glaubenden jedoch als die einzig denkbare Option vorkommen. Sie können allerdings nur unter der Voraussetzung gelebt werden, dass die Entscheidung im Vertrauen auf Gott getroffen wurde und man sich von Gott getragen weiß. Deshalb garantierte dieser erste Schritt im Glauben nicht, dass Abraham auch weiter so handelte. Denn sobald er Gottes Hand, an der er sich festhielt, losließ, wurden die Umstände so übermächtig, dass er zu Tricks greifen musste, die sogar die Ungläubigen für unwürdig hielten. Aber Abraham durfte immer wieder zu Gott zurückfinden und uns dadurch zeigen, was es bedeutet, an eine Zukunft im Himmel zu glauben (Hebräer 11,9-10), die Gott für den Glaubenden bereithält. Dann kann man nämlich auf unmittelbare und sogar berechtigte Vorteile verzichten und Frieden bewahren, wo es sonst hässlichen Streit gegeben hätte.

Sogar als Gott Abraham verhieß, er werde als Hundertjähriger endlich Vater werden, glaubte er es, und Gott rechnete es ihm zur Gerechtigkeit. So ist Abraham für unzählige Generationen nach ihm zu einem großen Vorbild für echten und nachhaltigen Glauben geworden. Folgen doch auch wir seinem Beispiel!

Hermann Grabe

? Wie reagieren Sie, wenn Gott Sie ruft?

! Glauben heißt Gott zu vertrauen, auch wenn alles dagegensprechen sollte.

Hebräer 11,8-19

Da sagte Jesus zu ihr: »Ich bin die Auferstehung und das Leben. Wer an mich glaubt, wird leben, auch wenn er stirbt. Und wer lebt und an mich glaubt, wird niemals sterben. Glaubst du das?«

JOHANNES 11,25-26

Ewig jung bleiben?

Die Lebenserwartung der Menschen in den Industrieländern hat sich im vergangenen Jahrhundert fast verdoppelt, und wir bleiben länger gesund und fit als es Gleichaltrige vor Jahrzehnten noch waren. Längst hat sich unser Lebensgefühl von unserem tatsächlichen Lebensalter gelöst.

Doch nur mehr Gesundheit und Fitness im Alter war gestern, heute wollen wir mehr: wir wollen ewig jung bleiben. Die Alternsforschung untersucht bereits, wie unsere Lebensuhr in den Rückwärtsgang versetzt werden kann. Der US-Millionär Bryan Johnson treibt diese Philosophie auf die Spitze, indem er seine biologische Uhr um jeden Preis zurückdrehen will. Bevor er sich für einen Lebensstil der radikalen Selbstoptimierung entschied, habe er durch sein selbstzerstörerisches Verhalten den Verfall seines Körpers beschleunigt. Jetzt aber will er mit allen Mitteln die natürlichen Alterungsprozesse verlangsamen. Doch Johnson ignoriert, dass, selbst wenn es ihm gelänge, mit 70 Jahren noch wie ein 50-Jähriger auszusehen, er am Ende trotzdem sterben muss.

Jesus Christus sprach oft vom »ewigen Leben«. Damit meinte er aber nicht die ewige Jugend im Diesseits, sondern ein neues, geistliches Leben. Bei der Umkehr zu Gott geht es nicht darum, sich durch gesundheitsförderndes Verhalten selbst zu vervollkommnen, sondern es geht um eine Neugeburt, die Gott bewirkt. Das neue Leben, das Gott schenkt, behält man über den Tod hinaus. Freilich wird unser Körper trotzdem altern und am Ende sterben. Doch diesem Prozess kann man gelassen entgegensehen, denn mit dem Abschied aus dem Diesseits geht ein Gläubiger hinüber zu seinem Herrn, der ihm einen neuen, unvergänglichen Körper schenkt. Ist das nicht eine viel bessere Aussicht als jede kurzfristige Verjüngungskur?

Daniela Bernhard

? Was tun Sie, um physisch und psychisch gesund und fit zu bleiben?

! Ein gesunder Lebensstil ist lobenswert. Doch ewiges Leben gibt es nur durch den Glauben an Jesus Christus.

✝ Psalm 90

Denn das dem Gesetz Unmögliche, weil es durch das Fleisch kraftlos war, tat Gott, indem er seinen eigenen Sohn ... sandte, damit die Rechtsforderung des Gesetzes erfüllt wird.

RÖMER 8,3-4

Das tat Gott!

Heute möchte ich mich an Leserinnen und Leser wenden, die es ernst meinen mit der Religion und die gern irgendwie mit Gott ins Reine kommen wollen. Die gängigen Methoden hierbei sind folgende: Ich versuche, nach Gottes Spielregeln zu leben. Z. B. nehme ich die Zehn Gebote und versuche, diese umzusetzen: Gott lieben, den Nächsten wie mich selbst, nicht neidisch sein, usw. Für die Ehrlichen unter uns: Das gelingt nicht. Schnell erkennt man trotz aller guten Vorsätze: Gottes Regeln, das Gesetz, macht keinen guten Menschen. Das ist dem Gesetz unmöglich. Sackgasse! Aber Moment: Hat man sich denn auch schon wirklich richtig angestrengt? Seinen Körper kasteit, gefastet, meditiert, fokussiert, alles drangesetzt? Mit meinem ganzen Wesen, meinem Fleisch an die Sache herangegangen? Die Erfahrung auf diesem Weg ist: Das Fleisch ist kraftlos! Mit meinem Wollen und Können ist es ebenfalls auf Dauer nicht weit her.

Was bei einem Menschen, der es mit Gott ernst meint, nun leicht folgt, sind Frustration und vielleicht sogar Verzweiflung: Ich elender Mensch! Ich komme nicht weiter. In diese Situation spricht der Tagesvers: Was dem Gesetz unmöglich ist, weil wir Menschen kraftlos sind, d. h. nicht in der Lage, Gottes Willen zu erfüllen, was wir nicht können, tat Gott! Das nennt man eine frohe Botschaft.

Wer sich mit dem Römerbrief beschäftigt, begreift, dass Gott das aufgezeigte Dilemma kennt – und handelt. Er beauftragt seinen Sohn Jesus. Der wird Mensch und tut das, was wir Menschen nicht können: Ein Leben nach dem Willen Gottes zu leben, das Gesetz Gottes stets zu befolgen. Damit ist das Gesetz erfüllt. Wer nun seine eigenen erfolglosen Bemühungen aufgibt und an diesen Jesus glaubt, der hat Frieden mit Gott.

Markus Majonica

? Wie weit kommen Sie mit guten Vorsätzen?

! Jesus ergreifen – Verzweiflung beenden!

✝ Römer 7,7-24

Wunderbar sind deine Werke, und meine Seele erkennt das wohl!

PSALM 139,14

Dummes Kamel?

»Du Trampeltier!« – »Du dummes Kamel!« Kamele haben einen schlechten Ruf. Dabei sind die Tiere Überlebenskünstler mit faszinierenden Fähigkeiten. Die Beschaffenheit ihres Blutes erlaubt es Dromedaren und Trampeltieren, einen Wasserverlust bis zu einem Viertel des Körpergewichts zu ertragen, ohne Schaden zu nehmen. Für einen Menschen wären bereits zehn Prozent Wasserverlust lebensgefährlich. Ein durstiges Kamel kann in nur 15 Minuten 200 Liter Wasser trinken. Zusammen mit Nährstoffen wird das Wasser in drei Vormägen mit 800 großen Speicherzellen eingelagert. Dort gespeichert steht es bis zu vier Wochen lang zur Verfügung.

Die roten Blutkörperchen der Kamele sind eine Besonderheit. Im Gegensatz zu denen anderer Säugetiere sind sie oval geformt und in der Lage, sich durch Wasseraufnahme auf etwa 250 Prozent ihres normalen Volumens auszudehnen. Eine dicke Membran verhindert, dass sie dabei platzen. Der Urin wird auf ein Fünftel des normalen Volumens verdickt, während die Fäkalien so trocken sind, dass sie sofort als Brennstoff verwendet werden können. Kamele können ihre Körpertemperatur um bis zu neun Grad verändern. Oft schwankt sie zwischen 34 Grad Celsius in der Nacht und 41 Grad in der Tageshitze. So schwitzen sie am Tag weniger und sparen ebenfalls Wasser.

Wie konnte diese erstaunliche Kombination von Merkmalen entstehen? Ein Autor des Magazins *factum* (3/2024) kommt zu der Schlussfolgerung: »Insgesamt … ist die Vorstellung, dass die ausgeklügelten Konstruktionsmerkmale alle durch die Auswahl zufälliger Mutationen entstanden sein können, wissenschaftlich nicht glaubwürdig.« Viel näherliegender ist, dass ein genialer Schöpfer dahintersteht, der sich uns nicht nur in seiner Schöpfung, sondern auch in der Bibel offenbart.

Gerrit Alberts

? Möchten Sie diesen Schöpfer-Gott gern näher kennenlernen?

! Lesen Sie in der Bibel, wie Menschen ihn erfahren haben und sich ihm mitgeteilt haben!

✝ 2. Samuel 22

Auch viele andere Zeichen hat nun zwar Jesus getan … Diese aber sind geschrieben, damit ihr glaubt, dass Jesus der Christus ist, der Sohn Gottes, und damit ihr glaubend Leben habt in seinem Namen.

JOHANNES 20,30-31

Bücher statt Telefon

Kennen Sie noch die alten gelben Telefonhäuschen? In meiner Kindheit waren sie zahlreich an vielen Stellen in den Städten und auf dem Land vorhanden. Diese ausrangierten ehemaligen Telefonzellen tauchen nun an manchen Orten wieder auf. Diesmal aber ohne Telefon, stattdessen sind in dort Regale eingebaut, die mit Büchern gefüllt sind. Was ist der Gedanke dahinter?

Viele Bücher landen durch Haushaltsauflösungen in der Altpapiertonne, denn nicht jeder macht sich die Mühe, die Bücher bei einem Antiquariat abzugeben. Hier kann man nun Bücher, die doppelt vorliegen oder nicht mehr gebraucht werden, in das Telefonhäuschen stellen. Ein anderer findet vielleicht genau das Buch, das er lange gesucht hat oder das ihn interessiert. Jeder kann sich kostenlos bedienen.

Bücher enthalten und transportieren Botschaften. Die Bibel berichtet von einem Mann namens Philippus, der aufgeregt seinem Freund Nathanael erzählt, dass er einen ganz besonderen Menschen kennengelernt hat. Es ist jemand, über den er bereits in einem Buch gelesen hat, nämlich im Alten Testament, dem ersten Teil der Bibel. Er sagt begeistert: »Wir haben den gefunden, von dem Mose in dem Gesetz geschrieben hat und die Propheten, Jesus, den Sohn des Joseph, den von Nazareth« (Johannes 1,45). Philippus war sich sicher, dass Jesus der angekündigte Retter war, weil er seine Bibel gründlich gelesen hatte. Tatsächlich wurde die ganze Bibel mit dem Zweck geschrieben, Menschen zum Glauben an Jesus Christus zu bringen. Auch dieses Andachtsbuch und viele andere christliche Bücher haben dieses Ziel. Vielleicht haben Sie ja auch schon mal in einem Telefonhäuschen ein gutes christliches Buch entdeckt. Bücher können ein Wegweiser zu Jesus sein – wir müssen sie nur lesen!

Martin Reitz

? Welches (gute) Buch haben Sie zuletzt gelesen?

! Lesen Sie vor allem Bücher, die Jesus Christus groß machen!

† Johannes 1,43-51

Meine Seele klebt am Staub; belebe mich nach deinem Wort!

PSALM 119,25

Kalte Dusche

Ich bin gerne in den Bergen. Besonders begeistert es mich, in einem eiskalten Bergsee zu baden, auch wenn ich weiß, dass mir erst einmal die Luft wegbleiben wird, weil die Kälte so beißend ist. Doch das eigentliche Erlebnis ist für mich gar nicht einmal das Bad selbst, sondern der Moment, wenn ich aus dem Wasser komme, mich abtrockne und wieder in die (warme) Kleidung schlüpfe: Die Vitalität, die Frische und die Wärme, die sich dann entwickelt, ist mir das »Schockerlebnis« wert.

Ungewollt oder auch beabsichtigt gibt es in unserem Alltag auch solche eiskalten Schockmomente: Oft geschieht dies in Form von schonungsloser und (zuweilen) unerwünschter Kritik. Hierbei besteht die Kunst darin, solchen Erfahrungen dennoch etwas Positives abzugewinnen. Experten meinen sogar, dass im Annehmen solcher »kalten Duschen« Chancen und Wachstumspotenzial für uns liegen, vor allem, wenn die Kritik tatsächlich berechtigt ist.

Das erinnert mich an Gottes Wort. Wenn ich in der Bibel Gottes Maßstab und Urteil über mich und mein Verhalten lese, gleicht dies manchmal einem eisigen Bad. Meine Reaktion ist dann schnell Ablehnung oder Vermeidung. Allerdings bedeutet Ablehnung dieses eisigen Bades auch, die anschließende Wärme und Vitalität nicht zu erleben. Denn wer sich der kalten Dusche der Wahrheit über sich selbst durch Gottes Wort nicht stellt, der wird auch die Wärme und Freude des neuen Lebens aus Gottes Wort niemals wirklich erfahren – genauso wenig wie der, der nur an einem schönen Bergsee vorbeigeht, ohne je selbst darin zu baden.

Wer aber Gottes Kritik annimmt und sein Leben danach ausrichtet, wird Gottes wärmende, vergebende Liebe und ein geistliches Wachstum erleben, das weit über jede irdische Erfahrung hinausgeht.

David Grimm

? Haben Sie schon einmal einen heilsamen Schock erlebt?

! Gott will den annehmen und verändern, der sich in sein Licht stellt.

† 2. Könige 5,1-14

Und Jesus sprach zu ihm: Heute ist diesem Haus Heil widerfahren, weil auch er ein Sohn Abrahams ist.

LUKAS 19,9

Umkehr (un)möglich?!

Gedrängel und lautes Geschrei: »Mach mal Platz! Ich will ihn auch sehen!« So stelle ich mir die Situation vor, als Jesus in Jericho einzieht. Schon vor der Stadt hatte er Blinde geheilt und auf seinem Weg dorthin einige Wundertaten getan. Sicherlich haben die Menschen sehnsüchtig seine Ankunft erwartet.

Doch ein Mann, klein und reich – er war Oberzöllner, ein Steuereintreiber und beim Volk deshalb sehr verhasst – hat ihn ganz besonders erwartet und ziemlich viel in Kauf genommen, Jesus zu sehen: Zachäus. Er kletterte dafür sogar auf einen Maulbeerfeigenbaum. Eine normale Handlung in der damaligen Zeit? Wohl kaum! Für einen erwachsenen Mann – und das war Zachäus – gehörte es sich nicht, auf Bäume zu klettern! Mögen bei uns Individualität und Gerechtigkeit hoch angesehene Werte sein, damals waren es Ehre und Würde. Und die verlor Zachäus ganz bestimmt bei seiner Kletterei. Jetzt geschieht das Unglaubliche: Jesus sieht Zachäus im Baum sitzen und lädt sich selbst zu ihm nach Hause ein. Er möchte Zachäus' Freund sein.

Nach einem nicht näher geschilderten Gespräch bei Zachäus zu Hause geschieht dann Unfassbares: Zachäus kündigt an, die Hälfte seines Vermögens an die Armen zu geben und allen, die er betrogen hat, ihren Verlust vierfach zu erstatten. Ist dies nur eine freundliche Geste? Nein! Zachäus durfte Jesus als seinen Herrn annehmen. Bei ihm hat ein Umdenken stattgefunden. Er will sein Leben jetzt nicht mehr ans Geld hängen, sondern an Jesus.

Zachäus durfte eine grundlegende Veränderung in seinem Denken erleben, weil er sein Leben Jesus Christus übergab. Das ist auch heute noch möglich. Jesus möchte uns auch heute noch von Grund auf verändern und unser Denken erneuern. Diese Veränderung wird man dann auch an ganz neuen Prioritäten sehen können. *Ann-Christin Bernack*

? Wo benötigen Sie ein Umdenken?

! Wenden Sie sich an Gott! Er kann echte Veränderung schaffen.

✝ Lukas 19,1-10

12 AUGUST
Tag der Jugend

DIENSTAG

Der Mensch und seine Frau versteckten sich vor dem Angesicht Gottes des HERRN hinter den Bäumen des Gartens. Da rief Gott der HERR den Menschen und sprach: Wo bist du?

1. MOSE 3,8-9

Digitale Flucht

Heutzutage verbringen Kinder, Jugendliche und Erwachsene täglich mehrere Stunden vor dem Bildschirm. Die Tendenz ist steigend. Die daraus resultierenden Folgen für die Intelligenz und das soziale Leben der Heranwachsenden können verheerend sein. Davor hat beispielsweise der renommierte Gehirnforscher Manfred Spitzer in seinem Spiegelbestseller »Digitale Demenz« deutlich gewarnt. Dabei stellt sich mir die Frage: Warum verbringen wir so viel Zeit vor dem Bildschirm?

Aus meiner Jugendzeit weiß ich, dass die Zeit vor dem Bildschirm unter anderem eine Flucht war. Ich sehe mich noch als Teenager, wie ich gemütlich im Sessel liegend vor dem PC hockte. Mein Vater kam von hinten an mich heran und versuchte mit mir über mein Leben zu reden. Er fragte schließlich schlicht und direkt: »Du weißt doch noch, was das Richtige ist?« – »Ja, ja«, gab ich zur Antwort und war froh, als er wieder weg war und ich in Ruhe meinen Film weiterschauen konnte. Meine Ruhe, genau das wollte ich. Ruhe vor den wirklich wichtigen Fragen des Lebens. Keineswegs wollte ich darüber nachdenken, ob mein Leben richtig gelebt ist. Oder wie es um meine Beziehung zu Gott bestellt ist. Oder was eigentlich nach dem Tod auf mich wartet. Ich floh vor der Wahrheit und einem schlechten Gewissen. Die digitale Welt war dafür ideal geeignet. Hier schaltete mein Gehirn gewissermaßen ab. Hier war ich in einer anderen Welt. Hier habe ich mich gut verstecken können. Nicht nur vor meinem Vater, sondern auch vor Gott.

Aber so wie mein Vater damals so trat auch Gott eines Tages an mich heran und fragte mich: »Wo bist du?« Und ich bin sehr glücklich, dass ich ihm nicht mehr ausgewichen bin!

Paul Wiens

? Wo verstecken Sie sich vor Gott?

! Wer nicht mehr vor Gott flieht, der findet mit ihm Gnade, Vergebung, Geborgenheit, Sinn und Ziel seines Lebens.

† Titus 3,3-7

Was die menschliche Natur erzeugt, ist offensichtlich: sexuelle Unmoral, Unsittlichkeit und Ausschweifung, … Feindseligkeit, Streit und Eifersucht, Zornausbrüche, Intrigen, Zwistigkeiten und Spaltungen …

GALATER 5,19-20

Verschmutzung

So ekelhaft habe ich mich noch nicht gefühlt. Ich lief ins Bad, wusch mir die Hände. Aber vorher bat ich Gott, mir die verschmutzten Gedanken zu reinigen. Was war passiert?

Ich war für drei Wochen zur Mutter-Kind-Kur gefahren. Dort lernten wir einen 13-jährigen Jungen kennen, der sich mit unserem Pflegekind anfreundete. Der Junge hatte im Gespräch entdeckt, dass ich gern lese. So gab er mir seinen Roman mit dem Titel »Anna«. Weil ich auch so hieße, sagte er, das würde ja passen.

Nun er war sehr verwundert, dass ich ihm schon am nächsten Morgen sein Buch zurückgab. »So schnell gelesen?«, fragte er. Seine Mutter saß auch mit am Tisch. Ich sagte: »Ich bin schon 39 Jahre verheiratet, aber so schmutzig habe ich mich noch nicht gefühlt. Ich habe nur ca. 3 Seiten in der Mitte des Buches gelesen und es dann angewidert zugeklappt. Ich bin entsetzt, dass dieser ekelhafte Roman schon ab 14 Jahren freigegeben ist. Durch die Partygeschichte junger Leute, ihre anzüglichen Reden und ihr Verhalten werden sexuelle Entgleisungen gefördert.«

Die Mutter war etwas irritiert. Sie würde sich schon auf die Altersangabe verlassen, meinte sie, denn Ben werde ja bald 14 Jahre alt. Am nächsten Tag fragte mich der Junge: »Anna, magst du mich noch?« Ich sagte ihm: »Wir sind alle Sünder vor Gott. Aber wenn wir daran glauben, dass Jesus Christus für uns gestorben ist, wenn wir ihm unsere Sünden bekennen und er uns vergibt, dann sollen wir ein heiliges und reines Leben führen und uns durch schmutzige Filme oder Bücher nicht verschmutzen. – Du nimmst doch zurzeit am Konfirmandenunterricht teil. Ich rate dir, dass du Gott deine Sünden bekennst. Da du eine Freundin hast, ist dieser Roman eine große Verführung zur Sünde.«

Anna Schulz

Gibt es auch in Ihrem Leben Quellen, die Ihren Geist, Ihren Körper und Ihre Seele verschmutzen?

Lassen Sie sich heute durch Christi Blut reinigen und wenden Sie sich dem Wort Gottes zu!

Römer 1

... und das Blut Jesu, seines Sohnes, reinigt uns von aller Sünde.

1. JOHANNES 1,7

Der Dreck geht nicht weg!

Das Wattenmeer hat viele Gesichter. Durch Ebbe und Flut entsteht hier jeden Tag innerhalb weniger Stunden eine ganz neue Welt. Unseren beiden kleinen Zwillingen (ca. ein Jahr alt) wollten wir auch einmal die Welt des Watts zeigen. Also zogen wir als Familie los, die Kinder suchten Muscheln und bestaunten die Krebse, welche die letzten nassen Stellen aufsuchten.

Schließlich setzten wir die Kinder in den feuchten Sand des Watts und schauten gespannt, was passierte. Das eine Kind konnte sich gar nicht genug mit dem dunklen Schlamm einreiben und hatte offensichtlich Spaß dabei. Sein Gegenüber aber bemerkte, dass bei der Bemühung aufzustehen die Hände dreckig wurden. Sofort unternahm unsere Tochter den Versuch, die kleinen schmutzigen Hände an ihrem Badeanzug zu säubern. Dadurch wurde nun aber der Badeanzug dreckig. Jetzt wurde sie richtig unruhig und fing an zu weinen. Panisch versuchte sie, an allen möglichen Stellen dieses dunkle eklige Etwas von sich zu entfernen, aber es wurde dadurch nur noch schlimmer. Wir mussten sie aus dieser Situation retten und haben sie mit frischem Wasser gereinigt, bis der ganze Schmutz wieder weg war.

Zu diesem Ereignis fiel mir der Vergleich mit Jesus ein. Wir Menschen befinden uns in einer ausweglosen Situation. Wir sind beschmutzt mit Sünde, und allein können wir da nicht raus. Den Dreck aus unserem Herzen bekommen wir nicht weg. Doch so, wie wir unsere Tochter aus Mitleid und Liebe aus dem Dreck zogen und abwuschen, will Jesus auch unsere Herzen säubern. Dabei ist seine Liebe aber noch viel weitreichender: Denn er bietet jedem Menschen an, sich durch ihn von jeder Schuld reinigen zu lassen. Doch so wie unsere Tochter muss man auch bereit sein, sich der Reinigung durch Jesus zu unterziehen.

Gabriel Herbert

Wohin wenden Sie sich beim Thema Schuld?

Wen Jesus reinigt, der ist ganz rein.

Matthäus 8,1-3

Der HERR ist mein Fels und meine Burg und mein Retter, mein Gott, mein Hort, bei dem ich mich berge, mein Schild und das Horn meines Heils, meine Festung.

PSALM 18,3

Krieg

Der Ukrainekrieg hat uns eindrücklich vor Augen geführt, wie zerbrechlich all unsere scheinbare Sicherheit ist. Die Marschflugkörper, Drohnen, Kampfjets und Geschütze erreichen sämtliche Ziele im ganzen Land. Überall kann von jetzt auf gleich alles verloren gehen: Haus und Hof, Beruf, Wohlstand, Gesundheit, Familie, das eigene Leben. Doch der Krieg lässt – wie Dietrich Bonhoeffer einmal schrieb – nur »in besonders drastischer und unverhüllter Form deutlich anschaulich werden, was uns seit Jahren als Wesen der ›Welt‹ immer unheimlicher deutlich wurde. Nicht erst der Krieg bringt den Tod, nicht erst der Krieg erfindet die Schmerzen und Qualen menschlicher Leiber und Seelen, nicht erst der Krieg entfesselt Lüge, Unrecht und Gewalt. Nicht erst der Krieg macht unser Dasein so völlig ungesichert und den Menschen zu dem Ohnmächtigen, der seine Wünsche und Pläne durchkreuzt und zerrissen sehen muss von ›höherer Gewalt‹.«

Wir kennen alle die Bilder vom Hochwasser im Ahrtal, von Waldbränden, Erdbeben und Tsunamis rund um die Welt. Wir kennen alle sicher jemanden, dessen Lebenspläne durch einen Unfall, eine schwere Krankheit oder den Verlust eines geliebten Menschen aus den Fugen geriet. Der Krieg macht diese Ohnmacht, die schon ohne ihn und vor ihm da ist, für uns alle, die wir unsere Verletzlichkeit so gern übersehen und verdrängen möchten, nur noch unübersehbarer.

Wer diese Realität anerkennt, hat nur zwei Möglichkeiten: Entweder die Verzweiflung – und davon sind viele unserer Zeitgenossen tatsächlich betroffen. Oder aber wir nehmen Zuflucht zu dem, der alles in seiner Hand hat: zu Gott. *Mein* Fels, *meine* Burg, *mein* Retter, *mein* Hort, *meine* Festung! Das sind die Attribute Gottes für jeden, der ihm vertraut.

Markus Majonica

? Was ist Ihre größte Sorge?

! Gottes Macht ist größer als jede höhere Gewalt.

† Matthäus 8,23-27

16 | AUGUST SAMSTAG

Nun hat zwar Gott über die Zeiten der Unwissenheit hinweggesehen, jetzt aber gebietet er allen Menschen überall, Buße zu tun, weil er … den Erdkreis in Gerechtigkeit richten wird.

APOSTELGESCHICHTE 17,30-31

Warnschilder

Nach einem anstrengenden Tag steuerte ich mit meinem Auto einen Campingplatz an. Das Navi lotste mich von der asphaltierten Hauptstraße auf einen Feldweg. Am Anfang des Weges stand ein Schild: »Achtung – Straße wird nicht von der Kommune unterhalten.« Aber zunächst sah der Weg noch in Ordnung aus, sodass ich mir nicht viel dabei dachte. Als der Weg bergab ging, zeigten sich Spurrillen, die immer tiefer wurden. Aber jetzt gab es kein Zurück mehr, denn der Weg wurde so steil und matschig, dass ich auf ihm nicht mehr bergauf hätte zurückfahren können. Die Spurrillen wurden immer »verrückter« und es war wohl mein Schutzengel, dem ich es zu verdanken hatte, dass mein Auto am Fuße des Hangs nur schlammverspritzt und ohne größere Schäden ankam. Hier unten stand das gleiche Schild wie oben, wurde aber ergänzt durch ein mehr als dreimal so großes mit der Aufschrift: »Nur Vierradantrieb, keine Pkw, keine Camper.« – ›Mensch, dieses Schild hätten sie doch auch oben hinstellen sollen!‹, dachte ich mir. ›Dort wäre es viel wichtiger, denn wenn man von unten versucht hochzufahren, sieht man ja gleich, dass man besser umdreht!‹

Nachher ist man immer schlauer, ist ein oft gesprochener Satz, wenn jemand altklug daherkommt, weil man etwas falsch gemacht hat. Ja, wie sinnvoll und hilfreich wäre es doch, wenn man vorher auf alle möglichen Gefahren und Hindernisse hingewiesen wird, damit man erst gar nicht »in die Falle tappt«. In Bezug auf unser Leben und unsere Zukunft macht jedoch die Bibel genau das. Sie warnt uns vor einem Leben ohne Gott und einer Missachtung seines Angebots der Errettung durch Glauben. Wir sollten die Warnung ernst nehmen und so bald wie möglich Gottes Angebot der Gnade in Jesus Christus in Anspruch nehmen. Sonst gibt es irgendwann kein Zurück mehr. *Thomas Pommer*

? Verdrängen Sie die Warnung vor dem kommenden Gericht?

! Die wichtigste Entscheidung im Leben ist es, Jesus Christus als Retter anzunehmen.

† Hesekiel 18,27-32

Ich sage euch: So wird Freude im Himmel sein über einen Sünder, der Buße tut.

LUKAS 15,7

Freude im Himmel

An unserer Schule machen wir jeden Morgen eine Andacht mit den Schülern. Eines Tages kam eine Schülerin in der Pause zu mir und sagte: »Ich möchte gerne Christ werden, aber ich weiß nicht richtig, wie man das macht.« Wir haben uns daraufhin ein paar Tage später in unserem »Raum der Stille« getroffen. Dort habe ich ihr anhand einiger Bibelstellen erklärt, dass wir unsere Sünden vor Gott bekennen und ihn um Vergebung bitten müssen. Wir haben uns dann hingekniet, und sie hat im Gebet ihr Leben Gott übergeben. In die Bibel, die ich ihr geschenkt habe, haben wir das Datum eingetragen, an dem dieses Gebet stattgefunden hat.

Nach wenigen Wochen kam sie wieder auf mich zu mit der Frage, was in ihrem speziellen Fall der Wille Gottes sei. Wieder haben wir ausführlich anhand der Bibel darüber gesprochen. Ich habe sie dazu ermutigt, in der Bibel zu lesen und den Kontakt zu anderen Christen zu pflegen. Das Gespräch zeigte mir, dass sie wirklich Jesus Christus nachfolgen will und das Ganze nicht nur ein Strohfeuer war. Darüber habe ich mich sehr gefreut. Aber nicht nur ich freue mich: Jesus selbst hat einmal deutlich gesagt, dass der Himmel sich freut, wenn – wie hier – ein Sünder zu Gott umkehrt (Lukas 15,7), ganz gleich, ob dieser noch jung ist oder schon alt.

Warum ist das so? Für mich drückt diese Freude im Himmel die Liebe Gottes zu uns Menschen aus. Gott hat seinen Sohn in den Tod gegeben, um unsere Lebensschuld an unserer Stelle zu bezahlen, damit jeder, der an Gottes Sohn Jesus Christus glaubt, nicht für die Ewigkeit verloren geht, sondern ewiges Leben hat. Gott freut es, wenn ein verlorener Mensch dieses großartige Liebesangebot ernst nimmt und annimmt, weil er nicht will, dass Menschen verloren gehen. *Uwe Harald Böhm*

? Haben Sie schon Ihre Sache mit Gott in Ordnung gebracht?

! Sprechen Sie jemanden an, dem sie vertrauen!

✝ Lukas 15

Ja, Weisheit ist besser als Perlen, und alle Kostbarkeiten sind nicht zu vergleichen mit ihr.

SPRÜCHE 8,11

Die schönste Perle fast verschluckt

La Peregrina (die Wanderin) ist wohl die berühmteste Perle der Welt. Sie wurde im 16. Jahrhundert, wahrscheinlich bei den Islas de las Perlas, an der Pazifikküste Panamas gefunden. Die birnenförmige Perle wiegt 203,8 Grains (ca. 13,2 g) und ist für ihre außerordentliche Schönheit bekannt. Sie war zunächst im Besitz der Spanischen Krone, »wanderte« dann aber durch viele königliche Schmuckschatullen, unter anderem die Napoleons III. und Königin Viktorias.

1969 wurde sie bei Sotheby's versteigert, wo sie der Schauspieler Richard Burton für 37.000 US-Dollar als Geschenk zum Valentinstag für Elizabeth Taylor erwarb, die die Perle bei Cartier in ein Collier fassen ließ. Vor Freude über das Ergebnis legte Taylor das Collier um und tanzte durch die Wohnung, wodurch sich die kostbare Perle jedoch aus der Fassung löste und irgendwo verschwunden war. Nach fieberhaftem, aber erfolglosem Suchen, fielen ihr ihre Pekinesenwelpen auf. Einer der Hunde kaute auf etwas herum: Er hatte die Perle für einen leckeren Imbiss gehalten. Taylor war erleichtert, die wertvolle Perle ohne jeglichen Kratzer wieder zu haben. Nach Taylors Tod wurde ihr Collier, das *La Peregrina* enthält, im Dezember 2011 bei Christie's in New York für 10,5 Millionen US-Dollar versteigert.

Der Tagesvers sagt uns, was noch viel wertvoller als kostbare Perlen ist, nämlich Weisheit. Sie ist unvergleichlich kostbar. Es ist unter anderem die Erkenntnis, dass wir Menschen in allem von Gott abhängig sind und eine vertrauensvolle Beziehung zu ihm brauchen. Weisheit kann man nicht in einem Auktionshaus erwerben, Weisheit will Gott uns jedoch durch Jesus Christus schenken (Kolosser 2,2-3), und wir bekommen sie dann, wenn wir im Glauben darum bitten (Jakobus 1,5).

Thomas Kröckertskothen

? Was wäre Ihnen wichtiger – materieller Reichtum oder eine Beziehung zu der höchsten Person im ganzen Universum?

! Was in den Augen vieler Menschen gering erscheint, ist in Wirklichkeit der Höchstgewinn.

† Sprüche 8,1-36

Der Geist des Herrn ist auf mir, weil er mich gesalbt hat, Armen gute Botschaft zu verkündigen; er hat mich gesandt, Gefangenen Freiheit auszurufen und … Zerschlagene in Freiheit hinzusenden.

LUKAS 4,18

No escape?

Die Gruppe ist in einem Raum gefangen. An der Wand hängen interessante Gegenstände, z. B. ein manipuliertes Bild. Geräusche ertönen, auf dem Schreibtisch steht ein gesperrter Computer, und vor allem: Alle Türen sind verschlossen, und die Zeit läuft ab. Jede Einzelheit muss genau untersucht werden, um die gestellten Rätsel zu lösen. Schließlich müssen alle Lösungen zusammengesetzt werden. Ziel ist es, möglichst früh vor Ablauf der Spielzeit diese letzte Hürde zu nehmen, sodass sich das Schloss öffnet und alle hinauskönnen. Schafft man das nicht, bleibt man bis zum Spielende in dem Raum eingesperrt und quält sich mit den Rätseln ab.

Dieses Spiel wird »Escape Room« genannt. Man kann es in vielen Städten Deutschlands spielen. Wer einmal den Ausgang geschafft hat, kennt für immer des Rätsels Lösung. Wer so einen Guide hat, für den wäre es also ein Kinderspiel, die verschiedenen Aufgaben erfolgreich zu erfüllen. Er würde nicht Gefahr laufen, bis zum Spielende eingeschlossen zu bleiben. Unser Leben gleicht so einem Spiel: Es gibt verschiedene Rätsel, und am Ende läuft die Zeit ab – der Tod beendet das Leben. Doch wie wäre es, wenn jemand in das menschliche Leben käme, dieses mit allen Facetten durchlebte und den Ausweg aus Leid und Tod fände? So jemand könnte allen anderen den Weg hinaus zeigen.

Tatsächlich hat Jesus Christus genau das getan: Er betrat den »Escape Room« des Menschseins. Er durchlebte tiefes Leid und ging in den Tod. Aber er überwand ihn, erstand nach drei Tagen aus den Toten auf und kennt seitdem den Ausweg aus dem Tod. Es ist im Grunde ganz einfach: Wer ihm glaubt und ihn als Guide in das eigene Leben einlädt, sich ganz nach ihm richtet und mit ihm zusammen alle Hürden überwindet, kommt frei – für immer.

Marcus Nicko

? Haben Sie schon die Anleitung zum Leben?

! Jesus Christus ist die Tür zum ewigen Leben.

† 1. Korinther 15,3-8

Nicht die Starken brauchen einen Arzt, sondern die Kranken. Ich bin nicht gekommen, Gerechte zu rufen, sondern Sünder.

MARKUS 2,17

Penicillin-Allergie

Ein Zahnarztbesuch bereitet mir grundsätzlich keine Sorgen. Vielleicht deshalb, weil ich noch nie große Schwierigkeiten mit meinen Zähnen hatte. Nach meinem letzten Besuch überfielen mich allerdings doch Bedenken. Wegen einer Zahnfleischentzündung durch fortschreitende Parodontose verschrieb mir die Ärztin Penicillin. Wenige Tage nach der Einnahme wachte ich am Morgen mit Juckreiz auf. Als ich in den Spiegel schaute, erschrak ich: Mein ganzer Körper war von Kopf bis Fuß übersät mit einem dunkelroten Ausschlag.

Der Hausarzt meinte spaßeshalber, ich könnte mit meinem Aussehen binnen Sekunden ein Schwimmbad voller Menschen leeren. Mittels einer Blutabnahme schloss er Masern aus. Er ist ein guter Diagnostiker und kam zu dem Befund, dass ich auf ein bestimmtes Antibiotikum allergisch reagiere. Es dauerte Wochen, bis der Ausschlag sich verflüchtigte. Penicillin-Allergien können viel schwerere Konsequenzen nach sich ziehen, bis hin zum Tod. Mein juckender Ausschlag war eine relativ harmlose Reaktion.

Haben Sie gewusst, dass Gott auch allergisch ist? Jede Lieblosigkeit gegenüber ihm und Menschen, jede Lüge, jeder böse Gedanke, Betrug, Diebstahl oder Ehebruch reizt den heiligen Gott. Bei ihm gibt es zwei entgegengesetzte Reaktionen darauf: Die eine ist Liebe, die andere Zorn. Gottes Zorn hat für den Menschen weitaus schlimmere Konsequenzen als Hautausschlag: ewige Strafe, ewiger Tod; das bedeutet ewige Trennung von ihm. Gottes Liebe allerdings bewirkt, dass er auf Sünder mit großer Barmherzigkeit reagiert und vergeben will. Das Gegenmittel für Sünde ist Jesu Blut, das er am Kreuz vergossen hat. Es ist notwendig, unser ganzes Vertrauen in das vollbrachte Erlösungswerk des Sohnes Gottes zu setzen.

Sebastian Weißbacher

? Welche besorgniserregenden Befunde haben Sie bereits erhalten?

! Der göttliche Befund »sündig« kann ausschließlich von Gott selbst in seinem Sohn behandelt werden.

† Markus 14,22-42

Die Gebote des HERRN sind richtig und erfreuen das Herz. Die Vorschriften des HERRN sind klar und schenken Einsicht.

PSALM 19,9

Kuriose Gesetze

Wussten Sie, dass es im US-Bundesstaat Hawaii verboten ist, sich Geldmünzen ins Ohr zu stecken? Oder wussten Sie, dass es in Frankreich gegen das Gesetz verstößt, seinem Schwein den Namen Napoleon zu geben? Wer zum Schlafwandeln neigt, dem könnten in Chicago im US-Bundesstaat Illinois ernste Konsequenzen drohen: Hier ist es nämlich illegal, nur im Schlafanzug bekleidet zu angeln!

Diese Aufzählung ließe sich noch weiter fortführen. Und auch wenn die USA aufgrund der vielen Bundesstaaten vermutlich über die längste Liste an kuriosen Gesetzen verfügen, so findet man doch in fast jedem Staat dieser Welt mehr oder weniger unsinnig erscheinende Vorschriften. Unter Berücksichtigung des historischen und regionalen Kontexts kann man in manchen Fällen vielleicht doch noch die Logik hinter einem bestimmten Gesetz erkennen. Doch letztlich wird jedes von Menschen erdachte Gesetz seine Lücken und Unvollkommenheiten haben und mit der Zeit an Aktualität verlieren.

Wie anders sind dagegen Gottes Gebote, die wir in der Bibel finden! Sie ist kein verstaubtes Märchenbuch, denn nicht ohne Grund wird die Bibel seit vielen Jahrhunderten weltweit publiziert und gelesen. Kein anderes Buch wurde häufiger gedruckt und in mehr Sprachen übersetzt. Gottes Gebote sind zeitlos aktuell.

Laut unserem Tagesvers sind Gottes Worte klar und richtig, schenken Freude und Verständnis. Die Bibel enthält nicht nur Aussagen über die Vergangenheit, sondern sie spricht direkt in unsere Zeit. Wir können Gott selbst in seinem Sohn Jesus Christus kennenlernen und seinen Plan für diese Welt verstehen. Durch die Bibel redet Gott noch heute zu uns und möchte unser Leben verändern – bei mir ebenso wie bei Ihnen!

Judith Pohl

? Wann haben Sie zuletzt in der Bibel gelesen?

! Schlagen Sie sie auf und überzeugen Sie sich selbst von den zeitlosen Wahrheiten!

† Psalm 119,104-116

Seid in allem dankbar; denn das ist der Wille Gottes in Christus Jesus für euch.

1. THESSALONICHER 5,18

Dankbar sein

Die Koffer sind gepackt, die Vorfreude bei den Schülern steigt. Es geht für drei Tage in die Niederlande. Wir nehmen als Schule an einem europäischen Förderprogramm teil und dürfen eine Partnerschule besuchen. Wir werden in der Stadt Arnheim sein, ins Bowlingcenter gehen etc. Einfach toll. Dort angekommen, geht es schon los: »Die Dusche ist zu klein!« – »Kann man hier Bettwäsche kaufen?« – »Das Essen ist doof!« – »Der Bürgersteig ebenfalls!« – »Wie im Gefängnis!« Und so weiter ...

Mich wundert das Verhalten der Schüler – oder besser gesagt: Es ärgert mich! Die komplette Reise ist für die Schüler kostenlos (!). Ja, wirklich. Da es im Rahmen des Förderprogramms läuft, zahlen die Schüler (bis auf ihren Besuch bei einem weltweit bekannten Schnellrestaurant o. Ä.) keinen (!) Cent. Wie kann man nur so undankbar sein?!

Dieses (kindische) Verhalten zeigt, wie wir Menschen sind: unzufrieden, undankbar, murrend. Ich selbst bin nicht besser. Gott aber lässt über mir die Sonne aufgehen – und wieder untergehen. Er schenkt Regen und befeuchtet die Erde. Die Saat wächst – und ich mache keinen Finger dafür krumm. Trotzdem gibt es immer wieder genügend Bereiche, wo ich das Haar in der Suppe finde: zu kalt, zu heiß, zu nass, der Nachbar nervt, die Kinder auch.

Ist das kindisch, deutsch oder einfach menschlich?! Ich will dagegensteuern. Ich will dankbar sein. Ich will das in Worten ausdrücken: »Danke Gott für die vielen guten Kleinigkeiten, die du mir schenkst.« Und ich will die entsprechende Haltung haben: Ich will fröhlich sein, zufrieden, dankbar. Es gibt genügend Gründe dafür. *Willi Dück*

? Für was haben Sie heute schon »Danke« gesagt?

! Suchen Sie sich heute fünf Dinge, für die Sie Gott danken wollen (es können auch vermeintliche Kleinigkeiten sein)!

† Psalm 65

Als aber Simon Petrus das sah, fiel er zu den Knien Jesu nieder und sprach: Herr, gehe von mir hinweg, denn ich bin ein sündiger Mensch!

LUKAS 5,8

Im richtigen Licht

Als sich unser Nachwuchs ankündigte, wollten wir gern das Kinderzimmer renovieren. Es musste vor allem neu gestrichen werden. An einem Regenwochenende wurde die Angelegenheit in Angriff genommen, und danach war ich mit meinem Ergebnis ziemlich zufrieden. Doch als am nächsten Tag die Sonne schien und das Licht genau auf die gestrichene Wand fiel, kam die Ernüchterung: Es war eine deutliche Streifenbildung zu erkennen. Wie ärgerlich! Bei trübem Wetter sah alles gut aus, aber bei richtigem Lichteinfall wurden die Fehler sichtbar.

So etwas Ähnliches habe ich auch schon in meinem Leben beobachtet: Ich denke recht gut von mir. Ich vergleiche mich mit anderen, schneide dabei ganz gut ab und bin überhaupt der Meinung, dass ich eine ziemlich nette Person bin. Ich kann doch mit mir zufrieden sein! Doch wie oft habe ich in den letzten Monaten gemerkt, dass in Stresssituationen, wenn meine Kinder mich provozieren, ich unausgeschlafen und müde bin, ganz andere Seiten zum Vorschein kommen. Da ist es vorbei mit dem freundlichen Reden und mit der liebevollen Geduld.

Mancher würde sagen, dass so etwas völlig normal ist. Jeder beschäftigten Mutter reißt doch einmal der Geduldsfaden. Schließlich ist ja keiner perfekt! Doch ich weiß ganz genau: im richtigen Lichteinfall, wenn Gottes Wort, die Bibel, in mein Leben scheint, dann ist es nicht in Ordnung. Schließlich macht Jesus in der Bibel sehr klar deutlich, dass auch schon schlechte Gedanken Sünde sind. Und schlechtes Reden erst recht! Da hilft es nicht, die Vorhänge zuzuziehen, damit die Macken nicht mehr sichtbar sind. Nein, ich muss das Licht, das meine Fehler aufdeckt, zulassen und mich Gottes Urteil stellen. *Michaja Franz*

Kommen bei Ihnen unter Druck auch manchmal schlechte Seiten zum Vorschein?

Fragen Sie Gott, wie seine Meinung zu Ihrem Leben aussieht!

Lukas 18,9-14

Da sprach Abram zu Lot: Lass doch keinen Streit sein zwischen mir und dir und zwischen meinen Hirten und deinen Hirten; wir sind doch Brüder!

1. MOSE 13,8

Das kleinere Tortenstück?

Zwei Männer teilen sich einen Rest Torte. Es gibt noch zwei Stücke, ein kleineres, ein größeres. Beherzt nimmt der erste das Größere. Der zweite empört: »Wie kannst du einfach das größere Stück nehmen?« Darauf der erste: »Welches Stück hättest du denn genommen?« »Natürlich das kleinere!«, reagiert der zweite prompt. »Na«, sagt der erste, »dann hast du ja genau das, was du wolltest!«

Wenn es um das Verteilen geht, ist offensichtlich jeder auf seinen Vorteil bedacht. Schon bei kleinen Kindern fängt es an, wenn es um Süßigkeiten geht, beim Einkommen und Erben geht es weiter.

Ganz anders verhielt sich ein Mann des Alten Testaments: Abraham und sein Neffe Lot waren beide Hirten. Sie hatten große Herden. Ihre Herden und Hirten konkurrierten miteinander um die besten Weidegründe. Hier war Streit vorprogrammiert. Was tat nun Abraham, der Ältere, der Ranghöhere? Er griff nicht als Erster zu, sondern überließ seinem Neffen, dem Jüngeren, die Wahl. Und dieser nahm prompt das fruchtbarere Land, sozusagen das größere Stück der Torte.

Abrahams Motivation war: Streit vermeiden! Wir sind doch verwandt! Nimm du zuerst, was dir gefällt. Ich bin mit dem Rest ganz zufrieden. Doch kommt man so erfolgreich durchs Leben? Muss man nicht seine Interessen durchsetzen, notfalls auch mit einem Konflikt? Aber Abrahams Weg erweist sich als der bessere. Lots Wahl führt dazu, dass er später seine moralische Autorität einbüßt, in Lebensgefahr gerät und letztlich seine Familie verliert. Doch Abraham gewinnt ein Doppeltes: Seine Selbstlosigkeit und Freigebigkeit machen sein Herz unbeschwert. Und Gott zeigt ihm, dass letztlich Abraham derjenige ist, dessen Nachfahren schließlich das *ganze* Land gehören soll! *Markus Majonica*

? Warum fällt es oft schwer, dem anderen die erste Wahl zu überlassen?

! Wer Gott sein Leben anvertraut, erlebt seine Großzügigkeit.

† 1. Mose 13,1-18

Wenn ich zu dir bete, erhörst du mich, machst mir Mut und gibst mir Kraft.

PSALM 138,3

Gott ist gut – allezeit!

Eine liebe Christin ertastet einen Knoten in ihrer Brust. Einen Monat zuvor ist alles okay, so wird es bei einer ärztlichen Untersuchung festgestellt. Bei dem erneuten Arztbesuch wird ein sehr seltener, äußerst bösartiger Brustkrebs diagnostiziert! Ein erstes Erschrecken, doch sie wendet sich sofort zu Gott. Sie begibt sich in die Gegenwart des himmlischen Vaters! Dort empfängt sie Worte des Trostes und der Zuversicht, durch Lesen in der Bibel, Geschwister im Glauben und Gebete. Mutmachende Worte werden ihr zugesprochen, sogar von ihren Ärzten. In all dem erkennt sie Gottes liebevolles Wirken und Handeln. Sie teilt ihre Gedanken und vertraut ganz auf Gott. Sie sagt: »Noch nie habe ich mich so geborgen gefühlt wie jetzt!« Das ist absolute Realität und bestätigt sich in einer erfolgreichen OP. Keine Chemo ist nötig. Gott ist da! Ganz real!

Gott entgeht nichts! Er liebt seine Menschen, seine Geschöpfe, seine Kinder, jeden Einzelnen! Mit jedem möchte er in inniger Beziehung leben. Dazu wirbt er um unser Herz, drängt sich jedoch nicht auf. Gott ist gütig. So erlebe ich ihn jedenfalls.

Alles, was uns im Leben begegnet, ob grandios und großartig oder schmerzhaft und schwer für unser Empfinden, kann Gott benutzen, um uns zu sich zu ziehen. Selbst schlimme Lebenslagen dienen ihm dazu. Der Teufel versucht zu verhindern, dass wir uns zu Gott wenden. Und ihm gelingt das auch bei allen, die leichtfertig die Gnade Gottes ausschlagen und sich abwenden. So gewinnen sie einen ganz falschen Eindruck von Gottes Bemühungen und versäumen das Eingeständnis der unbedingten Notwendigkeit, zu Gott zurückzukommen. Das ist nicht der Weg, den wir wählen sollten. Wir sollten Gott ernst nehmen und seine Gnade, die er uns in Jesus Christus gewährt, dankbar annehmen.

Karen Wieck

? Was hindert Sie, dass Sie sich und Ihr Vertrauen auf Gott werfen?

! Tauschen Sie sich mit Menschen aus, die Gott erlebt haben!

† Psalm 103

Wenn dieses Vorhaben oder dieses Werk von Menschen ausgeht, so wird es zunichte werden; hat es aber seinen Ursprung in Gott, so werdet ihr diese Leute nicht zu vernichten vermögen.

APOSTELGESCHICHTE 5,38-39

Die größte Erfolgsstory

Vor zehn Jahren waren Animes noch eine exotische Randerscheinung im Westen. Sie waren von Vorurteilen umgeben: Sie seien nur für Kinder, oder aber, ihre Inhalte würden verstören. Anime-Fans wurden eher als seltsame Nerds abgestempelt. Gleichgesinnte traf man eher selten.

Heutzutage schaut jeder zweite Netflix-Abonnent mindestens einen Anime – sie haben den Mainstream erreicht und liegen weltweit im Trend! Das liegt vor allem an drei Faktoren: erstens an dem breiten Angebot von Streamingdiensten wie Netflix oder Disney+; zweitens an den Lockdowns während der Corona-Pandemie, die zu einem Anstieg im Serienkonsum führten; und drittens an der zunehmenden Präsenz in sozialen Medien wie TikTok und Instagram. Die Bedingungen für diesen Boom waren praktisch perfekt!

Diese Erfolgsstory mag beeindrucken. Doch die allergrößte Erfolgsgeschichte ist für mich die einer Bewegung, die vor etwa 2000 Jahren begann: das Christentum. Die Voraussetzungen für dessen Ausbreitung waren weitaus schlechter: Es begann mit nur ca. 120 Menschen. Die frühen Christen wurden nicht nur etwas schräg angesehen, sondern sozial ausgegrenzt, verfolgt, inhaftiert und oft sogar gefoltert oder getötet. Warum hat sich das Christentum allen Widerständen zum Trotz dennoch ausgebreitet? Zum einen wussten die ersten Christen ganz genau, dass ihr Glaube an den auferstandenen Jesus keine Fiktion war, sondern den Tatsachen entsprach. Sie hatten ihn mit eigenen Augen gesehen. Deswegen waren sie bereit, für diese Überzeugung sogar zu sterben. Zum anderen stand und steht Gott selbst dahinter. Filmtrends, Medienhypes und alle menschlichen Bewegungen werden vergehen. Doch was seinen Ursprung in Gott selbst hat, kann man auf Dauer nicht unterdrücken. Es hat ewig Bestand!

Hung Thanh Thai

? Für welche Überzeugung wären Sie zu sterben bereit?

! Die Ausbreitung des christlichen Glaubens lag an der Glaubwürdigkeit der Botschaft.

† Matthäus 28,16-20

Als aber der Pharao merkte, dass er Luft gekriegt hatte, verhärtete er sein Herz und hörte nicht auf sie, wie der HERR gesagt hatte.

2. MOSE 8,11

Korrekturfähig?

Die Pharaonen waren mächtige Herrscher mit gottähnlichem Status. Ein Pharao war es gewohnt, seinen Willen durchzusetzen. Doch aus dem 2. Buch Mose, auch Exodus genannt, wissen wir, dass ihm jemand die Endlichkeit seiner Macht vor Augen führte. Mose sollte im Auftrag Gottes die Israeliten aus der Versklavung durch die Ägypter befreien. Natürlich war das nicht im Interesse des Pharaos, der die Israeliten als billige Arbeitskräfte missbrauchte. Der Pharao sah es überhaupt nicht ein, auf den Gott des Mose zu hören. Doch dann fing Gott an, seine Allmacht zu demonstrieren, z. B., indem er im ganzen Land Heerscharen von Fröschen bis in die Schlafzimmer aller Ägypter eindringen ließ. Der Pharao musste seine Ohnmacht erkennen. Er bat Mose darum, dies zu beenden. Mose folgte dieser Bitte, damit der Pharao verstand, dass »niemand ist wie der Herr, unser Gott«. Tatsächlich verschwanden die Frösche und die Plage war gebannt. Führte das zu einem Einsehen beim Pharao? Nein. Der Tagesvers macht deutlich: Sobald die Last etwas nachließ, drang wieder seine Sturheit durch.

Diese Reaktion kann man leider bei vielen Menschen erleben. Nicht selten redet Gott zu uns auch durch äußere oder innere Not. Viele schreien in solchen Situationen zu Gott um Hilfe. Doch wenn dann das Wunder geschieht, führt das nicht dazu, dass man nun sein Leben endgültig Gottes Maßstäben unterordnet. Vielmehr nutzt man die wieder gewonnene Freiheit, Gott aber ignoriert man erneut.

Bei dem Pharao hatte dies fatale Folgen. Auf dem Gipfel seiner Rebellion gegen die Allmacht Gottes verlor er nicht nur sein ganzes Heer, sondern auch seinen erstgeborenen Sohn und sein eigenes Leben. Hätte er auf Gottes Stimme zur rechten Zeit gehört, wäre ihm dies sicher erspart geblieben.

Markus Majonica

? Haben Sie schon einmal in Not gebetet?

! Not ist eine der Sprachen Gottes, damit wir auf ihn hören.

✝ 5. Mose 4,23-40

Ihr sollt euch nicht Schätze sammeln auf Erden, wo Motten und Rost sie fressen und wo Diebe einbrechen und stehlen.

MATTHÄUS 6,19

Sammelleidenschaft

Ich habe in meinem Leben schon viele Dinge gesammelt. Da gab es einmal einen Setzkasten mit ganz vielen Mini-Parfumfläschchen, die ich irgendwann verschenkt habe, weil mir die Putzerei dieser Fläschchen zu viel Zeit geraubt hat. Da waren Briefmarken und Münzen, die am Ende keinen Wert mehr hatten. Oder Puppen und Teddybären, die wahre Staubfänger waren. Von all dem habe ich mich inzwischen längst getrennt.

Jetzt war nur noch mein Goldschmuck übrig, der sich im Laufe meines Lebens angesammelt hatte, und den ich irgendwann verkaufen wollte. Dem Gewicht nach hatte er einen Wert von 7000-8000 Euro. Um ihn vor Einbrechern zu schützen, hatte ich ihn in einem Ballistol-Universalöl-Dosensafe versteckt und meine Familie darüber informiert, dass diese Dose sehr wertvoll ist. Aber ausgerechnet diese Dose ist seit einiger Zeit spurlos verschwunden! Mein Mann vermutet, dass er damit die Fahrradketten ölen wollte und als nichts herauskam, hat er das Gefäß womöglich in den Müll geworfen. Aber ganz sicher ist er sich nicht.

Mir ist es schon öfter passiert, dass ich in meiner Schusseligkeit Gegenstände an Plätzen abgestellt habe, wo sie absolut nicht hingehören, und wo ich sie dann nach Monaten plötzlich wiedergefunden habe. Deshalb habe ich die Hoffnung noch nicht aufgegeben, dass ich eines Tages meinen Schmuck doch noch zurückbekomme.

Diese Geschichte zeigte mir sehr schmerzhaft, dass Gott immer recht hat, wenn er uns sagt, dass wir auf Erden keine Schätze sammeln sollen. Und sie erinnert mich an den reichen Kornbauern, von dem die Bibel in Lukas 12,16-21 erzählt. Der baute sich riesige Scheunen, um all seine Schätze aufzubewahren, aber vergaß Gott dabei völlig. Als er plötzlich starb, nutzte ihm sein ganzer Reichtum nichts mehr. *Sabine Stabrey*

? Was sammeln Sie?

! Reich ist nur der, der nicht nur an dieses, sondern auch an das nächste Leben denkt.

† Lukas 12,16-21

So spiegeln wir alle mit unverhülltem Gesicht die Herrlichkeit des Herrn wider. Und wir werden seinem Bild immer ähnlicher, denn seine Herrlichkeit verwandelt uns.

2. KORINTHER 3,18

Karibik oder Nordsee?

Jason deCaires Taylor ist ein berühmter Bildhauer, der für Skulpturen mit tieferer Bedeutung bekannt ist. Doch trotz seiner Berühmtheit sucht man in den Museen vergeblich nach seinen Werken. Für die Darstellung seiner Kunst hat er einen einzigartigen Ort ausgewählt: den Meeresboden. Im Karibischen Meer vor Mexiko und Grenada, ca. acht Meter unter der Meeresoberfläche, sind insgesamt elf seiner Statuen zu finden. Das Wasser ist dort so klar, dass man sie sogar von einem Boot aus erkennen kann. Das ist sicherlich auch der Grund, warum er die Karibik als sein Museum gewählt hat. Hätte er die Skulpturen in der Nordsee versenkt, würde sie kein Mensch zu Gesicht bekommen, da das Wasser so trüb ist, dass man kaum die Hand vor Augen sehen kann.

Im Tagesvers lesen wir, dass Gott Menschen dazu berufen hat, seine Herrlichkeit widerzuspiegeln. Genau wie die Figuren von Taylor echte Menschen in berührenden Situationen nachstellen, soll die Welt durch das Verhalten solcher Menschen und ihrer Worte einen Eindruck des Wesens Gottes bekommen. Doch von Natur aus ist niemand dazu in der Lage, ja, noch nicht einmal daran interessiert. Erst wenn ein Mensch durch den Glauben an Jesus Christus von Gott erneuert wird, ändert sich das. Dann stimmt die Ausrichtung, und auch mit dem Abbilden von Gottes Herrlichkeit kann es etwas werden.

In der Nordsee wird es niemals so klares Wasser wie in der Karibik geben. Aber wir Menschen haben immer die Möglichkeit, Gott unsere Sünden zu bekennen und ihn darum zu bitten, uns von ihnen zu befreien. Die wunderbare Macht seiner Vergebung kann aus jedem Tümpel eine reine Quelle machen, die so klar ist, dass sich Gottes Herrlichkeit darin spiegelt.

Carolin Nietzke

? Gleicht Ihr Leben eher der Karibik oder der Nordsee?

! Bitten Sie Gott heute noch um Vergebung, damit Ihr Leben ihn gebührend widerspiegeln kann.

† Matthäus 5,13-16

Jesus Christus ist immer derselbe – gestern, heute und in alle Ewigkeit.

HEBRÄER 13,8

Einen Fixpunkt brauche ich

Seit der Coronazeit verbringe ich mehr Zeit im Homeoffice. Neben ein paar Vorteilen hat es dazu geführt, dass ich meinen Rücken stärker spüre. Also mache ich jetzt Rückensport. Dabei merkte ich, dass mir Gleichgewichtsübungen schwerfallen. »Sucht euch einen Fixpunkt in Augenhöhe« war der Tipp des Trainers. Das hilft mir.

Für die innere Balance des Lebens brauchen wir auch einen Fixpunkt. Gerade seit der Coronazeit fällt es schwerer, wahre und falsche Behauptungen zu erkennen. Ich habe den Eindruck: Meinungen und Erkenntnisse wechseln noch schneller. Je nach Temperament sind wir geneigt, einmal der einen Meinung recht zu geben, um sich danach wieder einer anderen Meinung anzuschließen. Nicht nur unsere Welt wandelt sich, sondern auch unsere Gefühle. Diese brauchen einen Fixpunkt der Überzeugungen, der außerhalb von uns liegt. Diesen habe ich in Jesus Christus gefunden. Wissenschaftliche Erkenntnisse oder Meinungen von Menschen haben oft nur eine kurze Haltbarkeit. Manche Beobachtungen waren nur kurzfristige und unbedeutende Episoden. Aber auch meine eigenen Gefühle wechseln, und mein Glaube wird infrage gestellt.

Doch der Tagesvers zeigt, dass Jesus Christus der unverrückbare Fixpunkt ist. Er war, ist und bleibt »derselbe«. Dieser biblische Begriff ist nur für Gott reserviert. Und Gott *ist*! Er entwickelt sich nicht oder vergeht wie wir Menschen. Als Jesus auf dieser Erde lebte, erwies er sich als der im Alten Testament verheißene Erlöser. Die Apostel bezeugten ihn als wirklichen Menschen und zugleich als Gott. Seine Wunder und nicht zuletzt seine Auferstehung bewiesen das. Er wird wiederkommen, wie er es gesagt hat. Nicht wir Menschen werden es schaffen, eine gerechte und friedliche Welt zu schaffen, sondern nur er allein ist dazu in der Lage.

Winfried Elter

? Können Sie sich vorstellen, dass Jesus wiederkommt, wie er es vorausgesagt hat?

! Die Bibel ist ein Buch, das uns sehr vieles über die Zukunft mitteilt.

✝ 1. Thessalonicher 5,1-11

So unterwerft euch nun Gott! Widersteht dem Teufel, so flieht er von euch; naht euch zu Gott, so naht er sich zu euch! Reinigt die Hände, ihr Sünder, und heiligt eure Herzen, die ihr geteilten Herzens seid!

JAKOBUS 4,7-8

Korrosionsbeständigkeit

Während meiner Ausbildung zum Metallbauer kam das Thema Korrosionsbeständigkeit auf. Unser Lehrer fragte: »Was versteht man unter Korrosionsbeständigkeit?« Nach einiger Recherche fand ich heraus, dass Korrosionsbeständigkeit die Eigenschaft eines Werkstoffs beschreibt, schädlichen Umwelteinflüssen, wie z. B. Feuchtigkeit, zu widerstehen. Besonders bei Bauteilen ist dies wichtig, weil ihre Funktionalität nicht beeinträchtigt sein darf.

Dies erinnert mich an unser tägliches Leben. Ständig sind wir schädlichen Einflüssen ausgesetzt. Wir sehen jeden Tag schlimme Dinge und hören böse Worte. Und weil unsere Herzen bereits in sich sündig sind, haben wir in uns keine Kraft, diesen Einflüssen zu widerstehen. So setzen sich Verunreinigungen umso schneller fest und genauso, wie Rost ein Material allmählich zerstört, so zeigt auch die Sünde in unserem Leben allzu oft ihre zerstörerische Wirkung, zum Beispiel in zerbrochenen zwischenmenschlichen Beziehungen.

Doch das Schlimmste ist, dass Sünde unsere Beziehung zu Gott zerstört. Um sie wiederherzustellen, sandte Gott seinen Sohn Jesus Christus auf diese Erde, um für unsere Sünden am Kreuz zu sterben. Er ist, nachdem er drei Tage im Grab war, wiederauferstanden und zu Gott in den Himmel aufgefahren. Wenn wir ihn als unseren Herrn annehmen und unsere Sünden bekennen, vergibt er uns unsere Schuld und reinigt uns von aller Ungerechtigkeit (1. Johannes 1,9). Aber er entfernt nicht nur den oberflächlichen Rost in unserem Leben. Er gibt uns auch ein neues Herz mit einer übernatürlichen Korrosionsbeständigkeit. Dann können wir uns von unserer Umgebung abheben und dürfen auf ein Leben nach dem Tod hoffen, in dem es keine Sünde, kein Leid und keine Korrosion mehr geben wird.

Jennifer Glaubitz

? Wie steht es um Ihre Korrosionsbeständigkeit?

! Bekennen Sie Jesus Ihre Sünde! Er wäscht Sie rein und macht Sie korrosionsbeständig gegen schädliche Einflüsse.

† 1. Petrus 5,6-11

Die Erde aber war verdorben vor Gott, und die Erde war erfüllt mit Gewalttat.

1. MOSE 6,11

08/15

08/15 – das bedeutet so viel wie durchschnittlich, gewöhnlich, nichts Besonderes. Der Ausdruck kommt aus der Zeit des Ersten Weltkrieges. Damals war das »MG 08/15« das Standardmaschinengewehr. Überall an der Front war es präsent, überall brachte es Leid und Tod. Doch jener Krieg mit seinem allgegenwärtigen Schrecken ist keine Ausnahme. Wenn man sich die Geschichte der Menschheit ansieht, ist sie eine endlose Aneinanderreihung von Krieg, Gewalt und Unterdrückung. Dass Menschen anderen Menschen schreckliches Leid antun, passiert ständig. Gewalt war und ist nicht die Ausnahme, sondern die Regel. 08/15 eben.

Der Ausbruch des Ukraine-Krieges hat uns erneut gezeigt, dass immer noch Folter, Krieg, Mord und Verstümmelung passieren. Und zwar nicht nur in entfernten Winkeln dieser Erde, sondern bei uns in Europa. Was ist los mit uns Menschen? Wieso gelingt es uns nicht, diese barbarischen Grausamkeiten endgültig abzulegen? Warum müssen sich die Umstände nur ein wenig ändern, muss sich die feine Decke des Anstandes nur ein wenig heben, und schon kommt eine Bosheit ans Licht, die einen erschaudern lässt?

Die Bibel sagt, dass unsere Unmenschlichkeit von unserer Gottlosigkeit kommt. Weil wir die Verbindung zu unserem Schöpfer aufgegeben und uns selbst zum Maß aller Dinge gemacht haben, sind wir zu allem fähig. In Zeiten von Krieg und Willkür zu jeder erdenklichen Grausamkeit, in guten Zeiten immerhin noch zu solchen Schlechtigkeiten wie Hass, Mobbing oder Streit. Aus diesem Schlamassel kommen wir nicht durch Anstrengung, Bildung oder Weiterentwicklung heraus, sonst hätten wir das menschengemachte Leid schon längst hinter uns gelassen. Nein, wir brauchen eine Umkehr zu Gott, der allein unsere defekten Herzen erneuern kann. *Elisabeth Weise*

? Warum sind wir Menschen so leicht zum Bösen verführbar?

! Jeder Mensch braucht Vergebung und ein von Gott erneuertes Herz.

† 1. Mose 6,5-8

Und zerreißt euer Herz und nicht eure Kleider und kehrt um zum HERRN, eurem Gott! Denn er ist gnädig und barmherzig, langsam zum Zorn und groß an Gnade, und lässt sich das Unheil gereuen.

JOEL 2,13

(1) Der verlorene Sohn

Was hatte er das Leben auf dem väterlichen Hof sattgehabt! Die harte Arbeit, das tägliche Einerlei, seinen oberfleißigen Bruder, die Knechte und Mägde, die Leute aus dem Dorf. Und nicht zuletzt: seinen Vater. Klar, der hatte ihn wirklich geliebt, aber konnte ihm auch nicht das Leben bieten, dass er sich wünschte: Spaß, Abenteuer, Mädels! Endlich mal etwas erleben, feiern, das Leben genießen. So hatte er den Entschluss gefasst und seinen Vater um eine vorzeitige Auszahlung des Erbes gebeten. Für diesen: ein Schlag ins Gesicht. Egal. Bloß weg, mit den Taschen voll Geld. Das Leben in Saus und Braus: die Erfüllung aller Träume! Party, Freunde, Ausgelassenheit. Die aufkommende Hungersnot im Land machte ihm anfangs noch nichts aus. Doch als das Geld zur Neige ging, gingen auch die neuen Freunde und er blieb arm und allein zurück. Arbeit fand er auf einem Schweinehof, aber noch nicht einmal das Schweinefutter durfte er essen. War bei seinem Vater wirklich alles so schlecht gewesen? Hatten nicht alle Angestellten mehr als genug zu essen? Auch wenn er sich seine Position als Sohn verscherzt hatte – würde der Vater ihn als Tagelöhner einstellen?

Gesagt, getan. Der junge Mann macht sich auf den langen Weg nach Hause. Würde ihn in seinen zerlumpten Kleidern überhaupt jemand wiedererkennen? Was würden die Leute sagen? Was würde ihn dort erwarten? Kalte Blicke, Unverständnis, Hass?

Vielleicht haben Sie die Geschichte vom »verlorenen Sohn« erkannt. Jesus erzählt sie, um deutlich zu machen, wie verlorene Menschen zu Gott kommen können. Kennen Sie solche Menschen? Sind Sie selbst verloren? Der Weg zum Vater beginnt mit Buße und der Einsicht, dass Sie einen Neuanfang brauchen.

Thomas Bühne

? Wann machen Sie die Kehrwende zu Gott?

! Egal, wie weit Sie von Gott weg sind – es gibt einen Weg zurück!

† Lukas 15,11-19

03 | SEPTEMBER MITTWOCH

Seht doch, welche Liebe der Vater uns erwiesen hat: Wir sollen seine Kinder heißen – und wir sind es tatsächlich! Die Menschen dieser Welt verstehen das nicht, weil sie den Vater nicht kennen.

1. JOHANNES 3,1

(2) Der liebende Vater

Es hatte gedauert, bis der Schmerz weniger wurde. Sein geliebter, jüngerer Sohn hatte ihn tief verletzt, als er eines Tages ankam und seinen Teil des Erbes ausgezahlt haben wollte. Schon lange hatte er geahnt, dass der Junge nur noch wegwollte, um ein Leben nach seinen eigenen Vorstellungen zu leben. Weil ihm die Beziehung zu seinem Sohn wichtig war, ging er auf die Forderungen ein und zahlte diesem sein Erbe aus. Könnte dieser junge, ungestüme Kerl mit dem vielen Geld überhaupt richtig umgehen? Was würde aus ihm werden?

Immer wieder glitten seine Blicke über die lange, gewundene Straße zum Horizont. Vielleicht würde sein Sohn ja eines Tages zurückkehren! Er liebte ihn doch so sehr – was auch immer vorgefallen war.

Wie lange er gewartet hatte, wusste er selbst nicht mehr. Da! Eines Tages schleppte sich eine jämmerliche Gestalt den staubigen Weg entlang. Diesen Gang erkannte der Vater sofort. Sein Sohn, sein geliebter Sohn war wieder zurückgekehrt! Er war es wirklich! Der alte, würdige Mann rafft seine Kleider zusammen und rennt seinem Jungen entgegen. Ob er sich lächerlich macht? Es ist ihm egal. Er fällt dem stinkenden, zerlumpten jungen Mann um den Hals und küsst ihn. Bedingungslose Liebe statt kalten Hasses, liebevolle Annahme statt Vorwürfen, Nähe statt Abweisung – all das begegnet dem erstaunten Sohn.

Jesu Erzählung geht weiter. Ein verlorener Mensch kehrt zu Gott um und wird bereits erwartet. Voller Liebe wird jeder Mensch, der zu Gott umkehrt, von ihm willkommen geheißen und bedingungslos angenommen. Noch heute wartet Gott auf verlorene Menschen – sein Vaterherz schlägt für jeden, der sich ihm zuwendet. *Thomas Bühne*

? Wie gehen Sie mit dem Wissen um, dass Gott auf Sie wartet?

! Es gibt nichts Schöneres, als in seine Arme zu laufen.

† Lukas 15,20

Der Sohn aber sprach zu ihm: Vater, ich habe gesündigt gegen den Himmel und vor dir; ich bin nicht mehr würdig, dein Sohn zu heißen.

LUKAS 15,21

(3) Die erstaunten Knechte

Was für ein Wiedersehen! Hört der Vater die stammelnden Worte der Entschuldigung aus dem heutigen Tagesvers überhaupt? Sie gehen in dem Befehl unter, den er an die Knechte und Mägde erteilt, die ihm neugierig gefolgt waren. Wie bitte? Hatten sie sich da verhört? Sie sollen dem heimgekehrten Sohn wirklich das beste Gewand, einen Ring und Sandalen bringen? Und dann auch noch das Kalb schlachten, das sie seit Monaten für einen besonderen Anlass mit dem feinsten Futter gemästet hatten? Der Vater lädt alle zu einem großen Fest ein? Kopfschüttelnd machen sie sich an die Arbeit. Zumindest eine ordentliche Ansage hätte er seinem Sohn ja mal verpassen können, ein paar Vorwürfe, wenn nicht sogar eine klare Abweisung. So etwas geht doch nicht!

Als Tagelöhner wollte er zurückkommen, doch ohne Zögern nimmt der Vater diesen Burschen wieder als seinen Sohn an und behandelt ihn wie einen Ehrengast. Die Knechte können es nicht fassen. Sie haben das altehrwürdige Familienoberhaupt zwar immer als freundlichen Menschen geschätzt, aber diese Liebe zu seinem verlorenen Sohn übersteigt ihre Erwartungen.

Jesus erzählt die Geschichte vom liebenden Vater, um zu zeigen, wie Gott auf verlorene Menschen reagiert, die Buße tun und zu ihm umkehren. Seine Vergebung ist so einmalig und tief gehend, dass Sie vor ihm vollkommen gerecht stehen werden – so, als hätten Sie nie eine Sünde getan. Wie ein Ehrengast werden Sie zu einer großen Feier im Himmel eingeladen, bei der Gott selbst der Gastgeber ist. Sie wären vielleicht schon mit viel weniger zufrieden gewesen, aber die Liebe und Gnade Gottes ist größer. Unverdient und unvergleichlich. *Thomas Bühne*

? Wie stellen Sie sich das große Fest vor, bei dem Gott Ihr Gastgeber sein möchte?

! Lassen Sie sich einladen – es wird wunderbar werden!

† Lukas 15,22-24

Kommt alle her zu mir, die ihr euch abmüht und unter eurer Last leidet! Ich werde euch Ruhe geben.

MATTHÄUS 11,28

(4) Der zornige Bruder

Schon von Weitem hörte er die Musik, das Klatschen und Gelächter. Was war denn da auf dem Hof los? Der ältere Sohn war müde von einem harten Arbeitstag auf den Feldern seines Vaters. Ein Diener erklärte: »Dein jüngerer Bruder ist heimgekehrt und aus Freude darüber hat dein Vater das gemästete Kalb schlachten lassen und schmeißt für alle ein Fest.«

Zorn ergriff ihn. Was für eine Gemeinheit! Eine Feier für seinen nichtsnutzigen Bruder, der das Erbe mit Partys und leichten Mädels verprasst hatte und nun anscheinend mit leeren Taschen zurückgekommen war? Wer war denn die ganze Zeit artig zu Hause geblieben und hatte geschuftet? Und hatte sein Vater ihm jemals wenigstens einen Ziegenbock gegeben, damit er mit seinen Freunden feiern konnte? Nein. So viel Fleiß, aber die gewünschte Anerkennung hatte er nie erhalten. Eine Leistung ohne die gerechte Gegenleistung.

»Junge, komm doch rein. Dein Bruder war für uns wie tot, aber ist lebendig geworden. Er war verloren, aber jetzt ist er gefunden worden. Wir sollten uns doch zusammen freuen.« Plötzlich stand sein Vater vor ihm und bat ihn herein. Sollte er wirklich hineingehen und an der Feier teilnehmen? Würde er über seinen Schatten springen und sich mit seinem Vater freuen?

Jesus lässt das Ende der Geschichte offen. Offenbar war der ältere Sohn zwar ein fleißiger Arbeiter gewesen, aber hatte kein Interesse an einer echten Beziehung zum Vater gezeigt. Vielleicht können Sie seinen Ärger mitfühlen. Er steht frustriert draußen. Um wirkliche Freude zu erleben, müsste er seine Denkmuster über den Haufen werfen und sich vom Vater zur Feier einladen lassen. Sonst bliebe er dem Vater entfremdet, so nah und doch so fern von seinem liebenden Herzen.

Thomas Bühne

? Glauben Sie auch, dass Gott Ihnen für Ihr gutes Leben etwas schuldet?

! Es geht darum, die Einladung in eine Beziehung mit Gott anzunehmen.

† Lukas 15,25-32

Wie habe ich dein Gesetz so lieb! Ich sinne darüber nach den ganzen Tag.

PSALM 119,97

Weniger ist mehr

An einem normalen Werktag lesen und beantworten wir durchschnittlich 50 Textnachrichten, besuchen 30 Internetseiten und klicken uns durch 200 E-Mails. Laut Wissenschaftlern vom *Global Information Industry Center* der Universität California, die diese Zahlen veröffentlicht haben, hat ein Erwachsener im Mittel gut 11 Stunden Input täglich, zählt man Fernsehen, Printmedien, Internet und Smartphone zusammen. 92 % der 18- bis 33-Jährigen gaben in Umfragen an, immer oder mehrmals täglich online zu sein. Selbst von den 34- bis 49-Jährigen sind es 79 %. Es ist erwiesen, dass zu viele Informationen auf einmal das Gehirn überfordern. Denkprozesse werden gehemmt, weil die große Datenmenge tieferes Nachdenken und Verstehen behindert. Dazu braucht unser Gehirn Ruhe, Aufmerksamkeit und eine Fokussierung. Wir sollten also vor allem lernen, Wichtiges von Unwichtigem zu unterscheiden.

Der Autor des Psalms, dem der heutige Tagesvers entnommen ist, hat das beherzigt. Er praktizierte damals schon, was Neurologen heute unseren informationsüberfluteten Gehirnen raten: lieber mehrere Seiten eines Buches (z. B. der Bibel) in Ruhe lesen und das Gelesene verarbeiten, als stundenlang in sozialen Netzwerken zu daddeln. Lieber sich intensiv mit einer Sache beschäftigen, als sich von zig unwichtigen Meldungen den Kopf »verstopfen« zu lassen. Vor allem aber beschäftigte der Psalmdichter sich mit dem denkbar Wichtigsten: Er bedachte Gottes Wort, und zwar den ganzen Tag. Er schätzte und verinnerlichte die wertvollen Aussagen und konnte deshalb die Bedeutungsschwere der göttlichen Offenbarung erfassen. Damit hat er nicht nur seinem Gehirn etwas Gutes getan, sondern sich zugleich mit dem beschäftigt, was der Seele echte Nahrung gibt.

Daniela Bernhard

? Wann haben Sie zuletzt ein Buch ganz zu Ende gelesen?

! Die Bibel besteht aus 66 Büchern. Fangen Sie heute zu lesen an, vielleicht mit einem der vier Evangelien!

† Psalm 119

07 SEPTEMBER **SONNTAG**

Tag der sauberen Luft

Er ist es, der uns allen das Leben und die Luft zum Atmen gibt und uns mit allem versorgt, was wir zum Leben brauchen.

APOSTELGESCHICHTE 17,25

Luft als Abfallprodukt?

Man kann ihn nicht sehen, nicht riechen oder schmecken. Er ist ein Gas, ein ganz besonderes Gas. Denn bis auf wenige Ausnahmen benötigt ihn jedes Lebewesen. Wir Menschen atmen ihn ein, er wird durch die Lunge in das Blut aufgenommen und verteilt sich dadurch im ganzen Körper. Sicherlich wissen Sie jetzt schon, worum es sich handelt: nämlich um den Sauerstoff (O2). Ein großer Teil der Produktion von Sauerstoff geschieht durch die Bäume und auch durch alle anderen grünen Pflanzen. Hier nennt man diesen Prozess Fotosynthese. Durch die Kombination von Sonneneinstrahlung, dem Blattgrün, Kohlendioxid und Wasser produzieren Pflanzen Glukose (Zucker) für das Wachstum und im Prinzip als »Abfallprodukt« den benannten Sauerstoff.

Ich finde, hier kommt die Genialität und Größe Gottes auf typische Weise zum Vorschein. Genau das überschüssige Produkt ist der Stoff, den wir zum Leben unbedingt benötigen! Gottes Schöpfungswerk der Pflanzen ist ein genial ausgedachtes Netzwerk, das Leben für die Menschen, Tiere, Pflanzen und alle Lebewesen bringt.

Gott liebt es, Dinge in Gang zu bringen, die zunächst unscheinbar, aber doch unendlich wichtig für uns sind. So hat er auch das Kommen seines Sohnes in diese Welt vorbereitet, und als es endlich so weit war, geschah auch das zunächst im Verborgenen. Nur wenige bekamen davon etwas mit. Und als sich später dann zeigte, was er für ein vollkommener Mensch, was für ein liebender Gott er war, geschah das Unfassbare: Der Höhepunkt seiner Mission, Menschen das ewige Leben zu bringen, war paradoxerweise seine Ablehnung durch uns Menschen und sein qualvoller Tod am Kreuz. Doch genau das musste geschehen, damit wir leben können. Man muss ihn dazu allerdings bewusst in sein Leben aufnehmen.

Gabriel Herbert

? Welche Bedeutung hat Jesus Christus für Sie?

! Wer durch den Glauben Jesus hat, hat das Leben. (Vgl. 1. Johannes 5,12.)

✝ Johannes 6,47-51

Was beugst du dich nieder, meine Seele, und was stöhnst du in mir? Harre auf Gott, denn ich werde ihn noch preisen.

PSALM 43,5

Die unruhige Seele

Kennen wir das? Wir kommen nicht zur Ruhe. Uns fehlt der innere Frieden. Immer wieder liegen wir nachts wach – unsere Gedanken drehen sich permanent im Kreis. Die Umstände des Lebens, die Furcht einflößenden Nachrichten aus der Welt oder der bange Blick in die Zukunft bringen unser Innerstes in Aufruhr. Als beliebte Bewältigungsstrategie versuchen wir, bestimmte Dinge auszuklammern und nicht mehr darüber nachzudenken. Eine Diagnose wird verdrängt oder die Nachrichten einfach weggeschaltet. Nach dem Motto: Ablenkung statt Problembewältigung.

Ganz anders geht jemand, der an Gott glaubt, damit um. In Psalm 43,5 heißt es: »Warum bist du unruhig, meine Seele, und was stöhnst du in mir?« Der Verfasser kennt sein Innerstes und nimmt heftige Gemütsschwankungen wahr. Eine tiefe Unruhe, die ihn zur Verzweiflung treibt. Doch während er darüber nachdenkt und seine Gedanken verarbeitet, kommt ihm die Lösung in den Sinn. Weiter heißt es nämlich im nächsten Vers: »Harre auf Gott!« Gemeint ist damit ein sehnsüchtiges Abwarten auf Gottes Handeln, was der Schlüssel für wahren inneren Frieden ist. Losgelöst von allen Umständen, Sorgen und Problemen, darf die Seele vor Gott zur Ruhe kommen.

Wer Gott und dessen Verheißungen aus der Bibel kennt, der darf sorgenfrei in die Zukunft blicken und auch in aktueller Not jede Menge Hilfe, Trost und Kraft erfahren. Doch dieser innere Frieden ist ein Geschenk Gottes, das er nur denen zukommen lässt, die ihm vertrauen. Wenn wir eine grundlegende Hinwendung zu Gott vollzogen haben, dürfen wir ihn konkret und aufrichtig um Hilfe bitten und Zuflucht bei ihm suchen. Bei ihm darf unser Innerstes endlich zur Ruhe kommen. Unsere Seele findet nur bei Gott wahren Frieden.

Alexander Strunk

? Kennen Sie echten inneren Frieden in Ihrem Leben?

! Lesen Sie einmal den ganzen Psalm 43!

† Psalm 43

Der Tag des Herrn wird ... unerwartet kommen ... Dann wird der Himmel unter schrecklichem Lärm vergehen und die Elemente in Hitze aufgelöst. Die Erde mit allen Menschenwerken ... ist dann verbrannt.

2. PETRUS 3,10

Zusammenbruch

Eines Abends klingelte der junge Nachbar aus Ungarn an unserer Wohnungstür: »Kannst du mir helfen?« – »Was ist los?« – »Unser neu gekauftes Bett ist zusammengebrochen.« Ich ging mit ihm in seine Wohnung. Da lag eine einzige Katastrophe vor mir: Eine Auflagestange für den Lattenrost war abgebrochen, etliche Schrauben verbogen oder ausgerissen. Mein erster Gedanke war, wie viel das Bett wohl gekostet hat. Es war nämlich schwach konstruiert. Beim genaueren Hinsehen kam allerdings zum Vorschein, dass einige Montagefehler der Grund des Zusammenbruchs war. Ein Freund hatte ihm das Bett einfach irgendwie zusammengebaut, ohne die Montageanleitung der Lieferfirma zu beachten. Meine Frau und ich zerlegten das demolierte Bett in seine Einzelteile, ersetzten verbogene Schrauben, bauten bei der Bruchstelle eine Holzverstärkung ein und montierten es von Grund auf noch einmal neu.

Nach diesem Ereignis dachte ich mir: So ähnlich, aber in einem unvergleichbar schlimmeren Ausmaß, bricht unsere Welt zusammen. Ein Teil der Menschheit versucht noch, sie zu retten, während die anderen sie immer mehr zerstören. Allerdings können wir die Welt weder retten, noch lässt Gott seine Schöpfung vollends von uns Menschen zerstören.

In unserem Tagesvers sagt Gott, dass nicht ein Atomkrieg oder eine Umweltkatastrophe alles vernichten wird, sondern er selbst wird alles auflösen. Denn die Schöpfung in dem jetzigen Zustand inklusive Mensch ist nicht mehr reparierbar. Sie hat ein Ablaufdatum. Gott hat geplant, etwas völlig Neues zu schaffen: einen neuen Himmel und eine neue Erde. Die Bevölkerung dieser neuen Welt setzt sich zusammen aus Menschen, die im Hier und Jetzt dem Schöpfer und Erlöser Jesus Christus ihr Vertrauen schenken.

Sebastian Weißbacher

Wie können Sie Teil dieser neuen Schöpfung werden?

Machen Sie in Ihrem Leben einen Neuanfang – mit Gott!

2. Petrus 3,10-18

Da warf er [Judas] die Silberlinge im Tempel hin und machte sich davon, ging hin und erhängte sich.

MATTHÄUS 27,5

Haben Sie schon einmal an Suizid gedacht?

Ja, ich habe auch schon einmal daran gedacht, mich umzubringen. Tief enttäuscht von mir selbst und meinem Leben saß ich auf in meinem Zimmer. Den Kopf zwischen den Knien gebeugt, das Herz noch viel tiefer. Da kam in mir plötzlich der Gedanke auf: Nimm dir doch einfach das Leben!

In Deutschland nehmen sich jährlich ca. 10 000 Menschen das Leben. Das sind ca. 27 Selbsttötungen pro Tag. Wie viele Menschen zusätzlich aber nur an Suizid *denken*, bleibt ein Geheimnis. Haben Sie auch schon einmal daran gedacht? Was hat Sie dazu gebracht? Eine zerbrochene Liebesbeziehung? Unerträgliches Mobbing? Finanzprobleme? Einsamkeit? Die Gründe mögen vielfältig sein. Ein ganz besonderer Fall von Selbsttötung wird in der Bibel am Beispiel von Judas berichtet. Nachdem er Jesus verraten hatte, nahm er sich das Leben. Vorher jedoch wird gesagt, dass der Satan in ihn gefahren war. Satan wird in der Bibel als der Mörder schlechthin beschrieben. Dass Judas ihm Raum in seinen Gedanken und Taten gegeben hatte, dazu passt dann auch seine spätere Selbsttötung. Nichts ist dem Teufel lieber, als dass wir unser Leben beenden, ohne uns zu Gott zu wenden, wenn wir verzweifelt darüber sind, was wir getan haben. Drei Jahre erlebte Judas Jesus Christus hautnah. Aber er wählte am Ende Satan und nicht Jesus – den Tod und nicht das Leben.

Ein Freund erzählte mir, dass er wiederholt an Suizid dachte. Diese Gedanken kamen ihm aber nie mehr wieder, seit er sein Leben mit Jesus lebt. Das finde ich schön. Zwar können auch echte Christen Suizidgedanken haben, aber ganz sicher ist auch: Jesus will uns das wahre Leben schenken. Bei ihm gibt es Geborgenheit, Erfüllung, Sinnhaftigkeit und Hoffnung. Bei ihm werden unsere selbstzerstörerischen Gedanken schweigen.

Paul Wiens

? Was würden Sie tun, wenn Sie völlig verzweifelt sind?

! Wenn das nächste Mal solche Gedanken aufsteigen, wenden Sie sich im Gebet an Jesus und bitten Sie ihn um Hilfe!

† Hiob 2,1-10

Immer wieder habe ich meine Diener zu euch geschickt, immer wieder von neuem. ... Aber niemand hörte auf mich. Sie haben sich nicht darum gekümmert und sind nicht umgekehrt.

JEREMIA 44,4-5

Das Recht, ein Problem zu ignorieren?

»Kein Mitarbeiter hat das Recht, ein Problem zu ignorieren!« Vor dieser klaren Aussage in einer Besprechung am Arbeitsplatz war aufgefallen, dass Mitarbeiter Mängel in Arbeitsabläufen bemerkt, aber sich nicht darum gekümmert hatten. Weil sie ihre Hauptaufgabe trotzdem bearbeiten konnten, beachteten sie die Schwachstelle nicht weiter. Jeder war so sehr mit den eigenen Tätigkeiten beschäftigt, dass niemand reagiert hatte. Nachdem die Situation eskaliert war, klärte die Geschäftsführung über die Gefahren auf: »Ein Fehler verschwindet nicht von allein, sondern führt später zu Mehrkosten, Verärgerung bei unseren Kunden und gefährdet dadurch unsere Existenz!«

Die Situation bei der Arbeit erinnert mich an den heutigen Tagesvers: Gott selbst hatte wiederholt versucht, Menschen auf Sünden in ihrem Leben hinzuweisen. Allerdings kümmerten sie sich nicht um seine Botschaft. Weil es zunächst so aussah, als würde ihr Leben auch ohne Gott und seine Maßstäbe funktionieren, dachten auch sie nicht an die langfristigen Folgen. Doch Sünde ist mehr als nur ein kleines Problem. Sie schadet mir selbst und anderen – und ist die Ursache für eine gestörte Beziehung zu Gott. Vor allem disqualifiziert sie vom ewigen Leben.

Nüchtern zeigt die Bibel, dass kein Mensch frei von Sünde ist. Spätestens wenn uns auffällt, dass Gott auch uns zu Recht als Sünder bezeichnet, sollten wir reagieren. Wir müssen (und können) das Problem jedoch nicht selbst lösen. Jesus Christus hat die (Er-)Lösung bereits am Kreuz vollbracht. Weil er sich dort um unser Defizit gekümmert hat, dürfen wir uns nun vertrauensvoll an ihn wenden. Wer Jesus ehrlich darum bittet, erfährt Vergebung und darf ein neues, verändertes Leben beginnen.

Andreas Droese

? Wo hat Ihr Gewissen Sie auf wunde Punkte in Ihrem Leben hingewiesen – und wie haben Sie darauf reagiert?

! Bitten Sie Jesus im Gebet um Hilfe, immer besser zu verstehen, welche Hinweise er Ihnen geben will.

† Jeremia 44,1-14

Das Blut Jesu, seines Sohnes, reinigt uns von aller Sünde.

1. JOHANNES 1,7

Staubfrei werden

Meine Frau und ich sind seit einiger Zeit stolze Besitzer eines Staubsaugerroboters. Echt genial, was dieser moderne Haussklave für eine Hilfe ist! So kann man beispielsweise ganz bequem auf dem Nachhauseweg oder aus dem Urlaub seinen Roboter per Smartphone starten und kommt dann schließlich einige Zeit später in ein staubfreies und sauberes Zuhause.

Doch eine Sache ist mir an diesem Helferlein aufgefallen: Dass der Staubsauger zwar den Boden gründlich reinigt, sich aber doch im Laufe der Zeit auf dem Roboter selbst eine Staubschicht bildet. Der Roboter kann sich drehen und wenden, wie er will, er ist nicht in der Lage, sich selbst zu reinigen. Er ist auf die Hilfe seines »Herrn«, seines Besitzers, angewiesen.

In diesem Punkt ähneln wir Menschen einem solchen Roboter doch sehr. Wir können durch unser Leben viel Gutes bewirken und alles blitzsauber hinterlassen. Doch egal, wie viel Gutes wir in unserem Leben tun, egal, wie ordentlich unser Leben zu sein scheint, zu einem sind wir ebenfalls nicht in der Lage: unsere Schuld, der Schmutz in uns, der sich im Laufe unseres Lebens angesammelt hat, aus uns selbst heraus loszuwerden. Sie liegt wie eine dicke Staubschicht auf unserem Herzen. Wir sind auf Hilfe von außen angewiesen. Angewiesen auf einen, der unseren Schmutz wegnimmt – und zwar ein für alle Mal. Diese Person ist Jesus Christus. Sein Tod und sein Auferstehen ermöglichen diese Reinigung. Im heutigen Tagesvers heißt es: »Das Blut Jesu reinigt uns von aller Sünde.« Es ist zur Vergebung unserer Sünden geflossen. Nun liegt es bei uns, es wirksam für uns werden zu lassen, indem wir Jesus zu unserem Heil und Leben als unseren Herrn annehmen und in Anspruch nehmen, was er für uns getan hat. *Daniel Beck*

? Zu viel Schmutz und Dreck führt am Ende zum Totalausfall.

! Lassen Sie rechtzeitig die so notwendige Grundreinigung an sich vornehmen!

✝ 1. Johannes 1,5-10

Das Zeugnis des HERRN ist zuverlässig und macht weise den Einfältigen.

PSALM 19,8

Außerbiblische Quellen zu Jesus

Manche halten die Bibel für ein Märchenbuch oder eine Sammlung frommer Mythen. Doch gibt es antike außerbiblische Quellen von Autoren, die keine Christen waren, die das Leben, Sterben und die Auferstehung von Jesus Christus bezeugen.

Josephus, ein jüdischer Geschichtsschreiber in Diensten der Römer, schrieb im Jahr 93 n. Chr.: »Um diese Zeit lebte Jesus, ein weiser Mann, wenn man ihn überhaupt einen Menschen nennen darf. Er vollbrachte nämlich ganz unglaubliche Taten und war der Lehrer aller Menschen ... Und obgleich ihn Pilatus auf Betreiben der Vornehmsten unseres Volkes zum Kreuzestod verurteilte, wurden doch seine früheren Anhänger ihm nicht untreu. Denn er erschien ihnen am dritten Tage wieder lebend, wie gottgesandte Propheten dies und tausend andere wunderbare Dinge von ihm vorhergesagt hatten. Und bis auf den heutigen Tag besteht das Volk der Christen, die sich nach ihm nennen, fort« (*Antiquitates* 18,63-64). Im Talmud, einer im 3. Jahrhundert schriftlich fixierten Sammlung rabbinischer Lehren, steht: »Am Vorabend des Passahfestes hängte man Jeschu (Traktat Sanhedrin 43a). Tacitus schrieb um 117 n. Chr. in seinen Annalen über Nero: »Um das Gerücht aus der Welt zu schaffen, schob er die Schuld auf andere, ... die das Volk ›Chrestianer‹ nannte. Der Urheber dieses Namens ist Christus, der unter der Regierung des Tiberius vom Prokurator Pontius Pilatus hingerichtet worden war« (Annalen 15,44).

Diese und andere Aussagen sind in ganz verschiedenen Zusammenhängen entstanden. Gegner und Skeptiker des Christentums haben Jesu Existenz als Tatsache akzeptiert und keinerlei Grund gesehen, sie zu bezweifeln. Die Quellenlage führt den Kirchengeschichtler Ebeling zur Schlussfolgerung: »Die Bestreitung der Historizität Jesu hat sich historisch als unhaltbar erwiesen.« *Gerrit Alberts*

? Zweifeln Sie an der Historizität Jesu?

! Was müsste geschehen, um diese Zweifel zu überwinden?

✝ Johannes 20,24-31

SONNTAG SEPTEMBER **14**

Denn was irgend ein Mensch sät, das wird er auch ernten.

GALATER 6,7

Gesät und geerntet

Endlich war es so weit. Zusammen mit vielen neugierigen Kindern ging ich in unserem kleinen Dorf zu unserem winzigen Gemüsebeet, wo wir vor einigen Monaten Möhrensamen ausgesät hatten. Es war herrlich! Die Kinderaugen glänzten, als Möhre für Möhre ihr Erdnest verlassen musste. Eigentlich war es eine mickrige Ernte, aber die Kinder freuten sich, als hätte noch nie jemand vor uns eine so prächtige Möhrenernte eingefahren.

Wir hatten Möhrensamen gesät und Möhren geerntet. Das ist völlig logisch. Erleben wir dieses Prinzip nicht immer wieder in unserem Leben? Wenn wir bei unseren Mitmenschen Freundlichkeit säen, ernten wir meist auch Freundlichkeit. Säen wir aber Hass und Streit, ernten wir auch Hass und Bitterkeit. Hätten wir uns bei der Aussaat in der Samenpackung vertan, wäre uns dies spätestens bei der Ernte aufgefallen.

In der Bibel lesen wir davon, dass unser ganzes Leben in gewisser Weise ein Säen ist. Erst nach dem Tod werden wir ernten, was wir hier auf der Erde gesät haben. Gott wird dann unser Leben als gut oder schlecht beurteilen. Und nur dann werden wir Gutes ernten, wenn wir hier auf der Erde ein vollkommenes und gerechtes Leben gesät haben ... Aber welcher Mensch könnte das über sich sagen?

Solch einen Menschen gab es tatsächlich. Sein Name ist Jesus Christus. Hier auf der Erde hat er ein vollkommenes Leben gelebt, hat sehr vielen Menschen geholfen, hat Freundlichkeit über Freundlichkeit gesät. Aber er hat um unseretwillen von den Menschen Böses dafür empfangen. Er wurde ans Kreuz geschlagen und getötet. Doch durch diesen Tod am Kreuz kann nun jeder, der an ihn glaubt und ihn in sein Leben aufnimmt, in der Zukunft ewiges Leben ernten. Was Jesus gesät hat, kommt ihm dann zugute. *Jannik Sandhöfer*

? Wie werden Sie am Ende dastehen, und was werden Sie ernten?

! Nur durch Jesus können wir ewiges Leben ernten.

✝ Galater 6,4-10

Da ging sie hin, kam und las auf dem Feld hinter den Schnittern her auf. Und sie traf zufällig das Feldstück des Boas, der aus der Sippe Elimelechs war.

RUT 2,3

Zufällig ...

Ende der 1960er-Jahre forschte in den USA ein Chemiker an einem neuen Klebstoff. Doch die entwickelte Substanz klebte nicht besonders fest. Wenn der Kleber zwischen zwei Oberflächen eingesetzt wurde, entschied er sich offenbar für die eine oder die andere. Diese Entweder-oder-Eigenschaft war neu für einen Klebstoff. Es war aber nicht erkennbar, wozu das gut sein sollte. 1974 singt ein Kollege des erfolglosen Chemikers im Kirchenchor. Um die Lieder im Liederbuch wiederzufinden, legt er kleine Zettel zwischen die Seiten. Doch die flattern immer wieder zu Boden. Ob es nun eine langweilige Predigt oder eine Inspiration war, jedenfalls erinnert sich der Chorsänger an die Erfindung seines Kollegen. Ein Lesezeichen, das in das Liederbuch geklebt und ohne Spuren wieder entfernt werden kann, vielleicht ließ sich dieser Kleber ja dafür einsetzen. Und so entstanden *zufällig* die berühmten Haftnotizen.

In der Bibel gerät Rut, eine junge Witwe aus dem Ausland, *zufällig* auf das Feld des reichen Boas. Rut war nach schweren Jahren mit ihrer Schwiegermutter Noomi in deren früheren Wohnort Bethlehem gezogen. Um zu überleben, sammelt sie liegen gelassene Ähren auf und kommt dabei Boas in den Blick. Dieser heiratet sie, und Rut wird eine der Stammmütter von König David und später von Jesus Christus.

Zwei Beispiele, bei denen sich scheinbar zufällig etwas zusammenfügt. Doch im zweiten Beispiel wird deutlich: Zufall kann ein Zeichen dafür sein, dass Gott am Werk ist und etwas zusammenbringt, was nicht ohne Folgen bleibt. Wenn Sie *zufällig* auf diesen Kalender gestoßen sind, *zufällig* heute darin gelesen haben, dann seien Sie sicher, dass auch dieser Zufall zu Gottes Plan für Ihr Leben gehört, um Ihnen Gutes werden zu lassen.

Herbert Laupichler

? Wie gehen Sie mit Angelegenheiten um, die scheinbar zufällig geschehen?

! Gott macht sich in unserem Leben auf mancherlei Weise bemerkbar. Ignorieren Sie das nicht!

✝ Hiob 33,14-30

Freut euch mit mir; denn ich habe mein Schaf gefunden, das verloren war.

LUKAS 15,6

Wie ich Christ wurde

Eine kirchliche Anbindung hatten wir Kinder durch das Elternhaus. Wir waren evangelisch, und gelegentlich wurde auch einmal ein Gottesdienst besucht. Die ersten Geschichten aus der Bibel hörte ich in den Religionsstunden der Grundschule. Später im Konfirmandenunterricht lernte ich etwas über Jesus als Hirten kennen, der sein verloren gegangenes Schaf sucht. Meine Persönlichkeits- und Lebensentwicklung verlief damals nur zum Teil positiv. Vielleicht regte sich aus diesem Grund in mir das kindliche Verlangen nach so einem Hirten, nach Geborgenheit bei einem starken Gott.

Das wichtigste Buch, das mir zu jener Zeit in die Hände gegeben wurde, war eine Lutherbibel als Vorbereitung zur Konfirmation. Ich fing an darin zu schmökern, ohne Plan und Anleitung. Doch irgendwie kam dabei Licht in mein Dasein und erstmals so etwas wie Glaube.

Dann wurde ich zu einer Vortragsreihe über christliche Themen eingeladen. Das klang nicht allzu attraktiv. Veranstaltungsort war aber ein großes Zelt auf dem Kirmesplatz, das weckte meine Neugier. Inhaltlich habe ich wohl wenig von dem dort Gehörten verstanden, aber doch ausreichend genug, sodass mir klar wurde: Ich brauche Jesus. Während dieser Tage habe ich zum ersten Mal darum gebetet, dass Jesus die Führung meines Leben übernimmt. In den folgenden Wochen verspürte ich seltsamerweise zunehmend meine Schlechtigkeiten. Mir wurde bewusst: Ich steckte schon als Teenager tief in der Tinte und kam da allein nicht heraus. Ich sehnte mich nach Hilfe und habe Jesus diese Schattenseiten bekannt.

Das ist nun 44 Jahre her. Seither hat sich vieles bei mir geändert. Vor allem aber trägt mich seitdem die Gewissheit: Ich bin gerettet und von meinem guten Hirten gefunden worden. *Arndt Plock*

? Kennen Sie das Verlangen, bei Gott zu Hause zu sein?

! Jesus sucht Sie. Wenn Sie seinen Ruf hören, antworten Sie ihm doch!

✝ Lukas 15,1-10

Die Unheil pflügen und Mühsal säen, die ernten es.

HIOB 4,8

Knast oder Leichensack?

Richterin Verda Colvin steht vor einem Dutzend Jugendlicher, in der Hand einen weißen Leichensack. »Ihr habt zwei Möglichkeiten«, wendet sie sich an die Gruppe. »So wie ihr euch jetzt verhaltet, landet ihr entweder im Gefängnis – oder in einem Leichensack. Was wollt ihr tun?« Fassungslos starren die Jungen und Mädchen die Richterin an, ohne ein Wort zu sagen. Sie sind Teil eines Programms, das gefährdete Jugendliche davor bewahren soll, auf die schiefe Bahn zu geraten. Das *Bibb County Sheriff's Office* erklärt: »Die Initiative *Consider the Consequences* (auf Deutsch: Denk an die Konsequenzen) ist ein Präventionsprojekt. Es besteht aus einem achtstündigen Gefängnisbesuch unter strenger Aufsicht, bei dem die Jugendlichen erfahren, was es bedeutet, hinter Gittern zu sitzen. Sie erfahren, welche Folgen es haben kann, wenn sie sich mit Banden, Drogen, Waffen oder auf rebellische Verhaltensweisen einlassen und im Gefängnis landen.«

Böses Tun hat böse Folgen. In Hosea 8,7 heißt es über Israel: »Wind säen sie, und Sturm ernten sie.« Dass dieser Grundsatz heute noch gilt, erfahren wir immer wieder in unserem Alltag. Auch wenn uns die gerechte Strafe für unsere Sünden nicht immer in diesem Leben trifft, so warnt uns die Heilige Schrift doch vor dem Tag, »da Gott das Verborgene der Menschen richtet« (Römer 2,16).

Auch wir können wählen: So wie wir uns jetzt verhalten, landen wir in der ewigen Verdammnis (vgl. Offenbarung 20,13-15), »denn der Lohn der Sünde ist der Tod«. Gott aber bietet uns »ewiges Leben in Christus Jesus« an (Römer 6,23). Um es zu empfangen, müssen wir unserem Denken und Leben eine andere Richtung geben. Dazu fordert uns Petrus in Apostelgeschichte 3,19 auf: »So tut nun Buße und bekehrt euch, dass eure Sünden ausgetilgt werden.« Gott fragt uns: »Was wollt ihr tun?«

Peter Güthler

? Was denken Sie über das zukünftige Gericht?

! Wie gut, dass Rettung noch möglich ist!

Hosea 8,1-7

Darin ist die Liebe mit uns zum Ziel gekommen: Dem Tag des Gerichts können wir mit Zuversicht entgegensehen, denn so wie Jesus mit dem Vater verbunden ist, leben auch wir in dieser Welt.

1. JOHANNES 4,17

Auf der Seite des Richters

Eines Tages erhielt ich einen seltsamen Brief. Der Absender war das Landesgericht. Es war eine Vorladung mit Ort und Termin, ich sollte als »Schöffe« (das ist in Österreich ein Laienrichter) an einer Gerichtsverhandlung teilnehmen. Beim Betreten des Gerichtsgebäudes brauchte ich im Gegensatz zu den Angeklagten keinerlei Angst haben. Ich stand ja auf der Seite des Richters!

Meine Aufgabe war es, gemeinsam mit dem Richter und einem zweiten »Schöffen« den Staatsanwalt, die Angeklagten, die Zeugen und den Verteidiger anzuhören. Wir hatten uns ein Bild von der Sachlage zu machen und unter Berücksichtigung des österreichischen Strafgesetzes gemeinsam mit dem Richter zu einem Urteil zu kommen. Das war keine leichte Aufgabe. Allerdings gab es bei der Abstimmung vor der Urteilsverkündigung genügend Unterstützung durch den Richter, um die richtige Entscheidung treffen zu können.

Gott hat auch einen Tag festgesetzt, zu dem alle lebenden und bereits verstorbenen Menschen eine »Vorladung« erhalten. Alle, ohne Ausnahme, müssen an diesem Termin vor ihm erscheinen. Die Bibel beschreibt dazu zwei Szenarien: Erstens die Auferstehung aus den Toten für diejenigen, die Jesus als ihren Gott und Retter anerkannt haben. Zweitens die Auferstehung der Toten, die dem Evangelium nicht geglaubt haben. Grundlage der Vorladung ist, dass wir Menschen wegen der Sünde die Herrlichkeit bei Gott verloren haben (Römer 3,23). Deshalb benötigen wir Vergebung und Versöhnung mit Gott. Dies kann allein während unserer Lebenszeit durch Bekennen unserer Sünde vor dem heiligen Gott und Umkehr zu dem Retter Jesus Christus geschehen. Nur dann sitzen wir in Zukunft nicht auf der Anklagebank, sondern auf der Seite des Richters und können dem Tag des Gerichts »mit Zuversicht entgegensehen«.

Sebastian Weißbacher

? Was passiert unweigerlich, wenn man straffällig geworden ist?

! Man wird zur Verantwortung gezogen und durch den Richter verurteilt, wenn kein anderer an unsere Stelle tritt.

† 1. Korinther 4,1-5

Wir wissen aber, dass denen, die Gott lieben, alle Dinge zum Guten mitwirken, denen, die nach seinem Vorsatz berufen sind.

RÖMER 8,28

Gott meint es gut mit mir

Ich kann mich nicht daran erinnern, dass es in meinem Leben Zeiten gab, in denen, wie es momentan erscheint, so viele Krisen in so kurzer Zeit so viele Menschen getroffen haben. Man spürt regelrecht Unruhe und Unmut in der Bevölkerung. Fast keiner scheint wirklich zufrieden zu sein. Ich habe schon mehrfach erfahren, dass sich der Mensch immer nur an seinem eigenen Wohlbefinden misst. So wird der Glaube an einen Gott immer mehr von dem Umstand verdrängt, dass viele Dinge im Leben nicht so sind, wie wir es gern hätten. Zudem muss der eine oder andere mit großen Widerständen kämpfen, oder es trifft ihn bitteres Leid. »Es kann keinen Gott geben, sonst würde dies nicht passieren!« Das habe ich so oder so ähnlich schon oft gehört.

In unserem Tagesvers jedoch verspricht Gott denen, die ihn von ganzem Herzen und in aller Ehrlichkeit lieben, dass alle Dinge zum Guten mitwirken. Das ist sehr tröstlich und ein großer Ansporn, diesem guten Gott zu folgen und an ihn zu glauben. Dabei sollte man allerdings beachten, dass es in dem Bibelvers heißt: »zum Guten mitwirken«. Es wird nicht immer alles gut, so wie *ich* mir das vorstelle oder gern hätte. Es wird gut, so wie es *Gott* sieht. Er weiß am besten, was für jeden Einzelnen gut ist.

Nehmen wir einmal an, mein Auto springt nicht an. Das ist sehr ärgerlich, ich kann nicht wegfahren. Aber durch diese »Planänderung« kann es sein, dass Gott gerade damit etwas Gutes für mich vorsieht. Das mag etwas »zurechtgelegt« klingen. Aber ich habe im Laufe der vielen Jahre, die ich bisher an der Seite Jesu verbringen durfte, gelernt, dass Gott mich zwar auch durch mancherlei Schwierigkeiten geführt hat, ich aber im Nachhinein überzeugend sagen kann: Er hat alle Dinge zum Guten mitwirken lassen.

Axel Schneider

? Haben Sie Zukunftsängste?

! Lassen Sie sich auf Gottes Zusagen ein!

† Römer 8,28-39

Wer den HERRN ehrt, lebt sicher und geborgen; auch seine Kinder finden Zuflucht bei ihm.

SPRÜCHE 14,26

Wir beten ab jetzt zusammen

Meine Frau und ich besuchten unsere Kinder. Es wurde ein wunderschöner Nachmittag. Wir haben das Zusammensein mit unseren Kindern und besonders unseren zwei kleinen Enkelkindern sehr genossen. Die Kinder waren gerade zu Bett gebracht, und wir vier saßen noch zusammen und tauschten uns aus. In der Nachbarschaft war ein junger Mann mit Mitte 30 kurz zuvor an Krebs gestorben. Unsere Kinder waren eng mit der Familie befreundet und hatten sie durch diese schwere Zeit begleitet. Wie weit das auch unsere Enkelkinder bewegt hat, war uns nicht bewusst.

Plötzlich hörten wir ein jämmerliches Schluchzen aus der oberen Etage. Und da stand auch schon unser 4-jähriger Enkel auf den Stufen der Treppe und kam, so schnell er eben konnte, heruntergelaufen. Er fiel seinem Papa in die Arme und schluchzte: »Ich muss sterben Papa. Ich muss jetzt sterben.« Er war völlig aufgelöst, und seine Eltern brauchten einige Zeit, um ihn wieder zu beruhigen. Als er dann geborgen zwischen Mama und Papa auf der Couch saß, erzählte er, wie er in seinem Bett noch gebetet hatte. Er wollte Gott bitten, dass er nicht auch sterben müsse. Doch dann meinte er, sich versprochen und dafür gebetet zu haben, dass Gott ihn sterben lässt. Erneut schüttelte ihn ein Weinkrampf, und er fragte: »Muss ich jetzt sterben?«

Wir beruhigten ihn, und mein Sohn erklärte ihm, dass Gott die Worte ernst nimmt, die wir ihm im Gebet sagen, dass er aber auch weiß, was wir eigentlich möchten, auch wenn wir uns versprechen. So beteten wir noch alle gemeinsam. Unser Enkel erklärte Gott im Gebet alles noch einmal und wurde wieder froh. Mein Sohn machte dann noch den Vorschlag, doch immer gemeinsam zu beten und mit Gott zu reden. Seit diesem Abend tun sie das voller Freude.

Bernd Grünewald

? Wie halten Sie es mit dem Beten?

! Es ist ganz wichtig, das zu tun, und auch gemeinsam mit anderen vor Gott zu kommen.

✝ Apostelgeschichte 1,10-14

21 | SEPTEMBER | **SONNTAG**
Welt-Alzheimer-Tag

Ich, ich bin es, der deine Übertretungen tilgt um meinetwillen; und deiner Sünden will ich nicht mehr gedenken.

JESAJA 43,25

Kann Gott vergessen?

Das *Deutsche Zentrum für Neurodegenerative Erkrankungen* (kurz DZNE) hat auf seiner Homepage spannende Fakten über die Erkrankung Demenz zusammengestellt. Es gibt nicht *die* Demenz, sondern Demenz hat viele verschiedene Formen – am bekanntesten ist vermutlich der Alzheimer. Schätzungen zufolge lebten 2021 rund 1,7 Millionen Menschen ab 65 Jahren mit Demenz in Deutschland, was ca. 2 % der gesamten Bevölkerung entspricht.

Während Demenz-Erkrankte ihr Leiden im frühen Stadium meist noch gut überspielen können, nimmt im Laufe der Zeit die Fähigkeit, sich anhand von Orten, Situationen oder Personen richtig zu orientieren, immer mehr ab. Interessant ist allerdings, dass die Fähigkeit, die nonverbale Kommunikation (also Mimik und Gestik) anderer Menschen zu deuten, nicht verloren geht. Auch das Ansprechen der Sinne wie Sehen, Riechen, Hören, Tasten usw. zeigt mitunter große Erfolge. So ist zu beobachten, dass Demenz-Erkrankte beim Hören und Singen von Volksliedern, die sie aus frühester Kindheit kennen, regelrecht aufblühen können. Trotz allem bleibt Demenz für die Erkrankten selbst sowie für die sie betreuenden Angehörigen eine große Belastung. Das frustrierende Hauptmerkmal von Demenz ist das ständige Vergessen.

Unglaublich, aber wahr ist, dass Gott *bewusst* vergessen kann. Und zwar sagt er in Jesaja 43,25, dass er unserer Sünden nicht mehr gedenkt, sie also aktiv vergisst. Das meint kein »Ich weiß nicht mehr, wo ich meinen Schlüssel hingelegt habe«, sondern die bewusste Entscheidung, nicht mehr daran zu denken. Ist es nicht ein unglaubliches Vorrecht, zu Gott kommen zu dürfen, seine Sünden bekennen zu können und keine Angst haben zu müssen, sie irgendwann doch wieder vorgehalten zu bekommen?

Rebecca Grimm

? Fällt es Ihnen schwer, Schuld zuzugeben?

! Wie gut, dass Gott vergibt und vergisst!

✝ Micha 7,18-20

Wer darf sagen: Ich habe mein Herz gereinigt, ich bin rein geworden von meiner Sünde?

SPRÜCHE 20,9

Mein erstes Auto

07:30

Es war Liebe auf den ersten Blick, als ich das wunderschöne, schwarze glänzende Auto sah. Es hatte alles, was man sich nur wünschen kann: Glasschiebedach, Schlafaugen, coole Tonanlage, Verstärker, große Boxen. Es war mit großen, breiten Reifen ausgestattet, ein schöner, niedriger, sportlicher Wagen in besonderer Ausführung, mit Spoiler hinten.

Nach dem Kauf war ich nur noch mit dem Auto unterwegs. Es fuhr sehr gut, hatte eine super Straßenlage, auch in den Kurven. Ich hatte das Gefühl, ich würde in einem großen Schiff sitzen. Ich ließ es aufpolieren, damit es noch schöner glänzte und die Blicke der anderen auf sich zog. Dann näherte sich der TÜV-Termin. Zuversichtlich brachte ich mein Auto in eine Werkstatt. Das Ergebnis war allerdings erschreckend. Die Untersuchung zeigte viele Mängel. Vor allem aber waren die Träger komplett durchgerostet. Eine Reparatur lohnte sich daher nicht mehr. Es blieb nur der Weg zum Schrottplatz.

Solch ein böses Erwachen kann es aber nicht nur beim TÜV geben. Denn viel genauer als jeder Autoprüfer beurteilt Gott unser Leben. Das mag nach außen – wie das Auto – wunderbar aussehen, glänzen und einen schönen Schein haben. Aber kein Mensch ist fähig, ohne Sünden zu leben. Und wenn Gottes Licht in die versteckten Winkel unserer Seele dringt, wird letztlich alles aufgedeckt. Die dann zutage tretenden Mängel unseres Lebens können wir nicht selbst beseitigen, und sie haben fatale Folgen, die schlimmer sind als jeder Schrottplatz: Sie trennen uns ewig von Gott. Doch das ist nicht Gottes Absicht. Er bietet uns durch den Glauben an Jesus die Vergebung jeder Schuld an. Wer dies in Anspruch nimmt, dessen Leben macht er heil, und dann erst kann es auch vor den Augen Gottes bestehen. *Beatrix Weißbacher*

? Was wird Gott bei Ihnen aufdecken?

! Nehmen Sie Jesus an, damit Ihre Sünden auch vergeben werden!

† Römer 3,23-26

Durch die Macht seines Wortes trägt er das All. Und nachdem er das Opfer gebracht hat, das von Sünden reinigt, hat er den Ehrenplatz im Himmel eingenommen, ... an der rechten Seite der höchsten Majestät.

HEBRÄER 1,3

Nicht durch Worte

In einem englischen Lied, das ich sehr schätze, heißt es sinngemäß über Jesus: Mit einem Gebet sättigte er die Hungrigen, mit einem Wort stillte er das Meer, und nun leidet er still, damit die Schuldigen frei werden können. Diese Aussagen beschreiben treffend einen großen Gegensatz: in Bezug auf die Schöpfung Allmacht, in Bezug auf unsere Erlösung freiwilliger Machtverzicht.

Auch unser Tagesvers drückt diese große Wahrheit aus. Es ist erstaunlich, dass Jesus kraft seines Wortes die Macht hatte, die Erde zu erschaffen und zu erhalten. Alles, was um uns herum zu sehen ist, ist seiner Kreativität entsprungen. Jede Blume, jeder Berg und jeder Fluss wurde durch Jesus nur durch sein Wort geschaffen. Was für ein gewaltiges Wunder!

Andererseits war es durch ein Wort von ihm allein nicht möglich, dass Menschen von ihren Sünden gereinigt werden. Als es um die Erlösung und Befreiung des Menschen ging, geschah dies nicht einfach durch ein machtvoll gesprochenes Wort. Nein, ein vollkommenes und ewig wirksames Opfer war notwendig. Jesus Christus selbst, der heilige Sohn Gottes, musste sein Leben geben, um die Reinigung von Sünden möglich zu machen.

Diese Reinigung von Sünden kann man mit einem Gutschein vergleichen. Ein Gutschein, der in der Schublade liegt, hat keine Wirkung. Erst wenn man den Gutschein einlöst, hat man einen Nutzen davon. Jesus hat durch sein Sterben am Kreuz einen solchen Gutschein ausgestellt. Er gilt für alle, die an ihn glauben und die Erlösung durch seinen stellvertretenden Tod für sich in Anspruch nehmen. Nichts sollte uns davon abhalten, diesen Gutschein einzulösen. Tun Sie es am besten heute noch und danken Sie ihm dafür, dass er sein Leben für Sie gegeben hat!

Joachim Franz

? Was beweist, dass durch Jesus die Erlösung wirklich geschehen ist?

! Gott hat ihm einen Ehrenplatz an seiner Seite im Himmel gegeben.

† Philipper 2,5-11

Denn ich gieße Wasser auf das Durstige, rieselnde Bäche auf das trockene Land. Ich gieße meinen Geist ... aus, meinen Segen über deine Kinder, dass sie aufschießen wie Gras nach dem Regen.

JESAJA 44,3-4

Gott kann helfen

Der biblische Prophet Jesaja im Alten Testament weist sehr oft auf den kommenden Retter und Erlöser hin, der Segen über Israel und seine Nachkommen geben wird. Er lebte zur Zeit des assyrischen Königs Sanherib, der in Juda einmarschierte und alle befestigten Städte eroberte. Das bedeutete für das Volk Israel viel Leid und Trauer. Viele Juden mussten ihre Heimat verlassen und wurden in die Gefangenschaft geführt. In dieser Zeit tröstete Jesaja seine Landsleute mit dem obigen Tagesvers. Er kündigte sogar in dem gleichen Kapitel den persischen König Kyros II. an, der erst ca. 120 Jahre später geboren werden würde. Dieser König würde den Juden um 536 v. Chr. die Heimkehr aus der Verbannung erlauben. Tatsächlich ist es so 150 Jahre nach der Prophezeiung von Jesaja eingetroffen. Die Perser erlaubten den Juden, nach Jerusalem zurückzukehren und den jüdischen Tempel wiederaufzubauen (vergleiche Esra 1,2).

Es ist Gott, der die Geschichte lenkt und in der Lage ist, seinem Volk zu helfen. Er hat lange zuvor angekündigt, was passieren wird, um den Menschen Hoffnung zu machen. So wie Gott im Alten Testament gehandelt hat, so kann er auch heute noch jedem Menschen helfen und Trost und Hoffnung in schwierigen Zeiten spenden. Er kann Segen ausgießen, wenn wir auf ihn fest vertrauen. Er kann seinen Heiligen Geist denen geben, die zum Glauben an den Herrn Jesus Christus, den Retter, kommen. Auch in unserer Zeit ist es Gott nicht gleichgültig, wie es uns geht. Er möchte segnen, auch wenn alles hoffnungslos erscheint. Die Frage ist, ob wir Gott wirklich suchen. Im Neuen Testament heißt es: »Wer zu Gott kommen will, muss glauben, dass es ihn gibt, und dass er die belohnt, die ihn aufrichtig suchen« (Hebräer 11,6).

Uwe Harald Böhm

? Befinden Sie sich in einer schwierigen Situation?

! Bitten Sie Gott um Hilfe und rechnen Sie mit seinem Eingreifen!

† Jesaja 61

Und vergib uns unsere Schuld, wie auch wir vergeben unsern Schuldigern.

MATTHÄUS 6,12

Vergebung, die schwerfällt

Der ehemalige Staatsratsvorsitzende der DDR, Erich Honecker, und seine Frau Margot mussten sich nach der Wende ein neues Zuhause suchen. Denn Wandlitz, die Wohnsiedlung der SED-Prominenz, wurde aufgelöst. Die Honeckers baten ausgerechnet bei der Kirche um Aufnahme. Ihre Anfrage wurde an die »Hoffnungstaler Anstalten Lobetal« weitergeleitet. Dieses Werk war ursprünglich gebaut worden, um Berliner Obdachlosen eine Unterkunft zu bieten. Nun waren die Honeckers genau dies: obdachlos und aus Berlin. Doch der Leiter dieser Anstalten, Pastor Uwe Holmer, der am 25. September 2023 verstarb, hatte unter dem Regime Honeckers viel gelitten. Man hatte ihm mit Gefängnis gedroht und seine Arbeit oft behindert. Sollte man die Täter von einst nun aufnehmen?

Nach drei Stunden Beratung war klar: Das Ehepaar Honecker kann bei Familie Holmer privat untergebracht werden. Viele konnten nicht verstehen, dass dem, der so vielen DDR-Bürgern ein freies Leben verwehrt hatte, nun im Pfarrhaus Asyl gewährt werden sollte. Pastor Holmer und seine Mitarbeiter erklärten mit Geduld den vielen Empörten, warum sie sich zu diesem Schritt entschlossen hatten: Man kann nicht zu Gott beten »Und vergib uns unsere Schuld …«, wenn man selbst unwillig bleibt, anderen zu vergeben. Sie erlebten, wie Menschen mit Wut im Bauch kamen und nach den Gesprächen mit Verständnis wieder gegangen sind. Seinen Kritikern erklärte Holmer: »Ich habe Honecker nur vergeben, was er mir angetan hat. Aber Vergebung ist der einzige Weg, um den Hass aus seinem Herzen zu räumen. Vergebung ist wie eine Waffe, die Frieden schafft.« Holmer wusste: Gottes Liebe, Vergebung und Fürsorge sind doch für alle da, auch für die Tiefgesunkenen. *Stefan Taube*

? Kennen Sie den Gedanken »Vergebung ist limitiert«?

! Wer vergibt, löst selbst seine inneren Verkrampfungen.

† Matthäus 18,21-35

Ich habe den ganzen Tag meine Hände ausgestreckt zu einem widerspenstigen Volk, das nach seinen eigenen Gedanken auf dem Weg geht, der nicht gut ist.

JESAJA 65,2

Lesebestätigung

Kennen Sie das? Sie schreiben eine Mail an jemanden. Aber es kommt einfach keine Antwort, noch nicht einmal eine kurze Bestätigung, dass die Mail angekommen ist. Man fragt sich: Ist die Person vielleicht verreist oder gar krank oder nur zu beschäftigt? Bei unwichtigen Mails spielt eine Antwort nicht unbedingt eine Rolle, aber bei wichtigen schon ...

Manche Verfasser von Mails haben deswegen den Button »Lesebestätigung« eingebaut, d. h., der Empfänger hat die Option, diese Lesebestätigung mit »Ja« oder »Nein« zu beantworten. Oder der Empfänger muss sogar »Ja« anklicken, um die Mail öffnen zu können. Dann weiß der Absender: Die Nachricht ist angekommen und wurde vermutlich auch gelesen. Aber ob daraufhin eine Kommunikation entsteht, steht auf einem ganz anderen Blatt.

Der Tagesvers beschreibt eine Situation aus der Geschichte des Volkes Israel. Gott sagt, dass er den ganzen Tag seine Hände nach diesem Volk ausstreckt. Aber es ist widerspenstig. Es lebt nach seinen eigenen Gedanken und nimmt nicht zur Kenntnis, dass Gott mit seinem Volk reden will, um es von seinem falschen Weg zurückzuholen und damit vor (ewigem) Schaden zu bewahren.

Mich bewegt es, dass wir Gott nicht gleichgültig sind. Dass er, obwohl wir gar nicht an ihn denken, die Hände nach uns ausstreckt. Gott, unser Schöpfer, hat nicht nur Interesse an einer »Lesebestätigung«, sondern viel mehr an einer innigen Gemeinschaft mit seinen Geschöpfen mit dem Ziel, sie von einem Weg zurückzuholen, der nicht gut ist. Deshalb sandte er seinen Sohn, Jesus Christus, auf die Erde, um die kaputte Beziehung zwischen uns und Gott wiederherzustellen. Dafür hat Jesus sein Leben eingesetzt, »damit er uns zu Gott führe« (1. Petrus 3,18).

Martin Reitz

? Was halten Sie von jemandem, der auf Ihre Nachrichten nicht reagiert?

! Gott sucht gerade Sie.

✝ Lukas 19,1-10

Was nützt es, die ganze Welt zu gewinnen und dabei seine Seele zu verlieren?

MATTHÄUS 16,26

Lebensziele

In einem Interview vor einigen Jahren, stellte ein Mitarbeiter des christlichen Medienmagazins *Pro* dem Schuhunternehmer Heinz-Horst Deichmann (1926–2014) doch tatsächlich u. a. folgende Frage: »Warum sind Sie reich, Herr Deichmann?« – »Am Ende meines Lebens wird Gott mich nicht fragen, wie viele Schuhpaare ich verkauft habe, sondern, ob ich wie ein wahrer Christ gelebt und das Evangelium verkündet habe!«, äußerte daraufhin der Schuhunternehmer. Heinz-Horst Deichmann hatte den wahren Lebenssinn erkannt und machte sein Leben nicht an seinem irdischen Erfolg fest. Er behielt das wahre Lebensziel im Blick.

Auch in der Bibel (im Lukasevangelium) finden wir die Geschichte eines reichen Mannes. Dieser fragte Jesus, was er denn tun müsste, um das ewige Leben zu bekommen? Weiterhin erläuterte er seine Treue beim Befolgen der Gebote Gottes seit seiner Kindheit. Augenscheinlich schien sein Leben perfekt zu laufen. Daraufhin erwiderte Jesus, dass es aber noch *eines* geben würde, was ihm fehlte: »Verkaufe alles, was du hast, und gib das Geld den Armen, und du wirst einen Schatz im Himmel haben. Dann komm und folge mir nach!« Als der reiche Mann dies hörte, wurde er traurig, denn er hing sehr an seinem Reichtum. Jesus verdeutlichte im Anschluss daran seinen Jüngern, dass es für Reiche schwer sei, in den Himmel zu kommen.

Was meinte er damit? Wirtschaftlicher Erfolg an sich reicht nicht aus, um vor Gott bestehen zu können. Die Bestimmung des Menschen liegt nicht in der unermüdlichen Erwirtschaftung von Gütern, sondern darin, dass er sein Leben auf Gott ausrichtet und nach seinem Willen und Plan lebt. Dabei stützt er sich nicht auf das, was er selbst schafft, sondern auf das, was Gott in seinem Sohn für uns Menschen getan und bereitgestellt hat.

Manuela Basista

? Was sind Ihre Errungenschaften, auf die Sie vertrauen?

! In der Ewigkeit zählt nur, ob wir hier in diesem Leben Jesus angenommen haben und ihm nachgefolgt sind.

† Lukas 18,18-30

Jesus aber sprach: Vater, vergib ihnen! Denn sie wissen nicht, was sie tun.

LUKAS 23,34

»Vergebung« – erstes Thema des Gekreuzigten

»Wohin mit meiner Schuld?« Das ist und bleibt eine der schwierigsten Fragen unseres Lebens. Wie viele große Ideen sind gescheitert, weil sie darauf keine Antwort geben konnten. So hat es sinngemäß Alexander Solschenizyn bei der Verleihung des Literaturnobelpreises (1970) gesagt, als er gefragt wurde, woran seiner Meinung nach der Kommunismus gescheitert sei.

Aber jetzt sehen wir auf Jesus Christus, den Sohn Gottes. Er wurde soeben ans Kreuz genagelt. Und was tut er? Er flucht nicht. Er bittet seinen Vater um Vergebung für seine Peiniger. Was für ein Gegensatz: Menschen höhnen, Jesus will versöhnen. Menschen laden Schuld auf sich. Jesus will Schuld vergeben. Damit der Mensch nicht unter der Last seiner Schuld verzweifelt, baut Jesus mit seinem Gebet eine neue Brücke zwischen dem heiligen Gott und dem sündigen Menschen.

Aber – was meint Jesus mit dem zweiten Teil seiner Bitte? Haben sie nicht falsche Zeugen aufgerufen? Hat Pilatus ihnen nicht gesagt, dass er keine Schuld an Jesus findet? Ja – sie wissen, dass sie Unrecht tun, aber sie ahnen nicht, wie groß das Unrecht ist. Sie ahnen nicht, dass sie »den Fürsten des Lebens« hinrichten (vgl. Apostelgeschichte 3,14-18). Sie verstehen zwar ihr mörderisches Handwerk, haben aber keine Ahnung davon, dass sie Handlanger Gottes sind. Denn was Ostern geschieht, ist Gottes Plan. Schon Jahrhunderte zuvor hat er es angekündigt.

Jesus Christus bezahlt unsere Schuld. Damit schafft er die Voraussetzung für Vergebung. Der Apostel Johannes schreibt: »Wenn wir unsere Schuld bekennen, so ist er treu und gerecht, dass er uns die Sünden vergibt« (1. Johannes 1,9). Was für eine befreiende Botschaft! Denn ohne Gottes Vergebung können wir nicht in Frieden leben und auch nicht beruhigt sterben.

Hartmut Jaeger

? Was hindert Sie, Gottes Geschenk der Vergebung anzunehmen?

! Lesen Sie in Lukas 23 weiter. Da finden Sie einen Mann, der dieses Geschenk von Jesus annimmt.

† Lukas 23,33-43

Unser Leben währet siebzig Jahre, und wenn's hoch kommt, so sind's achtzig Jahre, und was daran köstlich scheint, ist doch nur vergebliche Mühe; denn es fährt schnell dahin, als flögen wir davon.

PSALM 90,10

In 800 Jahren ...

In Bonn entdeckte ich ein Plakat, auf dem die Frage stand: »Wo willst du in 800 Jahren leben?« Dahinter steht die »Partei für schulmedizinische Verjüngungsforschung«. Anliegen dieser politischen Gruppierung ist »die schnellere Entwicklung von Medizin, die Schäden des Alterns repariert und mit der Menschen Tausende Jahre gesund leben können«.

Doch auch wenn diese Partei ihr ambitioniertes Ziel wirklich erreichen könnte – wäre das tatsächlich erstrebenswert? Losgelöst von Fragen der Überbevölkerung bliebe nämlich ein grundsätzliches Problem bestehen: Dass der Mensch des Menschen Wolf ist, dass er zu Gewalt, Unterdrückung und jeder bösen Tat neigt. Eine moralische Verbesserung seines Naturells würde sich auch bei einer noch so langen Lebenserwartung nicht einstellen. Es wäre eher zu befürchten, dass der Mensch bei einer solchen Lebensperspektive erst recht seine letzten Hemmungen verliert. Doch unabhängig von dieser Erwägung bin ich davon überzeugt, dass das Ziel jahrtausendelangen Lebens auf dieser Erde nicht realisierbar ist. Der Tagesvers macht deutlich, dass sich unsere Lebenserwartung statistisch bei rund 80 Jahren einpendelt. Überdies deutet er an, dass das Leben in der Summe nicht von der Qualität ist, die man sich Tausende Jahre wünscht: Es gibt Leid, Schmerz, Tränen, Enttäuschung, Gewalt usw. Das lehrt uns auch die tägliche Lebenserfahrung.

Allerdings gibt es tatsächlich eine realistische Perspektive auf ewiges Leben in einer wunderbaren Qualität: Jesus Christus lädt jeden Menschen ein, an ihn zu glauben, durch seine Vergebung und Erneuerung das Problem unseres verderbten Wesens zu lösen und dadurch ein Anrecht auf die Ewigkeit im Himmel zu erhalten. Dort wird es keine böse Tat, keine Tränen, keine Schmerzen mehr geben. *Markus Majonica*

Wo möchten Sie in 800 Jahren leben?

Der Himmel ist hierfür die einzig gute Option.

Johannes 11,1-26

»An ihre Sünden und ihre Gesetzlosigkeiten will ich nicht mehr gedenken.«

HEBRÄER 10,17

Himmlisches Zentralregister

Manchmal benötigt man ein polizeiliches Führungszeugnis, beispielsweise für einen Arbeitgeber oder ein Visum. Dieses Führungszeugnis übernimmt die Daten aus dem Bundeszentralregister. Darin sind alle rechtskräftigen Verurteilungen festgehalten, wenn eine Person sich strafbar gemacht hat. So können die Justizbehörden noch Jahre später feststellen, ob eine Person schon einmal straffällig geworden ist.

Doch unabhängig davon, ob das Bundeszentralregister für Ihren Namen gar keine oder ganz viele Eintragungen enthält, trifft Gott in der Bibel ein ganz klares Urteil über ausnahmslos jeden Menschen: »Es ist keiner gerecht, auch nicht einer« (Römer 3,10). Denn wir haben alle schon oft gegen die Regeln Gottes verstoßen und sind häufig an ihm und unseren Mitmenschen schuldig geworden. Das kann schon durch ein verletzendes Wort, oder auch in ganz großem Stil geschehen sein. Deswegen beinhaltet das himmlische Zentralregister für jeden sehr, sehr viele Eintragungen. Und wie könnte der allwissende Gott auch nur eine unserer Sünden vergessen?

Allerdings sagt der Tagesvers genau dies: Gott will an Sünden und Gesetzlosigkeiten nicht mehr denken. Doch wie kann das gehen? Kann ein gerechter Gott einfach über Schuld hinweggehen? Nein, er hat einen anderen Weg gewählt. Der Sohn Gottes, Jesus Christus, hat durch seinen Tod unsere Sünde und Schuld auf sich geladen. Er hat am Kreuz die Strafe, die eigentlich wir verdient hätten, auf sich genommen. Wenn wir Gott im Namen Jesu um Vergebung bitten, dann wird jeder Eintrag in Gottes Zentralregister gelöscht. Welch ein Grund zur Freude, dass Gott an unsere Schuld nie mehr denken wird, wenn wir auf dieses Opfer Jesu am Kreuz vertrauen!

Lara Majonica

? Wohin wenden Sie sich mit Ihrer Lebensschuld?

! Wenn Gott vergeben hat, bleibt keine Schuld mehr übrig.

† Offenbarung 20,11-15

01 OKTOBER
Tag der älteren Menschen

MITTWOCH

Auch bis in euer Greisenalter bin ich derselbe, und bis zu eurem grauen Haar werde ich euch tragen. Ich habe es getan, und ich werde heben, und ich werde tragen und werde retten.

JESAJA 46,4

Nichts für Feiglinge

Kennen Sie diesen Spruch: »Alt werden ist nichts für Feiglinge?« Wenn man jung ist, lächelt man darüber. So war es jedenfalls bei mir. Ich bin ein positiv denkender Mensch und dankbar für mein Leben. Inzwischen sind meine Jahre auf mehr als 73 gestiegen. Da denkt man über manches im Leben nach, vor allem dann, wenn die ersten Zipperlein da sind. Man spürt seine Knochen, das Knie macht nicht mehr so mit. Dann wird man etwas unsicherer in seinen Bewegungen, und an manchen Stellen knackt es. Ob das wohl daher kommt, dass man in einem »knackigen Alter« ist?

Mehr und mehr stelle ich fest, dass es auf die innere Haltung ankommt. In meinem Leben habe ich viele Menschen kennengelernt. Auch solche, die sich hängen lassen und keinen Sinn mehr im Leben sehen. Damit meine ich nicht diejenigen, die von Krankheiten geplagt sind, Nöte mit sich tragen, sondern solche, die keinen festen Halt im Leben haben und innerlich schwankend sind.

Meinen Lebensweg habe ich schon in der Jugend festgelegt. Mit 17 kam ich zum lebendigen Glauben an den Herrn Jesus Christus. Er hat meinem Leben Ziel und Sinn gegeben. Das war damals so und hat sich bis heute nicht geändert. Mit Jesus zu leben heißt nicht, dass es mir dann nur gut geht. Auch bei Christen kommen Krankheiten, manche Gebrechen. Mitunter kommen auch Dinge, die uns nicht gefallen. Operationen hatte ich in den letzten 10 Jahren etliche. Das Laufen geht nicht mehr so wie früher. Auch sonst fehlt es manchmal an Kraft. Doch ich weiß mich in meinem Herrn geborgen. Ich weiß, dass er mich trägt und hält, auch im Alter. Das Beste aber ist: Ich habe ein herrliches Ziel. Einmal werde ich bei Jesus im Himmel sein. Den Weg hat der Herr Jesus für mich frei gemacht.

Joschi Frühstück

? Was beschäftigt Sie, wenn Sie an das Alter denken?

! Gott hat sich nicht verändert und bietet auch Ihnen in Jesus Geborgenheit und ewige Sicherheit an.

† 1. Mose 48,3-16

Das Wort ist gewiss und aller Annahme wert, dass Christus Jesus in die Welt gekommen ist, Sünder zu retten.

1. TIMOTHEUS 1,15

Realitäten

In meinen Berufsleben als Polizeibeamter musste ich lernen, mit oft großen Nöten und Schicksalsschlägen anderer umzugehen. Eine Besonderheit an dem Beruf ist, dass man häufig mit Menschen zu tun hat, die sich gerade in einer Ausnahmesituation befinden. Da ist eine junge Frau, die in ständiger Angst lebt, weil sie von ihrem ehemaligen Freund gestalkt wird. Wie tief in ihrer Seele sind Menschen getroffen, wenn in ihre Wohnung eingebrochen wurde und die Täter alles verwüstet haben? Wie begegne ich den Eltern eines 16-Jährigen, wenn ich ihnen mitteilen muss, dass ihr Sohn bei einem Unfall ums Leben gekommen ist? Mit welchen unbeantworteten Fragen müssen Angehörige leben, wenn ein Familienmitglied sich das Leben genommen hat?

Viele Jahre spielte Gott für mich in diesen düsteren Alltagserfahrungen keine Rolle. Was sollte ein »lieber Gott« mit diesen teils schrecklichen Realitäten zu tun haben? Auch bei den vielen Kollegen, die ich während der über 42-jährigen Dienstzeit kennenlernen durfte, war diese Einstellung, soweit ich es beurteilen kann, vorhanden.

Irgendwann kam der Zeitpunkt, wo mir Gottes Wort nahekam und ich Leute, die sich damit befassten und an Jesus als ihren Herrn glaubten, kennenlernen durfte. Vorsichtig, sachlich und mit all meiner Logik ließ ich die frohmachende Botschaft des Evangeliums auf mich einwirken. Ich recherchierte, beurteilte und schaute mir genau die Menschen an, die von diesem Jesus begeistert waren. Mit dem Maß der mir zur Verfügung stehenden Realitätserkenntnis kam ich letztlich zu dem logischen Entschluss zu glauben, dass es Gott wirklich gibt, die Bibel recht hat und Jesus, als der Sohn Gottes, auf diese Erde gekommen ist, um Sünder zu retten, zu denen ich zweifellos gehöre. *Axel Schneider*

? Wie real ist für Sie Gott?

! Meine Meinung: Christen sind Realisten.

† Johannes 8,21-30

Nur hüte dich und nimm dich wohl in acht, dass du die Ereignisse nicht vergisst, die du mit eigenen Augen gesehen hast, und lass sie dir dein ganzes Leben lang nicht aus der Erinnerung entschwinden!

5. MOSE 4,9

Jetzt ist alles möglich!?

Zwickau, die Technikschmiede Sachsens, ist eine Partnerstadt von Dortmund. Da dort nach der Wende verschiedene Bauträger aus dem Ruhrgebiet in Wohnungsneubau und -sanierung tätig wurden, bat man mich damals um die Übernahme von Vertrieb und Verwaltung. Nach gemeinsamer Überlegung in der Familie startete ich im Mai 1992 mit einem gemischten Ost-West-Mitarbeiterteam.

Vor Ort hatte man ein motivierendes Pioniergefühl. Wir berieten viele Menschen, für die das westliche Wirtschafts- und Finanzsystem völlig fremd war und deren Erwartungen an die neue Zeit riesig waren. Die Vorstellung war: *Jetzt ist alles möglich!* – Und man war enttäuscht, dass das nicht ganz so eintrat.

Im Rahmen der vielen Amtsbesuche lernte ich begabte und fleißige Menschen kennen. Nachdem die beruflichen Dinge abgehandelt waren, kamen jedoch häufig Grundsatzdiskussionen auf, mit dem Tenor: »Das kann doch noch nicht alles gewesen sein?!« Man hatte sich nach der großen Erleichterung über die Freiheit von Spitzeln und Misstrauen des DDR-Regimes die Entwicklung schneller vorgestellt. Als diese nicht wie gewünscht eintrat, konnte man schnell nicht mehr das Wunder sehen, das Geschenk Gottes, das die Wiedervereinigung darstellte.

In unserem Leben passiert genau dasselbe: Wir beten und flehen zu Gott und stellen uns vor, was geschehen müsste und uns zustünde, und erwarten, dass Gott uns das gibt. Wenn etwas davon nicht eintrifft, sind wir enttäuscht, unzufrieden oder sogar ärgerlich. Aber Gott ist kein Wunschautomat – Wunsch rein, beten, Erfüllung raus. In Wirklichkeit gibt er uns viel mehr als das, was wir uns gewünscht haben. Weil er den völligen Überblick hat, ist es aber vielleicht etwas anderes als das, was wir ursprünglich wollten. Doch er gibt uns das, was gut für uns ist.

Klaus Spieker

? Sind Sie mit Ihren Lebensumständen zufrieden?

! Schreiben Sie in einem ruhigen Moment einmal alles auf, was in Ihrem Leben gut ist – und danken Sie Gott dafür!

† Psalm 34

Und kein Geschöpf ist verborgen vor ihm, sondern alles ist nackt und bloß vor den Augen dessen, dem wir Rede und Antwort zu stehen haben.

HEBRÄER 4,13

Getarnt

Wenn ein Igel in der Nacht auf Streifzug geht, ist er gut zu hören und zu sehen. Er bemüht sich nicht, unauffällig zu sein. Es droht ihm keine Gefahr von Fressfeinden, und um seine Nahrung zu finden, muss er sich nicht anstrengen, ungesehen zu bleiben. Andere Tiere jedoch sind so gut an ihre Umgebung angepasst und können sich so unauffällig bewegen, dass sie für uns meist unentdeckt bleiben. Katzen sind Profis im Anschleichen und Eulen im geräuschlosen Anflug. Skorpione sind so gut getarnt, dass sie für uns Menschen kaum zu entdecken und deshalb eine Gefahr sind. Für die Großmutter meiner Frau, die in Griechenland lebt, kaufte ich deshalb eine UV-Taschenlampe. Leuchtet man damit einen Skorpion an, fluoresziert sein Außenskelett. So ist er vor allem in der Dämmerung nicht zu übersehen. Selbst mit ihren schlechten Augen kann die Großmutter mithilfe der Lampe die Tarnung der giftigen Skorpione aufdecken.

Als ich erlebte, wie unglaublich einfach die Skorpione mit UV-Licht zu sehen waren, musste ich daran denken, wie für Gott alles in unserem Leben sichtbar ist. Alle meine Taten, Worte, Gedanken sind hell leuchtend vor ihm ausgebreitet. Das weiß ich aus der Bibel, die das klar und deutlich von ihm sagt (siehe Tagesvers).

Wir sind es gewohnt, gewisse Dinge vor unserem Mitmenschen verbergen zu können. Gott gegenüber funktioniert das aber nicht. Er weiß alles, und wir müssen ihm einmal Rede und Antwort für unser Leben stehen. Daher ist es eine gute Idee, die Beziehung zu ihm schon jetzt ins Reine zu bringen, indem wir mit ihm über die Dinge sprechen, die wir gern versteckt halten. Ein einfaches Gebet, in dem wir ihm unsere Fehler ehrlich sagen und ihn um Vergebung bitten, ist der erste Schritt.

Andreas Wanzenried

? Was gibt es in Ihrem Leben, was Sie mit Gott besprechen sollten?

! Täuschen Sie sich nicht darüber hinweg, dass vor Gott alles offenbar ist – auch Ihre Sünden!

† 1. Johannes 1,5-9

05 | OKTOBER
Weltlehrertag | **SONNTAG**

Nicht deshalb, weil ihr zahlreicher wärt als alle Völker, hat der HERR sein Herz euch zugewandt und euch erwählt …, sondern weil der HERR euch liebte.

5. MOSE 7,7-8

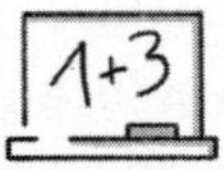

Lieblingsschüler

»Ist das Ihr Ernst? Immer ich. Unfair.« Durchatmen. Regelmäßig fühlt sich irgendein Kind in meiner Klasse zu Unrecht ermahnt oder zu häufig nicht drangenommen und formuliert seinen Unmut deutlich. Ich warte, bis wieder Ruhe eingekehrt ist, und erinnere meine Schüler daran, dass ich sie alle gleich gernhabe. Eine Schülerin ruft: »Das stimmt nicht. Sie haben Lieblingskinder.« Ich bin verwundert, wiederhole, dass ich alle Kinder in meiner Klasse gleichermaßen mag, und frage, wie sie zu ihrer Aussage kommt. Das kann sie nicht sagen, aber sie ist sich sicher: Ich habe Lieblingsschüler. Strategiewechsel. Ich fordere sie auf, mir die Namen der Kinder zu nennen, die ich am liebsten mag. Sie nennt einige Namen, und mir wird klar, wer aus ihrer Sicht meine Lieblingsschüler sein müssen: die mit den besten Noten.

Irgendwie tut es mir leid, dass meine Schülerin den Eindruck hat, sich die Zuneigung ihres Klassenlehrers nur durch Leistung erarbeiten oder verdienen zu können. Aber ich erkenne mich darin wieder. Wie oft denke ich, dass ich mir Gottes Liebe durch Fleiß und gute Taten verdienen kann. Anstatt in dem Bewusstsein zu ruhen, dass Gottes Zuneigung bedingungslos ist, denke ich, dass ich irgendetwas tun müsste oder tun könnte. Was kann denn ein Mensch tun, damit Gott ihm sein Herz zuneigt? Gott hat uns geschaffen und schenkt uns täglich das Leben. Was könnten wir ihm geben, was er nicht schon hat, um seine Liebe zu bekommen? Unser Tagesvers zeigt uns, dass Gott sein Herz Menschen zuneigt, weil er sie liebt, und nicht, weil sie Anlass dazu geboten haben. Er liebt nicht, weil jemand besonders liebenswert ist, sondern weil er Liebe ist.

Allerdings erwartet diese Liebe Gottes ein echtes Ja des Menschen zu ihm – sonst leben (und sterben) wir an dieser Liebe vorbei.

Janina und Philipp Strack

? Was tun Sie, um sich Gottes Zuneigung zu erarbeiten?

! Lassen Sie den Gedanken zu, dass Gott Ihnen seine Liebe ohne Gegenleistung schenken möchte!

† Johannes 3,16-21

Das wahre Licht, welches jeden Menschen erleuchtet, sollte in die Welt kommen.

JOHANNES 1,9

Der Leuchtturm von Warnemünde

Er ist das Wahrzeichen des Rostocker Stadtteils Warnemünde: der Leuchtturm an der Seepromenade. Im Oktober 1898 wurde er eröffnet und prägt seither die Kulisse des Seebads. 36,90 Meter ragt er in die Höhe und erstrahlt in einzigartiger Ziegelbauweise. Er ist ein architektonisches Meisterwerk und lockt jedes Jahr Tausende Besucher an. Während einer Führung wird man mit der Geschichte und Funktion des Bauwerks vertraut gemacht. So hatten Leuchttürme früher eine lebenswichtige Funktion. Sie wiesen Schiffen den Weg in den sicheren Hafen. Besonders an nebligen oder gar stürmischen Tagen waren die Seefahrer auf das Signal des Turmes angewiesen. Das helle Licht durchbrach die Dunkelheit und gab den Schiffsleuten Orientierung.

Das Prinzip eines Leuchtturms mit dem lebensrettendem Licht erinnert mich daran, dass vor 2000 Jahren ein besonderes Licht in die Welt kam (vgl. Tagesvers). Jesus Christus wurde Mensch, um uns Menschen unsere Verlorenheit aufgrund der Sünde und die Erlösung davon durch den Glauben an ihn aufzuzeigen. Das tut er durch die Bibel, in der seine Botschaft festgehalten wurde, bis heute. Jeder Mensch ist von Geburt an von Gott getrennt und steuert auf direktem Weg auf die Hölle als den Ort der ewigen Verlorenheit zu. Doch Jesus, der Sohn Gottes kam, durchbrach mit seinem Tod am Kreuz und seiner Auferstehung die Unausweichlichkeit des ewigen Todes. Nun kann jeder gerettet werden, der auf Jesus vertraut.

Das Kreuz ist wie ein Leuchtturm, und Jesus ist das Licht. Es weist uns Menschen den einzigen Weg in den sicheren Hafen: »Da schrien sie zum HERRN in ihrer Not, und er führte sie heraus aus ihren Ängsten. Er stillte den Sturm, dass er schwieg und die Wellen sich beruhigten; und … er führte sie in den ersehnten Hafen« (Psalm 107,28-30).

Thomas Lange

? Was verbinden Sie mit Leuchttürmen?

! Jesus ist das Licht der Welt, er führt sicher ans Ziel.

† Matthäus 4,12-17

Lobe den Herrn, meine Seele, und vergiss nicht, was er dir Gutes getan hat.

PSALM 103,2

Heimkehr der Zehntausend

Im September 1955 reiste Bundeskanzler Adenauer mit einer großen Delegation nach Moskau. Sein wichtigstes Ziel: Die Freilassung der letzten 10 000 Kriegsgefangenen. Die Verhandlungen waren schwierig. Was heute kaum noch bekannt ist: Adenauer betete lange in der einzigen katholischen Kirche in Moskau. Am 7. Oktober, also heute vor 70 Jahren, kamen die ersten 600 von ihnen im Durchgangslager Friedland an. Laut Umfragen wurde auch Jahre später noch die Heimholung der letzten deutschen Kriegsgefangenen aus der Sowjetunion als die größte politische Tat Adenauers angesehen.

In den Filmaufnahmen kann man die abgezehrten Gesichter der Rückkehrer sehen, die tränenreichen Begrüßungen und die leeren Gesichter derjenigen Frauen und Mütter, deren Angehörige nicht unter den Heimkehrern waren. Wenn ein Transport mit Freigelassenen im Durchgangslager eintraf, läutete die Lagerglocke und es fand ein Dankgottesdienst statt. Das Lied, dass die Stimmung am besten ausdrückte und meistens zuerst gesungen wurde, war der Choral: »Nun danket alle Gott mit Herzen, Mund und Händen, / der große Dinge tut an uns und allen Enden, / der uns von Mutterleib und Kindesbeinen an / unzählig viel zu gut bis hierher hat getan.«

Vor 80 Jahren endete der Zweite Weltkrieg. Seit Beginn der Geschichte Deutschlands mit der Entstehung des römisch-deutschen Kaisertums im 10. Jahrhundert hat es wahrscheinlich nie eine so lange Phase der Abwesenheit von Krieg auf deutschem Boden gegeben. Es gibt viele Gründe, Gott dankbar zu sein. Leider nehmen wir vieles als selbstverständlich hin. Dabei möchte Gott durch seine Wohltaten zu uns reden: »Weißt du nicht, dass die Güte Gottes dich zur Umkehr leitet?« (Römer 2,4).

Gerrit Alberts

? Für was können Sie Gott dankbar sein?

! Schade, wenn erst die Not uns beten lehrt!

† Psalm 126

Sie schauten diese Männer an, über deren Leiber das Feuer keine Gewalt gehabt hatte; ihre Haupthaare waren nicht versengt und ihre Kleider … unverändert; man bemerkte nicht einmal einen Brandgeruch …

DANIEL 3,27

Aus dem Feuer gerettet

Nach einem Brandeinsatz müssen wir bei der Feuerwehr alle für den Einsatz benutzten Geräte sowie auch die Ausrüstung, die durch Feuer oder Brandrauch kontaminiert wurde, sehr gründlich reinigen oder durch neue ersetzen. Warum? Bei einem Brand fliegen kleine giftige Partikel durch die Luft und setzen sich in den kleinsten Poren ab, sodass man sie anschließend kaum entfernen kann. Selbst die Löschfahrzeuge, die nur in der Nähe des Einsatzortes stehen, riechen noch tagelang nach Rauch.

Ganz anders war es bei diesen drei jungen Männern in der Geschichte zur Zeit des babylonischen Königs Nebukadnezar. Er wollte sie bestrafen, weil sie sich weigerten, sein aus Gold errichtetes Götzenbild anzubeten. Er befahl, sie in einen Feuerofen zu stecken, und um sicherzugehen, dass sie auch wirklich sterben würden, ließ er den Ofen noch einmal richtig einheizen. Schon auf dem Weg dorthin war es so heiß, dass die Bewacher der drei Männer das nicht überlebten. Diese aber rührte das Feuer nicht an. Sie stanken nicht einmal nach Rauch! Das konnte nur durch ein Wunder geschehen sein. Nebukadnezar und seine Zeugen trauten ihren Augen nicht. Schließlich musste der König zugeben: »Es gibt keinen anderen Gott, der so retten kann.« Gott rettete diese drei jungen Männer, weil sie ihm treu blieben. Sie hatten keine Angst vor dem Feuer, weil sie wussten, dass ihr Gott Wunder tun und sie aus dem Feuer retten kann, wenn es ihm gefällt.

Gott rettet auch heute noch durch Wunder. Das größte Wunder aber hat er vor rund 2000 Jahren in die Wege geleitet. Er hat seinen Sohn Jesus Christus auf die Erde geschickt, um für unsere Sünden am Kreuz zu sterben. Wer daran glaubt, ist vor dem ewigen Tod gerettet und darf einmal unbeschadet bei ihm im Himmel sein. So kann nur Gott retten.

Christian Driesner

? Haben Sie schon einmal ein Wunder erlebt?

! Es gibt keinen, der so retten kann wie Jesus Christus.

† Psalm 25,15-20

09 OKTOBER
Welttag des Sehens

DONNERSTAG

Der das Ohr gemacht hat, sollte der nicht hören? Der das Auge schuf, sollte der nicht sehen?

PSALM 94,9

Ich kann wieder sehen

Eines Tages merkte ich, dass meine Sehkraft auf dem rechten Auge immer schlechter wurde. Wenn ich das linke Auge zuhielt, sah ich nur noch verschwommen. Auch stärkere Brillengläser führten nicht zur Verbesserung. Die Augenärztin stellte die Diagnose: grauer Star. Ein Eingriff war unumgänglich. Drei Monate später wurde das Auge operiert. Dabei wurde die trübe Linse mit Ultraschall zerkleinert, abgesaugt und durch eine künstliche Linse ersetzt. Und tatsächlich, ich kann wieder klar sehen. Auch ohne Brille sind die Konturen scharf und deutlich. Das Auge ist wirklich eine geniale Erfindung unseres Schöpfers. Es ist ein sehr komplexes Organ. Die Linse sorgt für die richtige Lichtbrechung und das entstehende Bild liefert unserem Gehirn die nötigen Informationen, um unsere Umwelt zu erkennen.

Der Tagesvers macht nun deutlich, dass Gott, der dieses wunderbare Organ erschaffen hat, am allerbesten sieht. Die Augen des Ewigen unterliegen keiner Linsentrübung. Gott sieht jeden von uns stets ganz klar. Er sieht unsere Lebensumstände, Sorgen und Nöte, und sogar das Verborgene ist für ihn nicht unsichtbar.

Wenn wir als endliche Menschen den Durchblick für das Leben haben wollen, müssen wir uns diesem Gott anvertrauen. Er möchte uns einen klaren Blick nicht nur für die sichtbaren Dinge geben, sondern auch für die unsichtbare Welt, die wir mit unseren menschlichen Augen nicht wahrnehmen. Er möchte uns zur Erkenntnis der Wahrheit führen. Dazu gehört es, unser Leben mit Gottes Augen zu betrachten, um uns von ihm korrigieren und leiten zu lassen. Dazu wird es aber auch gehören, das Reich Gottes und die Ewigkeit zu sehen, ja, Gott selbst und seinen Sohn Jesus Christus, der jetzt schon als der Auferstandene zur Rechten des Vaters im Himmel ist. *Uwe Harald Böhm*

? Möchten Sie den Durchblick haben?

! Die Bibel ist Gottes Augenöffner.

† Offenbarung 1,7-20

Es näherten sich ihm aber alle Zöllner und Sünder, um ihn zu hören; und die Pharisäer und Schriftgelehrten murrten und sprachen: Dieser nimmt Sünder auf und isst mit ihnen.

LUKAS 15,1-2

Stigmatisierung

In letzter Zeit kommt Stigmatisierung in Deutschland verstärkt vor. Menschen, die nicht dem Mainstream entsprechen, eine abweichende Meinung zu gesellschaftlichen Themen vertreten oder Kritik an Entscheidungen üben, werden ausgegrenzt, z. T. auf ganz subtile Weise. Z. B. wird in die Welt gesetzt, Person xy sei umstritten. Dieses Eigenschaftswort haftet diesem Menschen nun an. Ob es stimmt oder nicht, er wird diese Kennzeichnung nicht mehr los. Oder eine andere Person hat mit jemandem ein Gespräch geführt, vielleicht in einem Café. Weil der Gesprächspartner schon vorher als »non grata« eingestuft worden ist, erlebt der Gesprächspartner nun einen Shitstorm sondergleichen.

Von Stigmatisierung spricht man, wenn eine Person oder eine Gruppe aufgrund eines bestimmten Merkmals, einer Eigenschaft oder eines Zustandes in negativer Weise von anderen abgegrenzt oder unterschieden wird. In sozialer Hinsicht wird sie dadurch diskriminiert, von vielem ausgeschlossen. Bei solchen Ausgrenzungen geht es gar nicht darum, ob die Person oder die Menschengruppe tatsächlich etwas Unehrenhaftes darstellt. Es geht darum, sie auszugrenzen – und das funktioniert!

So ein Verhalten und so eine Diskriminierung kommen auch in der Bibel vor. Die Zöllner und Sünder waren eine Gruppe, um die die Pharisäer und Schriftgelehrten einen großen Bogen machten, diesen »Abschaum der Gesellschaft«. Von Jesus lesen wir, dass er ganz anders ist! Er schämte sich nicht, mit solchen Menschen gesehen zu werden, ja, mit ihnen sogar zu essen! Er ist sogar in erster Linie für solche Abgeschriebenen der Gesellschaft gekommen. Wie weit abseits sie auch immer sind, Jesus bietet ihnen Reinigung von ihren Sünden, Gemeinschaft mit ihm und ewiges Leben an. *Martin Reitz*

? Schämen Sie sich, mit gewissen Leuten zusammen gesehen zu werden?

! Jesus haben Sie genauso nötig wie jeder andere auch.

✝ Lukas 15,1-7

Ich habe euch diese Dinge geschrieben, um euch in der Gewissheit zu bestärken, dass ihr das ewige Leben habt; ihr glaubt ja an Jesus als den Sohn Gottes.

1. JOHANNES 5,13

Glaube

Im vergangenen Jahr waren wir im Schwarzwald auf der neuen Hängebrücke an den »Todtnauer Wasserfällen«. Sie ist 450 m lang und 120 m hoch; nach unten geht es in die Tiefe und über einem wartet der Himmel. Es war sehr interessant zu beobachten, wie die Menschen anfangs unsicher die Brücke betraten. Bis zu 350 Menschen gleichzeitig können sie nutzen, sie ist sogar für das Gewicht von ca. Tausend Menschen ausgelegt. Eine enorme Ingenieursleistung, die ich gern bestaunt habe.

Mitten auf der Brücke stellte ich mir die Frage, ob dem Ingenieur bei der Berechnung evtl. ein Fehler unterlaufen sein könnte. Auch schaute ich mir die einzelnen Schraubverbindungen an und machte mir über die Monteure ähnliche Gedanken. Im Grunde hatte ich mein Vertrauen aber bereits ganz in die Hände dieser Menschen gelegt, ebenso taten es die vielen anderen Besucher (wenn auch nicht bewusst). In diesem Moment glaubten all diese Menschen und auch ich daran, dass die Brücke uns hält, obwohl wir die Konstrukteure und deren Berechnungen nicht kannten. Das bedeutet Glauben: zu vertrauen, ohne einen Beweis zu haben.

Der Glaube an Gott ist im Grunde nichts anderes, man glaubt an etwas oder vertraut auf etwas, das man nicht sehen kann. Aber was macht den Glauben so gewiss? Er bewährt sich. Wenn ich beim Auto auf die Bremse trete, fährt es langsamer. Wenn ich mich auf einen Stuhl setze, mache ich mir im Normalfall keine Sorgen, ob dieser hält. Wenn ich mit dem Bus oder dem Zug unterwegs bin, vertraue ich fremden Menschen mein Leben an. Und wenn ich mich auf Gott verlasse, erlebe ich, dass es ihn gibt. Wenn ich mich an das halte, was er in der Bibel sagt, erleben ich, dass er hält, was er verspricht. Ähnlich wie die statischen Berechnungen der Hängebrücke halten, was sie versprechen. *Gabriel Herbert*

? Warum fällt manchen der Entschluss so schwer, sich auf Gott und seine Worte zu verlassen?

! Wenn wir das nicht tun, verpassen wir etwas ganz Entscheidendes. Siehe Tagesvers.

✝ Römer 4,16-25

Als sie aber dem Philippus glaubten, der das Evangelium vom Reich Gottes und dem Namen Jesu Christi verkündigte, ließen sie sich taufen, sowohl Männer als auch Frauen.

APOSTELGESCHICHTE 8,12

Nervenkitzel oder Todesstoß?

Im Oktober 2023 sprang **Dorothy Hoffner** aus Chicago ins Bodenlose. Im Tandem mit Derek Baxter wagte die Greisin den Fallschirmsprung aus 4100 Metern Höhe ins Guinessbuch der Rekorde – **mit 104 Jahren**! Die BILD-Zeitung wollte die Seniorin später interviewen, doch da war Dorothy bereits verstorben; und das nur eine Woche nach ihrem historischen Fallschirmsprung. Sie gilt damit offiziell als älteste Fallschirmspringerin der Welt.

Im Juli 2023 stieg **Osvaldo Pereira de Souza** aus Brasilien ins Taufbecken. Sein Pastor Rosalvo Macauba führte den steinalten Mann nicht nur zum Glauben an Jesus, sondern dann auch Richtung Wasser – **mit 104 Jahren**! Osvaldo wollte seinen Glauben an Jesus so gern noch öffentlich bezeugen. Dafür sei es nicht zu spät, sagte der Witwer, Vater von vier Kindern, dazu zahlreiche Enkel und Urenkel. Er wollte seinen Nachfahren zeigen, dass keine Ausrede gelte, um dem Leben eine neue Richtung zu geben und Jesus nachzufolgen.

Dorothy suchte den »Thrill« und setzte die Bestmarke fürs Guinessbuch. »Das hat so viel Spaß gemacht«, sagte sie den Reportern und Kameraleuten am Boden. Osvaldo begehrte die Taufe und setzte die Wendemarke seiner Umkehr. »Es ist so wichtig, sein Vertrauen ganz auf Jesus zu setzen!«, sagte er seinen Urenkeln am Beckenrand.

Osvaldo, Chapeau! Du bekamst letztes Jahr nicht so viel Beifall wie Dorothy, auf dich waren keine Live-Kameras gerichtet; aber du hast es genau richtig gemacht. Und du ähnelst deinem Meister: Christus sprang nicht von der Tempelzinne (Matthäus 4,5-7), sondern ließ sich bescheiden im Jordan taufen (Matthäus 3,13). Ganz ohne Effekthascherei. Jesus ließ sich nicht auf Händen tragen (Matthäus 4,6), sondern ans Kreuz schlagen! Für dich und mich.

Andreas Fett

? Welches Wagnis ist wohl nachhaltiger? Der Sprung ins Bodenlose oder sein Vertrauen auf Jesus zu setzen?

! Es gibt kein »zu alt«, um zu glauben und auf den Namen Jesu getauft zu werden.

† Apostelgeschichte 8,26-40

13 | OKTOBER MONTAG

Lasst los, und ihr werdet losgelassen werden.

LUKAS 6,37

Loslassen (1)

Endlich Rente. Endlich nicht mehr die Verpflichtung, jeden Morgen zur Stelle sein zu müssen. Den Tag langsam angehen lassen. Zeit zur Verfügung haben, für das, was man als wichtig ansieht. Ja, das ist angenehm, aber voraus geht auch ein Prozess, und zwar ein Prozess des Loslassens. Das ist nicht immer leicht. Verantwortung im Beruf übernehmen jetzt Jüngere. Die können das teilweise sogar besser, mit neuen Möglichkeiten und tollen Ideen. Das kann schon mal am eigenen Wert nagen, denn natürlicherweise wollen wir alles festhalten, was uns Wert und Bedeutung gibt. Aber wer es schafft, loszulassen, wird auch eine gewisse Befreiung erleben. Es ist auch eine Erleichterung, nicht mehr so viel Verantwortung tragen oder nicht alles selbst tun zu müssen.

Das Leben ist einem stetigen Wandel unterworfen. Dinge ändern und entwickeln sich. Das Loslassen-Müssen begleitet uns dabei. Wollen wir jedoch unbedingt alles festhalten, werden wir gebunden und unglücklich. Wir werden festgehalten von dem, was wir halten wollen. Deshalb sagt Jesus: »Lasst los und ihr werdet losgelassen.« Darin liegt ein Geheimnis zu unserer Befreiung, denn mit dem Loslassen kommt auch neue Freiheit: »Ich muss nicht mehr …« Und es entsteht Raum für Neues: »Ich kann jetzt endlich …«

Den Gewinn des Loslassens können wir in verschiedenen Bereichen erleben, z. B. wenn wir anderen vergeben können. Wenn wir Dinge nicht für uns behalten wollen. Wenn wir Verantwortung anderen übertragen können. Wenn wir nicht mehr denken: Ich kann es besser, und ich mache es richtig. Das Loslassen muss eingeübt werden. Erst das Loslassen dessen, was meine Hände festhalten, gibt die Möglichkeit, das Neue zu ergreifen, das Gott mir schenken will. *Manfred Herbst*

? Wo fällt Ihnen das Loslassen schwer?

! Wenn man das Prinzip des Loslassens anwendet, wird man freier.

† 2. Timotheus 4,9-18

Jesus spricht: »Wer mich gesehen hat, hat den Vater gesehen.«

JOHANNES 14,9

Loslassen (2)

Meine liebe Frau nahm sich vor, in unserer Wohnung einiges zu verändern, um mehr Platz in unserer kleinen Wohnung zu schaffen. Vor sechs Jahren legten wir nämlich durch Heirat unseren Hausrat aus zwei Wohnungen zusammen. Dadurch wurde in der Wohnung alles sehr dicht und eng. Einiges mussten wir damals bereits weggeben, obwohl mir das bei manchen Gegenständen schwerfiel. Da meine Frau überaus kreativ ist, gelang es ihr bei meinem Einzug trotzdem, einige der mir lieb gewordenen Gegenstände unterzubringen. Mit der Zeit entstand dennoch der Eindruck, dass in der kleinen Wohnung zu viel des Guten ist.

So begann sie mit ihrem Kreativgeist, zu planen und einiges aufzulockern. Wohl oder übel mussten wir nochmals einige Sachen loslassen und uns von ihnen trennen. Manches wechselte den Platz, ein Freund klebte eine Fototapete, ein großer Küchenkasten wurde gegen einen kleineren ersetzt. Letztlich erhielten wir eine feine, bei Weitem geräumigere Wohnung.

Loslassen – das gilt auch für angesammeltes Denken über Gott. Von klein auf wurde uns dieses und jenes über Gott eingepflanzt. Eltern, Lehrer, Arbeitskollegen, Religion, Medien usw. haben unser Bild über Gott geprägt. Aber wer und wie ist Gott wirklich? So wie uns andere darüber berichtet oder uns belehrt haben? Gott ist so, wie er ist. Er hat sich uns in seinem Sohn Jesus Christus in seinem ganzen Wesen zu erkennen gegeben. Das Schwierige für jeden Einzelnen ist, altes und falsches Denken, das wir über Jahre oder Jahrzehnte angesammelt haben, loszulassen und die Wahrheit über Gott anzuerkennen. Jesus lehrte: »Ändert eure Einstellung (tut Buße), denn die Himmelsherrschaft bricht bald an!« (Matthäus 4,17). Dieser »Loslass-Ruf« gilt allen Menschen bis heute.

Sebastian Weißbacher

? Welche alten Traditionen oder Denkmuster über Gott müssten Sie überdenken und loslassen?

! Jesus Christus ist das Bild des unsichtbaren Gottes. Schauen Sie ihn an, um das einzig richtige Bild von Gott zu besitzen!

Jesaja 46,8-13

Wer ein solches Kind in meinem Namen aufnimmt, der nimmt mich auf; und wer mich aufnimmt, der nimmt nicht mich auf, sondern den, der mich gesandt hat.

MARKUS 9,37

Kraft im Leid – aus dem Leben von Johannes Falk (1)

Der Todeines Kindes ist für die Eltern ein sehr belastender Einschnitt, der das komplette Leben verändert. Oft trauern sie ein Leben lang. Stirbt ein Kind, bleibt in einer Familie nichts mehr, wie es war. Der unfassbare Verlust ist kaum zu verkraften, die Verzweiflung übermächtig, das Weiterleben scheint keinen Sinn mehr zu machen.

Es gibt jedoch Menschen, die trotz oder vielleicht wegen der großen Not, eine scheinbar übermenschliche Kraft aufbringen, Großes zu vollbringen. Einer davon ist der evangelische Schriftsteller und Theologe Johannes Daniel Falk (1768–1826). Seine Frau und er verloren durch Typhus im Jahr 1813 kurz nacheinander vier ihrer zehn Kinder. In der Folge nahm das Ehepaar über 30 Kriegswaisen in ihrer Wohnung auf, die sie kaum ernähren konnten. Dort richteten sie für die notleidenden Kinder auch eine Schule ein. 1819 dann ein erneuter Schicksalsschlag: Ein weiterer Sohn starb mit 19 Jahren. Drei Jahre später raubte der Tod die sechzehnjährige Tochter. Die Familie nahm weiter verwaiste Kinder auf und bezog den verfallenen Lutherhof in Weimar, da ihr bisheriger Vermieter die vielen Kinder nicht mehr dulden wollte. Dort gründete Falk das »Rettungshaus für verwahrloste Kinder«.

Der Erziehungsstil Falks war seiner Zeit weit voraus. Er verzichtete auf drakonische Strafen, die bei Fehlverhalten von Kindern zu dieser Zeit üblich waren, und setzte stattdessen auf Freiheit, Liebe und Annahme. Sein Zeitgenosse Goethe nannte ihn den »Pädagogen verwilderter Kinder«. Falks Engagement für Kinder wurde zum Vorbild für einige noch heute betriebene Kinderheime, wie z. B. das »Rauhe Haus« in Hamburg. Falk gilt als Begründer der modernen Sozialpädagogik auf christlicher Grundlage.

Daniela Bernhard

? Woher nahmen Johannes Falk und seine Frau die Kraft für ihren Dienst?

! Gott kann aus tiefem Leid großen Segen hervorgehen lassen.

† Matthäus 18,1-7.10-14

Und alle Welt kam nach Ägypten, um bei Josef zu kaufen; denn der Hunger war groß in allen Landen.

1. MOSE 41,57

Welthungerhilfe

Nach Angaben der Welthungerhilfe leiden derzeit rund 735 Millionen Menschen an Hunger. Hunger betrifft damit jeden elften Menschen weltweit. In unserer Lebenswirklichkeit erscheint Hunger eher weit weg. Tatsächlich sind vor allem Länder in Afrika betroffen, wie z. B. der Kongo, Lesotho oder Madagaskar. Doch das Hungerproblem bleibt – losgelöst von der Verantwortung jedes Menschen und jedes Landes, dem es gut geht – nicht nur bestimmten Krisenregionen vorbehalten. Wenn der Leidensdruck der Hungernden groß genug wird, dann verlassen sie ihre Heimat, um woanders die Lösung ihres Hungerproblems zu finden.

Bereits zu biblischen Zeiten gab es solche Hungersnöte, die weitreichende Folgen hatten. So war es zur Zeit Josephs. Er war ein Israelit, einer der Söhne Isaaks. Seine älteren Brüder hatten ihn aus Neid als Sklaven verkauft. Auf diese Weise war er nach Ägypten gekommen. Dort war er stets dadurch aufgefallen, dass er sein Leben nach Gott ausrichtete. Das bewahrte ihn zwar nicht vor Krisen, aber Gott hatte ihn dazu bestimmt, für eine drohende große Hungersnot vorzusorgen. Das machte er so gut, dass nun, in der Krise, alle Welt zu ihm nach Ägypten kam, um dort Getreide zu kaufen – sogar seine eigenen Brüder.

Hunger ist eben ein immenser Antrieb. Er bewirkt, dass Menschen sich auf den Weg machen, um diesen zu stillen. Doch neben dem Hunger nach Brot gibt es auch einen Hunger nach Gerechtigkeit. Dieser entfaltet sich zum Beispiel, wenn man seine eigene Ungerechtigkeit erkennt und sich danach sehnt, gerecht zu werden. Auch insoweit ist der Hunger groß in allen Landen. Um diesen Hunger nach Gerechtigkeit zu stillen, muss man aber nicht zu Joseph nach Ägypten ziehen: Man darf – von überall her – zu Jesus Christus kommen. *Markus Majonica*

Kennen Sie Hunger?

Jesus Christus macht sogar den Gottlosen gerecht.

Matthäus 5,1-12

Freut euch in dem Herrn allewege, und abermals sage ich: Freut euch! Eure Güte lasst kund sein allen Menschen! Der Herr ist nahe!

PHILIPPER 4,4-5

Freude im Leid – aus dem Leben von Johannes Falk (2)

Der »Weimarer Waisenvater« Johannes Daniel Falk, der zum Vorbild zahlreicher Pädagogen avancierte, wurde neben seiner sozialen Arbeit auch als Liederdichter populär. Von ihm stammt nämlich das bekannte deutsche Weihnachtslied »O du fröhliche«. Dieses Lied komponierte Falk um das Jahr 1815 herum für seine Waisenkinder, von denen er inzwischen ungefähr 500 bei sich aufgenommen hatte. Das Lied sollte den Kindern die Grundlagen des christlichen Glaubens näherbringen und Weihnachten, Ostern und Pfingsten miteinander verbinden. Das Thema des Liedes ist, dass Gottes Liebe uns trotz aller Traurigkeit und Not Grund zur Freude schenkt: »Welt ging verloren, / Christ ist geboren, / freue dich, o Christenheit.« Grundlage für diese Freude ist, dass Jesus mit seiner Auferstehung den Tod überwunden hat: »Welt liegt in Banden, / Christ ist erstanden.«

Heute singen wir nur noch die erste Strophe nach dem ursprünglichen Text. Die zwei weiteren Strophen wurden von Heinrich Holzschuher 1829 umgeschrieben und »O du fröhliche« somit gänzlich in ein Weihnachtslied umgewandelt.

Johannes Falk lebte in einer schweren Zeit, er erlebte Krankheit, Hunger und Krieg. Bemerkenswert ist, dass er trotz vieler Schicksalsschläge über die Freude in Jesus Christus singen und schreiben konnte. Er erlebte, wie Gott ihm ein fester Halt war und ihm die nötige Kraft gab, seine schwere Aufgabe als Vater für so viele Waisenkinder zu erfüllen. Er kannte eine Freude, die unabhängig von äußeren Umständen ist, weil Jesus Christus der unveränderliche Mittelpunkt seines Lebens war. Das schwergeprüfte, aber dennoch reich erfüllte Leben Falks endete verhältnismäßig früh mit 58 Jahren durch eine Blutvergiftung. Sein Vorbild wirkte jedoch nach.

Daniela Bernhard

? An wen wenden Sie sich, wenn Sie schwere Zeiten durchleben müssen?

! Jesus schenkt Freude im Leid.

† 2. Korinther 12,1-10

In meines Vaters Hause sind viele Wohnungen. Wenn`s nicht so wäre, hätte ich dann zu euch gesagt: Ich gehe hin, euch die Stätte zu bereiten?

JOHANNES 14,2

Genialer Wohnungsbau

Blicken wir uns einmal in der Tierwelt um, dann finden wir dort äußerst geniale Wohnstätten vor. Die Wasserspinne z. B. setzt einen raffinierten Taucherglocken-Trick ein, um in der Unterwasserwelt leben zu können. Die Luft zum Atmen hält sie unter einem Baldachin aus Spinnfäden gefangen. Diesen befüllt sie durch gelegentliches Luftschöpfen an der Wasseroberfläche.

Die Behausungen von Hornissen erinnern an ein Papierschloss. Auch die Wasserburgen der Biber oder die Baumhöhlen der Spechte sind Meisterwerke tierischer Baukunst. Aber auch Insekten sind wahre Baumeister. Termiten können bis zu sieben Meter hohe Türme bauen. Die aus Erde, Sand oder Lehm gefertigten Hochhäuser haben zudem noch ein großes unterirdisches Gewölbe. Das eingebaute Belüftungssystem sorgt für eine perfekte Klimatisierung, die kein Klimatechniker besser projektieren könnte. Die Tiere vermögen zu graben, zu weben, zu mauern, um ihre Unterkünfte zu gestalten. Ihre Nester, Höhlen und unterirdischen Gänge schützen vor Feinden, vor Kälte oder vor Hitze und sind zugleich sichere Orte, um den Nachwuchs aufzuziehen.

Dies sind Paradebeispiele aus der Ideensammlung des Schöpfers. In Johannes 14,2-3 spricht Jesus von jenen himmlischen Wohnungen, die er für solche zubereitet, die ihn als ihren Retter annehmen und ihm nachfolgen. Diese Unterkünfte sind aus einem Baumaterial gefertigt, das nie vergeht. Alles ist ewig haltbar. Reparaturen sind nie erforderlich. Jede Wohnung wird den allerhöchsten Ansprüchen an Komfort und Wohlgefühl genügen. Es gibt nichts daran zu verbessern, denn ihr Architekt ist Jesus, der allmächtige und allwissende Urheber. Das Schönste: Seine Leute werden ewig in seiner Gegenwart leben dürfen.

Werner Gitt

? Gehören Sie dazu und sind Sie ganz gewiss, einmal an jenen Ort des Himmels zu kommen?

! Der Weg dorthin führt über Jesus Christus, unseren Heiland und Retter.

† Johannes 1,1-4

Jesus ist die Sühnung für unsere Sünden, nicht allein aber für die unseren, sondern auch für die ganze Welt.

1. JOHANNES 2,2

Das Sühnekreuz

Wenige Hundert Meter von unserem Haus entfernt steht ein sogenanntes »Sühnekreuz« aus Tuffstein. Vermutlich stammt es aus der Zeit vor der Einführung der *Constitutio Criminalis Carolina*, des ersten deutschen Strafgesetzbuches, durch Kaiser Karl V. im Jahr 1532. Damals war es üblich, die Strafen für Mord und Totschlag in privatrechtlichen Sühneverträgen festzulegen. In einem Dokument aus dem fränkischen Weikersheim zum Beispiel einigten sich die Eltern eines Ermordeten mit dem Täter auf folgende Wiedergutmachung: die Errichtung eines Sühnekreuzes, eine Heilige Messe mit zwei Priestern, zehn Pfund Wachs für Kerzen, 45 Gulden für Spesen und Schadenersatz, je ein Paar Hosen für die Schiedsleute, den Amtmann und den Vogt sowie zwei Eimer Wein für die Gefolgschaft beider Parteien. Nach der Aushändigung dieser Sühnegaben musste der Mörder eine Blutrache der Gegenpartei nicht mehr fürchten. Sein Gewissen vor Gott konnten sie freilich nicht reinigen.

Das ist auch heute noch so. Keine »Sühne« unsererseits kann unser Gewissen vor Gott reinigen. Das kann nur Jesus Christus. Der Apostel Johannes sagt: »Er ist die Sühnung für unsere Sünden« (1. Johannes 2,2). Ähnlich wie auf manchen Sühnekreuzen ein Abbild der Tatwaffe angebracht ist, wurde der »Schuldschein …, der gegen uns war«, mit Jesus ans Kreuz genagelt (vgl. Kolosser 2,14). Für diejenigen, die sein stellvertretendes Opfer für sich persönlich in Anspruch nehmen, gilt die Einladung: »Deshalb wollen wir mit ungeteilter Hingabe und voller Vertrauen und Zuversicht vor Gott treten. Wir sind ja in unserem Innersten mit dem Blut Jesu besprengt und dadurch von unserem schuldbeladenen Gewissen befreit; wir sind – bildlich gesprochen – am ganzen Körper mit reinem Wasser gewaschen« (Hebräer 10,22).

Peter Güthler

? Was tun Sie, um ein gutes Gewissen zu bekommen?

! Nie sind wir freier, als wenn uns volle Vergebung zugesprochen wird.

† 1. Johannes 1,9–2,2

So begab sich denn der König nach Gibeon, um dort zu opfern; denn dort befand sich das vornehmste Höhenheiligtum; tausend Brandopfer(-tiere) brachte Salomo auf dem dortigen Altar dar.

1. KÖNIGE 3,4

»Voll übertrieben«?

»Das ist voll übertrieben!« Eine Schülerin hatte sich ziemlich respektlos gegenüber ihrer Lehrerin verhalten. Als Klassenlehrer habe ich dann mit ihr gesprochen und ihr die weiteren Konsequenzen erklärt, die sie aber für »voll übertrieben« hielt.

Das Wort »übertrieben« wird von vielen Schülern verwendet, wenn etwas besonders gut ist. Aber sie nutzen es auch als abfällige Bewertung gegenüber Eltern oder Lehrern. Sicherlich kennen Sie auch Situationen, wo Sie etwas als übertrieben empfunden haben, sei es der Nachbar mit seiner »übertriebenen« Beschwerde oder ein »übertrieben« hohes Bußgeld.

Kurze Zeit nach meinem Gespräch mit der Schülerin habe ich den obenstehenden Vers aus der Bibel gelesen. Im Alten Testament mussten Menschen als »Bezahlung« für ihre Schuld ein Opfer bringen. Dieses Opfer bestand in der Regel darin, dass ein Tier geschlachtet und verbrannt wurde. In 1. Könige 3,4 wird nun geschildert, dass der König Salomo aus Dank gegenüber Gott die riesige Menge von tausend Tieren opferte. Für unser Empfinden ist das sicher »voll übertrieben«. So viele unschuldige Tiere sind gestorben! Bemerkenswert ist jedoch, dass die Bibel noch von einem weitaus größeren Opfer erzählt.

Als es um die Bezahlung meiner und Ihrer Schuld und Sünde ging, hat Gott selbst für ein Opfer gesorgt. Sein Sohn Jesus Christus hat freiwillig sein Leben für uns geopfert. Jesus Christus ist der einzige Mensch, der ein völlig perfektes Leben gelebt hat. Daher hätte er nicht sterben müssen. Aber er gab sein Leben hin, um uns zu retten. Das war nicht »voll übertrieben«, sondern die einzige Möglichkeit, wie sündige Menschen mit einem heiligen Gott versöhnt werden konnten. Daran zu glauben ist das Beste, was es gibt – und auch das ist jetzt nicht »voll übertrieben«!

Joachim Franz

? Was denken Sie über den Tod Jesu am Kreuz?

! Sein Opfer war nicht »voll übertrieben«, sondern absolut notwendig für unsere Errettung.

† Hebräer 9,13-15

Ich bin das Licht der Welt; wer mir nachfolgt, wird nicht in der Finsternis wandeln, sondern wird das Licht des Lebens haben.

JOHANNES 8,12

Es werde Licht!

Nachdem Thomas A. Edison herausgefunden hatte, wie man in dem Glaskolben einer Glühbirne ein Vakuum herstellen kann, musste er sich keine Sorge mehr darum machen, dass der Glaskolben durch die erhitzte Luft platzen würde. Nun benötigte er nur noch das richtige Material für den Glühfaden. Das konnte doch nicht so schwer sein! Aber egal, aus welchem Material er den Glühfaden für die Glühbirne auch herstellte, jedes Mal war die Brenndauer sehr kurz. Viel zu kurz ... Getrieben von dem Wunsch, elektrisches Licht in die Dunkelheit seiner Zeit zu bringen, probierte Edison (beinahe) alles aus: Er verkohlte Angelschnüre, Bast, Jurte, sogar Spinnweben und Barthaare. Eineinhalb Jahre vergingen, in denen der Tüftler mehr als 1600 unterschiedliche Materialien testete. Wahrscheinlich hätten viele an seiner Stelle aufgegeben, aber Edison wollte nicht länger in der Dunkelheit sitzen. Irgendwie muss es doch funktionieren!

Und tatsächlich: Am 21. Oktober 1879 hatte er endlich Erfolg. Er benutzte einen einfachen, verkohlten Baumwollfaden. Dann schaltete er den Strom ein – und staunte. Denn die hier eingeschaltete Glühlampe brannte und brannte und brannte – 13 Stunden am Stück! Es werde Licht!

Ich musste bei dieser Geschichte an uns Menschen denken. Wie viele tappen komplett im Dunkeln, wie viele finden keine Antwort auf die Frage nach dem Sinn des Lebens, trotz aller Anstrengung. Für viele ist das Leben ein endloses *trial and error*, ein ständiges Ausprobieren ohne Erfolg.

Diesem Ausprobieren, dieser endlosen Suche möchte Jesus Christus ein Ende setzen. Er selbst sagt: »Ich bin das Licht der Welt« (Johannes 8,12) und: »Ich bin als Licht in die Welt gekommen, damit jeder, der an mich glaubt, nicht in der Finsternis bleibe« (Johannes 12,46).

Jannik Sandhöfer

? Haben Sie schon einmal sehr lange nach der Lösung eines Problems gesucht?

! Jesus finden bedeutet, das Leben zu finden.

† Matthäus 7,7-11

Er hat den Schuldschein, der mit seinen Forderungen gegen uns gerichtet war, für ungültig erklärt. Er hat ihn ans Kreuz genagelt und damit für immer beseitigt.

KOLOSSER 2,14

Mehrmalige Anklage für dieselbe Tat ist verfassungswidrig

Im Oktober 2023 hat das Bundesverfassungsgericht eine Reform zur Wiederaufnahme von Strafverfahren für nichtig erklärt. Die Richter in Karlsruhe bestätigten, dass freigesprochene Verdächtige wegen neuer Beweise nicht noch einmal für dieselbe Tat angeklagt werden können. Betroffene müssten darauf vertrauen dürfen, dass sie nach einem Freispruch nicht noch einmal belangt würden.

Das Prinzip, niemanden zweimal wegen derselben Sache vor Gericht zu stellen, findet sich auch in der Bibel. Auf dieser Grundlage hat Gott eine (Er-)Lösung für uns Menschen geschaffen. Gott ist die oberste Rechtsinstanz, vor der jeder Mensch einmal stehen wird. Als gerechter Richter kann Gott unsere Sünden bei diesem Gericht nicht übersehen. Anders als bei dem vom Bundesverfassungsgericht zu entscheidenden Fall ist die Beweislage dort eindeutig: Alle Menschen haben gesündigt. Egal ob es Lieblosigkeiten, beleidigende Worte, böse Taten oder die allgemeine Missachtung von Gottes Geboten sind: Auf Sünde steht die Höchststrafe und damit die ewige Verlorenheit. Doch weil Gott uns unbeschreiblich liebt, hat er einen Ausweg gefunden. In Jesus Christus ist Gott Mensch geworden und hat als einzige Person ein sündloses Leben geführt. Das qualifizierte ihn, vor Gericht stellvertretend unsere Position einzunehmen.

Jesus Christus hat die Strafe für unsere Sünde auf sich genommen. Der Tagesvers zeigt, dass er am Kreuz die Anklage gegen uns für nicht mehr gültig erklärte, da er unsere Schuld bereits beglichen hat. Weil die Strafe schon vollzogen ist, muss über die Schuld nicht noch einmal Gericht gehalten werden. Doch diese Stellvertretung wird für uns nur gültig, wenn wir sie im Vertrauen auf Jesus in Anspruch nehmen.

Andreas Droese

? Wer büßt für Ihre Schuld?

! Wenn Jesus Ihre Schuld noch nicht gesühnt hat, zieht Gott Sie zur Rechenschaft.

† Römer 3,21-26

Da nannte sie den Namen des HERRN, der zu ihr geredet hatte: Du bist ein Gott, der mich sieht!

1. MOSE 16,13

Aufmerksamkeit bekommen

In jedem Menschen steckt (in unterschiedlichem Maße) der Wunsch, von anderen »gesehen« zu werden, d. h. beachtet zu werden. Doch zuweilen bringt dieser Wunsch »bizarre« Blüten hervor. So steigt z. B. seit Jahren die Zahl der Menschen, die bereitwillig ihre Sicherheit aufs Spiel setzen, um das eine spektakuläre »Selfie« zu machen, welches einem wenigstens für eine Zeit lang in sozialen Netzwerken »Ansehen« verschafft. Um »beachtet« zu werden, posiert man an halsbrecherisch steilen Abhängen für ein Foto und klettert an gefährlichen Steilhängen. Viele Menschen sind bei solchen Aktionen schon ums Leben gekommen.

Auch abseits des Internets »buhlen« Menschen um Aufmerksamkeit. So stellen manche z. B. in Gesprächen ihre Arbeitsbelastung grundsätzlich als mindestens doppelt so hoch dar wie die der anderen. Oder es singen manche permanent ein Klagelied und haschen nach Mitleid, obwohl es ihnen objektiv gesehen an gar nichts fehlt. Wie gesagt, Aufmerksamkeit ist ein menschliches Grundbedürfnis. Aber auch wenn die genannten Extrembeispiele nicht auf uns persönlich zutreffen sollten, haben wir uns sicherlich auch schon einmal beim Nachdenken darüber »erwischt«, was wohl die anderen über uns denken und ob sie unsere Leistungen in »angemessener« Weise zu würdigen wissen ...

Die Dimension der Aufmerksamkeit in unserem Tagesvers sollte uns allerdings vorrangig interessieren. Denn viel wichtiger als menschliche Beachtung ist es, zu wissen und zu erfahren, dass der allmächtige Gott höchstpersönlich an uns interessiert ist. In Jesus Christus hat er uns Aufmerksamkeit geschenkt und uns seine liebende Hand entgegengestreckt. Die kann man ergreifen und dankbar darüber staunen, was alles er »für mich« getan hat.

Stefan Nietzke

? Wo ist Ihnen bewusst geworden, dass Gott Sie sieht?

! Wer sich von Gott geliebt weiß, der braucht im »Wettbewerb um Aufmerksamkeit und Applaus« nicht mehr mitzumachen.

† 1. Mose 16

Er aber antwortete und sprach zu ihm: Herr, lass ihn noch dies Jahr, bis ich um ihn herum grabe und ihn dünge; vielleicht bringt er doch noch Frucht; wenn aber nicht, so hau ihn ab.

LUKAS 13,8-9

Pomerol

Im Nachlass einer Verwandten fand sich u. a. eine Weinflasche mit der Herkunftsangabe Pomerol. Wer sich etwas mit gutem Rotwein auskennt, der weiß, dass es sich hierbei um ein Weinanbaugebiet handelt, das bekannt ist für seine hochpreisigen, langlebigen Weine. Auf dem Etikett stand folgerichtig: »Grand Vin den Bordeaux«, also ein wirklich guter Tropfen, Jahrgang 2008, für einen Rotwein dieser Lage kein Problem. Das versprach eher besondere Reife und großen Genuss, zumal die Flasche gut gelagert war. Äußerlich sah an dieser Flasche alles bestens aus. Ich freute mich, diesen an einem besonderen Abend einmal zu öffnen. Und dann war es so weit: Vorsichtig zog ich den Korken. Auch der sah noch gut aus. Dann goss ich den Wein durch ein Sieb in eine Karaffe. Der Geruch, den der Wein verströmte, war sehr fein.

Doch dann kam beim ersten Schluck die herbe Enttäuschung: Der Wein war ungenießbar und landete im Ausguss. Ein vielversprechendes Etikett, doch ein verdorbener Inhalt. Was für eine Enttäuschung!

Dieses Erlebnis hat mir einmal mehr vor Augen geführt, dass es mit meinem Leben eine ähnliche Entwicklung haben kann: Ich kann aus einem guten Haus stammen und einen guten Namen tragen. Mein Äußeres kann vielversprechend sein. Meine Eltern haben vielleicht viel Mühe und Geld darauf verwandt, dass ich gut aufwachse, gute Entwicklungschancen habe. Doch es kommt letztlich auf den Inhalt meines Lebens an. Ein Wein kann nicht darüber entscheiden, ob er verdirbt oder nicht. Aber wir, wir können dies sehr wohl. Unterstellen wir unser Leben entschieden der Leitung Gottes, dann werden wir ein Leben zu seiner Ehre und zur Freude unserer Mitmenschen führen können. Wenn wir selbst die Regie übernehmen, endet das wie mit dem scheinbar guten Wein.

Markus Majonica

? Was prägt Ihr Leben?

! Gott garantiert ein erfülltes Leben.

† Psalm 1

Und dein Vater, der ins Verborgene sieht, er wird es dir öffentlich vergelten.

MATTHÄUS 6,4

Wenn schon, dann bitte mit Applaus!

Vor Kurzem ging unser Staubsauger kaputt, und auf der Suche nach einem neuen Modell scrollte ich durch verschiedene Rezensionen. Bei einer Bewertung musste ich laut lachen, denn da schrieb doch tatsächlich jemand mit entwaffnender Ehrlichkeit: »Stimmt, das Modell ist ziemlich laut. Aber ich finde, meine Frau kann es ruhig hören, wenn ich so nett bin und auch mal staubsauge!«

Als Hausfrau staubsauge ich oft, ohne dass es jemand merkt. Aber bei anderen Dingen, die ich tue, denke ich genauso wie dieser Mann. Da ist es mir auch wichtig, dass meine guten Taten wahrgenommen werden. »Wenn du bei deiner Arbeit gut bist und keiner merkt es, dann hast du nichts davon!«, sagte einmal ein Kollege zu meinem Mann, »deshalb sieh zu, dass die anderen es auch mitkriegen!« Diese Haltung ist zutiefst menschlich.

Doch Jesus Christus, der Sohn Gottes, war so anders! Als er auf dieser Erde lebte, tat er viel Gutes, ohne es an die große Glocke zu hängen. Bei seinem ersten Wunder rettete er einen Bräutigam aus dessen Verlegenheit, dass er den Durst seiner Gäste unterschätzt hatte und der Wein schon ausgegangen war, bevor die Feier überhaupt richtig in Gang kommen konnte. Jesus sorgte für qualitativen Nachschub – aber nur seine Mutter, seine Jünger und die Diener, die das Wasser in die Krüge gefüllt hatten, haben überhaupt etwas von seinem Wunder mitbekommen. Alle anderen feierten einfach fröhlich weiter. Jesus handelte oft im Verborgenen. Er musste nicht hilfsbereit *wirken*, denn Hilfsbereitschaft *war* Teil seines Wesens. Er musste nicht gut *scheinen*, denn er *war* gut. Ich bin so froh, dass Jesus auch heute noch viel Gutes in meinem Leben bewirkt, ohne dass ich es überhaupt merke oder mich jedes Mal bei ihm dafür bedanke.

Elisabeth Weise

? Warum fällt es uns Menschen so schwer, Gutes zu tun, ohne dass jemand anderes es mitbekommt?

! Jesus ist so anders als wir, aber Gott will, dass wir so werden wie er.

✝ Johannes 2,1-12

Herr, sind es nur wenige, die gerettet werden?

LUKAS 13,23

Die Mehrheit hat recht!

Vor Kurzem lernte ich ein georgisches Ehepaar kennen: Natascha und Valerian. Sie ist Ärztin in Tiflis, und auch ihr Mann arbeitet im medizinischen Bereich. Ihr Heimatland Georgien, ein kleiner Staat von der Größe Bayerns, ist ein Zwischenland: auf der Schwelle zwischen Europa und Asien, zwischen Großem und Kleinem Kaukasus; zwischen Schwarzem und Kaspischem Meer, zwischen der christlichen und der muslimischen Welt.

Aus dem Zerfall der Sowjetunion erwuchs für das Ehepaar eine große Sinnleere. Aber dann kam Valerian zum lebendigen Glauben an Jesus, was Natascha jedoch strikt für sich ablehnte. Sie warf Valerian vor: »Diese Mythen sind unwissenschaftlich. Christen sind nicht nur die Minderheit; sie sind auch etwas minderbemittelt. Sie sind mir zu einfach gestrickt und zu leicht beeinflussbar. Niemals kann ich so einen Blödsinn glauben. Die Mehrheit hat recht!« Aber insgeheim machte Valerians Veränderung sie neugierig. In einem ruhigen Augenblick nahm Natascha die Bibel ihres Mannes vom Nachttisch und öffnete sie wahllos. Dabei fiel ihr Blick auf eine Stelle, die sie schockte: »Geht ein durch die enge Pforte! Denn die Pforte ist weit und der Weg ist breit, der ins Verderben führt; und viele sind es, die da hineingehen. Denn die Pforte ist eng und der Weg ist schmal, der zum Leben führt; und wenige sind es, die ihn finden« (Matthäus 7,13-14).

Sie erfasste sofort die Unausweichlichkeit dieser Worte. Die Mehrheit ist auf dem falschen Weg! Dieser eine Vers der Bibel reichte, um Nataschas Denkgebäude zum Einsturz zu bringen.Auch sie setzte von da an ihr ganzes Vertrauen auf Jesus. Fünf Monate später ließ sie sich taufen. Heute arbeiten beide in einer christlichen Klinik in Tiflis.

Andreas Fett

Zu wem gehören Sie? Zur Mehrheit oder zur Minderheit?

»Immer dann, wenn man die Meinung der Mehrheit teilt, ist es an der Zeit, sich zu besinnen.« (Mark Twain)

Matthäus 7,24-29

Als aber das Volk sah, dass Mose ausblieb und nicht wieder von dem Berge herabkam, sammelte es sich gegen Aaron und sprach zu ihm: Auf, mache uns Götter, die vor uns hergehen!

2. MOSE 32,1

Aber!

Wenn man die Bibel zur Hand nimmt und im 2. Buch Mose das Kapitel 31 liest, wird man Zeuge, wie Mose auf einem Berg eine Audienz bei Gott hat. Mose, ein Mann des Alten Testaments, hatte von Gott eine große Aufgabe bekommen: Führe das Volk Israel aus der Sklaverei Ägyptens in eine wunderbare Zukunft! Gott versorgte sein Volk auf diesem Weg jeden Tag aufs Neue. Und er gab nun dem Mose zahlreiche Anweisungen dafür, wie das Leben des Volkes geordnet werden sollte, damit das Zusammenleben gelingen konnte. Er gab Mose Regeln an die Hand, die von Generation zu Generation gelten sollten. Gott wollte inmitten seines Volkes leben und das Leben des Volkes zum Besten gestalten. Doch genau zu der Zeit dieser Audienz begibt sich das Volk auf Abwege. Noch während Gott seinen guten Plan für Israel vor Mose ausbreitet, breitet sich unter den Israeliten ein schicksalhaftes »Aber« aus: Mose bleibt aus, wir können ihn und Gott nicht sehen. Also brauchen wir jetzt sofort etwas Sicht- und Greifbares. Wir brauchen sichtbare Götter!

Ich fürchte, dieses »Aber« ist keine Besonderheit des historischen Volkes Israel lange vor unserer Zeitrechnung. Auch der heutige Mensch, der eine Ahnung von der Existenz Gottes hat, ihn aber nicht sieht, möchte etwas Sichtbares, Handfestes. Das ist aus meiner Sicht der Grund, warum wir uns so schnell Dingen an den Hals werfen: Reichtum, Genuss, aber auch religiösen Zeremonien, Statuen oder Bildern. Hauptsache, wir bekommen etwas für unsere Sinne unmittelbar Erfahrbares. Dabei breitet Gott genau jetzt vor uns in der Bibel seinen guten Plan für uns Menschen aus: Rettung durch den Glauben an Jesus Christus, Gemeinschaft mit dem ewigen Gott, eine himmlische Zukunft usw. Dieser gute Plan verträgt kein »Aber«, sondern verdient unser Vertrauen.

Markus Majonica

? Wer (oder was) ist Ihr Halt?

! Gott ist ganz real, auch wenn wir ihn nicht sehen.

† Jesaja 42,5-17

So viele ihn aber aufnahmen, denen gab er das Recht, Kinder Gottes zu werden, denen, die an seinen Namen glauben.

JOHANNES 1,12

Der Mann hinter den Narnia-Geschichten

Sein Name ist C. S. Lewis. Er lebte von 1898 bis 1963 in Großbritannien und war Professor für englische Literatur an den renommierten Universitäten Oxford und Cambridge.

Lewis war ein sehr scharfsinniger Mensch, der alles mit einem klaren Verstand zu erfassen versuchte. Er beschäftigte sich viel mit Philosophie und Literatur. Anfänglich stand er Menschen, die an Gott glaubten, sehr skeptisch gegenüber. Allerdings traf er in Oxford auch Menschen, die ebenso belesen und scharfsinnig waren wie er und doch ganz überzeugt an einen lebendigen Gott und die Aussagen der Bibel glaubten. Lewis bemühte sich redlich, nach den ethischen Maßstäben, die er durch seine philosophischen Überlegungen als richtig und vernünftig erkannt hatte, zu leben. Dabei stellte er allerdings enttäuscht fest, dass es ihm nicht gelang. Er erkannte sein Versagen seinen eigenen Idealen gegenüber und damit aber auch seine Schuld vor dem absoluten Gott. Er kapitulierte vor Gott und übergab ihm sein Leben. Später schrieb er einmal: »In der Ewigkeit gibt es nur zwei Arten von Menschen: die, die zu Gott sagen: ›Dein Wille geschehe.‹ Und die, zu denen Gott sagt: ›Dein Wille geschehe.‹ Alle, die in der Hölle sind, haben sich letztlich auch dafür entschieden.«

In seinen Narnia-Romanen verarbeitet Lewis den Kampf zwischen Gut und Böse. Der Löwe Aslan trägt viele Züge von Jesus Christus, bis dahin, dass er bereit ist, für den rebellischen Edmund zu sterben, und dann auch wiederaufersteht. Genau das ist die biblische Botschaft, dass Jesus selbst für unsere Schuld und unser Versagen gestorben ist. Er hat die Strafe Gottes getragen und ist wiederauferstanden und bietet uns nun ein Leben in der Beziehung zu ihm an. *Bernhard Volkmann*

? Nach welchen ethischen Maßstäben leben Sie? Wie erfolgreich sind Sie damit, diese einzuhalten?

! Gott möchte uns ein neues Leben schenken, das von seinem Wesen und seiner Kraft geprägt ist.

† Galater 5,19-25

Habe ich dir nicht geboten: Sei getrost und unverzagt? Lass dir nicht grauen und entsetze dich nicht; denn der HERR, dein Gott, ist mit dir in allem, was du tun wirst.

JOSUA 1,9

Enkeltrick

Der sogenannte Enkeltrick ist ein betrügerisches Vorgehen, bei dem gezielt ältere Personen telefonisch kontaktiert werden. Die Anrufer nennen ihren Namen nicht. Sie wählen die vertrauliche Du-Anrede und fragen: »Rate mal, wer hier spricht?« So werden die Namen innerhalb der Familie ausgelotet. Dann wird dem Opfer die Notlage eines Angehörigen, etwa eines Enkels, vorgetäuscht. Die angerufene Person wird gebeten, einen höheren Geldbetrag zurechtzulegen, der von einem »guten Freund des Enkels« abgeholt wird. Die Täter bauen einen hohen emotionalen Druck auf, um die Angerufenen in Angst um den vermeintlich betroffenen Angehörigen zu versetzen. In ihrer Sorge und Erschütterung willigen sie schließlich ein, den geforderten Geldbetrag einer unbekannten Person zu übergeben.

Die Täter machen sich zunutze, dass Menschen sehr schnell durch Sorge und Angst verunsichert und dadurch zu irrationalen Handlungen verleitet werden, durch die sie großen Schaden erleiden können.

Man merkt: Angst ist hier ein schlechter Ratgeber. Gerade dann, wenn der Druck von außen besonders stark wird, ist es wichtig, einen kühlen Kopf zu bewahren, die Situation zu überdenken und sich zur Not Rat zu holen. Nun wird mancher sagen: Wie soll mir das gelingen? Sie haben leicht reden! Hier gibt der Tagesvers einen wichtigen Fingerzeig: Auch in der größten, drängendsten und scheinbar unentrinnbaren Sorge gibt es einen, der nie den Überblick verliert und zu dem man immer fliehen kann: Gott.

Wer sein Leben Gott anvertraut, dem gilt Gottes Fürsorge! Der Allerhöchste sieht und hört dich. Er weiß, wie es zu der zugespitzten Lage gekommen ist. Und er kennt auch dem Ausweg. Wer auf Gott baut, dem gilt die große Zusage: Sei getrost, ich bin bei dir! *Stefan Taube*

? Zu wem wenden Sie sich in der Not?

! Schütten Sie Ihr Herz vor Gott aus!

✝ Psalm 71

Da antwortete Petrus und sprach zu ihm: Siehe, wir haben alles verlassen und sind dir nachgefolgt; was wird uns dafür zuteil?

MATTHÄUS 19,27

10 000 % Rendite!

Vor vielen Jahren kam mir folgender Fall unter: Ein Mann hatte etwa 50.000 Euro gespart. Er wollte es gern gewinnbringend anlegen. Über Bekannte wurde er einem Mann vorgestellt, der einen angeblich todsicheren Geheimtipp hatte. Er verfüge über Kontakte zur Weltbank (!). Dort gebe es ein Konto, auf das man einzahlen könne und in nur drei Monaten eine Million Euro ausbezahlt käme. Das wäre einer Rendite von 2000 %! Ob man es glaubt oder nicht, der Anleger stieg darauf ein. Doch er hat – oh Wunder – nicht einen Cent wiedergesehen. Seitdem habe ich viele Fälle mit Kapitalanlagebetrug erlebt. Eines hatten alle gemeinsam: Es wurde eine immense Rendite versprochen, doch die Anleger gingen leer aus.

Im Tagesvers fragt Petrus seinen Meister, Jesus Christus, nach seinen Rendite-Chancen. Er hat kein Kapital eingesetzt, aber er hat alle Brücken hinter sich abgebrochen, um diesem Jesus nachzufolgen. Was werden sie davon haben?

Jesus sprach zu ihnen (Matthäus 19,28-29): »Wahrlich, ich sage euch: Ihr, die ihr mir nachgefolgt seid, werdet bei der Wiedergeburt, wenn der Menschensohn sitzen wird auf dem Thron seiner Herrlichkeit, auch sitzen auf zwölf Thronen und richten die zwölf Stämme Israels. Und wer Häuser oder Brüder oder Schwestern oder Vater oder Mutter oder Kinder oder Äcker verlässt um meines Namens willen, der wird's hundertfach empfangen und das ewige Leben ererben.«

Hier spricht der Schöpfer allen Lebens, der Sohn des lebendigen Gottes, und kein Betrüger. Seine Zusagen sind absolut verlässlich. Er verspricht Menschen, die ihm nachfolgen und ihr altes Leben für ihn aufgeben, eine immense Rendite: 10 000 %. Und dazu vor allem ewiges Leben! Nur ein Narr würde diese Chance ignorieren. *Markus Majonica*

? Haben Sie schon einmal in das Falsche investiert?

! Investieren Sie in himmlische Güter!

✝ Matthäus 16,24-27

Denn dir habe ich meine Sache befohlen.

JEREMIA 11,20

Befiehl du deine Wege!

Um 1650 schuf Paul Gerhardt das bekannte Lied »Befiehl du deine Wege«. Wie so oft in Kirchenliedern jener Zeit wird über viele Strophen ein Gedanke länger ausgeführt. Dabei verwendete Paul Gerhardt einen Kunstgriff: Die Anfangswörter der zwölf Strophen bilden den Bibelvers aus Psalm 37,5 nach der Lutherübersetzung: »Befiehl dem Herren dein' Weg und hoff auf ihn, er wird's wohl machen.«

In diesem Lied geht es also vor allem um das Vertrauen zu Gott: »Befiehl du deine Wege / und was dein Herze kränkt / der allertreusten Pflege / des, der den Himmel lenkt. / Der Wolken, Luft und Winden / gibt Wege, Lauf und Bahn, / der wird auch Wege finden, / da dein Fuß gehen kann.« In den folgenden Versen wird dieser Gedanke weiter illustriert: »Weg hast du allerwegen, / an Mitteln fehlt dir's nicht; … dein Werk kann niemand hindern, / dein Arbeit darf nicht ruhn, / wenn du, was deinen Kindern / ersprießlich ist, willst tun. / Hoff, o du arme Seele, / hoff und sei unverzagt!«

Bleiben wir bei diesen Versen stehen. Sie machen deutlich: Der Mensch, der sein Leben Gott bewusst und gewollt anvertraut, der untersteht der treuen Fürsorge des Schöpfers des Universums. Für Gott gibt es keine ausweglosen Situationen, keine endlichen, sondern unendliche Mittel und Wege. Und diese *müssen* für seine Kinder zu einem guten Ende führen.

Besonders deutlich wird dies in der wirklich ausweglosesten Lage, in der wir Menschen aufgrund unserer Lebensschuld und Sünde sind. Hier fehlt es uns an jeder Möglichkeit, aus eigener Kraft und mit eigenen Mitteln mit Gott ins Reine zu kommen.

Aber auch hier nimmt er sich jedes Menschen an, der will: In Jesus Christus hat er sich unserer Lebensschuld angenommen und beseitigt sie, wenn wir ihn ehrlich darum bitten! *Markus Majonica*

? Was kränkt Ihr Herz?

! Gott will sich auch Ihres Lebens annehmen – befehlen Sie sich mit allem ihm an!

✝ Psalm 37,1-25

Vater, in deine Hände übergebe ich meinen Geist! Und als er dies gesagt hatte, verschied er.

LUKAS 23,46

Das letzte Wort des Gekreuzigten

Ich vergesse nie, wie ich am Sterbebett eines schwer krebskranken Christen stand. Er sagte immer wieder: »Meine Sünden sind mir vergeben.« Mit diesem Wissen starb er. Letzte Worte haben immer eine besondere Bedeutung. So auch das von Jesus am Kreuz.

Er hat seinen Auftrag erfüllt. Nun kann er sich getrost in die Hände seines Vaters fallen lassen. Jesus ringt nicht verzweifelt mit dem Tod, sondern lässt sein Leben. Das hat er bereits seinen Leuten angekündigt: »Niemand nimmt es von mir, sondern ich lasse es [mein Leben] von mir selbst. Ich habe Vollmacht, es zu lassen, und habe Vollmacht, es wieder zu nehmen« (Johannes 10,18). Jesus bestätigt hier, dass er nicht als Mensch, sondern als Sohn Gottes stirbt. Was der Hauptmann, der die Kreuzigung beaufsichtigt, dann auch bezeugt (Matthäus 27,54).

Das letzte Wort Jesu strahlt starkes Vertrauen und Geborgenheit aus. Worin liegt das Geheimnis? Jesus stirbt, wie er gelebt hat: Er lebte sein Leben unter der Hand seines Vaters, und so übergibt er sich in der Todesstunde in die Hand seines Vaters. Das heißt nicht, dass sein Sterben angenehm war. Wir müssen uns immer wieder klarmachen, dass Jesus unglaublich gelitten hat. Aber ungeachtet der schrecklichen Umstände finden wir hier den stärksten Ausdruck von Geborgenheit. Wenn ein Mensch sich hier und heute bewusst unter die Hand Gottes begibt, im Gehorsam ihm gegenüber lebt, darf er sich in der Todesstunde in die Hand Gottes fallen lassen. Was für eine Chance!

Im letzten Wort Jesu am Kreuz wird deutlich, dass der Tod als der schreckliche Feind des Lebens nicht das letzte Wort hat. Er wird zur Durchgangsstation in den Himmel. Ich darf mich getrost in die Hand Gottes fallen lassen. Und dann sehe ich IHN, der meine Sünden vergeben hat.

Hartmut Jaeger

? Leben Sie im Bewusstsein dieser Geborgenheit in der Hand Gottes?

! Begeben Sie sich heute unter die Hand Gottes, damit Sie sich in Ihrer Todesstunde in die Hand Gottes fallen lassen können!

† Lukas 23,44-49

Jeder Mensch muss einmal sterben und kommt danach vor Gottes Gericht.

HEBRÄER 9,27

Leben nach dem Tod?

Eine Umfrage vom November 2021 kam zum Ergebnis, dass (nur) 31 % der Menschen in Deutschland an ein Leben nach dem Tod glauben; 38 % glauben nicht daran, 26 % gaben »Weiß nicht« an und 5 % nichts. Bei denjenigen, die an ein solches Weiterleben glauben, gehen die Vorstellungen dazu, wie dieses Leben nach dem Tod aussieht, weit auseinander. Manche teilen die Idee der Reinkarnation, also einer sich wiederholenden physischen Neugeburt. Dann gibt es die Vorstellung des Fegefeuers, durch das man geläutert werden müsse, bevor man in den Himmel kommen könne, usw. Die Ungewissheit über das, was *danach* kommt, macht vielen Menschen Angst. Deswegen verdrängt man das Thema gern.

Doch die Realität des Todes empfiehlt dringend eine Auseinandersetzung mit diesem Thema. Die Bibel enthält hierzu eindeutige Aussagen: So macht der Tagesvers deutlich, dass es für jeden Menschen nur *einen* physischen Tod gibt. Danach wird jeder Mensch (ob er es vorher geglaubt hat oder nicht) zur Rechenschaft gezogen. Diese Tatsache kann erschrecken, denn was haben wir nicht alles zu verbergen. Und wenn wir mit unvergebener Schuld in das Gericht Gottes kommen, wird uns das (sicher und endgültig) für eine Ewigkeit bei Gott disqualifizieren.

Die Bibel macht aber auch deutlich, dass es für dieses existenzielle Problem eine Lösung gibt: Jesus Christus. Er hat den Tod besiegt (1. Korinther 15,57). Er ist die Auferstehung und das Leben (Johannes 11,25). Und er (allein) bewahrt vor dem Gericht Gottes, denn er verspricht: »Wahrlich, ich sage euch: Wer mein Wort hört und glaubt dem, der mich gesandt hat, der hat das ewige Leben und kommt nicht ins Gericht, sondern er ist vom Tode zum Leben hindurchgedrungen« (Johannes 5,24).

Daniela Bernhard

? Haben Sie sich schon einmal mit dem Leben nach dem Tod auseinandergesetzt?

! Allein Jesus Christus bietet einen Halt, der über den Tod hinausreicht.

✝ 1. Korinther 15,12-34

Denn Gott ist nicht ein Gott der Unordnung, sondern des Friedens.

1. KORINTHER 14,33

Alles Chaos

»Alles Chaos – liegt so viel rum!« Treffender als die Zweijährige hätte ich unser Wohnzimmer nicht beschreiben können. Zwischen Bausteinen, Tierfiguren, Büchern, Kinderküchenutensilien, Puzzleteilen und den Luftballons der letzten Geburtstagsfeier bahne ich mir den Weg. Die beiden Kinder, die dieses Chaos verursacht haben, sitzen mittendrin und haben Freude an ihrem Spiel. Das Durcheinander scheint sie wenig zu stören. Ich dagegen mag es, wenn alle Dinge ihren festen Platz haben, und fühle mich nur wohl, wenn sie sich auch an diesem befinden.

Ein ordentliches Zuhause ist nicht für jeden gleich wichtig, manch einer kann in einer chaotischen Wohnung zufrieden leben. Anders sieht es mit ungeordneten Lebensumständen aus: Arbeitslosigkeit, Familienstreitigkeiten, Schicksalsschläge und sonstige Ereignisse, die das Leben durcheinanderbringen, bereiten Sorgen und führen häufig auch zu Unfrieden. Die Probleme zu beseitigen und wieder Ordnung herzustellen, bringt uns oft an unsere Grenzen oder übersteigt sogar unsere menschlichen Fähigkeiten völlig.

Wie ermutigend ist hier die Zusage aus dem heutigen Tagesvers: Bei Gott gibt es Frieden statt Unordnung! Ich kann mit dem, was in meinem Leben durcheinandergeraten ist, zu Gott kommen, und er will mir echte Ruhe schenken. Was dafür nötig war, hat er bereits selbst getan: Durch den Tod Jesu Christi am Kreuz können wir Versöhnung erfahren und Frieden erleben, wenn wir seine Vergebung annehmen. Auch wenn dadurch nicht sofort alle unsere Lebensfragen gelöst und die Sorgen weggeblasen sind, so wird Gott uns doch helfen, unser Leben nach seinem Wort neu zu ordnen und aufzuräumen.

Judith Pohl

? Was führt in Ihrem Leben zu Chaos und Unruhe?

! Kommen Sie zu Gott und lassen Sie sich wahren Frieden schenken!

† Johannes 14,23-30

Abram sprach aber: Herr HERR, was willst du mir geben? Ich gehe dahin ohne Kinder und mein Knecht Eliëser von Damaskus wird mein Haus besitzen.

1. MOSE 15,2

Herzenswunsch

Abram, der später von Gott in Abraham umbenannt wird, hatte einen drängenden Herzenswunsch. Zwar hatte er eine attraktive Frau, war erfolgreich und ausgesprochen wohlhabend. Aber sein Herzenswunsch waren Kinder und ein Erbe, der einmal seine Stellung einnehmen würde. Hinter diesem Wunsch trat alles andere zurück! Allerdings war Abrahams Frau unfruchtbar, und die Eheleute waren schon alt. Nach menschlichem Ermessen würde dieser Herzenswunsch also nie in Erfüllung gehen. Als Gott dem Abraham verspricht: »Ich bin dein Schild und dein sehr großer Lohn« (1. Mose 15,1), bricht die ganze Enttäuschung und Verzweiflung aus ihm hervor: »Was willst du mir denn geben? Ich habe viele Dinge, aber das, was ich mir wirklich wünsche, das habe ich nicht! Wenn ich sterbe, ist alles, was ich erreicht habe, für die Katz! Dann erbt mein ranghöchster Angestellter.«

Es berührt mich immer wieder, wie Gott nun reagiert. Tatsächlich hatte er Abraham schon früher Nachkommen fest zugesagt. Aber das hält Gott ihm nicht vor. Er zeigt ihm in der Nacht tiefsten Schmerzes die Sterne des Himmels: »Sieh gen Himmel und zähle die Sterne; kannst du sie zählen? Und sprach zu ihm: So zahlreich sollen deine Nachkommen sein!« (1. Mose 15,5).

Für Abrahams Vertrauen in Gott war diese Aussage eine große Herausforderung. Er sah nichts von ihrer Erfüllung, alle objektiven Umstände sprachen dagegen. Zudem würden noch etliche Jahre vergehen bis zur Erfüllung des göttlichen Versprechens. Aber Abraham geht nun auf die Zusage Gottes mit ganzem Herzen ein. Er glaubt ihm, einfach, weil es Gott ist, der hier spricht. Abraham weiß: Was Gott zusagt, das hält er ganz sicher ein. Er kennt mein Herz – und er wird mich nicht enttäuschen!

Markus Majonica

? Welchen Herzenswunsch haben Sie?

! Vertrauen Sie sich dem an, der Ihr Herz besser kennt als Sie selbst!

† 1. Mose 15,1-6

So lasst uns nun dem nachstreben, was dem Frieden, und dem, was der gegenseitigen Erbauung dient.

RÖMER 14,19

Folgenschwere Erfindungen

Es ist gar nicht so leicht, abzuschätzen, was letztlich »dem Frieden dient«. So erfand z. B. Alfred Nobel 1866 das Dynamit, das zunächst die Arbeit von Schienenarbeitern enorm erleichterte. Schließlich konnte man damit z. B. Felsen, die bei der Schienenverlegung im Weg waren, einfach wegsprengen. Doch schon bald wurde Dynamit in zahlreichen Kriegen eingesetzt und tötete viele Menschen. Darüber hinaus schätzten Attentäter Dynamit als tödliche Waffe. So sprengten Terroristen den russischen Zaren Alexander II. in die Luft, Kaiser Wilhelm I. entging nur knapp einer Dynamitexplosion und allein im Jahr 1892 wurden in Europa mehr als 1000 Attentate mit Dynamit durchgeführt. Alfred Nobel war erschüttert über diese Folgen seiner Erfindung.

Ähnliches geschah bei der Kernspaltung. Niemand dachte bei der Entdeckung daran, dass eines Tages die Atombombenspeicher der Atommächte bis unter die Decken voll sein würden. Und als vor über 50 Jahren das Ereignis der Mondlandung stattfand, machte sich wohl kaum jemand Gedanken darüber, dass sich inzwischen die Weltmächte überlegen, wie man den Weltraum in kriegerische Auseinandersetzungen einbeziehen könnte.

Was dient dem Frieden? Wenn wir dafür sorgen, dass wir in unserem ganzen Leben darauf ausgerichtet sind, was dem anderen zu seinem Wohl dient, dann sind wir schon eher in der Lage, auf den Missbrauch eigentlich nützlicher Erfindungen und Entdeckungen zu verzichten. Aber wir benötigen für die Gestaltung unseres Lebens eben auch Hilfe und Weisheit von dem gütigen und allmächtigen Gott, um aufeinander Rücksicht zu nehmen und Impulse setzen zu können, die dem Frieden dienen. Durch Jesus Christus haben wir Zugang zur göttlichen Gnade, die auf unsere Rettung und Hilfe bedacht ist. *Stefan Nietzke*

? Wie können Sie sicherstellen, heute dem nachzustreben, was dem Frieden dient?

! Bitten Sie Gott darum, Ihren Sinn auf Frieden und Beistand auszurichten!

† Römer 12,9-21

Der Himmel rühmt die Herrlichkeit Gottes … Ein Tag sprudelt es dem anderen zu, …. Sie sagen kein Wort; man hört keinen Laut, und doch geht ein Klingen über die Erde, ein Raunen bis zum Ende der Welt.

PSALM 19,2-5

Psalm 19 – Eine Rede ohne Worte

Bei klarem Wetter fasziniert mich der Himmel, besonders im Winter nach vielen trüben Tagen. Meine Freude darüber aber kann ich mit meinen Hunden nicht teilen, mit denen ich meinen Morgenspaziergang am Wochenende mache. Die Reichweite ihrer Augen lässt sie zwar den klaren Himmel erkennen. Aber selbst wenn sie die rötliche Färbung des Himmels erkennen können, kann ich meine Freude mit ihnen nicht teilen. Sie besitzen nämlich keine Antenne für die Schönheit dieser Sprache.

Der Psalmschreiber ist sich sicher: Menschen können die Sprache des Schöpfers verstehen, die der sichtbare Himmel spricht. Lassen wir den Himmel auf uns wirken, können wir an Gottes Unbegrenztheit denken. Seine Treue zeigt sich in der Zuverlässigkeit, dass regelmäßig ein neuer Tag kommt. Ein schöner Sonnenaufgang weckt in uns ein positives Gefühl der Hoffnung. Wir sind sogar in der Lage, durch Beobachtung und Messung noch mehr zu staunen: Heute wissen wir: Die Erdatmosphäre ist einzigartig im bisher bekannten Universum. Sie ist optimiert für komplexes Leben auf unserem Planeten. Der Anteil des Sauerstoffs und auch das Verhältnis von Stickstoff zu Edelgasen in der unteren Atmosphäre (sog. Homosphäre) ist konstant und genau austariert. Ihre Dicke macht nur weniger als 1 % des Erddurchmessers aus. Wir könnten auch sagen: Täglich leben wir vom sichtbaren Himmel. Jeder Atemzug ist ein Geschenk des Schöpfers.

Nur wir Menschen sind in der Lage, diese Sprache zu verstehen und die erstaunlichen Zusammenhänge zu erforschen. Diese Rede Gottes erreicht jeden Menschen auf unserem Planeten. Sie gibt jedem seinen angemessenen Platz: Der gewaltige Gott über allem und wir kleinen Menschen – von seiner Güte umgeben.

Winfried Elter

? Weckt der Blick zum Himmel zu unterschiedlichen Zeiten in Ihnen auch wieder ein Staunen?

! Sehen Sie sich den Film »Der privilegierte Planet« im Youtube Kanal »Illustra Media« an!

† Psalm 36,6-11

Das Zeugnis Jahwes ist verlässlich und macht den Einfältigen klug. Die Befehle Jahwes sind richtig; sie erfreuen das Herz. Das Gebot Jahwes ist ganz rein; es schenkt einen klaren Blick.

PSALM 19,8-9

Psalm 19 – Gott redet durch sein Wort

In den ersten Versen des Psalms fanden wir Gottes wortlose Rede an alle Menschen. Jetzt wechselt der Psalmschreiber sein Thema: Er schwärmt von der göttlichen Rede in geschriebenen Buchstaben. Gottes Wort an uns Menschen wurde schriftlich fixiert, damit die Zuverlässigkeit noch nach vielen Jahrhunderten geprüft werden kann. Zur Zeit Davids waren noch wenige Teile unserer Bibel aufgeschrieben. Der Psalmdichter verwendet mehrere Ausdrücke, um Gottes Wort zu beschreiben. Eines davon ist »Zeugnis«. Gott ließ Menschen seine Worte als ein Zeuge weitergeben, der vor Gericht die Wahrheit sagt.

Ich kann mich noch gut an das Aha-Erlebnis erinnern, als ich begriff, dass die Bibel eine große zusammenhängende Geschichte ist. Es hat mich froh gemacht, und ich denke, dass mein Blick klarer wurde. Gerne greife ich immer noch täglich zur Bibel und entdecke neue Zusammenhänge. Dieses Buch, von ungefähr 40 Schreibern angefertigt und in einem Zeitraum von 1600 Jahren aufgeschrieben, überzeugt mich. Ein roter Faden durchzieht die Bibel. Sie zeugt vom Werk des Schöpfers und gibt einen ungeschönten Bericht vom Bruch der Beziehung zwischen Gott und Mensch. Sie dokumentiert den Willen Gottes, seinen Retter zu schicken. Viele von ihr beschriebenen Ereignisse zeigen die menschliche Neigung zum Selbstbetrug, aber sie bezeugen auch, dass Gott seinen Rettungsplan weiter verfolgte.

Aus heutiger Sicht stellen wir fest: Viele Aussagen betrafen zum Zeitpunkt der Niederschrift Zukünftiges. Diese Prophetien sind nachprüfbar und haben sich vor allem in Jesus Christus erfüllt. Er kam als der verheißene Erretter und erfüllte exakt viele Vorhersagen. Wir dürfen zuversichtlich sein, dass sich alles Weitere in der Bibel in Zukunft auch noch erfüllen wird.

Winfried Elter

? Halten Sie die Bibel für ein überholtes Buch?

! Fangen Sie an, die Bibel zusammenhängend zu lesen! Dann merken sie schnell, wie aktuell die Bibel auch heute noch ist.

† Psalm 119,89-96

Wem fällt es schon gleich auf, wenn er falsch gehandelt hat? … Mögen die Worte, die ich spreche, und die Gedanken, die mein Herz ersinnt, dir gefallen, HERR, mein Fels und mein Erlöser!

PSALM 19,13.15

Psalm 19 – Mit Worten Gott gefallen

Wir Menschen unterscheiden uns von anderen Lebewesen unter anderem durch unsere Sprache. Ich sehe darin einen Beleg, dass nur wir Menschen im Ebenbild Gottes geschaffen sind. Tiere können sich zwar mithilfe von Lauten verständigen, aber nur der Mensch beschreibt, erzählt und argumentiert mit Worten. Unsere Sprache dient zur Formung unserer Gedanken, kann zu Freundschaften und Feindschaften führen. Worte sind nicht nur reine Informationen. Sie haben eine enorme Macht. Wir können zwar durch unsere Worte keine sicht- und greifbare Welt ins Leben rufen, wie Gott es bei der Schöpfung tat. Aber unsere Worte können eine gewaltige Lawine in Gang setzen!

Warum sind unsere Worte oft so böse und verletzend? Den Grund dafür finden wir in unserer Vergangenheit im Garten Eden. Dort benutzte die Schlange listige Worte und redete den Menschen ein, dass Gottes Worten nicht zu trauen sei. Das Versprechen der Schlange, »Ihr werdet sein wie Gott!«, suggerierte, dass der Mensch die Beziehung zu Gott nicht brauche. Die Entscheidung, den Worten des Teufels zu glauben, trennte den Menschen von Gott und seinem tadellosen Charakter. Seit diesem Tag sind wir dem Antrieb der Sünde in uns, Böses zu tun, ausgeliefert. Unser Herz, die Quelle unserer Worte, wurde verschmutzt.

Als Jesus Christus auf der Erde war, fragte er die religiösen Menschen seiner Zeit: »Wie könnt ihr Gutes reden, wenn ihr böse seid? Denn aus dem Mund kommt das, was das Herz erfüllt« (Matthäus 12,34). Unser Reden ist böse, weil unser Herz böse ist. Wer diesen Befund ehrlich vor Gott anerkennt und in Jesus den Erlöser aus diesem Zustand erkennt, bekommt ein neues Herz, eine gereinigte Quelle für sein Reden und Denken. Dann kann man in seinen Worten Gott wieder gefallen.

Winfried Elter

? Welche Worte in Ihrem Leben haben eine katastophale Lawine ausgelöst?

! Wer an Jesus Christus glaubt, bekommt ein neues Herz und wünscht sich wie David, dass seine Worte Gott gefallen.

† Jakobus 3,1-12

Und er (König Usija) tat, was recht war in den Augen des Herrn ..., und in den Tagen, da er den HERRN suchte, gab Gott ihm Gelingen.

2. CHRONIK 26,4-5

Hoffnung in schwierigen Zeiten

Nachdenklich stand ich im November 1989, wenige Tage nach der Öffnung, auf Aussichtsplattformen an der Berliner Mauer. Mit dabei war John Lennox, Mathematik-Professor aus Cardiff, der mit einer Filmkamera die historischen Momente festhalten wollte. Der Asphalt auf den hastig gesprengten Mauer-Durchbrüchen für provisorische Fußgängerübergänge dampfte noch in der Morgensonne. Uns bewegte neben der Szenerie in der Bernauer Straße, die durch wagemutige Sprünge aus den Fenstern auf den zum Westen gehörenden Gehweg bekannt wurde, auch die »Enklave Steinstücken«: Die eingemauerte Zuwegung und der winzige Ortsteil wirkten von der Plattform aus wie ein Gefängnishof.

In der gesamten DDR waren zunächst keine Besuche von Ost- und Westberlinern möglich. Es herrschte eine Stimmung der Entfremdung und des Leids. Das immense Ausmaß des Misstrauens und der Unterdrückung sah man besonders deutlich bei der späteren Einsicht in die Stasi-Akten. Kaum jemand erwartete eine Wiedervereinigung, man war mit den eigenen Problemen beschäftigt. Es gab wenig Hoffnung.

Auch das Volk Israel erlebte zu allen Zeiten Nöte, Bedrückung und Gefangenschaft. Verschiedene Schreiber der Bibel hielten die Gefühle der Deportation, des Heimwehs und der fast verlorenen Hoffnung fest. Oft gab es Zeiten, in denen kaum jemand eine positive Wendung erwartete. Aber es gab Ausnahmen. Ein junger, gottesfürchtiger König namens Usija befreite das jüdische Volk von Angreifern und sicherte das eigene Staatsgebiet ab. Er hatte die Hoffnung – und zwar die Hoffnung auf Gott – nicht verloren. Er wusste: Gott rettet aus hoffnungslosen Situationen, wenn man seine Hilfe sucht. Darauf verließ er sich. Das können wir auch heute so tun, denn Gott ist heute derselbe wie damals.

Klaus Spieker

Worauf setzen Sie Ihre Hoffnung?

Gott rettet Menschen, die auf ihn hoffen.

2. Chronik 26

10 NOVEMBER
Welttag der Wissenschaft für Frieden und Entwicklung

MONTAG

Der Herr ist mein Hirte, mir wird nichts mangeln.

PSALM 23,1

Vollkommene Zufriedenheit

Der hebräische Gruß »Schalom« wird üblich mit »Frieden« übersetzt. Dieser »Schalom« beinhaltet jedoch weit mehr: »Vervollständigung« wäre in etwa die wörtliche Übersetzung. Damit sind neben der Abwesenheit von Krieg und Streit auch Zufriedenheit, Heil, Ruhe und Gesundheit gemeint. Das Wort beschreibt einen Zustand völliger Erfüllung aller innerlichen und äußerlichen Bedürfnisse, also absolute Mangelfreiheit.

Wahrscheinlich wird dieser »Schalom« erst im Himmel zur vollkommenen Entfaltung kommen. Doch vielleicht ist es im »irdischen Jammertal«, in dem wir noch leben, möglich, zumindest ein wenig diese totale Zufriedenheit zu erfahren. An den Umständen, in denen sich der einzelne Mensch, in denen sich die gesamte Menschheit befindet, ist diese Zufriedenheit freilich nicht festzumachen. Unsere Welt ist mehr denn je voller Zwietracht, Neid, Krieg, Krankheit und Hunger. Wer das Gefühl hat, zu kurz zu kommen, hegt Missgunst im Herzen, wer denkt, er müsse immer mehr besitzen, wird von Gier bestimmt. Das Empfinden, nicht genug zu haben, zeigt sich nicht nur im persönlichen Bereich, auch im Großen, wie man am überwunden geglaubten Imperialismus mancher Länder sehen kann.

Als Jesus zu seinen Nachfolgern sagte: »Den Frieden lasse ich euch, meinen Frieden gebe ich euch« (Johannes 14,27), bedeutete das, dass jeder, der sich Jesus anvertraut, diesen göttlichen inneren Frieden erhält, unabhängig von den äußeren Umständen. Dieser innere Zustand wird von Gott geschenkt. Er kann nicht von uns selbst geschaffen werden. Durch Jesus Christus haben die an ihn Glaubenden Leben in Fülle (siehe Johannes 10,10) und können in vertrauensvoller Verbindung zu ihrem Erretter zu Recht sagen: »Mir wird nichts mangeln.« *Daniela Bernhard*

? An wem oder was messen Sie Ihre Zufriedenheit?

! Innerlich zufriedene Menschen können in unserer friedlosen Welt auch leichter äußerlichen Frieden stiften.

✝ Johannes 10,1-15

Lasst uns mit Ausdauer laufen in dem Kampf, der vor uns liegt, indem wir hinschauen auf Jesus, den Anfänger und Vollender des Glaubens.

HEBRÄER 12,1-2

Der Kunstlehrer meines Vaters

Mein Vater hatte gute Lehrer und schlechte, sein Kunstlehrer gehörte zu den guten. Als die Klasse einmal das Skelett eine Huhns abzeichnen sollte, tat sich mein Vater, der nicht zeichnen konnte, besonders schwer. Irgendwann kam der Lehrer an sein Pult, schaute ihm über die Schulter und meinte: »Die Proportionen stimmen nicht. Ich zeig dir, wie das geht.« Dann nahm er ihm kurz entschlossen den Bleistift aus der Hand, setzte noch einmal neu an, und mit schnellen Strichen entstand das Skelett eines Huhns auf dem Papier. Mein Vater musste die Zeichnung dann nur noch zu Ende bringen.

Später wurden die Arbeiten bewertet. Der Lehrer schien sich nicht mehr daran zu erinnern, dass er den Großteil der Zeichnung meines Vaters selbst angefertigt hatte, und meinte nur anerkennend: »Das ist aber gut gelungen!« Und mein Vater bekam die Note zwei für sein Bild.

Manchmal ist es in unserem Leben auch so, dass wir irgendwie feststecken und nicht mehr weiterkommen. Unsere Fähigkeiten reichen nicht, wir sind mit unserem Latein am Ende. Dann brauchen wir jemanden, der weiser und besser ist als wir. Jemand Größeren, dem wir sozusagen unseren Stift überlassen und der unser Leben neu ordnet. Dieser Jemand ist Jesus Christus. Aber er drängt sich uns nicht auf. Er wartet darauf, dass wir ihn um Hilfe bitten und ihm unser verkorkstes »Lebensbild« hinlegen. Er wird die Proportionen wieder ins Lot bringen und etwas Schönes daraus machen. Mit viel Schwung können wir uns dann an die Ausgestaltung machen. Und das Erstaunliche ist: Am Ende wird er uns loben und belohnen für etwas, was eigentlich sein Werk gewesen ist. Ja, Jesus selbst ist und bleibt der Anfänger und Vollender unseres Glaubens, dem am Ende alle Ehe gebührt! *Thomas Müller*

? Kommen Sie nicht mehr weiter in Ihrem Leben?

! Lassen Sie den Meister ans Werk!

✝ Lukas 5,1-11

Und es sammelten sich um ihn lauter Bedrängte und solche, die verschuldet waren, und andere mit erbittertem Gemüt. Und er wurde ihr Anführer.

1. SAMUEL 22,2

»Eine starke Truppe«

In den Achtzigern des vergangenen Jahrhunderts lautete der Werbeslogan der Bundeswehr: »Eine starke Truppe«. Es zieht einen eben eher zu einer Gruppe von besonders fähigen Menschen als zu einem Haufen von Versagern. Und welche Typen würde ein Anführer wohl auswählen? Eher zielorientierte Macher oder abgehängte Gestalten? Die Machthaber der Geschichte versammelten in ihrem nächsten Umfeld doch am liebsten eine Elite und nicht irgendwelche armen Kreaturen.

Anders wird in der Geschichte um den Tagesvers der (damals noch zukünftige) König David beschrieben. Ihm hatte Gott den Thron Israels zugesagt. Doch der noch amtierende König Saul hatte David einstweilen in die Flucht gejagt. In dieser Situation hätte David vielleicht gern ein paar besonders verlässliche, einflussreiche Männer um sich gehabt. Doch es kamen ausgerechnet diejenigen, die ihr Leben in die Sackgasse manövriert hatten, die Gescheiterten, die vom Leben Enttäuschten. Und David? Er schickt diese Loser nicht weg, sondern er nimmt sie auf und wird ihr Anführer. Weil diese Menschen in ihrer Verzweiflung ihr Leben auf ihn, den von Gott verheißenen König setzen, stellt er sich an ihre Spitze.

Jesus Christus, der Sohn Gottes, wird zu Recht oft mit David verglichen. In vielem unterscheidet sich David natürlich von Jesus. Aber darin sind sie sich jedenfalls gleich: Der Sohn Gottes wird nach der Bibel eines Tages sichtbar als König aller Könige die Welt beherrschen, auch wenn man das jetzt noch nicht sieht. Und dieser Jesus schämt sich auch des größten Verlierers nicht, der bis dahin seine Lebenschance auf ihn setzt. Wie verfahren die Lebenssituation auch sein mag: Jesus will jeden aufnehmen, der sich ihm anvertraut.

Markus Majonica

? Welche Typen haben Sie am liebsten in Ihrer Nähe?

! Keine Verzweiflung ist zu groß, als dass man damit nicht zu Jesus kommen kann.

† 1. Korinther 1,26-31

Das Leben und den Tod habe ich dir vorgelegt, den Segen und den Fluch! So wähle das Leben, damit du lebst, ... indem du den HERRN, deinen Gott, liebst und seiner Stimme gehorchst und ihm anhängst!

5. MOSE 30,19-20

Es geht um Leben oder Tod!

Der global tätige Unternehmer Elon Musk ist unter anderem als Mitinhaber des Raumfahrtunternehmens SpaceX sowie des Elektroautoherstellers Tesla bekannt. Sein geschätztes Vermögen betrug im Jahr 2024 ca. 210 Milliarden US-Dollar. Er ist somit einer der reichsten Menschen der Welt. Angenommen, Musk könnte sich für die Summe von 20 Milliarden Dollar ein längeres Leben erkaufen. Würde er das tun, und wäre das tatsächlich möglich?

Gott hat in seiner Schöpfungsordnung festgelegt, dass jeder Mensch sterblich ist. In Psalm 90 schreibt Mose sinngemäß: »Unser Leben dauert 70, vielleicht 80 Jahre. Alles, worauf wir stolz sind, ist nur Mühe, viel Lärm um nichts. Wie schnell eilen die Jahre vorüber! Wie rasch schwinden wir dahin!« Wie hochaktuell ist diese Tausende Jahre alte Aussage immer noch! Die Frage stellt sich: Was machen wir aus unserem Leben, aus den paar Jahren, die so schnell dahinschwinden? Versuchen wir, so viel Geld wie möglich zu verdienen, Karriere zu machen, angesehen zu sein? Das Leben kann einige angenehme Seiten für uns bereithalten, und aus eigener Kraft können wir u. U. viel erreichen. Doch letztlich wartet mit dem Tod auf uns das »Sicherste«, was es im Leben gibt.

Nach biblischen Maßstäben gibt es bleibendes Leben nur in Verbindung mit Gott. Ohne Gott bleibt nur der Tod. Deshalb wurden schon vor mehr als 3000 Jahren Menschen gemahnt, das Leben zu wählen durch eine klare Ausrichtung auf Gott. Gott hat es uns so einfach gemacht. Durch Jesus Christus vergibt er uns unsere Übertretung seiner Gebote, wenn wir ihn darum bitten. Er hat alles dafür getan, damit wir zu ihm kommen und mit ihm ewig leben können. Wenn man sich durch Sündenbekenntnis, Buße und Glauben auf die Seite Jesu stellen kann, sollte man dies dann nicht in Anspruch nehmen? *Axel Schneider*

? Verdrängen Sie das, was zwangsläufig auf uns alle zukommen wird?

! Leben oder Tod! Jetzt sind Sie am Zug. Wählen Sie das Leben!

† 5. Mose 30,15-20

Oder verachtest du den Reichtum seiner Güte und Geduld und Langmut und weißt nicht, dass die Güte Gottes dich zur Buße leitet?

RÖMER 2,4

Gott ist ein wartender Gott

Ist Ihnen bekannt, dass Gott wartet?

1. Am Anfang der Bibel wird berichtet, wie Noah auf Gottes Anordnung hin die Arche baute. Gott hatte zuvor lange gewartet, doch die Menschen hatten sich immer weiter von ihm entfernt, sodass die Bosheit des Menschen groß war auf der Erde (1. Mose 6,5). Nun wollte Gott Gericht üben, aber durch die Arche auch Rettung anbieten. Viele Jahre hatten die damaligen Menschen Zeit, zu Gott umzukehren. Dann, als die Arche fertig war, wartete Gott immer noch, so lange, bis er selbst die Tür der Arche zuschloss.

2. Zum Volk Israel sagte Gott ein paar Jahrhunderte später: »Ich habe den ganzen Tag meine Hände ausgebreitet zu einem widerspenstigen Volk, das seinen eigenen Gedanken nach auf dem Weg wandelt, der nicht gut ist« (Jesaja 65,2). Wie lange hatte Gott gewartet, seine Hände seinem Volk Israel entgegengestreckt; wie lange hatte er auf eine Reaktion gewartet auf seine Liebe, auf sein Bemühen!

3. In der Geschichte vom verlorenen Sohn zeigt sich Gott uns als Vater, der offensichtlich jeden Tag Ausschau nach seinem Sohn gehalten hat, der davongelaufen und ins Unglück geraten war: »Als er aber noch fern war, sah ihn sein Vater« (Lukas 15,20). Und der Sohn erblickte ihn so auch eher, als er erwartet hatte. Dies hat ihn sicherlich ermutigt, den eingeschlagenen Weg zurück beizubehalten und zu seinem Vater zurückzukehren.

Auch heute wartet Gott noch – mit dem Gericht über eine gottlose Welt, in der sich so viele Menschen von ihm abgekehrt haben: »Der Herr … ist langmütig gegen euch, da er nicht will, dass irgendwelche verloren gehen, sondern dass alle zur Buße kommen« (2. Petrus 3,9). Gott möchte, dass niemand ins Gericht kommt, sondern dass sich alle retten lassen – auch Sie!

Martin Reitz

? Bewegt es Sie, dass Gott immer noch wartet?

! Worauf warten Sie? Kehren Sie um wie der verlorene Sohn zum Vater!

† Lukas 15,11-32

Ich bin die Tür; wenn jemand durch mich hineingeht, so wird er gerettet werden.

JOHANNES 10,9

Abgewiesen

07:30 Wie freute ich mich auf den Abend! Endlich wieder einmal so richtig tanzen und Spaß haben! Ich hatte mich schön angezogen, und es war schon spät, als ich endlich an der Diskothek ankam. Musik und Stimmen waren bis nach draußen zu hören. Gleich würde ich mittendrin sein! Doch an der Tür wurde ich aufgehalten, ein Mitarbeiter vom Security-Team wollte meinen Ausweis sehen. Das kam mir albern vor, denn immerhin war ich schon 32 Jahre alt! Doch der Mann bestand darauf, sonst könnte ich wieder nach Hause gehen. Das wollte ich natürlich auf gar keinen Fall, und so zeigte ich ihm meinen Reisepass. Dann erst durfte ich eintreten, und der Abend konnte beginnen.

Es gibt eine andere Tür, durch die es viel wichtiger ist, hindurchgehen zu dürfen. Hinter dieser Tür gibt es etwas viel Schöneres zu erleben als nur einen tollen Tanzabend. Diese Tür führt zur ewigen Herrlichkeit bei Gott. Vielleicht rechnen wir fest damit, an dieser Tür nicht abgewiesen zu werden. Immerhin haben wir keine Straftaten begangen, haben anderen geholfen und Gutes getan, wo wir nur konnten. Wir sind der festen Überzeugung, gut genug für den Himmel zu sein. Aber Gott sagt, dass alle unsere guten Werke nicht ausreichen, weil unsere Schuld uns von ihm trennt. Um in den Himmel zu kommen, brauchen wir Jesus Christus, der am Kreuz die Strafe für unsere Sünden getragen hat. Er ist die einzige Tür zu Gott, und niemand, der glaubensvoll an diese Tür klopft, wird abgewiesen werden.

Am Ende unseres Lebens ist das die wichtigste Frage: Drinnen oder draußen? Gerettet oder verloren? Bei Gott oder getrennt von ihm? Es ist unangenehm, wenn man vor einer Tür steht und wieder nach Hause geschickt wird. Es ist jedoch eine Tragödie, keinen Einlass bei Gott zu finden!

Beatrix Weißbacher

? Durch welche Tür versuchen Sie zu Gott zu kommen?

! Jesus ist der einzige Weg.

† Johannes 14,1-7

Das Wohlgefallen dessen, der im Dornbusch wohnt, es komme auf das Haupt Josephs und auf den Scheitel des Geweihten unter seinen Brüdern!

5. MOSE 33,16

Wo ist Gott im Leid?

Wie sieht Ihrer Meinung nach der Wohnort Gottes aus? Vielleicht ein herrlicher Palast, unerreichbar im Himmel? Ein Gott, der aus weiter Ferne ab und zu auf die Erde herunterschaut? Die Bibel kennt einen anderen Gott. Sie kennt einen Gott, der im Dornbusch wohnt. In einem Dornbusch?

Mose, so heißt der Mann, der davon berichtet, erinnert sich genau. Sein Volk Israel war in ägyptischer Sklaverei grausam gefangen. So, als wäre man in einem großen Dorngestrüpp verheddert: überall Stacheln, Verletzungen, kein Herauskommen. Eine absolut schlimme und ausweglose Situation für alle Familien, für ein ganzes Volk – und das über Generationen hinweg! Sie fühlten sich im heißen Ägypten wie in einem brennenden Dornbusch gefangen. Wo war Gott? Sah er sie überhaupt?

Und dann, so erinnert sich Mose, sah er in der Wüste einen brennenden Dornbusch und Gott sprach aus diesem zu ihm. Das hat er nie mehr vergessen. Darauf wäre er nie gekommen. Gott machte ihm damit deutlich: Er war nicht weit entfernt vom Leid des geknechteten Volkes, sondern mittendrin. Näher ging es nicht. Jeder Peitschenschlag, Gott war dabei. Jeder Schmerz, er sah ihn, spürte ihn. Gott war da, und es schmerzte ihn. Gott entzog sich der Situation nicht. Er durchlebte das Leid mit, das Menschen verursachten, und es schmerzte ihn.

Viel später kam er in Jesus Christus mitten hinein in das Leid der Folter bis zum Tod am Kreuz. Freiwillig. Freiwillig ging Jesus durch das Feuer des Gerichts am Kreuz. So wie Gott damals bei Mose in der brennenden Glut der Sklaverei teilnahm an den Leiden seines Volkes. Ein Gott, dem Leid nicht fremd bleibt. Gott kommt freiwillig in unser Leid. Mitten hinein. Ganz nah. Und er holt uns heraus und bringt uns zu sich in seine Herrlichkeit!

Marcus Nicko

? Warum macht Gott das?

! Weil er uns liebt.

† 2. Mose 3

Denn Gott war in Christus und versöhnte die Welt mit ihm selber und rechnete ihnen ihre Sünden nicht zu und hat unter uns aufgerichtet das Wort von der Versöhnung.

2. KORINTHER 5,19

Frieden schaffen ohne Waffen

Als ich an einem Sonntag durch unsere Stadt schlenderte, begegneten mir zahlreiche Menschen, die mit Rufen und Bannern das schnelle Ende aller Kriege forderten. Als ich diese Demonstranten näher beobachtete, fiel mir auf, dass sie selbst keinen allzu friedlichen Eindruck machten. Mit ihren Schlachtrufen, Plakaten und Aufnähern drückten sie eher viel Wut und Hass gegen die Regierung aus. Ich schlussfolgerte daraus, dass selbst Friedensdemonstranten offenbar nicht zwingend friedlich sind.

Während wohl jeder von uns sich irgendwie das Ende aller Kriege wünscht, schaffen wir es einfach nicht, friedlich zu bleiben. Selbst Menschen, die sich einmal liebten, finden sich in vielen Fällen zerstritten vor dem Scheidungsrichter wieder. Kinder, die eben noch freundlich zusammen spielten, ziehen sich plötzlich an den Haaren und beißen sich. Wie viele Familien sind zerrüttet, wie viele Herzen verbittert? Da ist es doch kein Wunder, dass sich die Regenten dieser Welt auch nicht einig werden können und in etwa jedem siebten Land dieser Welt Krieg herrscht.

Damit wirklich Frieden einkehren kann, ist Versöhnung nötig. Und damit Menschen sich mit Menschen dauerhaft versöhnen können, muss zunächst eine Versöhnung mit Gott stattfinden. Nur das gibt Frieden ins Herz des Einzelnen und versetzt uns in die Lage, dem anderen von Herzen zu vergeben und sich mit ihm auszusöhnen. Der Tagesvers verdeutlicht nun, dass Gott die Welt bereits mit sich selbst versöhnt hat, und zwar durch Jesus Christus. Diese Versöhnung Gottes muss allerdings jeder Mensch für sich ganz individuell in Anspruch nehmen. Tut man das, so gibt das inneren Frieden, der die Grundlage und Chance zur Versöhnung von Mensch zu Mensch und Volk zu Volk ist.

Alexander Strunk

? Was unternehmen Sie, um sich mit anderen zu versöhnen?

! Versöhnung ist der Schlüssel zum Frieden.

† Römer 5,1-11

Wenn wir am Abend noch weinen und traurig sind, so können wir am Morgen doch wieder vor Freude jubeln.

PSALM 30,6

Brieffreundschaft

Ich pflege seit mehr als 20 Jahren eine Brieffreundschaft, die ich nicht mehr missen möchte. Jetzt werden Sie vielleicht lachen, aber ich schreibe tatsächlich jeden Abend, bevor ich ins Bett gehe, einen Brief an Jesus Christus. Ich schreibe meine Briefe auf dem Computer, denn hätte ich das alles aufs Papier gebracht, würden es inzwischen wohl mehr als 8000 Seiten sein. Außerdem hat das Programm den großen Vorteil, dass ich mir durch die Suchfunktion schnell die vielen Wunder und Gebetserhörungen, die Gott mir bereits geschenkt hat, wieder ins Gedächtnis rufen kann.

Allerdings muss ich gestehen, dass es Gott war, der mit dieser Brieffreundschaft angefangen hat. Er hat mir zuerst einen Brief geschrieben, und zwar einen sehr ausführlichen: die Bibel. Ich bin so dankbar, dass ich Gott antworten und ihm dabei mein ganzes Herz ausschütten kann. Ich durfte schon oft erleben, dass ich am Abend mein ganzes Leid, meine Sorgen und meine Tränen niedergeschrieben und im Gebet Gott hingelegt habe, und am nächsten Morgen war davon nichts mehr zu spüren. Das sind für mich wirkliche Wunder und Bestätigungen der Realität und Erlebbarkeit Gottes.

Brauchen Sie auch einen Freund? Einen, der immer Zeit hat und bei dem kein Termin notwendig ist? Einen, auf den Sie sich tatsächlich verlassen können und der gern hilft? Einen, der Sie liebt, egal, was Sie getan haben, der all Ihre Geheimnisse bewahrt und mit dem Sie überall und jederzeit reden können? Dann kann ich Ihnen von Herzen meinen Freund Jesus Christus empfehlen! Fangen Sie doch einfach an, mit Jesus zu reden und bitten Sie ihn, in Ihr Herz zu kommen. Sie können ihm auch schreiben. Auf jeden Fall ist er näher, als Sie denken.

Sabine Stabrey

? Wo versuchen Sie, Ihre Sorgen und Ängste loszuwerden?

! Gott ist nur ein Gebet weit entfernt.

† Psalm 34,1-11

Siehe, ich habe gesündigt, und ich habe verkehrt gehandelt!

2. SAMUEL 24,17

Das habe ich getan!

Während meiner Referendarzeit besuchten wir eine Justizvollzugsanstalt. Für mich war es das erste Mal im »Knast«. Bereits an der Pforte war die Situation sehr beklemmend, als sich hinter uns die Tore schlossen. Dann ging es in den Zellenblock, mitten unter verurteilte Verbrecher. Aus aller Herren Länder waren hier Männer versammelt, die einiges auf dem Kerbholz hatten. Zum ersten Mal erlebten wir mit eigenen Augen, wie eng eine Zelle und wie begrenzt der Alltag der Häftlinge war. Die Führung übernahm ein Anstaltsgeistlicher, der viel Erfahrung im Umgang mit Straftätern hatte. Er berichtete: Wenn ich mit den Jungs ins Gespräch komme, dann sprechen wir irgendwann auch über das, weswegen sie verurteilt wurden. Die meisten sagen zu Beginn in etwa: Das und das ist mir *passiert*. Meine Aufgabe ist es dann, diese Menschen dazu zu bringen, dass sie sagen: Das und das habe ich *getan!*

Dieser Unterschied leuchtete mir sofort ein, und ich muss es auch für mein (nicht strafbares!) Leben bezeugen: Wenn ich etwas tue, was ich nicht tun sollte, dann fange ich schnell an zu sagen: Das ist mir passiert! Das bedeutet dann in etwa: Daran bin ich ja gar nicht schuld, es waren die Umstände oder einfach der Lauf der Dinge. Doch der Satz »Das habe ich getan« enthält ein klares Bekenntnis zu meinem eigenen Versagen, zu meiner eigenen Schuld.

Der König David hat diesen Schritt (im Tagesvers) vollzogen. Solch ein Schritt ist immer schwer. Doch es ist kein Schritt in den Abgrund. Wenn wir unsere Schuld vor Menschen bekennen, birgt das die Chance, dass zerstörte Beziehungen heilen können. Und wenn wir Gott unsere Sünden bekennen, dann vergibt er und schenkt ein von Schuld befreites Leben.

Markus Majonica

? Was ist Ihre Lieblingsausrede?

! Vergebung setzt Bekenntnis voraus.

† Sprüche 28,13

Meine Kinder und das Werk meiner Hände lasst mir anbefohlen sein!

JESAJA 45,11

Wer prägt unsere Kinder?

»Vater – Mutter – Staat« – so heißt ein Buch von Rainer Stadler aus dem Jahre 2014. Der Verfasser bemerkt, Kinder seien heutzutage fast nur noch in wirtschaftlicher Hinsicht von Bedeutung und dürften nicht länger ein Hindernis für Beruf und Karriere sein. Um dieses Hindernis zu beseitigen, wird die gemeinsame Zeit der Eltern mit ihren Kindern zusehends reduziert – zugunsten der Zeit am Arbeitsplatz. Kinder kommen immer früher in den Kindergarten und bleiben täglich immer länger in der Schule.

Das ist sicher hilfreich für Alleinerziehende und Familien, die auf den Vollzeitjob oder das zweite Einkommen angewiesen sind. Doch damit einher geht auch ein gesamtgesellschaftlicher Trend, die gemeinsame Zeit der Eltern mit ihren Kindern immer mehr zu verringern und auf die sogenannte »quality time« zu begrenzen. Doch das Bedürfnis von Kindern und Jugendlichen nach Aufmerksamkeit, Nähe, Liebe und Geborgenheit ist leider nicht immer kompatibel mit dem Terminkalender ihrer Eltern. Wenn die Gelegenheit zum offenen Austausch verstreicht, vielleicht am Mittagstisch, dann kommt sie oft nicht wieder. Unsere Kinder suchen sich dann andernorts Hilfe und Orientierung, z. B. über Medien in sozialen Netzwerken. Doch diese Quellen sind oft fragwürdig.

Wenn wir die begrenzte Zeit, in der uns unsere Kinder anvertraut sind, nicht ausnutzen, sondern anderen überlassen, verpassen wir die Chance, diese nachhaltig zu prägen. Dabei ist das ein ungeheures Privileg: junge Menschen auf das Leben vorzubereiten. Und da Kinder ein Geschenk Gottes sind, denen Gottes besonderes Interesse gilt, ist es unsere höchste Aufgabe, den Kindern zu zeigen, wer der allerbeste Vater für ihr ganzes Leben ist: Gott. Dafür lohnt sich jede Zeit.

Markus Majonica

? Wer oder was hat Ihre Kindheit geprägt?

! Zeit für Kinder zahlt sich immer aus – ein Leben lang.

✝ 2. Mose 12,24-27

Darum hat auch Jesus … außerhalb des Tores gelitten. Deshalb lasst uns zu ihm hinausgehen, außerhalb des Lagers, seine Schmach tragend.

HEBRÄER 13,12-13

Die Schädelstätte – ein Schindanger

Heute vor 222 Jahren (am 21. November 1803) wurde der Schinderhannes hingerichtet. Dieser Räuber gilt als der »Robin Hood des Hunsrücks«. Seine kriminelle Karriere begann er im Alter von 15 Jahren. Seinem Lehrherren stahl er sechs Kalbsfelle und eine Kuhhaut. Dafür erhielt er eine öffentliche Prügelstrafe. Das hielt ihn aber nicht von weiteren Straftaten ab. Mit gerade einmal 25 Jahren wurde er unter dem Fallbeil hingerichtet.

Schinderhannes nannte man den jungen Hannes Bückler wegen seiner Tätigkeit als Abdecker bzw. Schinder. Diese waren für die Beseitigung toter Tiere zuständig. Schinder verwerteten Tierkadaver so weit wie möglich: Denn Hörner, Häute, Hufeisen ließen sich weiterverkaufen. Fett, Talg und Knochen ließen sich zu Kerzen, Seife oder Leim weiterverarbeiten. Ein verendendes Tier nannte man damals Luder, und Tierkadaver wurden als Schindluder bezeichnet. »Mit jemandem Schindluder treiben« bedeutet also: »Jemanden abfällig wie ein nutzloses Aas behandeln, das sich aber noch für eigene Zwecke ausschlachten lässt.«

Ähnliches Schindluder trieb man bei der Hinrichtung von Jesus Christus: Ihn, den Herrn der Herrlichkeit, hängte man zwischen zwei Schwerverbrecher, als sei er ihr Rädelsführer. Vorher zog man ihm seine Kleider aus, um seine letzte Habseligkeit zu verwerten. Das ganze geschah vor aller Augen, denn Golgatha lag an einer Hauptstraße. »Die Vorübergehenden lästerten über ihn« (Matthäus 27,39). Das kaltblütig-abschätzige Würfelspiel seiner Henker wurde schon Jahrhunderte zuvor geweissagt und erfüllte sich präzise: »Sie schauen und sehen mich an; sie teilen meine Kleider unter sich, und über mein Gewand werfen sie das Los« (Psalm 22,18-19).

Andreas Fett

? Warum erhielt Jesus als Gehenkter dennoch ein würdiges Grab?

! Damit sich Jesaja 53,9 buchstäblich erfüllte.

† Jesaja 53

Und die Welt vergeht mit ihrer Lust; wer aber den Willen Gottes tut, der bleibt in Ewigkeit.

1. JOHANNES 2,17

Ewigkeit

Wir verwenden den Begriff »ewig« häufig eher unpassend. Muss man ein paar Minuten warten, sagt man: »Das hat ja ewig gedauert!« Haben wir jemanden einige Jahre nicht gesehen, heißt es: »Dich habe ich ja ewig nicht gesehen.« Doch diese relativ überschaubaren Zeitspannen sind keine Ewigkeit. Ewigkeit ist zeitliche Unendlichkeit. Und da unser irdisches Leben endlich ist, haben wir Menschen verstandesgemäß Schwierigkeiten damit, die Dimension der Ewigkeit auch nur ansatzweise zu erfassen.

Dabei ist der Begriff der Ewigkeit ein eminent wichtiger biblischer Begriff. Der Tagesvers macht deutlich, dass der Mensch, der sein (endliches) Leben nach Gottes Maßstäben gestaltet, ewig in der Gegenwart Gottes leben wird. Vielfach sagt Jesus den Menschen, die an ihn glauben, ewiges Leben zu (Johannes 6,51.58; 10,28; 11,26 etc.). Das ist eine wunderbare Perspektive. Andererseits erwartet die, die ohne Gott leben, eine ewige Gottesferne, in der Hoffnungslosigkeit und Verzweiflung regieren. Das ist eine schreckliche Perspektive. Vor diesem Hintergrund erscheint es mir wichtig, über die Ewigkeit nachzudenken. Dabei hat mir ein Bild geholfen, das schon die Grundschullehrerin meiner Mutter verwendete, um ihren Schülern die Dimension der Ewigkeit etwas näher zu bringen: »Stellt euch vor, ein kleiner Spatz flöge jeden Tag in die Alpen und wetzte sein kleines Schnäbelchen am Mont Blanc. Und wenn es dies so lange täte, bis von diesem gewaltigen Bergmassiv nichts mehr übrig wäre, dann wäre gerade einmal eine Sekunde der Ewigkeit verstrichen!«

Auch wenn dies nur ein unzulängliches Bild ist, macht es doch deutlich, wie dramatisch die Dimensionen sind, wenn wir unsere Weichen für die Ewigkeit falsch stellen. *Markus Majonica*

Was kam Ihnen schon einmal »wie eine Ewigkeit« vor?

Die Ewigkeit wird in der Endlichkeit entschieden.

1. Johannes 2,17

Ich kenne deine Werke, dass du den Namen hast, dass du lebst, und du bist tot.

OFFENBARUNG 3,1

Totensonntag

Kalte Gleichgültigkeit, das war die Atmosphäre in Birmingham, als Pfarrer Wright sein Amt antrat. Am ersten Sonntag predigte er in einer völlig leeren Kirche. Am zweiten Sonntag war es genauso. Und wenn der Pfarrer an den Werktagen seine Gemeindeglieder besuchte, erging es ihm nicht besser. »Die Kirche ist tot«, so sagte man ihm. Etliche Wochen später erschien eine Todesanzeige in der Zeitung. Dort konnte man lesen: »Mit dem Ausdruck tiefsten Bedauerns gebe ich den Tod der Kirche zu Birmingham bekannt. Die Trauerfeier findet am Sonntag um 11 Uhr statt. Herbert Wright, Pfarrer zu Birmingham.«

Die Anzeige löste lebhafte Diskussionen aus. Am Sonntag war bereits um halb elf die Kirche gedrängt voll. Pünktlich um 11 Uhr bestieg Pfarrer Wright die Kanzel: »Meine Freunde, Sie haben mir klargemacht, dass Sie überzeugt sind, unsere Kirche sei tot. Sie haben auch keine Hoffnung auf Wiederbelebung. Ich möchte nun diese Ihre Meinung auf eine letzte Probe stellen. Bitte gehen Sie einer nach dem anderen an diesem Sarg vorbei und sehen Sie sich die tote Kirche an. Sollten aber einige unter Ihnen Ihre Ansicht ändern und meinen, eine Wiederbelebung der Kirche sei vielleicht doch möglich – dann bitte ich diese, durch das Nordportal wieder hereinzukommen. Statt der Trauerfeier würde ich dann einen Dankgottesdienst halten.« Ohne weitere Worte trat der Pfarrer an den Sarg und öffnete ihn.

Ich war einer der letzten in der Reihe vor dem Sarg und dachte: ›Wer oder was wird wohl im Sarg liegen?‹ Ich merkte, wie mich ein Schaudern überkam, je näher ich dem Sarg kam. Nun war es so weit, dass ich die tote Kirche sehen sollte. Unwillkürlich schloss ich die Augen, als ich mich über den Sarg beugte. Als ich sie öffnete, sah ich mich selbst – in einem Spiegel.

Peter Lüling

? Gehören Sie einer Kirche oder Gemeinde an?

! Tot sind in den Augen Gottes alle, die nur dem Namen nach Christen sind und nicht auch so leben.

✝ Offenbarung 3,1-6

Wer nach dem Willen des HERRN lebt, der wird sich über ihn freuen und bei ihm Zuflucht suchen. Und alle Menschen, die von Herzen aufrichtig sind, werden sich glücklich schätzen.

PSALM 64,11

Gott im Leid

Es gibt Situation in unserem Leben, die uns verzweifeln lassen und uns alle Kraft rauben. Es erscheint uns unmöglich, darin einen Sinn oder gar etwas Gutes zu erkennen. Lapidare Sprüche wie »Leid gehört zum Leben dazu« oder »Das wird schon wieder« helfen wenig weiter.

Fragen wie »Wo ist denn Gott?« und »Warum hilft er denn nicht?« erscheinen berechtigt, wenn wir Schicksalsschläge erleben, in denen Gott uns fern und abwesend erscheint. Schnell besteht die Gefahr, dass Verbitterung in unseren Herzen Wurzeln schlägt und wir uns von Gott abwenden. Doch wird es ohne Gott besser? Ändert sich an unserem Zustand etwas zum Guten, wenn wir blind und taub werden vor lauter Groll?

Der heutige Tagesvers sagt etwas anderes: Wer Gott die Treue hält, wird bei ihm Freude und Zuflucht finden. Wie passt das zusammen? Es ist eine bewusste Entscheidung, sich nicht von seinen Gefühlen leiten zu lassen, sondern an an dem festzuhalten, was in der Bibel steht. Gottes Wort ist wahr und bleibt beständig, auch wenn wir das nicht fühlen.

Auch wenn Sie schwere Zeiten erleben, seien Sie ermutigt und halten Sie an Gottes Zusagen fest! Bleiben Sie ihm treu! Ihre Haltung zu ihm wird nicht umsonst sein, sondern Gott verspricht Ihnen, dass Sie wieder Freude erleben werden. Sie werden bei ihm Schutz, Unterstützung und Kraft finden. Gott erspart keinem von uns Leid, doch er geht mit uns hindurch, damit wir diese Zeit meistern können.

In schweren Zeiten ist unsere Herzenshaltung gefragt. In dem Psalm geht es um ein redliches, sprich ehrliches und aufrichtiges Herz. Bringen Sie Ihre Not ehrlich vor Gott, er hört Sie! *Annegret Heyer*

? Wie gehen Sie mit schweren Schicksalsschlägen um?

! Lassen Sie sich nicht von Ihren Lebensumständen verbittern, sondern bitten Sie Gott um Hilfe!

† Psalm 50,1-15

So ermahne ich dich inständig vor Gott und Christus Jesus, der richten wird die Lebenden und die Toten, und bei seiner Erscheinung und seinem Reich.

2. TIMOTHEUS 4,1

VStGB

Hinter diesem Kürzel verbirgt sich das Völkerstrafgesetzbuch, das heute (leider) immer mehr Anwendungsfälle findet. Denn es werden weltweit immer mehr Straftaten wie etwa Völkermord, Kriegsverbrechen und Verbrechen gegen die Menschlichkeit bekannt. Und während unser (deutsches) Strafgesetzbuch (in der Regel) einen begrenzten örtlichen und sachlichen Anwendungsbereich hat, gilt das VStGB für die genannten Verbrechen, ganz gleich, auf welchem Teil der Welt diese begangen wurden. Man nennt dies das »Weltrechtsprinzip«. Der Verdächtige soll sozusagen nirgendwo auf der Welt vor der Strafverfolgung sicher sein. Überdies gilt auch keine zeitliche Begrenzung für die Strafverfolgung, denn nach § 5 VStGB tritt keine Verjährung ein. Diese rechtlichen Grundsätze spiegeln das Bedürfnis von uns Menschen nach einer Gerechtigkeit wider, die unabhängig von Ort und Zeit gelten sollte, einfach, weil diese Taten so schwer wiegen und niemand, der solche Taten begeht, ungeschoren davon kommen soll.

Doch trotz des VStGB wird es auf dieser Welt viel Unrecht geben, das ungesühnt bleibt. Und spätestens mit dem Tod entzieht sich auch der grausamste Verbrecher letztendlich jedem Zugriff der Gerichte.

Allerdings unterliegt das Gericht Gottes nicht solchen Begrenzungen: Seiner Strafgewalt unterliegen auch alle Menschen, ganz gleich, aus welcher Nation. Aber er wird nicht nur die ganz schweren Taten bestrafen, sondern jede Lüge, jeden Neid usw. Und schließlich befreit auch der Tod nicht von der Bestrafung, denn er wird auch die Toten richten. Gibt es einen Ausweg für einen Menschen, der seine Lebensschuld versteht? Ja: Wer seine Schuld Jesus Christus übergibt, kommt nicht in Gottes Gericht! Denn an Jesus Christus ist die Strafe für jedes Unrecht schon vollzogen.

Markus Majonica

? Fürchten Sie Gottes Gericht?

! Wer zu Jesus gehört, ist frei.

✝ Johannes 5,19-30

Jeder, der lebt und an mich glaubt, wird nicht sterben in Ewigkeit. Glaubst du dies? Sie spricht zu ihm: »Ja, Herr, ich glaube ...«

JOHANNES 11,26-27

Ewig leben!

Im sogenannten Abendland, also in dem Teil der Welt, in dem wir leben, hat es schon immer Leute gegeben, die entweder nichts von den Verheißungen und Warnungen der Bibel wussten oder ihnen keinen Glauben schenkten. Sie meinten, wir Menschen würden wie die Tiere und die Pflanzen zufällig entstehen, um nach einiger Zeit ebenso zufällig wieder zu vergehen. Ihnen steht daher nur die Zeit zwischen ihrer Geburt und ihrem Tod zur Verfügung, und alles, was sie an Schönheit, Freude, Macht und Besitz erleben wollen, muss folgerichtig in diesem engen Rahmen stattfinden.

Um in dieser begrenzten Spanne möglichst viel unterzubringen, wenden solche Leute vor allem das Gesetz des Stärkeren an. Deswegen herrschen zwischen Eltern und Kindern, Firmen und Völkern dauernde Spannungen, die sich jederzeit entladen können. Nur Künstler haben nach ihrer Meinung die Chance, sich durch Bücher, Bilder oder Musik so etwas wie ein wenig Ewigkeit zu verschaffen.

Die Bibel aber sagt, dass alle Menschen ewig existieren, zunächst auf der Erde und dann entweder im Himmel oder in der Hölle. Sie sagt auch, dass der Schöpfer alle in den Himmel einlädt. Jeder ist vor die Entscheidung gestellt, ob er dem göttlichen Angebot folgen will, oder ob er »Nein« dazu sagt.

»Ja«, sagt vielleicht jemand, »viele wissen doch von dem Gott der Bibel gar nichts.« Aber das stimmt nicht; denn – um mit Kant zu reden – »der gestirnte Himmel über ihnen und das moralische Gesetz in ihnen« sind zeichenhaft genug, um auf einen gewaltigen Schöpfer und auf einen gerechten Richter hinzuweisen. Und weil Gott gerecht ist, wird er nicht mehr von ihnen verlangen, als was er ihnen offenbart hat.

Hermann Grabe

? Warum sollte man nach Ausreden und nicht lieber nach Gnade Ausschau halten?

! Wir werden einmal staunen, wie gerecht Gott ist.

† Römer 1,18-32

Majestät und Pracht sind vor seinem Angesicht, Kraft und Freude in seiner Stätte.

1. CHRONIK 16,27

Seht die Fahne auf dem Schloss!

Eine Fahne auf einer Burg oder auf einem Schloss weht dort nicht ohne Grund. Zum Beispiel hat in Großbritannien die »Royal Standard« eine besondere Bedeutung: Als Flagge oder Standarte ist sie das offizielle Hoheitszeichen des jeweiligen britischen Monarchen in seiner Funktion als Staatsoberhaupt des Vereinigten Königreichs. Die in Großbritannien verwendete »Royal Standard« besteht aus den Wappen von England, Schottland und Nordirland.

Diese Fahne auf dem Schloss signalisiert die Anwesenheit des Monarchen. Beim Buckingham Palace in London wird die »Royal Standard« gehisst, wenn der amtierende britische Souverän im Palast residiert. Die Flagge zeigt also an: »Der König oder die Königin ist da.« Wenn der Monarch nicht im Palast ist, wird stattdessen der »Union Jack« – so heißt die britische Nationalflagge – gehisst.

Eine entsprechende Fahne bei einem Christen sollte seine Freude sein. Sie weht über ihm, weil der König Jesus im Haus ist. Wer im Glauben mit Jesus verbunden ist, der kann sich an dem neuen Leben, das Gott ihm zusichert, freuen. Wenn Christus in einem Menschen residiert, dann ist die Beziehung zu ihm nicht nur eine gelegentliche Erfahrung. Er, der Herr, ist immer im Christen gegenwärtig, und der Christ ist immer »im Herrn«, wie die Bibel sagt, und das ist immer Grund zur Freude. Selbst wenn der Christ einmal mit unerfreulichen äußeren Umständen konfrontiert ist, wenn er durch Trauer, Krankheit oder andere Schwierigkeiten hindurchmuss, kann er sich immer noch seines Herrn erfreuen. Jesus Christus ist und bleibt derselbe. »Kraft und Freude sind in seiner Stätte.« Weil er seine Leute niemals aufgibt und niemals verlässt, können sie sich beständig freuen. *Markus Wäsch*

? Weht diese Fahne der Freude auch über Ihrem Leben?

! Laden Sie Jesus Christus ein, der König und Souverän in Ihrem Herzen zu sein!

† 1. Chronik 16,7-36

28 NOVEMBER FREITAG

Und wir wissen, dass für die, die Gott lieben und nach seinem Willen zu ihm gehören, alles zum Guten zusammenwirkt.

RÖMER 8,28

Genutztes Versäumnis

Seit einigen Jahren beteiligt sich unsere christliche Gemeinde an dem Hilfsprojekt »Weihnachtsfreude«. Es werden Lebensmittelpakete für rumänische Familien in Not gepackt, die nach Fertigstellung von einem ehrenamtlichen Mitarbeiter Mitte November abgeholt werden.

Da 2023 außer Weihnachtspäckchen noch einige Sachspenden zusammenkamen, befüllte ich damit ein weiteres Paket. Allerdings war ich am Abend vor der Abholung zu müde, um es einzupacken. Ich dachte mir, dass dafür am nächsten Tag noch ausreichend Zeit bleiben würde. Aber ich kam verspätet heim und hörte bereits kurz darauf das Motorengeräusch des Kleinbusses. Ich bat den Mitarbeiter um fünf Minuten Zeit. Nach circa 15 Minuten kam ich mit einem sehr schlechten Gewissen sowie den fertigen Päckchen nach draußen. Aber der Fahrer erklärte mir beruhigend, dass er sich in der Zwischenzeit gut mit unserem Postboten unterhalten hatte. Dieser hatte ihn lachend gefragt, ob hier wohl die Konkurrenz am Werk sei, mit den zahlreich bunten Weihnachtspäckchen auf der Ladefläche. Dabei hatte sich herausgestellt, dass die Frau des Postboten rumänischer Abstammung ist. Die Weihnachtspäckchen waren eine Brücke für ein gutes Gespräch, in dem es auch um den christlichen Glauben ging. Beschämt und dankbar zugleich staunte ich, wie Gott das Beste aus meinem Versäumnis gemacht hatte.

Es gibt zahlreiche Situationen, in denen wir unzulänglich sind. Wenn Gott eingreift, bringt er aus unserer Schwachheit Gutes hervor. Aber wir brauchen nicht nur in unseren kleinen Versäumnissen seine Hilfe, sondern auch in der großen Not unseres Lebens, dass wir nämlich Sünder und auf Gottes Gnade angewiesen sind. Gott lädt uns nicht nur zum Staunen über seine Hilfe im Alltag ein, sondern vielmehr zum grundsätzlichen Glauben und Vertrauen an ihn. *Manuela Basista*

? Vertrauen Sie Gott, dass er aus Ihren Versäumnissen das Beste machen kann?

! Gott kann im Kleinen und Großen helfen.

✝ 2. Korinther 12,9-10

Wer aber auf den HERRN vertraut, den umgibt er mit Gnade.

PSALM 32,10

Wie ein Gruß aus dem Himmel

Ein Freund von mir schrieb mir eine E-Mail zum Geburtstag. Er würde zurzeit den Hausstand seiner Eltern auflösen, die beide vor ungefähr zwei Jahren im Abstand von wenigen Monaten gestorben waren. Sein Vater gehörte zu den Leitern einer christlichen Gemeinschaft und suchte für die Geburtstagskinder immer mit viel Liebe einen passenden Bibelvers aus. Den er dann auch sonntags nach dem Gottesdienst vorlas und überreichte. Weiter schrieb mein Freund, dass ihm jetzt ein Zettel seines Vaters in die Hände gefallen sei. Den hatte er seiner E-Mail angehängt. Ich öffnete die Datei und las: »Wer aber auf den HERRN vertraut, den umgibt er mit Gnade« (Psalm 32,10). Darunter standen in roter Schrift mein Geburtsdatum und mein Name. Wahrscheinlich als Vorbereitung für einen Geburtstagsgruß.

Diese unerwartete Botschaft aus dem Himmel hat mich sehr berührt, und ich dachte über die Gnade Gottes nach: Gott bietet uns seine Gnade an. Doch wir müssen entscheiden, ob wir sie annehmen oder nicht. Solange wir leben und bei klarem Bewusstsein sind. Gnade und Gerechtigkeit sind für uns Menschen eigentlich unvereinbar. Wenn ein Verbrecher begnadigt wird, ergeht Gnade vor Recht. Menschliche Gnade setzt die Gerechtigkeit beiseite.

Bei Gott ist das anders. Seine Gnade gibt er nie auf Kosten der Gerechtigkeit. Bei ihm stimmen Gnade und Gerechtigkeit überein. Ja, seine Gerechtigkeit fordert die Bestrafung der Menschen für ihre Sünden, aber in seiner Liebe und Gnade hat Gott seinen eigenen Sohn als »Sühnung für unsere Sünden« gesandt. Am Kreuz auf Golgatha sind Gottes gerechte Forderungen durch Jesus vollständig erfüllt worden. Und auf dieser Grundlage bietet Gott uns jetzt seine Gnade an. Wir müssen ihm nur vertrauen und die Gnade annehmen. *Herbert Laupichler*

? Wie kann man Gottes Gnade erfahren?

! Durch bedingungsloses Vertrauen darauf, dass auch für mich gilt, was er durch Jesus bewirkt hat.

✝ Titus 2,11-14; 3,3-5

30 | NOVEMBER
1. Advent

SONNTAG

Lehre uns bedenken, dass wir sterben müssen, auf dass wir klug werden.

PSALM 90,12

Die Zeit läuft ab

Weihnachtszeit in der ältesten Stadt Deutschlands. Die adventliche Stimmung genießen bei Glühwein, gebrannten Mandeln und Jingle Bells. Geselligkeit im abendlichen Lichterglanz. Einfach schön. Wer erwartet da etwas Böses?

Am 1. Dezember 2020 fuhr jemand ein Auto in die Fußgängerzone der Trierer Innenstadt und tötete dabei sechs Menschen, darunter ein wenige Wochen altes Baby. 23 weitere Personen wurden zum Teil schwer verletzt. Die Schrecklichkeit dieses Ereignisses ist nicht in Worte zu fassen und noch weniger zu begreifen. Dabei stellt sich mir unweigerlich die Frage: Was, wenn ich dabei gewesen wäre? Als jene verstorbenen Menschen am Morgen des 1. Dezembers aus dem Bett aufstanden, wussten sie nicht, dass ihnen nur noch wenige Stunden blieben. Sie waren völlig ahnungslos, wurden jäh aus dem Leben gerissen.

Die Plötzlichkeit und Unvorhersehbarkeit dieser Tragödie zeigen die Aktualität des Tagesverses. Zwar sind es eher wenige Menschen, die auf so tragische Weise ihr Ende finden, aber es gibt noch zahllose weitere Beispiele für ein unerwartetes Ableben, z. B. durch Herzinfakt, Schlaganfall oder Unfälle jeglicher Art. Niemand kann am Morgen sagen, dass er am Abend noch leben wird. König David sagt einmal: »Nur ein Schritt ist zwischen mir und dem Tod!« (1. Samuel 20,3). Im Grunde ist das eine Feststellung, die immer und für jeden gilt.

Darum ist es weise, aus der Allgegenwart des Todes die richtige Konsequenz zu ziehen. Was wäre denn diese? Klugheit angesichts des drohenden Todes bedeutet, noch heute unseren Frieden mit Gott zu machen. Das können wir nämlich nur im Diesseits, im Jenseits ist es zu spät. Dort werden wir vor ihn treten müssen, dann ist die Stunde der Wahrheit gekommen. Die Zeit läuft ab. Worauf warten Sie noch?

Jacob Ameis

Was hält Sie noch davon ab, Frieden mit Gott zu machen?

Warten Sie nicht damit, bis es zu spät ist!

1. Petrus 4,17-18

Meine Zeit in der Fremde ist hundertdreißig Jahre; wenig und böse ist die Zeit meines Lebens und reicht nicht heran an die Zeit meiner Väter in ihrer Wanderschaft.

1. MOSE 47,9

Rückblicke

Hier wird ein Mann des Alten Testaments bei einer königlichen Audienz nach seinem Alter befragt. Jakob, so sein Name, ist schon 130 Jahre alt, und seine Rückschau auf diese Zeit fällt ernüchternd aus: Wenig und böse. Rein menschlich betrachtet hat Jakob recht. Er hatte seinen Bruder hinsichtlich des Erstgeburtsrechts und Erbes über den Tisch gezogen und seinen Vater mehrfach belogen, um seine Ansprüche zu sichern. Er war ein Betrüger. Das wird sich rächen: Später wird er selbst von seinem Schwiegervater mehrfach betrogen, hinsichtlich seiner Braut und seines Lohnes für seine viele Arbeit. Seine vielen Söhne machen ihm wenig Freude: Sie bringen ihn in der Nachbarschaft in Verruf, ein Sohn schläft mit einer von Jakobs Frauen, und schließlich täuschen sie den Tod seines Lieblingssohnes Joseph vor, über den Jakob dann jahrelang Trauer trägt.

Vielleicht geht es manchem Leser ähnlich: Rückblickend auf das Leben fallen einem die vielen Fehler und ihre bitteren Konsequenzen ein. Schnitte man all diese Sequenzen zu einem Film zusammen – wie schrecklich wäre der anzuschauen. Welches Bild vom eigenen Leben ergäbe das: böse und kurz.

Doch derselbe Jakob schildert kurz vor seinem Tod einen Rückblick anderer Art: »Der Gott, vor dem meine Väter Abraham und Isaak gewandelt sind, der Gott, der mein Hirte gewesen ist mein Leben lang bis auf diesen Tag, der Engel, der mich erlöst hat von allem Übel …« (1. Mose 48,15f.). Jakob weiß um seine Fehler und ihre negativen Folgen. Aber er hat auch erlebt, was es bedeutet, wenn sich ein gnädiger Gott einem sündigen Menschen zuwendet und ein krummes Leben gerade macht. Er hat erlebt, dass dieser Gott sein Hirte und sein Erlöser war, bis zu seinem Tod.

Markus Majonica

? Was wiegt, wenn Sie auf Ihr Leben zurückblicken?

! Gott kann auf krummen Wegen gerade schreiben.

† 2. Samuel 17,7-29

So sind wir nun Gesandte an Christi statt, ... wir bitten für Christus: Lasst euch versöhnen mit Gott!

2. KORINTHER 5,20

Krisenmodus – Wort des Jahres 2023

Jedes Jahr wählt die Gesellschaft für deutsche Sprache aus zehn Vorschlägen das Wort des Jahres aus. 2023 war es das Wort »Krisenmodus«, das die öffentliche Diskussion geprägt hatte. Das Wort wurde ausgewählt, weil sich die Gesellschaft mit Blick auf die Corona-Pandemie, den Überfall Russlands auf die Ukraine, die Energiekrise, die Bildungsmisere und den Angriff der Terrormiliz Hamas auf Israel ständig im Krisenmodus befinde. Krise bedeutet so viel wie kritischer oder entscheidender Punkt, Höhe- oder Tiefpunkt einer gefahrvollen Entwicklung. Dagegen steht Modus u. a. für Verfahrensweise. Krisenmodus wäre also zu übersetzen mit einer planmäßigen Verfahrensweise in einer schwierigen Lage. Es wird alles getan, um aus der Krise wieder herauszukommen.

Auch wenn es um die Beziehung zwischen Gott und uns Menschen geht, befindet sich die Welt im Krisenmodus. Kaum jemand fragt nach Gott, und viele leben ihr Leben völlig ohne ihn und sind nicht bereit, auf ihn zu hören und seinen Willen zu tun. Doch das ist eine ernsthafte Krise, denn ohne Gott laufen wir unweigerlich auf eine Katastrophe zu.

Gott will, dass die Krise zwischen ihm und seinen Geschöpfen bewältigt wird. Und er hat den ersten Schritt dazu getan. Er hat seinen Sohn Jesus Christus für uns und unsere Sünden am Kreuz von Golgatha sterben lassen! Jesus hat alles getan, um die Krise zu bewältigen, und jeder, der das glauben kann, wird mit Gott versöhnt. – Ist das nicht erstaunlich? Der allmächtige Gott *bittet* die Menschen, sich mit ihm zu versöhnen! Dabei müssten doch eigentlich die Menschen um die Versöhnung bitten. Gott zwingt also niemanden. Aber er freut sich, wenn Menschen den Weg aus der Krise suchen und in Jesus Christus den Weg zu ihm finden.

Herbert Laupichler

? Wie wichtig ist Ihnen Ihre Versöhnung mit Gott?

! Die größte und nachhaltigste Krise ist die, in der man selbst steckt.

† Epheser 2,1-10

In der Vergangenheit hat Gott gnädig über die Verfehlungen hinweggesehen, die die Menschen in ihrer Unwissenheit begangen haben. Doch jetzt fordert er alle Menschen an allen Orten zur Umkehr auf.

APOSTELGESCHICHTE 17,30

Unwissenheit schützt nicht vor den Folgen

Letztes Jahr hätte ich beinahe durch Unwissenheit einen Hausbrand verursacht. Ich wollte unansehnlich gewordene Stühle abschleifen und anschließend durch eine Leinölbehandlung wieder frisch machen. Aus Zeitgründen verschob ich die Aufarbeitung des zweiten Stuhls auf den nächsten Tag und legte den mit Leinöl getränkten Baumwolllappen auf einen Holzstoß im Kellerabgang unseres Hauses. So gegen Mitternacht stach meiner Frau und mir ein brenzliger Geruch in die Nase, da wir bei geöffnetem Fenster schlafen. Wir ordneten diesem Umstand einem vermeintlichen Brand drei Häuser weiter zu, da genau zu diesem Zeitpunkt drei große Fahrzeuge mit Blaulicht auf der Straße standen.

Am nächsten Morgen stellte ich mit Erschrecken fest, dass sich der ölgetränkte Lappen im Treppenabgang unter unserem Schlafzimmerfenster selbst entzündet hatte und auch bereits einige Holzscheite angekohlt waren. Gott sei Dank war nicht mehr passiert. Ich hatte die kleingedruckte Warnung auf der Leinöldose nicht gelesen, dass leinölgetränkte Tücher sich selbst entzünden können.

In unserem Tagesvers spricht der Apostel Paulus in Athen von einer Zeit der Unwissenheit, die Gott bisher großzügig übersehen hat. Nun jedoch, nachdem Gott Jesus von den Toten auferweckt hat, sei es an der Zeit, durch Umkehr und Glauben auf dieses Ereignis zu reagieren. Wenn einem wichtige Informationen fehlen, kann das weitreichende und schlimme Folgen haben. Gott hat uns aber in der Bibel alle wichtigen Informationen für ein gelingendes Leben gegeben. Lesen wir diese aber nicht, wird es dramatische Folgen haben. Eine sehr wichtige Anweisung lautet: Wir müssen von unserer Sünde gereinigt werden, um nicht im Feuer der ewigen Verdammnis zu enden.

Bernhard Czech

? Wie gehen Sie mit der Aufforderung »umzukehren« um?

! Gott lässt uns durch die Bibel nicht in Unwissenheit über die vor uns liegende Ewigkeit.

† Apostelgeschichte 17,16-34

»Mein Freund«, sagte er zu ihm, »wie bist du überhaupt ohne Festgewand hereingekommen?« Der Mann wusste darauf nichts zu antworten.

MATTHÄUS 22,12

Underdressed?

Ein König bereitet die Hochzeit für seinen Sohn vor. Nachdem die Ehrengäste die Einladung ausgeschlagen haben, lädt er dazu alle ein, die auf den Straßen und Plätzen zu finden sind. So füllt sich der Hochzeitssaal mit Gästen. Schließlich kommt der König selbst in den Saal und sieht, wer gekommen ist. Da entdeckt er eine Person, die nicht die Hochzeitskleidung trägt, die in diesem Land für eine Hochzeit erforderlich ist. Er fragt ihn: »Mein Freund, wie bist du überhaupt ohne Festgewand hereingekommen?« Der Mann gibt ihm darauf keine Antwort. Da befiehlt der König seinen Dienern: »Fesselt ihm Hände und Füße, und werft ihn hinaus in die Finsternis.«

Diese Geschichte erzählte Jesus seinen Zuhörern im Tempel in Jerusalem; sie hat eine übertragene Bedeutung: Mit dem König ist Gott gemeint, der Hochzeitssaal ist eine Metapher für den Himmel. Die angemessen gekleideten Gäste sind Menschen, die Gottes Einladung in den Himmel angenommen haben, indem sie Jesus ihre Schuld gebracht und so Vergebung bekommen haben. Sie wissen genau, dass sie an und für sich nicht in den Himmel gehören; sie verdienen ihn nicht. Aber Gott rechnet ihnen ihre Schuld nicht zu, weil Jesus sie auf sich genommen hat.

Und wie steht es mit dem Mann, der völlig »underdressed« ist? Auch er war eingeladen, hätte allerdings passend angezogen kommen müssen. So aber hat er seinen Platz an der königlichen Tafel verwirkt. Übertragen heißt das: Wer nicht mit Jesu Gerechtigkeit »bekleidet« ist, kann auch nicht im Himmel sein.

Wir brauchen also dringend neue Kleidung, um in den Himmel zu kommen. Wie können wir die bekommen? Die Bibel sagt es uns: »Kehrt jetzt um und wendet euch Gott zu, damit er eure Schuld auslöscht!« (Apostelgeschichte 3,19).

Uwe Harald Böhm

? Wie ist es um Ihr »Outfit« für die Ewigkeit bestellt?

! Jeder ist zu Gottes himmlischen Festmahl eingeladen. Aber nur über Jesus kommt man dorthin.

† Matthäus 22,1-14

Was ist also der Glaube? Er ist die Grundlage unserer Hoffnung, ein Überführtsein von Wirklichkeiten, die man nicht sieht.

HEBRÄER 11,1

Glauben heißt (nicht) wissen

Was heißt eigentlich glauben im biblischen Sinne? Man kennt den Spruch: »Glauben heißt nicht wissen.« Die Bibel behauptet das Gegenteil: »Glauben heißt wissen.«

Stellen Sie sich vor, an ihrem Arbeitsplatz wurde ein neuer Kollege eingestellt! Sie fragen nach seinem Namen, und er stellt sich Ihnen mit »Philipp« vor. Am nächsten Tag fragt Sie ein anderer Kollege: »Weißt du, wie der Neue heißt?« Sie sagen: »Ja, weiß ich: Philipp.« Um Philipps Namen herauszufinden, war kein Beweis nötig. Zwar hätten Sie bei Ihrem Gespräch auch Philipps Ausweis verlangen können; aber das wäre eine merkwürdige Art, jemanden kennenzulernen, oder? Sie haben seinem Wort vertraut. Der Glauben an sein(e) (Ant)Wort gibt Ihnen Gewissheit.

Jesus will, dass wir aufgrund seines Wortes glauben. *Misstrauen*, also Zeichen, Wunder, Beweise fordern, ist nicht glauben. Nein, wir sollen auf der Basis von *Vertrauen* mit ihm umgehen.

Die Bibel lehrt uns vieles, das wir von uns aus niemals wissen könnten. Zum Beispiel eröffnet sie uns, was nach dem Tod geschieht, oder welche Wesensmerkmale Gott hat. Die großen Zusammenhänge kenne ich als Mensch mit meinem eingeschränkten Horizont nicht. Aber wenn Gott mich informiert, dann weiß ich, was ich vorher nicht einmal geahnt habe, weil ich seinem Wort vertraue. Glauben heißt also wissen: »Ich wusste es nicht. Du sagst es mir. Ich vertraue dir. Darum weiß ich es jetzt.«

In Samaria hat Jesus nach allem, was wir wissen, keine Wunder vollbracht. Umso mehr muss sich Jesus über den Glauben der Samariter gefreut haben, die sagten: »Nun glauben wir, weil wir ihn selbst gehört (nicht Zeichen gesehen) haben … Jetzt wissen wir, dass er wirklich der Heiland der Welt ist« (Johannes 4,42). *Markus Wäsch*

? Ist das, was Sie glauben, eine Vermutung, eine Hoffnung oder eine Gewissheit?

! Suchen Sie in der Bibel nach Informationen, die neu für Sie sind!

† Johannes 5,37-47

Wenn ich hingehe und euch eine Stätte bereite, so komme ich wieder und werde euch zu mir nehmen, damit auch ihr seid, wo ich bin.

JOHANNES 14,3

Advent

Fragt man, was »Advent« bedeutet, so wissen viele Leute noch, dass es das Wort für »Ankunft« ist. Leider ist das für die meisten nur ein Begriff, den sie vor allem aus der Weihnachtszeit kennen, mit dem sie aber in Wirklichkeit nichts verbinden. Dabei hat Jesus Christus, der Sohn Gottes, nachdem er schon längst nicht mehr als Kind in der Krippe lag, zu seinen Jüngern gesagt, was in unserem Tagestext steht. Da lesen wir von einem wunderbaren, ganz neuen Advent, nämlich von dem Kommen des Sohnes Gottes, um seine Nachfolger zu sich in sein himmlisches Reich zu holen.

Nun wissen wir allerdings, dass in allen Ländern der Erde nur wenige zu den Nachfolgern Christi gerechnet werden können. Die anderen glauben weder an das Kommen dieses großen Königs, noch haben sie ein Ohr für seine Botschaft. Und in der Bibel wird uns noch dazu gesagt, dass, je länger der verheißene König abwartet, auch seine Nachfolger immer schläfriger werden, bis sie völlig eingeschlafen sind.

Da bedarf es wohl einiger energischer Weckrufe, aber die erleben wir gerade in unseren Tagen in verstärktem Maß. So verändert sich das Wetter in der Weise, dass vielerorts die Menschen nicht mehr satt werden und verdursten. An anderen Orten werden die Menschen durch den Anstieg der Meeresspiegel ihrer Existenzgrundlage beraubt. Aber am deutlichsten erkennen wir die Anzeichen der Endzeit daran, dass die Regierenden ratlos Löcher zu stopfen versuchen, indem sie neue Löcher aufreißen, und die Regierten immer unregierbarer werden, weil sie ohne Unrechtsbewusstsein nur an den eigenen Vorteil denken.

Wenn das zutrifft, wäre es doch wohl höchste Zeit, sich auf den Empfang, also auf den Advent, des großen Himmelskönigs vorzubereiten.

Hermann Grabe

? Was müssten Sie ändern, um empfangsbereit zu sein?

! Nichts auf dieser Erde kann mit der himmlischen Herrlichkeit verglichen werden.

† Daniel 7,7-14

SONNTAG

DEZEMBER
2. Advent
07

Gott ist Liebe.

1. JOHANNES 4,16

Der bekehrte Bomberpilot

»Kōgeki! Kōgeki!« Kapitän Mitsuo Fuchida gibt über Funk den Befehl zum Angriff. Es ist Sonntag, der 7. Dezember 1941. Die Armeeangehörigen des US-Marinestützpunkts Pearl Harbor auf Hawaii werden durch den Überraschungsangriff der japanischen Flugzeuge jäh aus dem Schlaf gerissen. Als dekorierter Marineflieger leitet Fuchida die erste Angriffswelle. Nach dem erfolgreichen Überfall wird er als Nationalheld gefeiert. Als Antwort auf den Überfall erklären die USA Japan allerdings den Krieg, der von nun an im Pazifik unerbittlich von Insel zu Insel ausgefochten wird. Fuchida kämpft bis zum bitteren Ende mit brennender Begeisterung für Japan. Doch am 2. September 1945, nach fast fünf Jahren Krieg, kapituliert Japan bedingungslos, und für Mitsuo Fuchida bricht eine Welt zusammen.

Der gefeierte Nationalheld wird nach dem Krieg ein einfacher Bauer. In der ländlichen Stille beginnt er zu grübeln: »Der Hass der Völker wird immer wieder zu Kriegen führen. Wie werden wir das jemals ändern können?« Doch als ein Kamerad aus amerikanischer Kriegsgefangenschaft heimkehrt, traut Fuchida seinen Ohren kaum. Dort kümmerte sich eine junge Amerikanerin aufopferungsvoll um die japanischen Gefangenen. Wie konnte das sein? Die Antwort der jungen Frau war: »Ihr Japaner habt meine Eltern umgebracht. Doch Jesus sagt mir, ich soll meine Feinde lieben!«

Für Fuchida ist das der entscheidende Hinweis. Er besorgt sich eine Bibel und erkennt, welche Kraft die Botschaft von der Liebe Gottes zu den Menschen entfaltet. So wird aus dem ehemaligen Bomberpiloten ein überzeugter Christ und ein Botschafter des Friedens und der großen Liebe Jesu, die allen Hass und alle Feinschaft überwindet. In dieser Liebe steckt die Kraft, die von innen neu macht und echte Versöhnung schafft.

Jan Klein

? Welche Niederlagen waren in Ihrem Leben Auslöser für Grübeln und Nachdenken?

! Die verändernde Kraft der Liebe Gottes ist auch heute noch erfahrbar.

† Matthäus 5,1-12

Siehe, die Jungfrau wird schwanger sein und einen Sohn gebären, und sie werden seinen Namen Immanuel nennen.

MATTHÄUS 1,23

Jungfrauengeburt?!

Die Geburt eines Kindes durch eine Jungfrau widerspricht unseren Erfahrungen. Die Jungfrauengeburt Jesu ist für viele Kritiker ein Schwachpunkt des Christentums. Für sie gehörte sie bestenfalls in die Schublade christlicher Mythologie. Aber was spricht für die Jungfrauengeburt?

1. Die Jungfrauengeburt wird in der Bibel als Tatsache berichtet. Die Bibel ist für mich Gottes Wort. Was sie sagt, stimmt – auch dann, wenn ich es mit meinem kleinen Verstand nicht nachvollziehen kann. Wenn Gott Gott ist, dann ist ihm auch alles möglich – auch die Geburt eines Kindes durch eine Jungfrau.

2. Die Jungfrauengeburt ist die Erfüllung prophetischer Aussagen. Der Prophet Jesaja schreibt 700 Jahre vor Christi Geburt in Kapitel 7, Vers 14: »Der Herr selbst wird euch ein Zeichen geben: Siehe, die Jungfrau wird schwanger werden und einen Sohn gebären.«

3. Die Jungfrauengeburt entspricht der Verheißung Gottes nach dem Sündenfall. Gott sagt zu der Schlange: »Ich werde Feindschaft setzen zwischen dir und der Frau, zwischen deinem Samen und ihrem Samen.« (1. Mose 3,15) »Ihrem Samen« und »Frau« – das sind deutliche Hinweise auf die Jungfrauengeburt – ein Mann ist offenbar nicht beteiligt.

4. Die Jungfrauengeburt ist ein Ereignis, das Gott so gewollt hat. Gott suchte ein »Gefäß«, durch das sein Sohn Mensch werden sollte. Nur so konnte ein sündloser Mensch geboren werden. Hätte eine natürliche Zeugung durch Josef stattgefunden, wäre ein Mensch, belastet mit der Sünde zur Welt gekommen. Dann hätte Jesus Christus niemals den Lohn der Sünde, den Tod, stellvertretend für uns Menschen bezahlen können.

Jeder, der Jesus Christus als seinen Retter erleben will, kommt an der Art seiner Menschwerdung nicht vorbei. *Hartmut Jaeger*

? Was hindert Sie eigentlich, an die Jungfrauengeburt zu glauben?

! Es gibt viele Dinge, die wir mit unserem Verstand nicht erfassen, aber im Glauben annehmen können.

Matthäus 1,18-25

Im Traum sah er einen Treppenaufgang, dessen Spitze bis an den Himmel reichte. Engel stiegen auf ihm hinauf und herab.

1. MOSE 28,12

Stairway to heaven

Der Song »stairway to heaven« (»Treppe zum Himmel«) der britischen Band »Led Zeppelin« steht auf Ranglisten der weltbesten Songs auf den oberen Plätzen. Das Gitarrensolo in der Mitte gilt als legendär. Doch wenn man in dem Liedtext die Antwort auf die Frage finden will, wo man denn die besungene Treppe zum Himmel findet, sucht man vergebens. Der Text bleibt zweideutig und diffus.

Der Tagesvers verwendet auch das Bild einer Treppe, die allerdings tatsächlich bis in den Himmel reicht. Diese Treppe zeigt Gott einem Mann im Traum. Der Träumende heißt Jakob. Seine Lage zum Zeitpunkt dieses Traumes war nicht günstig. Er war auf der Flucht, weil er seine Familienangehörigen betrogen hatte. Er befand sich einsam in der Wüste. Ein Stein war sein Kopfkissen. Seine Zukunft war unsicher. An sich keine Zeit zum Träumen. Doch Gott offenbarte sich genau in diesem Moment diesem Mann ohne Perspektive. Er versprach ihm Gemeinschaft statt Einsamkeit, Sicherheit statt Unsicherheit und Führung statt Orientierungslosigkeit. Jakob hatte das nicht verdient. Er war selbstverschuldet in diese Lage geraten. Er war kein guter Mensch. Doch das hinderte die Fürsorge und Menschenliebe Gottes nicht. Mitten in das selbstverschuldete Elend des Menschen hinein offenbart Gott seine Gedanken des Heils und der Liebe.

Im Neuen Testament wird dieser Gedanke noch klarer: Gottes Sohn selbst steigt die Treppe vom Himmel herab. Mitten hinein in das Elend einer verlorenen Menschheit offenbart er den Weg zur Gemeinschaft mit und die Geborgenheit bei Gott. Gottes Antwort auf die Frage nach dem Weg zum Himmel ist nicht zweideutig und diffus: Sie ist ganz eindeutig an Jesus Christus gebunden. Und sie gilt gerade den Entmutigten, Einsamen und Hoffnungslosen.

Markus Majonica

Ist das Ziel Ihres Lebens noch ungewiss?

Verschaffen Sie sich Klarheit!

Johannes 1,43-51

Menschen, … im Blick auf den Glauben unbewährt. Sie werden aber nicht weiter vorwärtskommen, denn ihr Unverstand wird allen offenbar werden.

2. TIMOTHEUS 3,8-9

Wirklich echt oder nur kopiert?

Max Planck hatte gerade seinen Nobelpreis bekommen und hielt nun an vielen Orten Vorträge. Irgendwann sagte sein Chauffeur zu ihm: »Herr Planck, ich habe Ihren Vortrag nun schon über 40-mal gehört und kenne ihn in- und auswendig. Was halten Sie davon, wenn wir mal tauschen?« Herr Planck hatte genügend Humor, das Spiel mitzumachen, und so war es am nächsten Abend tatsächlich sein Chauffeur, der im Anzug hinterm Rednerpult stand, während der Nobelpreisträger mit Chauffeursmütze in der ersten Reihe Platz genommen hatte. Der Chauffeur spielte seine Rolle wirklich gut, denn er kannte jedes Wort des Vortrages auswendig. Doch am Ende stellte ein Physikprofessor aus dem Publikum eine komplizierte, fachspezifische Frage. Da sagte der Chauffeur: »Als ich in das hochgebildete München kam, hätte ich nie gedacht, eine so simple Frage beantworten zu müssen. Wissen Sie was? Diese Frage lasse ich meinen Chauffeur für Sie beantworten.«

Ich weiß nicht, ob diese Geschichte wahr ist, oder ob es sich nur um eine Anekdote handelt. Aber sie zeigt auf humorvolle Weise, dass es einen Unterschied macht, ob man eine Sache einfach nur kopiert, oder ob man sie wirklich verstanden hat.

Genauso ist es auch mit dem Glauben an Gott. Vordergründig mag es ausreichend erscheinen, die richtigen Vokabeln und Verhaltensweisen zu kennen und einen Christen quasi nachzuspielen. Doch so, wie die Frage des Physikprofessors den Chauffeur an seine Grenze brachte, so wird es in jedem Leben Situationen geben, in denen sich herausstellt, ob man wirklich echt ist – in Krisenzeiten und ganz sicher in jener Stunde, wenn angesichts des Todes jede Schauspielerei ihr Ende findet. Dann tragen nicht nachgeplapperte Phrasen, sondern nur ein persönlicher, selbst erfahrener Glaube.

Elisabeth Weise

? Ist Ihr Glaube ein Scheinglaube oder echt?

! Man muss zu wirklichen Überzeugungen kommen.

2.Timotheus 3,14-17

Sterben müssen alle Menschen; aber sie sterben nur einmal, und darauf folgt das Gericht.

HEBRÄER 9,27

Achtung: Spoiler-Alarm!

Spoiler-Warnung! Jeder, der sich leidenschaftlich für Serien und Filme interessiert und gleichzeitig im Internet unterwegs ist, dürfte diesen Begriff bereits mehr als einmal in Kommentaren oder Videos gesehen haben. Diese gefürchteten »Spoiler« (vorweggenommene Informationen) sind wie eine Landkarte der Handlung. Sie reichen von winzigen Details bis hin zu epischen Ereignissen wie der Rückkehr eines beliebten Charakters, dem finalen Kampf gegen den Bösewicht oder sogar dem Tod eines geliebten Helden. Wer schon einmal »gespoilt« wurde, kennt das Gefühl: Das raubt einem die Freude! Denn wer das Ende eines Films bereits kennt, wird ihn nie mit einer unbefangenen Begeisterung erleben können. Dennoch lässt sich nicht leugnen: Spoiler haben letzten Endes keine Auswirkungen auf das eigene Leben ... oder?

Für diejenigen, die Spoiler nur aus dem Internet kennen, mag es überraschend sein zu erfahren: Auch in der Bibel sind Spoiler zu finden! Und zwar solche, die heute noch große Bedeutung haben. Der wohl bedeutendste lautet: Jeder Mensch wird eines Tages sterben – und danach kommt ein Gericht! Der Tod ist scheinbar eine einfache Wahrheit, die man doch nicht in einem uralten Text nachzulesen braucht, aber der Spoiler geht tiefer. Er offenbart, dass das Dasein nach dem Tod für jeden ewig weitergeht. Und je nachdem, ob man sich zu Lebzeiten für ein Leben mit oder ohne Gott entscheidet, erwartet einen entweder der Himmel oder die Hölle.

Diese grundlegende Wahrheit hat das Potenzial, das ganze Leben zu verändern, ohne dabei die Freude zu nehmen. Noch wichtiger ist jedoch, dass die Bibel davon schreibt, dass nur ein Leben mit Gott dem Menschen wahre und vollkommene Freude schenken kann!

Hung Thanh Thai

? Was bedeutet es für Sie persönlich, dass ein Weiterexistieren nach dem Tod unvermeidlich ist?

! Nur eine zu Lebzeiten getroffene Entscheidung für ein Leben mit Gott bringt völlige Freude.

† Prediger 3,1-8; 11,9-10

Wahrlich, wahrlich, ich sage euch: Wer mein Wort hört und glaubt dem, der mich gesandt hat, hat ewiges Leben und kommt nicht ins Gericht, sondern er ist aus dem Tod in das Leben übergegangen.

JOHANNES 5,24

Gefängnis wird Touristenziel

So hieß es in einer Zeitungsmeldung vom Dezember 2022: »Mexikanisches Gefängnis wird Touristenziel«. Auf den *Islas Marias* im Pazifik befand sich über hundert Jahre die berüchtigste Strafkolonie Mexikos. Nun soll sie nach dem Willen des bisherigen Präsidenten López Obrador zu einem exklusiven Ausflugsziel werden. Geplant sind Villen für Übernachtungsgäste sowie ein Restaurant und ein Café. Die Inseln bieten eine reichhaltige Tier- und Pflanzenwelt, und das Baden im Pazifischen Ozean ist sicherlich ein Vergnügen. So wird aus der Hölle einer ehemaligen Strafkolonie, in der Menschen ihre bittere Strafe verbüßten, ein Urlaubsparadies.

Neben solchen diesseitigen Gefängnissen gibt es aber auch ein ewiges Gefängnis. Jesus Christus hat viel darüber gesprochen. So redet er 17-mal vom Gericht oder dem Tag des Gerichts. Dreimal nennt er die Gerichtsvollstreckung »Gefängnis« (u. a. Matthäus 5,25); von dort gibt es kein Entrinnen, »bis der letzte Cent bezahlt« ist. Dabei macht der Zusammenhang klar, dass unsere Schuld viel zu groß ist, als dass sie von einem Gefangenen, der dort einsitzt, je bezahlt werden könnte.

Das mexikanische Gefängnis war berüchtigt und sicherlich kein angenehmer Ort. Aber das ewige Gefängnis, das die Bibel meint, wird zu Recht »Hölle« genannt (Jesus Christus spricht elfmal davon). Es ist ein Ort, wo »Weinen und Zähneknirschen« herrschen. Anders als in einem irdischen Gefängnis sitzt dort niemand zu Unrecht ein. Es gibt auch keine Chance auf Entlassung. Und erst recht wird dieses Gefängnis niemals zu einem paradiesischen Urlaubsort umfunktioniert werden können. Dorthin kommen aber nicht nur schlimme Verbrecher, sondern jeder Mensch, der das Rettungsangebot Jesu Christi in diesem Leben nicht in Anspruch genommen hat.

Martin Reitz

? Wie denken Sie über die Hölle?

! Jesus Christus hat uns den Weg in das ewige Leben gezeigt.

† Lukas 16,19-31

Gott kann auch von den Toten erwecken.

HEBRÄER 11,19

Yes, he can!

Als Barack Obama 2008 in die Vorwahlen um die Präsidentschaft startete, prägte er in einer Rede den Slogan, der sich später durch den ganzen Wahlkampf ziehen würde: »Yes, we can!« (»Ja, wir können, wir schaffen das.«) Er begann in seiner Rede damit, die Bürgerinnen und Bürger der USA zu fragen, ob man z. B. die großen Probleme unserer Zeit lösen könne: Ungerechtigkeit, Armut, Krieg. Und als Antwort rief er seinen Zuhörern immer wieder zu: »Yes, we can!«

Ich denke schon, dass Barack Obama ernsthaft die Absicht hatte, Gerechtigkeit, Wohlstand und Frieden zu schaffen. Und er wollte seinen Landsleuten den Eindruck vermitteln, dass man dies auch gemeinsam erreichen kann, wenn alle sich anstrengen und am selben Strang ziehen – »yes, we can«. Doch trotz dieser optimistischen Haltung haben sich seit 2008 die Probleme dieser Welt nicht nachhaltig verbessert. Es sind eher – so mein Eindruck – weitere und schwerwiegendere hinzu gekommen: Die Krise in Nahost hat sich verschärft, in Europa tobt wieder ein Krieg, veränderte Klimabedingungen bedrohen weltweit die Existenzgrundlage der Menschheit usw. Es ist, wie es schon Tucholsky ausdrückte, »ein großer Irrtum zu glauben, dass Menschheitsprobleme gelöst werden. Sie werden von einer gelangweilten Menschheit liegen gelassen«. Die Wirklichkeit ist: »No, we can´t« (»Nein, wir können nicht«).

Der Tagesvers weist jedoch auf einen entscheidenden Ausweg hin: Gott kann! Gott kann sogar das völlig Undenkbare schaffen: von den Toten auferwecken. Denn der Tod ist die allerwichtigste Katastrophe, in die Ungerechtigkeit, Armut und Krieg regelmäßig münden. Wenn Gott aber auch dieses Problem nicht zu groß ist, dann kann er auch alles andere. »Yes, he can!« Mit der Auferweckung Jesu Christi, dem wahren Retter und Herrn, hat er es bewiesen.

Markus Majonica

? Was ist Ihre größte Sorge?

! Im Vertrauen darauf, was Gott in Christus tat, wird alles gut werden.

† Markus 10,46-52

14 DEZEMBER **SONNTAG**
3. Advent

Sie wird aber einen Sohn gebären, und du sollst ihm den Namen Jesus geben, denn er wird sein Volk erretten von ihren Sünden.

MATTHÄUS 1,21

»Rettarieren«

Von den Wortneuschöpfungen unserer zweijährigen Tochter mag ich eine besonders: »rettarieren«. Es ist ganz einfach: Beim Spielen und Toben geht etwas »haputt« und muss dann am besten sofort von Mama oder Papa »rettariert« werden. Die zerrissene Seite im Bilderbuch oder die Fensterlade am Duplo-Fensterrahmen, oft braucht es nur einige Sekunden, um den vermeintlich großen Schaden wiedergutzumachen. Manchmal ist ein abgebrochenes Kleinteil aber auch nicht zu reparieren. Ich weiß nicht, ob unser kleines Mädchen so oft schon von dem Konzept »Rettung« gehört hat – jedenfalls finde ich es sehr passend, beide Wörter miteinander zu vermischen: Rettung für den Fall, dass etwas nicht zu reparieren ist.

Spätestens, wenn es in unserem Leben um mehr geht als um Gegenstände, können wir aus eigener Kraft nichts mehr reparieren, dann brauchen wir Rettung: ein medizinischer Notfall, eine kaputte Freundschaft oder die aussichtslose Lage, in die wir uns durch falsche Entscheidungen manövriert haben. Dann sehnen wir uns nach einem starken Retter, der all das zum Guten wenden kann, woran wir vorher erfolglos »rumgemurkst« haben.

Wie großartig ist es, dass wir uns besonders während der Adventszeit darüber freuen können, dass dieser Retter gekommen ist: Jesus. Sein Name bedeutet: »Der Herr ist Rettung.« Und schon vor seiner Geburt erklärt ein Engel, dass er sein Volk von seinen Sünden erretten wird: von all den falschen Taten und Gedanken, die uns von anderen Menschen und besonders von Gott trennen und für die wir einmal Verantwortung übernehmen müssen. Jesus ist gekommen, um uns von dieser Last zu befreien und schon hier auf der Erde Heilung zu geben. Das ist echte Weihnachtsfreude!

Janina und Philipp Strack

? Was haben Sie in letzter Zeit erfolglos zu reparieren versucht?

! Bitten Sie doch den Retter, aktiv zu werden!

† Lukas 1,22-30

In ihm (Gott) haben wir auch ein Erbe zugewiesen bekommen. Dazu hat er uns von Anfang an bestimmt. Ja, das war die Absicht von dem, der alles verwirklicht, was er vorhat.

EPHESER 1,11

Kein Glücksspiel!

Und wieder sitzt der Pfeil in der Triple 20! Ausgelassener Jubel über 180, noch eine Runde Bier. Dart-Spielen fasziniert viele – nicht nur in Kneipen, sondern auch bei professionellen Turnieren oder mit Freunden in der Garage.

Der beliebte Sport hat eine interessante Geschichte. Er wurde in England erfunden; die runden Dartscheiben waren anfangs aus den Böden alter Bierfässer hergestellt. Als um die Jahrhundertwende das Glücksspiel auf der grünen Insel verboten war, mussten jedoch auch die Pubs ihre Dartscheiben wegräumen. 1908 stand ein Pub-Besitzer in Leeds vor Gericht, weil er gegen das Gesetz verstoßen hatte. Doch er bestand darauf, dass Dart kein Glücks-, sondern ein Geschicklichkeitsspiel sei. Der Richter ließ sich auf eine Demonstration ein. Der Angeklagte nahm den besten Spieler der Region und ließ ihn werfen. Alle drei Pfeile landeten sicher in der zuvor angesagten 20. Ein Gerichtsdiener versuchte, es ihm nachzutun – vergeblich. Daraufhin sagte der Richter den bekannt gewordenen Satz: »This is no game of chance!« – »Das ist kein Glücksspiel.« Damit war das Dartspielen in den Pubs wieder erlaubt.

Drei Pfeile in derselben Zahl überzeugten den Richter, dass er es nicht mit Glück, sondern mit Plan und Geschicklichkeit zu tun hatte. Sehr viel größere Übereinstimmungen schreiben wir hingegen gern dem Zufall zu. Allein die exakte Entfernung der Erde zur Sonne spricht nicht für Willkür, sondern für eine bewusst gewollte Platzierung unseres Planeten. Und jeder kann Beispiele aus seinem Alltag aufzählen, bei denen er merkt: Hinter diesem oder jenem Ereignis steht kein blinder Zufall, sondern eine geschickte Hand, die die Dinge absichtsvoll lenkt. Zum Glück ist unser Leben »no game of chance«, sondern ein Werk des allmächtigen Gottes!

Elisabeth Weise

? Woran können wir erkennen, dass wir es in unserem Leben nicht mit Zufall, sondern mit Gott zu tun haben?

! Lassen Sie sich überzeugen – so wie der Richter in Leeds!

† 2. Samuel 7,8-29

Wer für die Schulden eines Fremden Bürgschaft leistet, ist übel dran.

SPRÜCHE 11,15

Bürgschaften bergen hohe Risiken

Ein Bürge ist einer, der für einen anderen den Kopf hinhält. Als pensionierter Bankkaufmann kenne ich aus Erfahrung Menschen, die als Bürgen ziemlich draufgezahlt haben. Ein Landwirt aus meinem Dorf z. B. übernahm Bürgschaften für andere Bauern. Die wurden zahlungsunfähig. Er musste dafür geradestehen und verlor dabei fast seinen gesamten Besitz, damit die anderen schuldenfrei wurden. Nun kann man sich vielleicht noch vorstellen, dieses immense Risiko einer Bürgschaft für einen Freund auf sich zu nehmen. Doch für einen Fremden? Gar für einen, der wirklich in Schwierigkeiten steckt? Da muss man doch damit rechnen, dass man am Ende einen Riesenverlust einfahren wird. Wer würde so etwas tun, wenn schon die Bibel (siehe den Tagesvers) davor warnt?

Doch tatsächlich gibt es einen himmlischen Bürgen, der dieser Warnung zum Trotz die Schulden fremder Menschen auf sich genommen hat, die wirklich in Schwierigkeiten steckten: Jesus Christus. Er, der Gottessohn, wusste, dass unsere Schulden vor Gott von Tag zu Tag, von Stunde zu Stunde, immer höher werden. Unsere Schulden bei Gott sind unsere Sünden, die sich anhäufen. Wir selbst haben keine Möglichkeit, sie in irgendeiner Weise zu erstatten. Wir sind aus Gottes Sicht hoffnungslos verarmte Schuldner.

Doch weil Gottes Liebe zu uns unvorstellbar groß ist, hat er seinen eigenen Sohn als Bürgen eingesetzt (Hebräer 7, 22). Jesus wusste: Wenn ich dieser Bürge werde, dann muss ich einen unermesslichen Schuldenhaufen bezahlen. Er musste die Folgen der Sünde, den Tod, für andere auf sich nehmen. Jeder, der Jesu Bürgschaft für sich annimmt, wird aber nicht nur frei von jeder Schuld: Jesus Christus, der vollkommene Bürge, wird uns auch an seinen himmlischen Reichtümern teilhaben lassen.

Sebastian Weißbacher

? Wer würde für Sie bürgen?

! Es gibt nur einen Bürgen für unsere Lebensschuld: Jesus!

✝ Römer 8,31-39

Und siehe, ich bin bei euch alle Tage bis an das Ende der Welt.

MATTHÄUS 28,20

Der freie Platz

Im Laufe meines Lebens habe ich immer wieder erlebt, dass neben mir ein Platz frei blieb, weil sich niemand auf den Stuhl neben mir setzte. Das war manchmal in Ordnung, manchmal unangenehm, manchmal peinlich, und manchmal tat es auch weh. Je nach Situation und meiner momentanen seelischen Verfassung. Ich habe keine Ahnung, warum dies immer wieder passierte. Mein Deo hat jedenfalls nicht versagt, kann ich heute mit Humor sagen!

Leider blieb es nicht bei diesen einzelnen Situationen, jahrelang fühlte ich mich abgelehnt. Zuerst von meiner Mutter, dann von meiner Stiefmutter, später von Klassenkameraden und Kollegen. Auch Mobbing habe ich erlebt. Meine seelischen Verletzungen und meine Einsamkeit wurden immer größer.

Vor 15 Jahren ist dann Jesus Christus in mein Leben und Herz gekommen, nachdem ich bei einem Bibelkurs für Einsteiger mitgemacht habe. Dort habe ich zum ersten Mal verstanden, dass Jesus mich liebt und mich annimmt, so wie ich bin. Dass ich bei ihm keine Leistung bringen muss, sondern dass ich mit all meiner Schuld, meiner Einsamkeit und meinen Verletzungen zu ihm kommen kann. Dieses Wissen hat mein Leben total verändert!

Aber auch nach dieser Wende kommt es immer einmal wieder vor, dass der Platz neben mir frei bleibt und mich das kränkt. Eines Abends habe ich Jesus gefragt, ob er mir nicht sagen könnte, warum das so ist. Ich hatte den Eindruck, dass er mich trösten will mit seiner Antwort: »Ganz einfach, weil ich gern neben dir sitzen möchte!« Ja, Jesus ist an meiner Seite, egal, ob ich gehe, stehe oder sitze! Er ist da, und er ist *für mich* da. Immer und überall. Das ist heilsamer Trost. Bei Jesus bin ich angenommen, egal, was Menschen von mir denken. *Karen Wieck*

? Können Sie sich vorstellen, dass Jesus sich um Ihre Nöte kümmert?

! Lesen Sie einige seiner Zusagen und denken Sie darüber nach!

† Matthäus 11,28-30

»Der die Barmherzigkeit an ihm tat. … Geh hin und handle ebenso.«

LUKAS 10,37

Barit aus Afghanistan

Im Religionsunterricht haben wir in unserer IVK (Internationale Vorbereitungsklasse / Flüchtlinge) das Gleichnis vom Barmherzigen Samariter behandelt. Barit (Name geändert), der 2017 von Kabul (Afghanistan) nach Deutschland kam, ist heute 18 Jahre alt. In seiner Heimat wurde er von den Taliban entführt und an der Waffe ausgebildet, konnte aber fliehen. Bei einem zweiten Entführungsversuch verhinderte nur die Menschenmenge vor Barits Schule, dass er ein weiteres Mal verschleppt wurde. Die Familie beschloss daraufhin, das Land zu verlassen. Über Russland setzten sie sich in Richtung Europa ab, um weitere Entführungen durch die Taliban zu verhindern. Auf der Flucht jedoch verlor Barit irgendwo in Russland seine Eltern und hat bis heute keinen Kontakt mehr zu ihnen gehabt. Das Deutsche Rote Kreuz versucht derzeit, die Eltern ausfindig zu machen und eine Verbindung herzustellen – bislang vergeblich.

Zum Gleichnis des Barmherzigen Samariters schreibt Barit: »Sie (der Priester und der Levit) hätten helfen müssen. … Wenn ich einen Überfall sehe, dann reagiere ich. Ich gehe zu dem Überfallenen und helfe ihm, so gut ich kann, weil ich das durch Jesus und die Bibel gelernt habe. Egal, ob wir einen Menschen oder ein Tier in Not sehen, gebietet die Nächstenliebe uns, zu helfen.«

Ist es nicht bewegend, wenn Schüler, die viel Leid erlebten, Jesus kennenlernen und auch verstehen, worauf es ihm ankam? Jesus will uns nach seinem Vorbild ausrichten und verändern, egal woher wir kommen. Ob aus Afghanistan (Barit) oder aus Deutschland. Er möchte uns alle an die Hand nehmen und in den Himmel bringen. »Und als Jesus Barit sah, wurde er innerlich bewegt über ihn, denn er war wie ein Schaf, das keinen Hirten hat« (vgl. Markus 6,34).

Martin von der Mühlen

? Bewegt Sie, was Jesus tat, als er am Kreuz sein Leben für uns gab?

! Der Schlüssel zu einem wertschätzenden und liebevollen Miteinander liegt in der Hinwendung zu Jesus Christus.

† Lukas 10,30-37

In allem sind wir bedrängt, aber nicht erdrückt; keinen Ausweg sehend, aber nicht ohne Ausweg.

2. KORINTHER 4,8

Depressionen

Eine Depression ist eine schwere seelische Erkrankung, die in jedem Alter auftreten kann. Die Patienten fühlen sich sehr niedergeschlagen, verlieren ihr Interesse an allem und sind erschöpft, hoffnungs- und antriebslos. Die Krankheit besteht über längere Zeit und bessert sich ohne Behandlung nur selten von allein. Im schlimmsten Fall kommt es zum Versuch, sich zu umzubringen, oder gar zu einem vollendeten Suizid. Im Jahr 2022 starben in Deutschland insgesamt 10 119 Menschen durch Selbsttötung, im Durchschnitt fast 28 pro Tag. Erst vor Kurzem hat sich ein entfernter Bekannter von mir, ein junger Mann, aus mir nicht bekannten Gründen das Leben genommen.

Während meiner langjährigen Dienstzeit als Polizeibeamter habe ich so manchen Suizid erlebt. Die Angehörigen, die zurückblieben, waren oft traumatisiert, und nicht selten fühlten sie sich schuldig. Ich habe auch mehrfach mit Menschen gesprochen, die versucht hatten, sich das Leben zu nehmen. Kann der Glaube an Gott in solchen Lagen helfen?

Es ist – auch als Christ – nicht einfach, die Hilfe Gottes zu erwarten und auszuhalten, wenn man in einer Lebenskrise steckt oder unter einer Depression leidet. Aber Gott verheißt demjenigen, der an ihn glaubt, Beistand in allen Nöten. Das muss nicht zwangsläufig bedeuten, dass alle Probleme auf einen Schlag verschwinden. Aber Gott bietet sich uns als Begleiter und festen Halt an, wenn wir uns an ihn wenden und darauf vertrauen, dass er helfen kann. Das will er gern tun, denn er hat durch Jesus Christus den Grundstein für unsere Versöhnung mit ihm gelegt. Wenn wir uns auf diesen »Felsen« stellen, wird er uns halten und uns einen Ausweg zeigen, auch wenn es einen solchen zunächst nicht zu geben scheint.

Axel Schneider

? Stecken Sie gerade in einer Lebenskrise?

! Gott meint es immer gut mit Ihnen. Wenden Sie sich doch im Gebet zu ihm und vertrauen Sie ihm!

† Psalm 62

Als meine Seele in mir verzagte, gedachte ich an den HERRN, und mein Gebet kam zu dir in deinen heiligen Tempel.

JONA 2,8

Funkloch

Ab und zu fahre ich auf der A 52 im Bereich der Auffahrt Mönchengladbach-Nord. Während der Fahrt musste ich dort schon wiederholt telefonieren. Doch kurz vor der Auffahrt gibt es ein Funkloch: gerade noch klarer Empfang, und von jetzt auf gleich Funkstille. Wichtige Gespräche werden einfach abgeschnitten. Ob ich will oder nicht, ich erreiche meinen Gesprächspartner nicht. Mittlerweile weiß ich das schon und versuche es dort erst gar nicht mehr.

Der Mann, der die Worte des Tagesverses gesprochen hat, befand sich zu diesem Zeitpunkt in einer Situation, in der man auch nicht mit gutem Empfang rechnen konnte: Er war mitten auf hoher See während eines gewaltigen Sturmes aus einem sinkenden Schiff in das tosende Meer geworfen worden. Und damit nicht genug: Er war von einem großen Fisch verschlungen worden und in dessen Bauch in die Tiefen des Mittelmeeres abgetaucht. Von dort unten hätte wohl auch bei modernster Netzabdeckung niemand eine Verbindung herstellen können. Hinzu kam, dass dieser Mann, Jona, völlig selbstverschuldet in diese Situation gekommen war. Anstatt das zu tun, womit Gott ihn ausdrücklich beauftragt hatte, flüchtete er vor Gott. Würde er jemals noch eine Chance haben, mit Gott verbunden zu werden?

Wir Menschen neigen dazu, andere, die sich gegen uns gestellt haben, eigene Wege gegangen sind und nun in der Klemme stecken, zu ignorieren. Soll er doch sehen, wo er bleibt! Aber bei Gott ist das anders. Gott benutzt diese scheinbar ausweglose Lage, um Jona zur Besinnung zu bringen. Und obgleich von dort unten, aus dem Fisch, jede Kontaktaufnahme unmöglich erscheint, hört Gott doch ganz genau auf das Gebet dieses Mannes. Für Gott gibt es nämlich nirgendwo auf dieser Welt ein Funkloch.

Markus Majonica

? Kennen Sie ausweglose Situationen, in denen niemand Sie zu hören scheint?

! Gott hört stets ganz genau hin, wenn unsere Seele in uns verzagt und wir zu ihm schreien.

✝ Jona 2,1-11

Und prüft mich doch darin, spricht der HERR der Heerscharen, ob ich euch nicht die Fenster des Himmels öffnen und euch Segen ausgießen werde bis zum Übermaß!

MALEACHI 3,10

Challenge mit Gott?

Letzten Winter machten ein Freund und ich eine 3-monatige Fitness-Challenge. Das Ziel war es, sportlich fit aus der meist so bewegungsarmen, dafür essensreichen dunklen Jahreszeit herauszukommen. Wir setzten uns Trainings- und Gewichtsziele, und schon ging's los. Viele junge Leute nehmen heutzutage solche Challenges (Herausforderungen) an. Vom Handyentzug über einen Marathonlauf, bis hin zum Besteigen eines hohen Berges.

Aber wie ist das eigentlich mit Gott? Darf man es wagen, den Schöpfer von Himmel und Erde, den Erschaffer von dir und mir zu challengen? Die unfassbare Antwort lautet: JA! Der allmächtige Gott wünscht sich von uns, dass wir an seine Versprechen glauben und ihn in dem Sinn »herausfordern«, dass er sie tatsächlich wahr macht. Dafür finden wir in der Bibel erstaunlich viele Menschen als Vorbilder. Eine dieser Personen ist Gideon. Er hatte von Gott einen Auftrag bekommen, der aus menschlicher Sicht seinen sicheren Tod bedeuten würde. Kurz vor der Ausführung bot ihm Gott an, sich an das feindliche Heereslager heranzuschleichen, sodass er dadurch ermutigt würde. Gideon challengete Gott und ging dorthin. Und tatsächlich erfüllt sich Gottes Ankündigung! Anschließend erlebte Gideon Gottes wunderbares Handeln.

Viele Menschen haben schon verzweifelt gebetet: »Gott, wenn es dich wirklich gibt, dann zeige dich mir!« Die Bibel verspricht, dass wenn man Gott mit aufrichtigem Herzen sucht und ihn dazu herausfordert, sich einem ganz persönlich zu zeigen, ER genau das tun wird. In Jeremia 29,13-14 heißt es: »Wenn ihr mich sucht, werdet ihr mich finden; ja, wenn ihr ernsthaft, mit ganzem Herzen nach mir verlangt, so werde ich mich von euch finden lassen, spricht der HERR.« Gott nimmt uns ernst, obwohl wir vor ihm eigentlich gar nicht bestehen können.

Daniel Beck

? Was denken Sie von Gott?

! Wer sich ganz und gar auf ihn verlässt, ist niemals verlassen.

† Richter 7

Ich aber, ich habe auf deine Gnade vertraut; mein Herz soll jauchzen über deine Rettung. Ich will dem HERRN singen, dass er mir Gutes erwiesen hat.

PSALM 13,6

Amazing Grace – Wunderbare Gnade

Bestimmt kennen Sie dieses alte englische Lied, welches bereits im Jahr 1779 in dem alten englischen Liederbuch »Olney Hyms« veröffentlicht wurde (Nr. 41). Sie runzeln die Stirn? Ja, dieses alte geistliche Liederbuch und die meisten seiner 348 Lieder sind heute in Vergessenheit geraten. Doch jener Choral mit der Nummer 41 ist der meistgesungene und beliebteste Choral der Welt. Kein anderes Lied kommt ihm auch nur annähernd gleich, denn er wird noch heute mindestens zehn Millionen Mal im Jahr öffentlich gesungen.

Die erste Strophe des weltweit bekannten Liedes spricht für sich: »Erstaunliche Gnade! (welch lieblicher Klang) / Die ein Schuft wie mich errettet hat! / Einst war ich verloren, doch nun bin ich gefunden; / War blind, doch nun sehe ich.« Wie kommt jemand dazu, solche Aussagen zu machen?

Der ehemalige Sklavenhändler John Newton, der auf einer seiner Seereisen zum lebendigen Glauben an Jesu Christus gefunden hatte, diente schon seit einigen Jahren als Pastor in Olney. Als Newton sich mit seinem Bibeltext (1. Chronik 17,16-17) für seine Neujahrespredigt im Jahre 1773 auseinandersetzte, war er davon tief bewegt. Die gleiche Gnade Gottes, über die der König David schreibt und dankbar staunt, hatte Newton nun selbst erlebt. Beide hatten sie schlimme Sünden in ihrem Leben begangen, doch beide empfingen sie ohne eigenes Verdienst Gottes Barmherzigkeit und Gnade. Die Worte Davids hätten Newtons eigene sein können, als dieser schrieb: »Wer bin ich, HERR, Gott, und was ist mein Haus, dass du mich bis hierher gebracht hast?« (1. Chronik 17,16b). »Amazing Grace« – wunderbare Gnade, das kann auch heute noch die Erfahrung solcher werden, die, von der Last ihrer Sünde überwältigt, bei Gott Vergebung finden wollen.

Tony Keller

? Sind Sie ebenso wie John Newton ein Begnadigter?

! Begnadigt wird nur, wer sich zuvor als Sünder erkannt und dies vor Gott eingestanden hat.

† Titus 2,11-14

Steh auf, nimm das Kind und seine Mutter zu dir und fliehe nach Ägypten, und bleibe dort, bis ich es dir sage! Denn Herodes wird das Kind suchen, um es umzubringen.

MATTHÄUS 2,13

Reisewarnung

Am 24. Dezember 2023 kam die Meldung, dass die traditionelle Christmette in der Geburtskirche in Betlehem in diesem Jahr wohl nur sehr spärlich besetzt sein würde. Vor allem ausländische Gäste würden der sonst so beliebten Veranstaltung fernbleiben. Dies war vor dem Hintergrund, dass die Kämpfe im Gazastreifen zu dieser Zeit in vollem Gange waren, nur zu gut verständlich. Das Auswärtige Amt hatte deshalb eine ausdrückliche Reisewarnung für den Nahen Osten ausgesprochen. Niemand sollte so leichtfertig sein, in eine Gegend zu reisen, in der Tag und Nacht mit Raketenangriffen oder Bombenanschlägen zu rechnen war. Wer gleichwohl dorthin reiste, musste befürchten, dass er sich in Lebensgefahr begibt. Wer nimmt das schon in Kauf?

Hätte Gott auch so gedacht, dann hätte er es nie zulassen dürfen, dass sein Sohn Jesus Christus vor rund 2000 Jahren gerade in Betlehem geboren würde. Bereits kurz nach seiner Geburt trachteten die Mächtigen dieser Welt ihm nach dem Leben, wie der Tagesvers zeigt. Die Anschlagspläne der Menschen zogen sich anschließend wie ein roter Faden durch das irdische Leben Jesu, bis seine Feinde ihn tatsächlich am Kreuz umbrachten.

Der allwissende Gott hat all dies gewusst. Jesus Christus selbst wusste, worauf er sich einließ, als er in diese Welt kam. Doch warum ignorierte er jede Reisewarnung? Die Lösung ist: Ohne die Menschwerdung Jesu und den damit notwendig verbundenen grausamen Tod wären wir Menschen rettungslos verloren. Ohne dass der Sohn Gottes für unsere Schuld sühnt, indem er am Kreuz stirbt, wäre Frieden mit Gott unmöglich gewesen. Es musste unser Retter geboren werden – und sterben. Jesu Motivation dazu: Die Liebe zu einer ohne ihn hoffnungslosen Menschheit!

Markus Majonica

? Welche Risiken würden Sie eingehen, um ein Leben zu retten?

! Jesu Menschwerdung ist Gottes größter Liebesbeweis.

† Matthäus 16, 21-23

Und Maria sprach: Meine Seele erhebt den HERRN.

LUKAS 1,46

Das erste Weihnachtslied

Es schien ein Tag wie jeder andere zu sein. Es sollte ein Tag wie kaum ein anderer werden. Aus den Weiten der Ewigkeit sendet Gott seinen Boten Gabriel in das kleine Städtchen Nazareth zu einer jungen Frau namens Maria. Die hehren Worte der himmlischen Erscheinung: »Ave Maria! Gegrüßt seist du, Holdselige! Der Herr ist mit dir, du Gesegnete unter den Frauen. ... Siehe, du wirst schwanger werden und einen Sohn gebären, und du sollst seinen Namen Jesus (Retter) heißen«, werden von jetzt an ihr gesamtes Leben, und das von Millionen und Abermillionen von Menschen, verändern.

Unmittelbar nach der Verkündigung durch Gabriel macht sich Maria auf den Weg ins Gebirge zu ihrer schwangeren Verwandten Elisabeth. Während des Besuchs dort, stimmt sie einen Lobgesang an, der als das *Magnifikat der Maria* (*Lobgesang der Maria*) in die Kirchengeschichte eingegangen ist. Maria kann gar nicht anders, als ihr Lob (angesichts der angekündigten Geburt des kommenden Retters) in die Welt hinauszusingen. Ihr Lied ist gewissermaßen das erste aller Weihnachtslieder, das Ur-Weihnachtslied. Es spricht vom Hinblicken Gottes auf unsere Niedrigkeit, von der Barmherzigkeit im Sohn, von dem gesandten Erlöser, durch den der Allmächtige große Dinge in uns wirkt.

Wenn in diesen Tagen die alten Lieder neu erklingen, dürfen (nicht nur) Christen in dankbarer Weihnachtsfreude in das Magnifikat der Maria einstimmen und anbetend mitsingen: »Meine Seele erhebt den HERRN, und mein Geist freut sich Gottes, meines Heilands; denn er hat hingeblickt auf die Niedrigkeit seiner Magd; ... denn große Dinge hat der Mächtige an mir getan.« Jeder ist eingeladen, jeder ist willkommen, weil Jesus, der Retter, für uns Sühnung leistete – das ist der Kernpunkt des biblischen Evangeliums!

Martin von der Mühlen

? Erkennen Sie die Tragweite dessen, was jährlich an Weihnachten überall auf der Welt zum Thema wird?

! Es gilt auch Ihnen ganz persönlich, damit auch Ihre Seele, nachdem sie gerettet wurde, den HERRN erheben kann.

† Lukas 1,47-55

Denn euch ist heute ein Retter geboren, der ist Christus, der Herr, in Davids Stadt.

LUKAS 2,11

Christmas begins with Christ

Manchmal begegnen mir Worte in einer anderen Sprache, die für mich den Sinn eines Begriffs klarer ausdrücken, als dies im Deutschen der Fall ist. *Christmas* – das englische Wort für unser deutsche Wort Weihnachten – ist so ein Begriff, denn die zentrale Person des Weihnachtsfests ist in der Bezeichnung enthalten. Wie die Botschaft an die Hirten auf dem Feld im obigen Tagesvers deutlich macht, geht es an Weihnachten um Christus. Auf Hebräisch wird dieser als Messias bezeichnet, der Gesalbte und verheißene Retter. Unter der römischen Besatzung Palästinas zum Zeitpunkt von Christi Geburt warteten viele Juden sehnsüchtig auf diesen Retter, damit er sie von der Fremdherrschaft befreien und sein versprochenes Friedensreich aufbauen würde.

Doch wie oft wird diese Person – Christus – in der Weihnachtszeit nicht mehr erwähnt oder gar ersetzt? »Xmas« heißt es auf modernen Weihnachtskarten. Und an Stelle dessen kann jeder selbst einsetzen, was ihm wichtig ist. Zugegeben, ich freue mich auch jedes Jahr auf die vielen Leckereien, die besondere Zeit mit meinen Liebsten und die strahlenden Kinderaugen bei der Bescherung. Und ebenso gerate ich jedes Jahr wieder in den üblichen Strudel aus Hektik und Stress bei dem Versuch, alle Termine und Verabredungen unter einen Hut zu bringen, rechtzeitig Geschenke zu kaufen und ein gelungenes Festessen vorzubereiten.

Wie gut tut es mir, mich auf das zu besinnen – oder besser gesagt, auf den –, der am Anfang steht, ohne den wir heute kein Weihnachten feiern würden: Jesus Christus, den Sohn Gottes. Mit seiner Geburt als Mensch auf dieser Erde nahm Gottes Rettungsplan Gestalt an. Dieser Gott, den eine verlorene Welt versucht, durch etwas anderes zu ersetzen, schenkt sich uns selbst zu Weihnachten – das ist ein Grund zu wahrer Freude!

Judith Pohl

? Was oder wer hat an Weihnachten für Sie Bedeutung?

! Denken Sie neu über Christus und seine Geburt nach!

† Lukas 2,1-20

Ihr kennt die Gnade unseres Herrn Jesus Christus, dass er, da er reich war, um euretwillen arm wurde, damit ihr durch seine Armut reich würdet.

2. KORINTHER 8,9

Caffè Sospeso – schon bezahlt!

Caffè Sospeso beschreibt keine Zubereitungsart, sondern eine wunderschöne Geste. Besonders um die Weihnachtszeit wird sie lebhaft praktiziert. Die Idee mit dem Caffè Sospeso entstand in Neapel, einer Stadt, deren Bewohnerschaft aufgrund großer Armut schon immer eng zusammenhielt. Fast schon ausgestorben erlebt der Caffè Sospeso heute einen Boom. Nicht nur in Italien. Mittlerweile auch in Deutschland, Europa, Südamerika und sogar Australien wird die – auch »suspended coffee« genannte – Spende gern gesehen und praktiziert. Über 200 Cafés unterstützen in Deutschland diese Idee.

Sagt ein Italiener: »Caffè Sospeso!«(wörtlich.: *Kaffee aufgehoben*),bezahlt er nicht nur den eigenen, sondern noch einen weiteren Espresso. Dieser im Voraus bezahlte Kaffee wird dann einem bedürftigen Kunden ausgeschenkt, **wenn er nur darum bittet**. Mit diesen Worten bezahlt man also zwei Kaffee: Einen für sich, und einen später für den, der ihn sich schwerlich leisten kann. Dazu muss man wissen: Für einen Italiener gehört Kaffee zu den Grundbedürfnissen des Lebens.

Was für eine liebenswerte Einrichtung! Was für eine großartige und doch so unbeschämende Geste! Dass die Spendabilität anonym geschieht, macht die Sache für den Empfänger als auch den Spender umso netter.

Ganz ähnlich macht auch Gottes Gnade uns ein Gratis-Angebot. Doch nur der löst es ein, **der bescheiden darum bittet**. Der Herr Jesus Christus hat aus seinem Reichtum schon für unsere Lebensschuld bezahlt, und zwar im Voraus: Er ist nicht gekommen, um bedient zu werden, sondern um zu dienen und sein Leben zu geben als Lösegeld für viele (Markus 10,45). Er hat sich selbst als Lösegeld angeboten. Damit steht das Angebot, dass Gott die Menschen retten will (1. Timotheus 2,6). Wer nimmt es an?

Andreas Fett

? Würden Sie als Bedürftiger um diesen »Caffè Sospeso« bitten?

! Verbergen Sie Gott nicht Ihre Armut und lassen Sie sich beschenken!

† 1. Timotheus 1,12-17

Verflucht ist jeder, der nicht bleibt in allem, was im Buch des Gesetzes geschrieben ist, um es zu tun!

GALATER 3,10

Mit der ganzen Härte des Gesetzes!

Kommt es zu besonders aufsehenerregenden Straftaten, dauert es selten lange, bis jemand fordert: Die Täter müssen mit der ganzen Härte des Gesetzes bestraft werden! Dies war z. B. nach den massenhaften Übergriffen am Kölner Hauptbahnhof zu Silvester 2015 der Fall. Doch warum gilt diese Forderung nur jenen Tätern?

Zwar kann ich die spontane Empörung über Delikte verstehen, die sehr stark in das Bewusstsein der Öffentlichkeit dringen. Doch es ist ein Prinzip eines jeden Rechtsstaates, dass nicht nur besonders dramatische Straftaten nach dem strengen Maßstab des Gesetzes verurteilt werden müssen, sondern grundsätzlich jede. Auch wenn eine einzelne Straftat für die Gesellschaft wenig Bedeutung haben mag: Das konkrete Opfer erleidet oft großen seelischen, wirtschaftlichen oder körperlichen Schaden. Deswegen muss jedes Verhalten, das die Rechte anderer verletzt, nach der individuellen Schuld und dem Maßstab des Gesetzes geahndet, bestraft und gesühnt werden.

Dies ist mit der göttlichen Strafverfolgung vergleichbar: Gott sieht auch nicht nur auf einige besonders spektakuläre Taten. Er sieht jedes Unrecht, mag es für sich genommen auch nicht so schlimm erscheinen. Er nimmt jeden Neid, jede Lüge, jede Untreue wahr. Und all das muss durch ihn bestraft werden! Wer nicht alles tut, was Gott von uns verlangt, steht unter dem Fluch seines Gesetzes. Die Folge ist die ganze Härte des Gesetzes für jeden Täter: Hölle auf ewig! Gibt es einen Ausweg? Tatsächlich hat Gott an seinem Sohn Jesus Christus bereits die Strafe für jedes menschliche Unrecht vollzogen. Doch straffrei geht bei Gott nur der aus, der seine Lebensschuld erkennt, bekennt und Jesu Opfer als Sühnung für seine Taten akzeptiert. *Markus Majonica*

? Gibt es etwas, das Sie gern vor Gott verbergen würden?

! Wer an Jesus Christus glaubt, der wird gerecht vor Gott.

† Römer 3,21-28

28 DEZEMBER **SONNTAG**
Tag des Kartenspielens

Dabei wisst ihr nicht einmal, was morgen sein wird! Was ist schon euer Leben? Ein Dampfwölkchen seid ihr, das für eine kleine Weile zu sehen ist und dann wieder verschwindet.

JAKOBUS 4,14

Hand-Rommé – und was haben Sie?

Noch eine Kreuz Dame und ich habe meine Reihe, um bei Rommé rauszukommen. Doch was ist das? Mein Vorgänger legt ab, die erste Reihe und dann Hand-Rommé. Das Spiel ist aus, und ich sitze auf meinen schönen Sammlungen an Reihen, Drillingen und Jokern. Alles umsonst. Vorbei. So schnell und unvorhergesehen, dabei hatte ich alles so gut geplant.

Ist das nicht genauso mit unserem Leben? Wir wissen, dass es irgendwann aus und vorbei ist. Bei Rommé geht es in die nächste Runde, neues Spiel, neues Glück. Aber in unserem Leben? Wir sammeln vielleicht auch Wissen, Abenteuer, Besitz, Aufstiegschancen, Kontakte, aber dann kommt plötzlich und unvorhersehbar das Ende. Ohne eine nächste Runde. So wie jedes Spiel mit Sicherheit sein Ende nimmt, manchmal nach 20, nach 30 Minuten oder nach einer Stunde, so geht auch unser Leben, egal, wie gut wir es geplant haben, einmal zu Ende. Vielleicht in 1, 3 oder 10 Jahren – oder sogar schon heute? Und dann? Wissen Sie, was dann kommt? Sammeln Sie nur, oder sind Sie auch auf das »Aus« des Spiels vorbereitet?

Die Bibel lässt uns nicht im Dunkeln, was nach dem Spiel auf uns zukommen wird. Sie sagt: »Und ich sah die Toten, die Großen und die Kleinen, vor dem Thron (das ist der Thron Gottes) stehen, und Bücher wurden aufgetan; und ein anderes Buch wurde aufgetan, welches das des Lebens ist. Und die Toten wurden gerichtet nach dem, was in den Büchern geschrieben war, nach ihren Werken. … Und wenn jemand nicht geschrieben gefunden wurde in dem Buch des Lebens, so wurde er in den Feuersee geworfen« (Offenbarung 20,12.15). Das gehört zur Spielanleitung des Lebens. Nach dem »Aus« des Lebens kommt es nicht darauf an, ob ich gesammelt habe, sondern ob mein Name im Buch des Lebens steht.

Verena John

? Sind Sie auf das »Aus« des Spiels vorbereitet?

! Bei Spielende hat man entweder gewonnen oder verloren. Nur mit Jesus gewinnt man das ewige Leben.

† Offenbarung 20,11-15

Die Furcht des HERRN ist der Anfang der Erkenntnis.

SPRÜCHE 1,7

Ohne Gottesfurcht geht's nicht!

Viele kennen das mehrfach ins Deutsche übertragene Lied von John Newton: »Amazing Grace«. Darin sagt uns die zweite Strophe, was geschehen muss, damit sich ein Mensch bereitfindet, sich zu Gott zu bekehren: Er muss sich vor Gott fürchten lernen. Dort heißt es dann aber auch, es sei allein Gottes Gnade, die das bewirkt; denn sie ist es, die uns Sündern zeigen will, was uns von einem heiligen und gerechten Gott trennt. Und wenn wir davor nicht die Ohren verschließen, dann erschrecken wir.

Haben wir aber diesen schrecklichen Zustand richtig begriffen, dann ist es wieder die göttliche Gnade, die uns den Glauben an die Vergebung durch das Opfer Jesu Christi schenkt. Dadurch weicht dann alle Angst einer anhaltenden Freude und der Gewissheit, auf ewig errettet zu sein.

Leider wird oft nicht über Gottes gerechten Zorn über die Sünde der Menschen gepredigt. Aber wo nur vom »lieben Gott« die Rede ist, da geht es nicht um den großen und heiligen Gott der Bibel, sondern um eine menschliche Erfindung. Bei solcher Predigt kann es dann aber auch nicht zur Erkenntnis kommen, von der unser Tagesvers spricht.

Das Tor zu wahrer Gotteserkenntnis ist also die Furcht einflößende Einsicht, den Allmächtigen oft gedankenlos oder sogar unter Gelächter missachtet oder verhöhnt zu haben.

Außer der Predigt hat Gott noch viele andere Mittel, uns unsere Selbstherrlichkeit auszutreiben und uns das Fürchten zu lehren. Eine erschreckende Diagnose des Arztes oder der Zusammenbruch unserer wirtschaftlichen Existenz sind nur zwei Beispiele. Aber – wie gesagt – selbst das alles geschähe nur aus Gnade, um uns vor dem ewigen Ruin zu bewahren, falls wir bereit sind, die richtigen Schlüsse daraus zu ziehen.

Hermann Grabe

? Wann hat Gott schon einmal bei Ihnen deutlich angeklopft?

! Man sollte bereits auf das freundliche Anklopfen der göttlichen Gnade richtig reagieren.

† Apostelgeschichte 2,34-41

So lehre uns denn zählen unsere Tage, damit wir ein weises Herz erlangen!

PSALM 90,12

Alle Achtung, Alter!

Sammy Basso ist eine medizinische Sensation. Der Italiener leidet am Hutchinson-Gilford-Syndrom (HGS). Weltweit gibt es nicht einmal 150 Fälle. Kinder, die mit diesem Gen-Defekt geboren werden, altern im Zeitraffer. Sie sehen als Teenager aus wie Tattergreise. Ihnen fallen mit zehn die Haare aus, ihre Haut wird faltig und sie werden in der Regel höchstens 15 Jahre alt. Doch Sammy wird **heute** 30 Jahre alt. Wie nutzt Sammy seine zusammengeschnurrte Lebenszeit?

Basso sagt: »Wer vorschnell altert, beschäftigt sich früher mit Fragen, die andere auf später vertagen: Wie viel Lebenszeit bleibt mir? Was ist mein Lebensziel? Was kommt nach dem Tod?« Er hat früh nach diesen Antworten gesucht, viel gelesen, ein Studium abgeschlossen – Molekularbiologie in Padua. Daneben beschäftigte er sich intensiv mit dem Christentum und fand zum Glauben.

Nach seinem Abitur erfüllen ihm seine Eltern einen Traum: die Route 66 entlangfahren. Ein Kamerateam von *National Geographic* begleitet ihn. In Chicago singt Sammy im Gospelchor mit. In Roswell besucht er das UFO-Museum »um Leute zu erschrecken. Schließlich sehe ich ja aus wie ein Alien. Eine Krankheit zu haben ist kein Grund, nicht lustig zu sein!« Seine Freunde sagen: »Wir haben von Sammy gelernt, wie man das Leben ausschöpft.«Er hat sich vorbereitet auf das, was nach dem Tod kommt, seit Jahren schon.»HGS ist ein kleiner Teil meines Lebens, der nur den Körper betrifft. Viel wichtiger ist meine Seele. Der Glaube ist von allem das Wichtigste. Ich könnte alles über mich erzählen, aber wenn ich nicht sagen würde, dass ich glaube, wäre es so, als hätte ich nichts gesagt. Für mich ist Gott Gott. Er ist unbeschreiblich. Ich glaube sehr an die Botschaft von Jesus!«– Glückwunsch, Sammy!

Andreas Fett

? Wie viel Lebenszeit bleibt uns wohl noch?

! Heute gilt es, Gott wichtiger zu nehmen als alles.

† Psalm 90

Und Gott der HERR nahm den Menschen und setzte ihn in den Garten Eden, damit er ihn bebaue und bewahre.

1. MOSE 2,15

Im neuen Jahr sich weiterentwickeln

Manchmal sehen wir einen Ort nach einiger Zeit wieder und stellen fest, dass manches nicht mehr so aussieht wie früher. Seine Landkarte hat sich verändert: Eine neue Straße ist gebaut, ein altes schäbiges Haus abgerissen und an dessen Stelle ein neues gebaut. Der Ort hat sich positiv weiterentwickelt. Zum Jahreswechsel sehe ich mein Leben gern auch einmal wie eine Landkarte mit verschiedenen Orten und Landschaften an. Und ich überlege, wo ich mich weiterentwickeln muss. Schließlich sind zwei Grundaufgaben, die Gott dem Menschen aufgetragen hat, das Bebauen und das Bewahren.

Als wichtigstes Gebiet sehe ich meine Beziehung zu Gott. Sie trägt mein Leben. Alles andere geht von dort aus. Ich möchte das große Bild von Gottes Wesen und Wirken in der Bibel immer besser kennen. Dann folgt meine Persönlichkeit: Ich möchte nicht bleiben, wie ich bin. Daher überlege ich, welche negative Einstellung ich abbauen und welche positive ich entwickeln möchte? Meine Ehe, meine Kinder, meine Beziehungen zu anderen Menschen brauchen Pflege. Wie kann ich in meine Ehe investieren? Wie eine enge Beziehung zu meinen Kindern fördern? Meine Aufgaben in Schule, Studium, Arbeit: Wo und wie kann ich mir die notwendigen Fähigkeiten aneignen? Nicht zuletzt sollen auch mein Körper und meine Gesundheit Beachtung finden.

Doch bei all dem geht es nicht um Selbstoptimierung. Um wirklich eine positive Veränderung in der Landkarte meines Lebens zu erreichen, muss ich mich an Jesus Christus orientieren und ihm ganz konkret in allen Bereichen meines Lebens nachfolgen. Er allein kann mich von meinen negativen Eigenschaften befreien. Nehme ich das ernst, kann ich mich am Ende des kommenden Jahres über echte Fortschritte auf meiner Lebenslandkarte freuen. *Manfred Herbst*

Wo sehe ich Entwicklungsbedarf auf meiner Lebenslandkarte?

Mit Gottes Hilfe ist es möglich, mich weiterzuentwickeln.

Hebräer 12,1-13

Wenn Sie wissen wollen, wie man ein Leben mit Jesus Christus beginnt, nennen wir Ihnen hier:

Fünf Schritte zu einem neuen Leben

1 Wenden Sie sich an Jesus Christus und sagen Sie ihm alles im Gebet. Er versteht und liebt Sie.
»Kommt her zu mir, alle ihr Mühseligen und Beladenen, und ich werde euch Ruhe geben.« *(Matthäus 11,28)*

2 Sagen Sie ihm, dass Sie bisher in der Trennung von Gott gelebt haben und ein Sünder sind. Bekennen Sie ihm Ihre Schuld. Nennen Sie alles, was Ihnen an konkreten Sünden bewusst ist.
»Wenn wir unsere Sünden bekennen, ist er treu und gerecht, dass er uns die Sünden vergibt und uns reinigt von jeder Ungerechtigkeit.« *(1. Johannes 1,9)*

3 Bitten Sie den Herrn Jesus Christus, in Ihr Leben einzukehren. Vertrauen und glauben Sie ihm von ganzem Herzen. Wenn Sie sich dem Herrn Jesus Christus so anvertrauen, macht er Sie zu einem Kind Gottes.
»So viele ihn aber aufnahmen, denen gab er das Recht, Kinder Gottes zu werden, denen, die an seinen Namen glauben.« *(Johannes 1,12)*

4 Danken Sie Jesus Christus, dem Sohn Gottes, dass er für Ihre Sünde am Kreuz gestorben ist. Danken Sie ihm, dass er Sie aus dem sündigen Zustand erlöst und Ihre einzelnen Sünden vergeben hat. Danken Sie ihm täglich für die Gotteskindschaft.
»In ihm haben wir die Erlösung und die Vergebung der Sünden.«
(Kolosser 1,14)

5 Bitten Sie Jesus Christus, die Führung in Ihrem Leben zu übernehmen. Suchen Sie den täglichen Kontakt mit ihm durch Bibellesen und Gebet. Der Kontakt mit anderen Christen hilft, als Christ zu wachsen. Jesus Christus wird Ihnen Kraft und Mut für die Nachfolge schenken.
»Wenn jemand mir dient, so folge er mir nach! Und wo ich bin, da wird auch mein Diener sein. Wenn mir jemand dient, so wird der Vater ihn ehren.«
(Johannes 12,26)

Wenn Sie weitere Fragen haben, dann schicken Sie uns einfach eine E-Mail: **info@lebenistmehr.de** oder schreiben Sie uns: **Redaktion »Leben ist mehr«, Am Güterbahnhof 26, 35683 Dillenburg**

THEMENINDEX

THEMENINDEX

THEMENINDEX

TAGESVERSE

ALTES TESTAMENT

1. Mose 1,27	ELB	26.01.
1. Mose 1,27	NLB	5.03.
1. Mose 1,27	SLT	28.06.
1. Mose 1,27-28	LUT	1.08.
1. Mose 1,31	ELB	1.04.
1. Mose 2,15	SLT	31.12.
1. Mose 3,8-9	SLT	12.08.
1. Mose 6,8	NLB	4.05.
1. Mose 6,11	ELB	1.09.
1. Mose 8,4	ELB	20.01.
1. Mose 13,8	ELB	24.08.
1. Mose 15,2	LUT	4.11.
1. Mose 16,13	HFA	21.05.
1. Mose 16,13	ELB	23.10.
1. Mose 19,14	LUT	15.07.
1. Mose 28,12	NEÜ	9.12.
1. Mose 31,20	ELB	17.01.
1. Mose 41,57	LUT	16.10.
1. Mose 45,4	ELB	15.05.
1. Mose 47,9	LUT	1.12.
2. Mose 8,11	LUT	27.08.
2. Mose 14,13-14	ELB CSV	14.07.
2. Mose 32,1	LUT	27.10.
2. Mose 32,19	SLT	3.03.
5. Mose 4,9	MENG	3.10.
5. Mose 7,7-8	SLT	5.10.
5. Mose 30,19-20	ELB	13.11.
5. Mose 31,7	HFA	6.04.
5. Mose 31,8	LUT	4.07.
5. Mose 32,47	ELB	31.03.
5. Mose 33,16	SLT	16.11.
5. Mose 33,27	ELB	17.06.
Josua 1,9	LUT	29.10.
Rut 2,3	ELB	15.09.
1. Samuel 22,2	ELB	12.11.
1. Samuel 30,6	ELB	21.06.
2. Samuel 24,17	ELB	19.11.
1. Könige 3,4	MENG	20.10.
1. Chronik 16,27	ELB	27.11.
2. Chronik 26,4-5	ELB	9.11.
2. Chronik 29,16	ELB	26.03.
Hiob 4,8	ELB	17.09.
Hiob 9,10	NEÜ	27.05.
Hiob 19,25.27	ELB	8.02.

Hiob 22,27	LUT	12.03.
Hiob 29,12	LUT	22.03.
Psalm 1,3	LUT	6.07.
Psalm 8,4	LUT	12.01.
Psalm 13,6	ELB	22.12.
Psalm 18,3	ELB	15.08.
Psalm 19,2-5	NEÜ	6.11.
Psalm 19,8	ELB CSV	13.09.
Psalm 19,8-9	ELB	25.02.
Psalm 19,8-9	NEÜ	7.11.
Psalm 19,9	NLB	21.08.
Psalm 19,13.15	NGÜ	8.11.
Psalm 23,1	ELB	1.02.
Psalm 23,1	LUT	10.11.
Psalm 23,4	ELB	9.06.
Psalm 23,4	ELB CSV	29.07.
Psalm 30,6	HFA	18.11.
Psalm 32,8-9	NLB	26.07.
Psalm 32,10	ELB	29.11.
Psalm 33,9	ELB CSV	19.02.
Psalm 33,13-15	NGÜ	22.02.
Psalm 43,5	ELB CSV	8.09.
Psalm 50,14-15	ELB	19.03.
Psalm 50,15	ELB	17.02.
Psalm 54,1-3	NEÜ	20.06.
Psalm 64,11	NGÜ	24.11.
Psalm 65,3	NGÜ	2.07.
Psalm 68,4	ELB	16.05.
Psalm 68,6-7	HFA	28.05.
Psalm 68,7	NGÜ	20.03.
Psalm 90,10	LUT	29.09.
Psalm 90,11	SLT	9.07.
Psalm 90,12	LUT	30.11.
Psalm 90,12	ELB CSV	30.12.
Psalm 93,4	ELB	3.02.
Psalm 94,9	NEÜ	9.10.
Psalm 95,7-8	LUT	5.05.
Psalm 103,2	LUT	7.10.
Psalm 103,11	ELB	12.04.
Psalm 119,25	SLT	10.08.
Psalm 119,97	SLT	6.09.
Psalm 121,8	MENG	22.01.
Psalm 138,3	NLB	25.08.
Psalm 139,11-12	ELB	11.07.
Psalm 139,14	ELB CSV	2.05.
Psalm 139,14	SLT	8.08.
Psalm 147,3	NEÜ	13.04.
Psalm 147,4	ELB	14.04.
Sprüche 1,7	ELB CSV	29.12.
Sprüche 6,6-8	ELB	24.07.
Sprüche 8,11	SLT	18.08.
Sprüche 8,31	GNB	8.04.
Sprüche 11,15	GNB	16.12.

Sprüche 11,25	ELB CSV	27.03.
Sprüche 12,15	ELB CSV	25.06.
Sprüche 14,12	MENG	3.08.
Sprüche 14,26	HFA	20.09.
Sprüche 20,9	ELB CSV	22.09.
Sprüche 28,13	ELB	8.05.
Sprüche 31,10-12	ELB	13.06.
Prediger 1,9	ELB	31.07.
Prediger 5,9	NLB	4.08.
Prediger 7,20	MENG	7.04.
Jesaja 10,3	ELB	12.07.
Jesaja 12,2	ELB	13.01.
Jesaja 26,16	ELB	6.05.
Jesaja 38,17	ELB CSV	23.07.
Jesaja 40,6-8	HFA	25.04.
Jesaja 43,4	SLT	29.06.
Jesaja 43,25	ELB CSV	21.09.
Jesaja 44,3-4	NEÜ	24.09.
Jesaja 45,11	MENG	20.11.
Jesaja 45,18-19	ELB	15.06.
Jesaja 45,22	andere	5.01.
Jesaja 46,4	ELB	1.10.
Jesaja 49,15	ELB	28.04.
Jesaja 53,3	ELB	22.06.
Jesaja 53,4-5	ELB	11.05.
Jesaja 53,5	SLT	8.07.
Jesaja 55,6	LUT	23.05.
Jesaja 64,5	LUT	14.01.
Jesaja 65,2	ELB CSV	26.09.
Jeremia 11,20	LUT	31.10.
Jeremia 17,9	SLT	21.07.
Jeremia 29,12	ELB	7.03.
Jeremia 32,19	NLB	26.02.
Jeremia 44,4-5	NEÜ	11.09.
Klagelieder 1,12	ELB	27.01.
Klagelieder 3,22-23	SLT	1.07.
Hesekiel 3,17	HFA	27.07.
Hesekiel 16,6	LUT	11.03.
Daniel 3,27	SLT	8.10.
Joel 2,13	ELB	2.09.
Jona 2,8	LUT	20.12.
Micha 7,19	ELB	6.06.
Maleachi 3,10	NLB	21.12.

NEUES TESTAMENT

Matthäus 1,21	SLT	14.12.
Matthäus 1,23	ELB	8.12.
Matthäus 2,10	ELB	6.01.
Matthäus 2,13	ELB	23.12.
Matthäus 4,4	ELB	26.04.
Matthäus 5,44	NEÜ	18.03.
Matthäus 6,4	SLT	25.10.
Matthäus 6,12	LUT	25.09.
Matthäus 6,19	ELB	18.06.
Matthäus 6,19	LUT	28.08.
Matthäus 6,21	NEÜ	16.01.
Matthäus 6,24-27	NEÜ	24.02.
Matthäus 8,2-3	ELB	30.06.
Matthäus 9,36	NGÜ	10.05.
Matthäus 10,39	ELB	10.02.
Matthäus 11,28	ELB	6.03.
Matthäus 11,28	SLT	10.06.
Matthäus 11,28	ELB	16.07.
Matthäus 11,28	HFA	5.09.
Matthäus 14,29	ELB	7.01.
Matthäus 15,19-20	ELB	29.04.
Matthäus 16,25	LUT	5.06.
Matthäus 16,26	NLB	27.09.
Matthäus 17,15	SLT	13.07.
Matthäus 18,6	LUT	15.01.
Matthäus 19,27	LUT	30.10.
Matthäus 22,12	NEÜ	4.12.
Matthäus 27,4	HFA	16.04.
Matthäus 27,5	SLT	10.09.
Matthäus 28,5-6	ELB	29.03.
Matthäus 28,20	LUT	17.12.
Markus 2,17	ELB CSV	20.08.
Markus 9,37	LUT	15.10.
Markus 10,45	ELB	17.05.
Markus 12,27	LUT	17.04.
Markus 15,44	ELB	19.04.
Lukas 1,46	ELB	24.12.
Lukas 2,11	ELB	25.12.
Lukas 4,18	ELB	19.08.
Lukas 5,3	NEÜ	28.01.
Lukas 5,5	NEÜ	29.01.
Lukas 5,8	NEÜ	30.01.
Lukas 5,8	SLT	23.08.
Lukas 5,11	NEÜ	31.01.
Lukas 6,14	ELB	3.01.
Lukas 6,37	ELB	13.10.
Lukas 8,1	NEÜ	4.04.
Lukas 10,37	ELB	18.12.
Lukas 12,37	LUT	28.02.
Lukas 13,8-9	LUT	24.10.
Lukas 13,23	NEÜ	26.10.
Lukas 14,16-17	NEÜ	13.02.
Lukas 15,1-2	ELB CSV	10.10.

TAGESVERSE

Lukas 15,6	LUT	16.09.
Lukas 15,7	ELB	1.05.
Lukas 15,7	ELB	17.08.
Lukas 15,18	SLT	1.01.
Lukas 15,21	ELB	4.09.
Lukas 18,16	ELB CSV	12.05.
Lukas 19,9	SLT	11.08.
Lukas 19,10	SLT	1.03.
Lukas 19,10	ELB CSV	25.03.
Lukas 23,34	ELB	28.09.
Lukas 23,43	ELB	18.04.
Lukas 23,46	ELB	1.11.
Lukas 24,5-6	ELB CSV	21.04.
Johannes 1,9	ELB	3.05.
Johannes 1,9	SLT	6.10.
Johannes 1,12	ELB	28.10.
Johannes 1,48	ELB	12.02.
Johannes 1,49	ELB CSV	20.02.
Johannes 2,5	LUT	8.03.
Johannes 3,14-15	NGÜ	28.03.
Johannes 3,16	ELB	2.08.
Johannes 4,14	ELB	20.07.
Johannes 5,24	ELB	23.06.
Johannes 5,24	ELB CSV	12.12.
Johannes 6,35	NGÜ	21.03.
Johannes 6,35	SLT	31.05.
Johannes 6,51	ELB	12.06.
Johannes 8,12	NLB	25.01.
Johannes 8,12	HFA	1.06.
Johannes 8,12	ELB CSV	21.10.
Johannes 10,9	HFA	2.06.
Johannes 10,9	ELB	15.11.
Johannes 10,10	SLT	5.07.
Johannes 10,11	HFA	3.06.
Johannes 10,18	ELB CSV	8.06.
Johannes 11,25	HFA	4.06.
Johannes 11,25-26	NGÜ	6.08.
Johannes 11,26-27	ELB	26.11.
Johannes 14,2	LUT	18.10.
Johannes 14,3	ELB	6.12.
Johannes 14,6	NEÜ	20.05.
Johannes 14,6	MENG	30.05.
Johannes 14,9	ELB CSV	14.10.
Johannes 14,19	SLT	15.04.
Johannes 14,23	ELB CSV	3.04.
Johannes 15,13-14	ELB	30.07.
Johannes 16,33	NEÜ	11.02.
Johannes 17,11	ELB	19.01.
Johannes 18,37	ELB	10.03.
Johannes 20,19	ELB	30.03.
Johannes 20,28	LUT	30.04.
Johannes 20,30-31	ELB CSV	9.08.
Apostelgeschichte 2,4-6	NEÜ	21.02.
Apostelgeschichte 5,28	ELB CSV	24.06.
Apostelgeschichte 5,29	ELB	18.07.
Apostelgeschichte 5,38-39	MENG	26.08.
Apostelgeschichte 8,12	ELB	12.10.
Apostelgeschichte 11,26	ELB	27.06.
Apostelgeschichte 17,25	NGÜ	7.09.
Apostelgeschichte 17,30	NGÜ	3.12.
Apostelgeschichte 17,30-31	SLT	16.08.
Römer 1,20	HFA	13.05.
Römer 2,4	ELB CSV	14.11.
Römer 2,5	MENG	5.04.
Römer 3,15-17	ELB CSV	7.05.
Römer 8,3-4	ELB	7.08.
Römer 8,28	ELB	19.09.
Römer 8,28	NLB	28.11.
Römer 8,32	GNB	10.01.
Römer 10,10	ELB	7.02.
Römer 10,13-14	NEÜ	27.04.
Römer 12,16	ELB	9.05.
Römer 14,19	ELB	5.11.
1. Korinther 1,21	NEÜ	14.03.
1. Korinther 2,2	NLB	9.04.
1. Korinther 2,9	SLT	29.05.
1. Korinther 6,20	ELB	18.05.
1. Korinther 13,4-5	ELB	27.02.
1. Korinther 13,13	ELB	2.02.
1. Korinther 14,33	ELB	3.11.
1. Korinther 15,17	ELB CSV	20.04.
1. Korinther 15,19	NGÜ	24.01.
1. Korinther 15,21	LUT	22.04.
2. Korinther 3,18	NEÜ	29.08.
2. Korinther 4,8	ELB	19.12.
2. Korinther 5,15	ELB CSV	23.01.
2. Korinther 5,17	ELB	15.02.
2. Korinther 5,19	LUT	17.11.
2. Korinther 5,20	ELB	19.07.
2. Korinther 5,20	ELB	2.12.
2. Korinther 5,21	SLT	24.05.
2. Korinther 8,9	ELB CSV	26.12.
2. Korinther 11,14	HFA	22.05.
Galater 2,20	ELB	18.01.
Galater 3,10	ELB	27.12.
Galater 5,14	ELB	16.03.
Galater 5,19-20	NEÜ	13.08.
Galater 6,7	ELB CSV	14.09.
Galater 6,14	NEÜ	11.04.
Epheser 1,11	NEÜ	15.12.
Epheser 2,8	ELB	17.03.
Epheser 4,32	SLT	7.07.
Epheser 5,2	GNB	10.04.
Epheser 5,28	ELB CSV	14.02.
Philipper 2,5	NGÜ	15.03.
Philipper 2,7-8	SLT	26.05.

Philipper 2,9-11	ELB	16.02.
Philipper 4,2-3	NLB	4.03.
Philipper 4,4	ELB	23.02.
Philipper 4,4-5	LUT	17.10.
Philipper 4,6-7	SLT	19.06.
Philipper 4,13	SLT	18.02.
Kolosser 1,16	ELB	16.06.
Kolosser 1,19-20	NGÜ	25.07.
Kolosser 2,14	NEÜ	22.10.
Kolosser 3,15	NGÜ	21.01.
1. Thessalonicher 5,18	SLT	22.08.
1. Timotheus 1,15	ELB	2.10.
2. Timotheus 1,9-10	ELB	24.04.
2. Timotheus 2,13	ELB	9.01.
2. Timotheus 3,1-2	ELB	26.06.
2. Timotheus 3,8-9	ELB	10.12.
2. Timotheus 4,1	LUT	25.11.
Titus 1,1-2	NEÜ	22.07.
Hebräer 1,3	NEÜ	23.09.
Hebräer 3,15	NGÜ	13.03.
Hebräer 4,13	ZB	4.10.
Hebräer 9,27	HFA	2.11.
Hebräer 9,27	NGÜ	11.12.
Hebräer 9,27-28	ELB	28.07.
Hebräer 10,17	SLT	30.09.
Hebräer 11,1	ELB	5.02.
Hebräer 11,1	NEÜ	5.12.
Hebräer 11,3	ELB	3.07.
Hebräer 11,6	ELB	6.02.
Hebräer 11,8	ELB	5.08.
Hebräer 11,19	LUT	13.12.
Hebräer 12,1-2	NEÜ	2.01.
Hebräer 12,1-2	ELB	11.06.

Hebräer 12,1-2	SLT	11.11.
Hebräer 12,22	GNB	25.05.
Hebräer 13,8	ELB	14.06.
Hebräer 13,8	NGÜ	30.08.
Hebräer 13,12-13	ELB CSV	21.11.
Jakobus 1,13	ELB	19.05.
Jakobus 4,7-8	SLT	31.08.
Jakobus 4,11	NEÜ	8.01.
Jakobus 4,14	NGÜ	28.12.
Jakobus 4,17	ELB	11.01.
1. Petrus 1,25	HFA	4.02.
1. Petrus 2,24	SLT	9.02.
1. Petrus 2,25	ELB	23.04.
1. Petrus 3,18	LUT	17.07.
2. Petrus 3,8	NEÜ	4.01.
2. Petrus 3,10	NEÜ	9.09.
1. Johannes 1,7	ELB CSV	2.04.
1. Johannes 1,7	ELB	14.05.
1. Johannes 1,7	NGÜ	14.08.
1. Johannes 1,7	NGÜ	12.09.
1. Johannes 2,2	ELB	19.10.
1. Johannes 2,17	LUT	22.11.
1. Johannes 3,1	NEÜ	3.09.
1. Johannes 4,9	SLT	2.03.
1. Johannes 4,9	ELB	7.06.
1. Johannes 4,16	NGÜ	23.03.
1. Johannes 4,16	ELB	7.12.
1. Johannes 4,17	NEÜ	18.09.
1. Johannes 5,13	NGÜ	11.10.
Offenbarung 3,1	ELB CSV	23.11.
Offenbarung 3,20	ELB	24.03.
Offenbarung 22,9	LUT	9.03.
Offenbarung 22,17	NEÜ	10.07.

Erläuterung zu den Abkürzungen der Bibelübersetzungen

ELB Elberfelder Bibel. Wuppertal/Dillenburg: R. Brockhaus/Christliche Verlagsgesellschaft.
ELB CSV Die Heilige Schrift. Aus dem Grundtext übersetzt. Hückeswagen: Christliche Schriftenverbreitung (CSV).
GNB Gute Nachricht Bibel © 2000 Deutsche Bibelgesellschaft, Stuttgart.
HFA Hoffnung für alle TM © 1983, 1996, 2002, 2015 by Biblica, Inc.
LUT Lutherbibel. Deutsche Bibelgesellschaft, Stuttgart.
MENG Übersetzung des Altphilologen Hermann Menge (1939 und 2020).
NEÜ bibel.heute. Neue Evangelistische Übersetzung 2010. Karl-Heinz Vanheiden.
NGÜ Neue Genfer Übersetzung 2009. Genfer Bibelgesellschaft.
NLB Neues Leben. Die Bibel © der deutschen Ausgabe 2002 / 2006 / 2017 SCM R.Brockhaus in der SCM Verlagsgruppe GmbH
SLT Schlachterbibel (Franz Eugen Schlachter). Revision 2000. Genfer Bibelgesellschaft.
ZB Zürcher Bibel © Verlag der Zürcher Bibel beim Theologischen Verlag Zürich
Für Textvergleiche siehe www.bibleserver.com.

BIBELLESE

Einmal im Jahr das ganze Neue Testament lesen!
(Bereits gelesene Abschnitte können zur besseren Übersicht jeweils in dem Kästchen abgehakt werden.)

Januar

☐ Matth.1
☐ Matth.2
☐ Matth.3
☐ Matth.4
☐ Matth.5,1-26
☐ Matth.5,27-48
☐ Matth.6
☐ Matth.7
☐ Matth.8
☐ Matth.9,1-17
☐ Matth.9,18-38
☐ Matth.10,1-23
☐ Matth.10,24-42
☐ Matth.11
☐ Matth.12,1-21
☐ Matth.12,22-50
☐ Matth.13,1-32
☐ Matth.13,33-58
☐ Matth.14,1-21
☐ Matth.14,22-36
☐ Matth.15,1-20
☐ Matth.15,21-39
☐ Matth.16
☐ Matth.17
☐ Matth.18,1-20
☐ Matth.18,21-35
☐ Matth.19,1-15
☐ Matth.19,16-30
☐ Matth.20,1-16
☐ Matth.20,17-34
☐ Matth.21,1-22

Februar

☐ Matth.21,23-46
☐ Matth.22,1-22
☐ Matth.22,23-46
☐ Matth.23,1-22
☐ Matth.23,23-39
☐ Matth.24,1-22
☐ Matth.24,23-51
☐ Matth.25,1-30
☐ Matth.25,31-46
☐ Matth.26,1-19
☐ Matth.26,20-54
☐ Matth.26,55-75
☐ Matth.27,1-31
☐ Matth.27,32-66
☐ Matth.28
☐ Mark.1,1-22
☐ Mark.1,23-45
☐ Mark.2
☐ Mark.3,1-21
☐ Mark.3,22-35
☐ Mark.4,1-20
☐ Mark.4,21-41
☐ Mark.5,1-20
☐ Mark.5,21-43
☐ Mark.6,1-32
☐ Mark.6,33-56
☐ Mark.7,1-13
☐ Mark.7,14-37
☐ Mark.8,1-21

März

☐ Mark.8,22-38
☐ Mark.9,1-29
☐ Mark.9,30-50
☐ Mark.10,1-31
☐ Mark.10,32-52
☐ Mark.11,1-19
☐ Mark.11,20-33
☐ Mark.12,1-27
☐ Mark.12,28-44
☐ Mark.13,1-13
☐ Mark.13,14-37
☐ Mark.14,1-26
☐ Mark.14,27-52
☐ Mark.14,53-72
☐ Mark.15,1-26
☐ Mark.15,27-47
☐ Mark.16
☐ Luk.1,1-23
☐ Luk.1,24-56
☐ Luk.1,57-80
☐ Luk.2,1-24
☐ Luk.2,25-52
☐ Luk.3
☐ Luk.4,1-30
☐ Luk.4,31-44
☐ Luk.5,1-16
☐ Luk.5,17-39
☐ Luk.6,1-26
☐ Luk.6,27-49
☐ Luk.7,1-30
☐ Luk.7,31-50

April

☐ Luk.8,1-21
☐ Luk.8,22-56
☐ Luk.9,1-36
☐ Luk.9,37-62
☐ Luk.10,1-24
☐ Luk.10,25-42
☐ Luk.11,1-28
☐ Luk.11,29-54
☐ Luk.12,1-34
☐ Luk.12,35-59
☐ Luk.13,1-21
☐ Luk.13,22-35
☐ Luk.14,1-24
☐ Luk.14,25-35
☐ Luk.15,1-10
☐ Luk.15,11-32
☐ Luk.16,1-18
☐ Luk.16,19-31
☐ Luk.17,1-19
☐ Luk.17,20-37
☐ Luk.18,1-17
☐ Luk.18,18-43
☐ Luk.19,1-27
☐ Luk.19,28-48
☐ Luk.20,1-26
☐ Luk.20,27-47
☐ Luk.21,1-19
☐ Luk.21,20-38
☐ Luk.22,1-30
☐ Luk.22,31-53

Mai

☐ Luk.22,54-71
☐ Luk.23,1-26
☐ Luk.23,27-38
☐ Luk.23,39-56
☐ Luk.24,1-35
☐ Luk.24,36-53
☐ Joh.1,1-28
☐ Joh.1,29-51
☐ Joh.2
☐ Joh.3,1-21
☐ Joh.3,22-36
☐ Joh.4,1-30
☐ Joh.4,31-54
☐ Joh.5,1-24
☐ Joh.5,25-47
☐ Joh.6,1-21
☐ Joh.6,22-44
☐ Joh.6,45-71
☐ Joh.7,1-31
☐ Joh.7,32-53
☐ Joh.8,1-20
☐ Joh.8,21-36
☐ Joh.8,37-59
☐ Joh.9,1-23
☐ Joh.9,24-41
☐ Joh.10,1-21
☐ Joh.10,22-42
☐ Joh.11,1-17
☐ Joh.11,18-46
☐ Joh.11,47-57
☐ Joh.12,1-19

Juni

☐ Joh.12,20-50
☐ Joh.13,1-17
☐ Joh.13,18-38
☐ Joh.14
☐ Joh.15
☐ Joh.16,1-15
☐ Joh.16,16-33
☐ Joh.17
☐ Joh.18,1-23
☐ Joh.18,24-40
☐ Joh.19,1-22
☐ Joh.19,23-42
☐ Joh.20
☐ Joh.21
☐ Apg.1
☐ Apg.2,1-13
☐ Apg.2,14-47
☐ Apg.3
☐ Apg.4,1-22
☐ Apg.4,23-37
☐ Apg.5,1-16
☐ Apg.5,17-42

☐ Apg.6
☐ Apg.7,1-19
☐ Apg.7,20-43
☐ Apg.7,44-60
☐ Apg.8,1-25
☐ Apg.8,26-40
☐ Apg.9,1-22
☐ Apg.9,23-43

Juli

☐ Apg.10,1-23
☐ Apg.10,24-48
☐ Apg.11
☐ Apg.12
☐ Apg.13,1-24
☐ Apg.13,25-52
☐ Apg.14
☐ Apg.15,1-21
☐ Apg.15,22-41
☐ Apg.16,1-15
☐ Apg.16,16-40
☐ Apg.17,1-15
☐ Apg.17,16-34
☐ Apg.18
☐ Apg.19,1-22
☐ Apg.19,23-41
☐ Apg.20,1-16
☐ Apg.20,17-38
☐ Apg.21,1-14
☐ Apg.21,15-40
☐ Apg.22
☐ Apg.23,1-11
☐ Apg.23,12-35
☐ Apg.24
☐ Apg.25
☐ Apg.26
☐ Apg.27,1-26
☐ Apg.27,27-44
☐ Apg.28,1-15
☐ Apg.28,16-31
☐ Röm.1

August

☐ Röm.2
☐ Röm.3
☐ Röm.4
☐ Röm.5
☐ Röm.6
☐ Röm.7
☐ Röm.8,1-18
☐ Röm.8,19-39
☐ Röm.9
☐ Röm.10
☐ Röm.11,1-24
☐ Röm.11,25-36
☐ Röm.12
☐ Röm.13
☐ Röm.14
☐ Röm.15,1-21
☐ Röm.15,22-33
☐ Röm.16
☐ 1.Kor.1
☐ 1.Kor.2
☐ 1.Kor.3
☐ 1.Kor.4
☐ 1.Kor.5
☐ 1.Kor.6
☐ 1.Kor.7,1-24
☐ 1.Kor.7,25-40
☐ 1.Kor.8
☐ 1.Kor.9
☐ 1.Kor.10,1-13
☐ 1.Kor.10,14-33
☐ 1.Kor.11,1-15

September

☐ 1.Kor.11,16-34
☐ 1.Kor.12
☐ 1.Kor.13
☐ 1.Kor.14,1-20
☐ 1.Kor.14,21-40
☐ 1.Kor.15,1-32
☐ 1.Kor.15,33-58
☐ 1.Kor.16
☐ 2.Kor.1
☐ 2.Kor.2
☐ 2.Kor.3
☐ 2.Kor.4
☐ 2.Kor.5
☐ 2.Kor.6
☐ 2.Kor.7
☐ 2.Kor.8
☐ 2.Kor.9
☐ 2.Kor.10
☐ 2.Kor.11,1-15
☐ 2.Kor.11,16-33
☐ 2.Kor.12
☐ 2.Kor.13
☐ Gal.1
☐ Gal.2
☐ Gal.3
☐ Gal.4
☐ Gal.5
☐ Gal.6
☐ Eph.1
☐ Eph.2

Oktober

☐ Eph.3
☐ Eph.4
☐ Eph.5
☐ Eph.6
☐ Phil.1
☐ Phil.2
☐ Phil.3
☐ Phil.4
☐ Kol.1
☐ Kol.2
☐ Kol.3
☐ Kol.4
☐ 1.Thess.1
☐ 1.Thess.2
☐ 1.Thess.3
☐ 1.Thess.4
☐ 1.Thess.5
☐ 2.Thess.1
☐ 2.Thess.2
☐ 2.Thess.3
☐ 1.Tim.1
☐ 1.Tim.2
☐ 1.Tim.3
☐ 1.Tim.4
☐ 1.Tim.5
☐ 1.Tim.6
☐ 2.Tim.1
☐ 2.Tim.2
☐ 2.Tim.3
☐ 2.Tim.4
☐ Tit.1

November

☐ Tit.2
☐ Tit.3
☐ Philemon
☐ Hebr.1
☐ Hebr.2
☐ Hebr.3
☐ Hebr.4
☐ Hebr.5
☐ Hebr.6
☐ Hebr.7
☐ Hebr.8
☐ Hebr.9
☐ Hebr.10,1-23
☐ Hebr.10,24-39
☐ Hebr.11,1-19
☐ Hebr.11,20-40
☐ Hebr.12
☐ Hebr.13
☐ Jak.1
☐ Jak.2
☐ Jak.3
☐ Jak.4
☐ Jak.5
☐ 1.Petr.1
☐ 1.Petr.2
☐ 1.Petr.3
☐ 1.Petr.4
☐ 1.Petr.5
☐ 2.Petr.1
☐ 2.Petr.2

Dezember

☐ 2.Petr.3
☐ 1.Joh.1
☐ 1.Joh.2
☐ 1.Joh.3
☐ 1.Joh.4
☐ 1.Joh.5
☐ 2.Joh.
☐ 3.Joh.
☐ Judas
☐ Offb.1
☐ Offb.2
☐ Offb.3
☐ Offb.4
☐ Offb.5
☐ Offb.6
☐ Offb.7
☐ Offb.8
☐ Offb.9
☐ Offb.10
☐ Offb.11
☐ Offb.12
☐ Offb.13
☐ Offb.14
☐ Offb.15
☐ Offb.16
☐ Offb.17
☐ Offb.18
☐ Offb.19
☐ Offb.20
☐ Offb.21
☐ Offb.22

Zum Lesen empfohlene Bibeltexte

Thema	Bibelstelle
Zentrale Texte	
Die Bergpredigt	Matthäus 5–7
Die goldene Regel	Matthäus 7,12
Das größte Gebot	Matthäus 22,36-40
Die Gerechtigkeit aus Glauben	Römer 3,19-28
Das königliche Gesetz	Römer 13,8-10; Jakobus 2,8
Das neue Gebot von Jesus Christus	Johannes 13,34-35
Die vollkommene Liebe	1. Korinther 13
Die Liebe Gottes	Johannes 3,16; Römer 5,8
Grundlegende Lehren des christlichen Glaubens	
Die Schuld des Menschen	Römer 2,16; Römer 3,18; 1. Johannes 1,8
Die Umkehr und Buße	Lukas 5,31-32; Lukas 15,10-24; Römer 6,23; Römer 5,1-11; 2. Korinther 5,18-21
Die neue Geburt	Johannes 3,1-7
Die Rechtfertigung aus Glauben	Römer 5,1-11; Epheser 2,1-10; Galater 2,16; Offenbarung 3,20
Das ewige Leben	Johannes 5,24; 1. Johannes 5,12-13
Gewissheit des Heils	Römer 4,24-25; Römer 8,38-39; Römer 10,9
Über Jesus Christus	
Der gute Hirte	Johannes 10,1-18
Die Geburt Jesu	Lukas 2
Seine Erniedrigung und Erhöhung	Philipper 2,5-11
Seine Auferstehung	Apostelgeschichte 10,39-41
Die Auferstehung der Gläubigen	1. Thessalonicher 4,13-18
Das Gericht Gottes	Römer 1,18; Offenbarung 20,10-15
Der neue Himmel und die neue Erde	Offenbarung 21,22
Über das Christsein	
Das Leben eines Christen	Johannes 15
Die Verantwortung eines Christen	1. Petrus 3,15; 1. Petrus 4,10
Das rechte Beten	Philipper 4,6-7
Das »Vaterunser«	Matthäus 6,5-15